우물쭈물하다 끝난 교사 이야기

부끄러움의 역설,
늘청 유기창의
교육 인생 회상록

우물쭈물하다 끝난
교사 이야기
부끄러움의 역설,
늘청 유기창의 교육 인생 회상록

초판 1쇄 인쇄 2018년 7월 17일
초판 1쇄 발행 2018년 7월 27일

지은이 유기창
펴낸이 김승희
펴낸곳 도서출판 살림터

기획 정광일
편집 조현주
북디자인 꼬리별

인쇄·제본 (주)현문
종이 월드페이퍼(주)

주소 서울시 양천구 목동동로 293, 22층 2215-1호
전화 02-3141-6553
팩스 02-3141-6555
출판등록 2008년 3월 18일 제313-1990-12호
이메일 gwang80@hanmail.net
블로그 http://blog.naver.com/dkffk1020

ISBN 979-11-5930-072-1 03370

이 도서의 국립중앙도서관 출판예정도서목록(CIP)은
서지정보유통지원시스템 홈페이지(http://seoji.nl.go.kr)와
국가자료공동목록시스템(http://www.nl.go.kr/kolisnet)에서 이용하실 수 있습니다.
(CIP제어번호: CIP2018022146)

우물쭈물하다 끝난 교사 이야기

부끄러움의 역설,
늘청 유기창의
교육 인생 회상록

유기창 지음

살림터

교육 열정을 나눠 주는 큰 나무,
유기창 선생님

곽노현_전 서울시교육감

이 책은 매우 독특합니다. 한 고교 교사의 교단일기이자 고백록입니다. 한 전교조 활동가의 회고록이자 역사 기록이기도 합니다. 이 책에서 우리는 시대와 교육의 문제를 진지하게 고민하며 주체적으로 살아온 한 선생님을 만나게 됩니다. 교사이자 전교조 활동가로서 끊임없이 고민하고 실천하며 더러는 승리하고 더러는 좌절했던 유기창 선생님이 그분입니다. 『우물쭈물하다 끝난 교사 이야기』는 그가 남기고 싶은 얘기를 위선과 가식 없이 담담하게 기록합니다. 전교조 교사의 교육적 고민과 험난한 전교조 역사, 그리고 전교조 활동가의 남다른 일상을 엿보고 싶은 모든 분들에게 이 책을 필독서로 추천합니다.

우리 사회는 지금 1987년 6월 시민항쟁과 7, 8, 9월의 노동자대투쟁 시기 이후 최고조의 민주주의 고양기를 경험하고 있습니다. 지금의 기운을 몰아 민주주의를 심화시킬 역사적 책무가 우리 앞에 놓여 있습니다. 그 기초는 우리 청소년들을 민주주의자로 길러내는 것입니다. 민주주의의 총체적 도약기에 접어든 우리 사회의 민주적 지속가능성은 무엇보다도 인공지능으로 대표되는 4차 산업혁명시대를 인간화할 수 있는 민주주의교육혁명으로 튼튼하게 뒷받침되어야 합니다.

이 점에서도 지난 2010년 이래 진보 교육감 시대가 열리면서 희망이 보이기 시작했습니다. 다행스럽게도 2014년에 이어서 2018년 교육감 선거에서도 진보 교육감들이 석권했습니다. 실은 그 중심에 전교조가 서 있습니다. 교육감 당선인 17인 중 무려 10명이 전교조 간부 출신이고 4명이 친전교조 성향입니다. 그럼에도 전교조는 2013년 10월 이후 박근혜 정권에 의해 노동조합의 모든 권리를 박탈당한 채 제2차 법외노조 시기를 겪고 있습니다. 문재인 정부가 들어선 지 1년이 넘었지만 아직 그 상태 그대로입니다.

전교조의 험난한 역사는 우리 사회 민주주의의 바로미터라고 봐도 무방합니다. 현실적으로는 전교조를 진보 교육감 시대와 민주주의 심화 시대의 가장 확실한 파트너로 세우지 못하고 민주주의교육혁명을 성취할 길이 없습니다. 우리 민주주의가 지금처럼 복원될 때 신속하게 합법 노조로 전환해야 할 이유입니다.

유기창 선생님의 책을 추천하면서 웬 전교조 타령이냐고 못마땅한 시선을 보내는 독자들도 계실 수 있습니다. 이유가 있습니다. 『우물쭈물하다 끝난 교사 이야기』는 유기창 선생님의 교육 활동 및 전교조 활동 회고록입니다. 이 책은 단순한 교단일기를 넘어 전교조 활동가의 눈으로 본 지난 36년의 역사 기록입니다. 특히 전교조의 태동결성 과정과 해직 복직 과정을 되돌아보는 부분은 마치 역사 다큐멘터리를 보는 듯 생생합니다. 독자들은 유기창 선생님의 펜을 통해 재현된 그 격동의 시대 속으로 빨려 들어가 역사를 함께 호흡하며 가슴 벅찬 감동을 느끼실 수 있습니다.

유기창 선생님은 이 책에서 교사로서 활동가로서 자신의 부족한 부분을 감추지 않고 진솔하게 드러내는 보기 드문 미덕을 실천합니다. 때로는 용기가, 때로는 확신이 없어서 대의 앞에서 멈칫거렸던 얘기를 토로합니다. 대입경쟁에 목을 맨 인문계 고등학교에서 교사가 일상적으로 체감하는 무력감과 열패감도 생생하게 전달합니다. 이 책이 가진 또 하나의 덕목은 지난 일들을 지금의 관점에서 재해석하기보다는 그때그때의 일기나 편지를 활용해서 당시의 상황과 심경, 선택을 가감 없이 보여주는 데 있습니다. 이 책을 읽다 보면 그때그때 충실히 기록하는 일이 얼마나 중요한지 새삼 깨닫게 됩니다.

고백록의 성격상 불가피하게 본인의 인격이 행간마다 드러날 수밖에 없습니다. 유기창 선생님은 진정성과 배려심, 균형감각과 책임감이 단연 돋보이는 분입니다. 이 책에서 유기창 선생님의 교육 미담이나 성공담을 찾으려 하는 독자는 실망하기 쉽습니다. 선생님은 한국 교육의 딜레마적 상황 속에서 어떤 원칙과 연민을 갖고 교육 활동에 임했는지를 진솔하게 드러낼 뿐입니다. 시대와 교실을 동시에 진지하게 접근하고자 분투했던 한 교육자의 실존적, 실천적 고민이 도처에서 절절이 묻어날 뿐 어디서도 안이한 접근이나 섣부른 도취는 찾아볼 수 없습니다. 『우물쭈물하다 끝난 교사 이야기』는 처음부터 끝까지 생각하게 만들고 고민하게 만들며 겸손하게 만드는 데 가장 큰 미덕이 있습니다.

유기창 선생님의 전교조 활동가 경력은 아주 깁니다. 그는 30대 중반부터 4년 반 넘게 해직생활을 겪으며 역사의 현장에서 단련된 참교육 투사입니다. 그럼에도 아직도 "투쟁이란 말이 익숙하지 않고 팔을 올리며 구호를 외치는 게 언제나 낯설고 어색하다"는 분입니다. 반면 재밌게 가르치고 학생들에게 존경받는 교사가 되는 꿈을 교단을 떠날 때까지 한순간도 놓지 못한 천생 선생님입니다. 이처럼 전교조 활동가도 근본 정체성은 교사성에 있습니다. 이 책을 읽어보면 전교조 교사들에 대한 뿌리 깊은 오해와 편견을 극복하는 데 도움이 될 것으로 기대합니다.

이 책엔 유기창 선생님이 아니라면 털어놓지 못할 솔직한 얘기가 많습니다. 초임 교사 시절의 체벌 얘기와 정년퇴임을 한 학기 남기고 겪은 교과교사 교체 요구 얘기가 대표적입니다. 이 책에는 눈시울을 젖게 하는 감동적인 스토리도 여럿 있습니다.

2016년 11월 23일 촛불이 가장 힘 있게 타오르던 시점에 선생님은 30년 이상의 교직 경력 정년퇴임 교사에게 주는 박근혜 정권의 훈장을 포기각서를 쓰고 거부합니다. 유 선생님의 마지막 저항의 몸짓이었습니다. 그러나 교직 생활을 관통한 저항에도 불구하고 유 선생님은 심지어 저항 대상인 타인마저도 최대한 존중하고 배려하는 모습을 잃지 않습니다. 최대한 역지사지하는 모습을 보입니다. 그런 내용의 편지와 일기를 읽고 있노라면 그 인격에 대한 신뢰가 새록새록 생겨나곤 했습니다.

역사의 강렬하고 위대한 시기를 온몸으로 살아낸 사람의 이야기는 언제나 못지않게 서사적이고 감동적입니다. 저는 유기창 선생님의 『우물쭈물하다 끝난 교사 이야기』에서 그 사람을 만났습니다. 거짓 없고 삿됨 없이 역사의 주체로 살고자 분투한 한 교사를 만났습니다. 그래서 무겁다면 무거운 책이었지만 한달음에 읽을 수 있었습니다. 긴 시간 함께 대화하며 배우고 싶은 분을 만났습니다. 그럼에도 그이는 그저 "교사라는 차표를 집어 든 게 인생에서 최고의 선택이었고 최고의 행운"이었다고 겸손하게 말할 뿐입니다. 책을 접고 나니 이제는 종착역에 내려서 자유티켓 한 장을 들고 마음껏 동료 선후배 교사들과 교우하며 교육 열정을 나눠 주는 큰 나무 하나가 보였습니다. 참 수고 많으셨습니다. 감사합니다.

교사, 36년

부끄럽지 않은 삶, 그러나 많이 부끄럽습니다

부끄럽지 않은 삶

경기가 좋아 많은 사람들이 미련 없이 학교를 떠날 때 교사라는 직업을 선택했습니다. 1981년이었습니다. 교장, 교감 되지 못한 것이 교육자로 실패했다는 선배 교사의 말을 듣고 평교사로 정년퇴임하겠다는 결심을 했습니다. 교직 선택의 또 다른 이유는 책과 함께할 수 있는 시간이 많다는 것이었습니다. 눈치 안 보고 공부할 수 있어서 좋았습니다. 방학만 되면 마음껏 여행을 할 수 있었습니다. 다니면서 숱한 사람들을 만났습니다. 삶을 풍부하게 만드는 기회였습니다. 그러면서 당당한 교사로 살고 싶었습니다. 민주적으로 운영되는 학교를 희망했습니다. 비교육적인 것은 단호하게 거부하는 교사로 살기도 했습니다. 촌지를 받지 않는 교사로 살았습니다. 교육적 신념을 확고히 하면서 흔들리지 않는 교사로 살기 위해 노력했습니다. 혼자만의 힘으로 되는 것이 불가능하다는 사실을 깨닫고 전교조 결성에 동참하게 되었습니다.

그러나 많이 부끄럽습니다

좋은 교사가 되고 싶었습니다. '좋은 선생님', '믿을 수 있는 선생님'이라는 말을 학생들로부터 듣고 싶었습니다. 욕심이 많았습니다. 과분한 시간이기도 했습니다. 믿어준 학생들이 고마웠습니다. 잊을 수 없는 제자들이 있습니다. 교사와 학생으로 만나, 스승과 제자의 관계로 발전하여 이 시대를 함께 살고 있습니다. 그러나 그런 제자들이 그리 많지는 않습니다.

교사의 삶, 36년. 가르치는 교사로 학생들을 만났으나 돌아보면 많이 부끄럽습니다. '교육'이라는 이름으로 학생들을 때리기도 했고, 윽박지르기도 했고, 협박을 한 경우도 있었습니다. 시대가 바뀜에 따라 '체벌'은 '폭력'으로 규정되었습니다. 시대가 바뀌면서 인권 의식도 바뀌었습니다. 꽃으로도 때리지 말라는 말을 굳이 떠올리지 않아도 교육에서 '좋은 체벌'이란 없습니다. 현재의 기준과 관점으로 과거의 행위가 비판받고 비난받는 것은 괴로운 일이나, 교육이라는 점에서 충분히 성찰해볼 만한 일입니다. '시대'는 어느 날 갑자기 바뀌는 것이 아니기 때문입니다. 세월의 흐름 속에서 다듬어지고 새롭게 해석되고 규정되기 때문이기도 합니다.

학생들을 만났던 그 시기에 저는 어떤 학생에게는 '좋은' 선생이었을 것이고, 더 많은 어떤 학생에게는 '힘든' 선생이었을 것입니다. 많은 시간을 실패하면서 지나온 교사 생활이었습니다. 애는 썼으나 서툴렀습니다. 미안한 일입니다. 36년 동안 학생들을 만나면서 가르친 것이 아니라 학생들을 그저 만나온 것은 아니었는가 하는 생각이 들 때는 참 부끄럽습니다. 학교에서 교사가 가르쳐야 하는 것이 무엇인가를 고민하고 괴로워하다 마친 36년이었습니다. 부끄러운 이유입니다.

차례

고백과 변명

인생의 변곡점

다른 사람보다 5년을 늦게 시작한 대학 생활이었다. 실패를 거듭하면서도 끝까지 가고 싶었던 법과대학이었다. 청소년 시기 원대하게 품었던 꿈만을 삶의 전부로 생각했었고, 그러한 꿈을 접고 국어국문학과로 진학을 결정했을 때의 상실감은 무척 컸었다. 그것이 얼마나 어리석은 일이었는가를 깨닫는 데는 꽤 많은 시간이 걸렸다. 대학생이 된 이후에는 국어국문학을 공부하기보다는 서클 활동(유네스코 학생회)에 더 많은 관심을 갖고 대학 생활을 보냈다. 돌아보면 당시 같은 대학교 유네스코학생회 회장이었던 변재웅(부천 송내중앙교회 목사) 선배를 만난 것이 삶의 전환점이 된 것 같기도 하다. 비록 나이는 한 살 적은 선배였지만 그는 사람을 대할 때 정성을 다했고, 어떤 일을 결심하기까지는 많은 시간이 걸렸으나 결심한 이후에는 결코 흔들리지 않는 뚝심으로 일을 추진했던 참 사람 좋은 선배였다. 대학 4학년 되었을 때 변재웅 선배는 한국유네스코학생협회장에 당선되었고, 그 이후 선배의 강력한 요청을 끝까지 거부하지 못하고 나는 한국유네스코학생협회 임원(홍보부장)을 맡았다.

한국유네스코학생협회 임원으로 활동하면서 만났던 선배들 역시 내 젊은 시절에 많은 감명을 주었다. 당시 유네스코한국위원회 청년원에 속해 있던 유진(작고), 이광영(작고), 김철수, 강대근(작고), 김형진 그리고 남영진 선생은 학생협회를 지도한 선배이자 시대를 함께 살아가는 동반자였다. 유진, 이광영, 김철수 선생은 유네스코 학생회를 창립하는 데 앞장섰던 선배님들이고, 강대근 선생은 한국유네스코학생협회장 출신 선배이다. 학생협회를 지도하는 간사로서 가장 젊었던 남영진(전 한국기자협회장) 선생과 나는 동년배이면서 지도를 받는 관계였으면서도 가깝게 교유하며 지냈다. 유네스코 청년원에 속한 신배들은 젊은 대학생들과 함께 암울했던 시대를 토론하고 고민하며 인생의 안내자 역할을 충실히 해주었다. 특히 강대근 선생을 통해 청소년에 대한 이해와 민주주의 의식 그리고 삶의 세계관을 형성하는 데 많은 도움을 받았다. 강 선생은 타고난 많은 능력을 갖추었을 뿐만 아니라 노력하는 모습을 몸소 보여주는 삶을 살았다. 그는 평생 이 땅의 젊은이들에 대한 관심과 애정을 갖고 살았으며 유네스코 아·태 문화원장을 끝으로 유네스코를 떠났다. 암 투병을 하다 안타깝게도 2010년 3월 18일 62세로 타계했다. 그분이 돌아가신 지 4년이 되는 2014년, 나는 선생이 운영했던 '수치산방守痴山房'에 추모하는 글을 남겼다.

　　형님의 인생 시계는 2010년 3월 18일에 멈춰 섰습니다. 그러나 형님의 인생은 아직도 우리 곁에서 계속 이어지고 있습니다. 오늘 형님을 보낸 네 번째 주기를 준비하기 위해 승태(한국유네스코협회연맹, 전 사무국장)가 형님께서 만든 누리집 '수치산방守痴山房'에서 글 하나를 뽑았습니다. 2005년 9월 30일에 형님이 쓰신 글입니다. '안부 묻기'에서 형님은 이렇게 썼습니다.
　　"누군가 그리운 사람을 갖는다는 것은 좋은 일입니다. 그리고 문득 그가 어찌 살고 있는지 궁금해지고 그래서 만사를 제쳐두고 달려가 만나고 싶어지고 그러나 어디에 살고 있는지도 모른다는 것을 알았을 때 아~ 이렇게 사는 것인가 하고 창밖을 봅니다."

그러면서 가을에는 오랫동안 만나지 못한 그리운 사람에게 안부를 묻자고 말씀하셨더군요. 문재(현 문일고 교사)는 가을에는 그리운 사람에게 안부를 묻고, 봄에는 만나는 것으로 뜻깊은 해석을 했습니다. 그리하여 형님은 봄이 시작되는 3월 중순 우리들을 만나게 하기 위해 삶의 마침표를 찍으셨던 것인가요?

우리 곁을 떠난 지 4년 햇살 따뜻한 오늘, 형님이 머물고 있는 이천의 유네스코 청년원을 다시 찾았습니다. 강대근 이름 석 자를 알고 있는 사람들에게는 가을에만 그리운 것이 아니라, 살아가면서 힘들 때 그리워지는 사람 강대근입니다. 시대의 아픔을 괴로워할 때 찾아가 위안 받을 수 있었던 사람 강대근이었습니다. 강대근 이름 석 자를 통해서 힘을 얻었던 우리들이었습니다. 강대근 이름 석 자를 알고 있음으로 하여 자랑스러웠던 우리들이었습니다. 형님이 떠나간 빈자리, 아쉬워 다시 찾은 청년원입니다. 문화원으로 이름이 바뀌었지만 우리에게는 익숙한 '유네스코 청년원 젊음의 집'입니다. 형님의 영원한 안식처이지만 강대근을 벗으로 생각하는 우리들에게는 형님이 여기 있음으로 하여 이곳이 고향 같은 곳이 되었습니다.

형님이 세상의 벗들과 이별한 2010년 이후 4년, 형님이 살아 계셨을 때 사랑했던 이 땅의 청년들을 생각하면 많이 우울합니다. 형님은 2009년 2월 16일. 5년 전의 하루를 '수치산방'에 이렇게 썼습니다.

"오늘은 매우 추웠다. 시내에 나가는 길에 신문을 사서 읽었다. 신문은 우울하다. 김수환 추기경께서 선종했다고 한다. 김영승 교사가 일제고사를 학생이 선택할 수 있다고 학생들에게 말한 책임으로 파면되었다고 한다."

또 최루탄을 다시 사용하자는 소리, 사형제도 폐지를 다시 논의한다는 소리, 실업자는 자꾸 늘어간다는 소식이 들린다면서 오늘은 많이 슬프다고 하셨지요. 그러면서 그날 선종하신 추기경께는, 이제는 세상의 '속 터지는 소식'을 듣지 않아 좋겠다는 생각이 든다고 역설적으로 말씀하시면서 좀 더 오랫동안 우리 곁에 계시면서 그냥 웃으시는 얼굴만 보아도 좋았을 것이라고 하셨지요. 그렇습니다. 우리 역시 형님이 없음으로 하여 슬픕니다. 좀 더 오랫동안 우리들 곁에 있음으로 하여 가끔 지긋이 웃는 모습을 보는 것만으로도 우리에게는 그냥 좋았지요.

형님이 세상의 벗들과 이승에서 아쉬운 이별 후에도 세상은 달라지지 않았습니다. 제주도 강정에서, 경상도 밀양에서 끝이 보이지 않는 싸움은 계속되고 있습니다. 삶의 터전이 송두리째 뽑혀나가는 것을 온몸으로 몸부림치며 막아보려 하지만 노약한 사람들은 군홧발에 짓밟히고 있습니다. 타락한 권력의 뻔뻔함은 군사독재 시절을 넘어서고 있습니다. 먹고사는 것이 힘든 사람들은 저세상을 바로 천당으로 알고 '죽음'을 두려워하지 않고 있습니다. 이 땅의 청년들은 그저 열심히 살아갑니다. 사는 이유가 똑같을 수 없는데도 '성실'이란 이름으로 열심히 살아가고 있을 뿐입니다. 대부분이 비정규직으로 살아가면서 "나만 그런 것이 아니"라는 것으로 위안 삼으며 사랑도, 결혼도 유예하면서 살아가고 있습니다. 형님이 그렇게 사랑했던 청소년들이라고 다르지 않습니다. 대학이 삶의 최고 가치이고 행복의 기준이 되고 있는 것은 예나 지금이나 다르지 않습니다. 맹목적으로 열심히 하면 성공할 수 있다는 신화는 삶의 진실을 외면하고 있는 것이지요. 공허함은 맹목적인 '희망'으로 채워지지 않는 것임에도 우리는 그렇게 적당히 거짓말하며 살아가고 있습니다. 안타깝고 괴로운 일이지요.

그러나 포기할 수 없는 일입니다. 형님이 그렇게 말하셨기 때문입니다. 도전하지 않는 사람은 청년이 아니라고 했기 때문입니다. 용기가 없는 사람은 청년이 아니라고 했기 때문입니다. 무기력한 모습은 청년이 아니라고 했기 때문입니다. 형님이 사셨던 모습으로 살아가기 위해 도전하는 용기를 내려놓지 않고 살아가고 있습니다. 강대근 이름 석 자를 통해 세례 받은 '젊음'이 아직은 소진되지 않았기 때문입니다.

형님, 형님의 인생 시계는 4년 전에 멈췄지만 강대근의 인생은 늘 우리 곁에 있을 것이며 형님과의 아름다운 만남은 계속 이어질 것입니다.

박정희 시대의 종언

1979년 10월 26일, 대학교 3학년 당시 한국유네스코학생협회 임원으로서 호남 지역에 유네스코가 있는 대학을 순방하기 위해 전라북도 이리에 갔을 때였다. 여관에서 숙소를 정하고 다음 날 일찍 원광대학교 유네스코학생회를 방문하기로 후배와 약속을 하고 잠자리에 들었다. 이른 아침에 갑자기 후배에게 전화가 걸려왔다. 전국에 비상계엄령이 발동되어 대학에 휴교령이 내렸다고 했다. 1979년 10월 17일 부산과 마산에서 유신을 반대하는 대규모 시위가 있었고 그로 인해 부산과 마산지역에 비상계엄이 내려진 상태였다. 대학생들의 유신 반대 시위가 전국적으로 확산되는 것을 막기 위해 박정희 정권이 비상수단을 취한 것이라 생각했다. 서둘러 텔레비전을 켰더니, TV에서는 박정희 대통령 유고라는 알 수 없는 방송을 내보냈다. 8시쯤 되어서 박정희 대통령이 서거했다는 청와대 공식 발표가 나오기 시작했다. 독재정권 18년, 박정희 시대가 종언을 고한 것이다.

박정희 정권의 종언은 민주화에 대한 새로운 기대감을 갖게 했다. 그러나 '서울의 봄'은 전두환 군부 세력이 전면에 등장하면서 겨울공화국으로 치달았다. 해가 바뀐 1980년, 대학교 4학년이 되었을 때 마주한 5·18 광주항쟁 소식에 방황할 수밖에 없었다. 비상계엄 확대로 대학은 군인들이 점령하고 학생 출입을 통제했다. 할 수 있는 것은 아무것도 없었다. 아니 아무것도 할 수 없었던 것이 아니라 그 시대에 뛰어들 용기가 없었던 것이고, 그 시대가 두려웠던 것이다. 배낭 하나 메고 무전여행을 떠났다가 다시 찾았던 곳이 이천에 있는 유네스코 청년원이었다.

박정희 정권의 유신 시대. 헌법상으로만 민주공화국이었을 뿐, 국민을 위한 기본법은 사문화되었고, 절대 권력을 행사할 수 있는 박정희 왕국이었다. 입법부도 그러했고, 사법부라고 다르지 않았다. 정권을 비호하기 위해 사법적 살인조차 용인한 사법부였고, 정권을 유지하는 데 필요한 법을 양산하고 통과시킨 입법부였을 뿐이었다. 대학생이었던 나는 세상에 대해 관심이 없었던 것은 아니었지만 그 세상에 대해 절반은 눈을 감고 보냈던 것은 아닐까. 피부로 느끼는 두려움 속에 살았다. 많은 사람들은 그 시절을 민주주의의 겨울공화국으로 규정했으며 민주주의의 암흑기라고 불렀다. 그 시대와 불화한 사람들은 그러한 체제를 부정했고 투쟁했다. 외면했다면 남부럽지 않게 살 수 있었던 사람들이 목숨 걸고 저항했다. 반독재 투쟁과 민주화 운동에 헌신한 분들에게 늘 미안한 감정으로 살았다.

우리 교육, 우리 학교

시간은 흘러갔고 다음 해 대학을 졸업한 나는 1981년에 중학교 교사가 되었다. 당시 학교는 거대 학교, 거대 학급으로 한 학년이 20개 학급을 넘었고, 한 학급당 학생 수는 70명을 넘었다. 학교는 수용소 같았다. 교육의 이름으로 체벌이 당연한 것으로 생각되었고, 학생 인권이란 말은 생소했다. 유신 시대와 별로 다를 것이 없던 전두환 군부독재정권 시절이었다. 학교 역시 획일적이고 통제가 일상화되었다. 수평적 관계여야 할 학교는 수직적 관계로 이뤄졌다. 학교 권력의 최고 정점에는 교장이 있었고 그 아래 교감, 주임, 담임교사가 있었다. 교육계의 최고 정점에는 교육부(당시 문교부)가 있었고, 정권이 있었다. 교육의 문제는 한국 사회의 구조적인 문제이기도 했다. 따라서 전교조가 만들어진 것은 역사의 필연이었다. 시기가 늦고 빠르다는 것의 차이가 있었을 뿐이다. 교육이 교사 한 개인의 성실함만으로 바뀔 수 있는 문제가 아니었기 때문이다. 잘못된 교육 현실을 보고 눈을 감는 것이 교사로서 양심에 걸렸다. 내가 전교조 활동을 한 이유이다. 1989년, 그 일로 학교를 떠나야 했다.

4년 6개월 후에 학교로 다시 돌아올 수 있었던 것은 다행스러운 일이었지만, 학교는 해직 당시와 크게 다르지 않았다. 대학 입시에 종속된 고등학교 입시 교육은 조금도 달라지지 않았다. 입시가 학력고사에서 수능 시험으로 바뀌었을 뿐 입시 경쟁은 더욱 심화되었다. 대학 입시가 교육의 전부인 학교에서 가장 큰 피해자는 늘 학생이었다. 학생들은 자신의 삶을 미래에 저당 잡힌 채 그 시기를 묻어놓고 살아갔다.

교사는 교과서의 내용을 충실하게 가르치는 것에서 더 나아가 시대정신을 이야기할 수 있어야 한다. 물론 성장 과정의 학생들에게 어떤 내용과 가치를 가르칠 것인가에 대해서는 신중해야 하지만 교과서 지식만을 교육의 전부로 생각하는 것은 또 다른 교육 편견이다. 가치 판단이 미숙한 학생들에게 교사의 주관적 신념을 강요하는 것은 경계해야 할이겠지만, 성장 과정에서 세상을 바라보는 눈을 갖도록 하는 것은 교과서를 넘어서야 할 일이다. 올바른 역사 인식과 보편적인 민주 의식을 갖게 하는 것은 학교에서 마땅히 권장해야 할 덕목이다. 교과서 지식 못지않게 중요하게 가르쳐져야 할 덕목들이 무시되고 오직 성적이 최고의 가치로 생각되고 있는 요즘의 학교는 또 다른 우리 교육의 왜곡이다. 학교의 성적이 인생의 성적표가 될 수 없음에도 아직도 우리는 그 수준에서 조금도 벗어나지 못하고 있다.

지금과 같은 교육으로는 상급 학교로 올라갈수록 학생들은 자신의 무능을 처절하게 느끼고 실패와 좌절을 맛보며 낙오자로 살아가게 될 것이다. 그 낙오에서 벗어난 학생일지라도 입시 경쟁에서 꼭 성공하는 것은 아니다. 잠시 유예되고 있을 뿐 더 많은 학생들이 실패한다. 최종 학교를 졸업하고 세상과 당당하게 맞설 수 있는 사람은 극히 일부이다. 절대다수의 학생들에게 좌절과 패배만을 안기고 있는 학교라면 이미 우리 교육은 실패하고 있는 것이다. 그렇다고 가르치는 교사라고 해서 다르지 않다. 알면서도 그 실패의 구렁텅이로 안내하는 것이 교사라는 사실을 깨달을 때, 교사는 괴롭다. 학부모라고 예외일 수 없다.

의사의 말, 교사의 말

몇 년 전에 겪었던 개인적 경험이다. 불안한 마음으로 병원을 갔다. 일주일 전부터 오른쪽 옆구리와 허벅지 사이에 알 수 없는 증상이 나타났다. 아침에 일어나고 잠자리에 들려고 누울 때 자연스럽지가 않았다. 아픈 것도 아니었지만 편한 것도 아니었다. 시간이 갈수록 증상의 부위가 약간씩 넓고 커지는 느낌이 들었다. 마음이 편치 않았고 시간이 흐를수록 불안감이 들었다. 스트레스를 받아 병을 키우고 있다는 생각까지 들었다. 추석이 지나고 연휴가 끝나는 날, 재량수업을 하는 날 병원에 가

봐야겠다고 생각했다. 막상 가려고 하니 아팠던 데가 좀 덜한 것 같아 다행이다 싶었지만 하루를 넘기지 못했다.

다음 날 학교 갔다가 수업이 끝나자마자 하던 일을 멈추고 둔촌동 병원으로 갔다. 별것 아니겠지 하면서도, 생각을 넘어서는 병으로 진단받았을 때 '어떻게 해야 하나?' 정리가 되지 않았다. 병이 깊어 치료가 불가능한 상태라면, 그때는? 아빠 없는 딸 경주와 아들 경석이가 생각났다. 아내가 생각났다. 아버지는? 그러나 모든 것은 덤덤하게 받아들일 수밖에 없는 일. 구차하게 살기 위해 애쓰는 것보다 젊은 모습으로 영원히 남는 것도 나쁘지 않겠다는 생각도 들었다. 진료를 기다리는 동안 애써 태연하게 마음먹으려고 노력했다. 추석 연휴 다음이라 그런지 병원은 의외로 한산했다. 전에도 한 번 와서 진료를 받았던 내과였다. 의사 선생님으로부터 오늘은 어떤 말을 듣게 될까? 증상을 말하고 병상 침대에 누워 불편한 곳을 직접 가리켰더니 의사 선생님이 그 부위를 몇 번 눌렀다. 이곳저곳 누르는데도 크게 아픔이 느껴지지 않았다. 집에서 자리에서 누울 때와 일어날 때 불편했던 그대로였다. 의사 선생님은 "근육통이다. 걱정할 것 없다. 별도의 약도 필요 없다. 심한 운동을 하지 말고 쉬면 될 것"이라고 말했다. 일주일 전부터 병원 오기 전까지 온갖 망상 속에 지냈던 불편함이 그 '말' 한마디로 말끔히 가셨다.

아직 늦여름의 더위는 가시지 않았지만 마음만큼은 청명한 가을이었다. 집으로 돌아오는 길이 참 가뿐했다. 의사의 한마디는 환자의 삶의 희비를 가른다. 교사의 한마디 또한 학생들에게 희망의 씨앗이 싹트게도 하고, 가슴에 대못을 박는 경우도 있을 것이다. 학생들을 향한 말 한마디, 정말 신중하게 해야 한다. 미움을 갖고 학생을 만나면 미움이 전달될 것이고, 사랑을 갖고 만나면 사랑을 싹틔울 것이다. 어떤 때는 사랑이 오히려 조롱당할 때가 많다. 그래도 아이들은 커간다는 믿음을 버릴 수는 없다.

아직도 입시가 전부인 교육 체제에서 벗어나지 못한 교육 생태계에 머물고 있는 것이 한국 보통 교육의 현실이다. 학생들이 행복하지 않은 학교, 교사들이 가르치는 것을 즐겁게 느끼지 못하는 학교, 불행한 일이다. 그런데도 교육 문제에 대해 꿈틀대다가 끝난 교사 생활이었다. 해직되었다가 복직했을 때의 마음을 잊지 않기 위해 노력했다. 애를 썼을지언정 별로 달라지지 않았다. 현재의 교육 체제에서 고민만 하다가 끝난 교사 활동이었던 것 같다.

더구나 학생들에게 거부당하는 일도 있었다. 대학 입시에 걸림돌이 되는 것을 용납하지 않는 아이들이다. '나'만 살겠다는 아이들이 되었다. 어느 사이에 우리 아이들은 그렇게 되었다. 그것이 곧 학생들의 책임이 될 수 없음은 너무도 당연하다. 그렇게 생각하는 것조차 어쩌면 무책임하고 비겁한 일이다. '고백'을 하고 '변명'을 하는 이유이다.

"선생님은 달라요"

36년 전, 도봉중학교(1981년 3월~1984년 2월)

그날 아침 까치의 지저귀는 소리는 평소와는 달랐다. 경쾌하고 명징한 소리의 이어짐, 뭔가 좋은 일이 있을 것만 같은 기분 좋은 아침이었다. 대학을 졸업하고 과천에 있는 사립 고등학교에서 임시 교사로 근무한 지 한 달이 거의 다 되어갈 때였다. 당시 순위고사에 합격을 해놓고 정식 발령을 기다리고 있었다. 그러다가 발령 소식을 전해 들은 것은 그해, 1981년 3월 29일이었다. 서울의 북부교육청 장학사로부터 연락이 왔다. 3월 30일, 출근할 준비를 하고 북부교육청으로 나오라는 전화였다. 임시 교사로 근무하던 학교 학생들에게 떠나는 인사도 하지 못하고 북부교육청으로 갔다. 담당 장학사로부터 발령받은 학교를 소개받고 그날 오후 전학생 같은 기분으로 도봉중학교를 찾아갔다. 교장, 교감 선생님께 부임 인사를 드리고 교과 주임으로부터 교과서를 받아 들었다. 정식 교사가 되어 다음 날 수업 준비를 위해 가슴 벅찬 밤을 보냈다.

대학원 진학을 위해 잠시 머물 것으로만 생각하고 시작했던 교직이었다. 평생 교사가 될 것이라곤 전혀 생각하지 않았던 때였다. 첫날 교실 풍경. 70명에 가까운 아이들, 책상과 걸상이 틈바구니 없는 꽉 찬 교실. 숨 막혔다. 당시 한 학년이 20여 개 학급, 전체 60여 개 학급이었다. 70

명의 이름을 외우는 것이야 힘든 일은 아니었지만 학생들의 특성을 파악하는 것은 쉽지 않았다. 뒤에 안 사실이지만 한글을 쓸 줄도 읽을 줄도 모르는 학생이 중학교 2학년에도 있었다. 초등학교 때부터 학습 결손이 누적되다 보니 한글도 깨우치지 못하고 학년만 올라갔던 것이다.

교사들이 근무하는 교무실이라고 다르지 않았다. 교실 세 개를 튼 교무실 하나에서 80여 명이 함께 근무했다. 그렇게 큰 교무실에 전화는 한 대뿐이었고 전화는 교감이 독점했다. 사적인 대화는 보호받을 수 없었고 조금이라도 전화가 길어지면 교감한테 무안을 당하기 일쑤였다. 또 지각이라도 할 것 같으면 굴욕을 감수해야 했다. 교감 앞에 있는 출근부에 서명을 하기 위해 머리를 조아려야 했고, 마음씨 고약한 교감을 만났을 때는 눈을 부라리는 교감의 눈총을 받아야 했다. 철제 책상은 낡았고 더러 고물상에나 가 있어야 할 나무 책상도 있었다. 남교사 책상 위에는 재떨이가 놓여 있었는데, 쉬는 시간이면 교무실은 수업을 마치고 나온 남교사들이 뿜어대는 담배 연기로 가득했다. 책상 위에는 책이 놓여 있었으나 관리자의 취향에 따라 책상 위의 책을 모두 치우고 퇴근해야 하는 학교도 있었다.

숙직 교사와 경비

당시에는 남교사가 돌아가며 숙직을 했다. 학교에 값나갈 물건이 있는 것도 아닌데 좀도둑이 학교에 들어오는 경우가 있었다. 숙직을 한 당일 학교 기물이 없어지는 경우에는 숙직 교사가 모든 책임을 뒤집어써야 했고 시말서도 써야 했다. 교사가 숙직하는 동안에 학교를 지키는 경비 역할까지 맡아야 했던 것이다. 숙직을 서면 순찰대장에 근무 상황을 적어야 했기 때문에 시간에 맞춰 순찰을 돌며 건물 상태를 점검했다.

근무하는 시간 동안 정해진 시간에 맞춰 순찰을 돌다 보니 제대로 잠을 잘 수도 없었다. 거의 밤을 꼬박 새고 다음 날 수업을 하려니 말도 제대로 나오지 않았다. 그다음 날 동료 교사에게서 숙직하는 요령을 배우게 되었다. 그 이후 숙직을 할 때는 밤 12시에 최종 순찰을 한 후 잠자리에 들었다. 그리고 다음 날 일찍 일어나 검침 시간을 조작하는 방식으로 밤새는 것을 모면했다. 그러다 보니 마음은 늘 꺼림칙했다. 더구나 숙직 교사가 제대로 당직을 서는지 확인하기 위해 교육청에서 보안 감찰이 나올 때도 있었다. 결국 숙직하는 교사는 도둑이 들지 않기만을 바랐고 아침에 일어나서 도둑이 들지 않은 것을 다행으로 생각해야 했다.

숙직 교사를 위해 동료 교사들이 동반 위로 숙직을 하기도 했다. 숙직하는 동료의 취향에 따라 술을 마시며 늦은 밤까지 함께 교육 문제에 대해 담소를 나누고 고스톱을 치면서 시간을 보내기도 했다. 일요일과 공휴일에도 여교사와 남교사가 돌아가면서 근무를 했다. 하는 일 없이 학교에 나왔다가 퇴근하지만 그날 학교 건물이 훼손되고 유리창이 파손되는 일이 있으면 그 모든 책임이 당직 교사에게 돌아갔다. 교사에게 경비직의 역할이 주어진 것이 아님에도 교사들은 시키면 시키는 대로 따를 수밖에 없었던 시절의 풍속도였다. 교사의 숙직 제도와 출근부는 전교조 결성 이후 폐지되었다.

학생들은 학교 운동장 이외의 체육 시설을 기대할 수 없었다. 학생들은 점심시간만 되면 후딱 밥을 먹어치우고 운동장에 나갔다. 수많은 학생들이 그 좁은 운동장에서 축구를 했는데도 큰 사고가 일어나지 않았던 것이 신기하기만 했다. 학생들의 복지 시설은 아예 꿈도 꾸지 못했으며 교실에 선풍기도 없었다. 겨울에는 교실을 일주일씩 책임지는 당번이 다른 학생들보다 일찍 나와 조개탄을 배급받아 불을 피웠다. 사립학교에는 학교 식당이 있었는지 모르겠으나, 우리 학교는 학생들은 물론이고 교사도 도시락을 준비해서 교실과 교무실에서 삼삼오오 모여 식사를 했다. 그때 늘 함께 도시락을 먹었던 동료 교사 중에 김명규(중도에 사표를 내고 목사가 됨), 박수화(현 문정고 교장) 선생님이 있었다. 처음에는 식사를 같이 하는 동료 교사였으나 시간이 흐르면서 교육에 대한 생각을 함께 나누는 관계로 친해졌고, 후에는 서로 다른 학교에 근무하면서도 계속 만나면서 평생 교육 동지로 살아가고 있다.

군대 조직 같은 학교

교사는 학교 행정의 말단이었고 교사 위에 주임, 주임 위에 교감, 교감 위에 교장 그리고 상급 관청(지역 교육청)은 상전이었다. 명절 때에는 주임이 중심이 되어 부서별로 돈을 거둬 교장에게 전달하는 학교도 있었다는 풍문이 들렸다. 그것을 당연하게 생각했던 때였다. 학교는 철저하게 통제받는 사회였고 교장의 지시와 명령만 있을 뿐 문제를 제기하는 것은 상상하기 힘들었다. 교사와 관리자는 역할 분담 차원의 수평적 관계가 아니라 철저한 상명 하복의 수직적 관계였다.

학교의 일상 또한 다르지 않았다. 모든 교사는 순환하여 일주일에 한 번씩 근무하는 주번(당번) 교사 제도가 있었다. 주번 교사는 직원회의에서 그 주의 활동 목표와 실천 사항을 발표했고, 주번 학생은 그것을 교실 칠판에 적어놓아야 했다. 주번 교사와 학생들은 주번의 신분을 나타내는 완장을 팔뚝에 찼다. 주번 교사는 다른 교사보다 30분 정도 일찍 학교에 나와 학급의 주번 학생을 소집하여 인원 점검을 했고 그날 주번이 해야 할 임무를 전달했다. 학교 수업을 마치고 나서는 종례를 통해 교실 정리에 대한 최종 책임을 점검했다. 청소가 제대로 되지 않았을 때 주번 교사는 교감에게 불려가서 주의를 들었고 주번 교사는 주번 학생을 불러 벌을 주기도 했다. 학교에서도 군대와 같이 점호로 하루를 시작하고, 수업이 끝날 때도 늘 있었다. 교육을 하는 학교가 병영화되었던 것이다. 군사 문화가 학교 속에 깊숙이 들어온 결과였다. 군사독재정권이 학교를 통제하는 방식이 그러했다.

교사와 학생 관계 또한 다르지 않았다. 모든 것이 위계와 질서가 있어야 했다. 빗나가는 경우에는 교사나 학생 모두 '버르장머리' 없는 사람이 되어야 했다. 초임 교사로서 열정과 의욕만으로 많은 것들이 용서되는 시기였지만, 젊은 생각에 문제를 제기하면 선배 교사의 과거 무용담을 한참 동안 들어야 했다. 그렇게 말하는 선배들의 모습에서는 어떤 낭당함도 찾아볼 수가 없었다. 평교사로 정년퇴임하는 것은 교육자로서 실패한 삶이라는 자조 섞인 푸념을 들어야만 했다. 역설적으로 그 시간 속에 교사의 길을 걷게 된 계기가 있었다. 2007년 후배 교사였던 최화섭(현 국사봉중학교장) 선생님이 국가보안법으로 구속되어 그의 석방을 촉구하는 탄원서를 법원에 제출했다. 그 탄원에서 나는 1981년 교사로 발령받은 당시의 학교 분위기와 교사가 된 동기를 다음과 같이 기술하였다.

'내가 교사인가?' 스스로 물어보는 질문에 부끄러움을 느낄 때가 참 많았습니다. 교사 되겠다는 생각을 해서 교직에 나온 것이 아니었기 때문에 더욱 그랬던 것 같습니다. 그럼에도 교사의 길을 걷게 된 것은 참 우연이었습니다. 처음 교직에 나왔을 때 선배 교사들이 후배에게 전해주던 "젊었을 때 떠나라"는 말은 가히 충격적이었습니다. 선배 교사들이 전한 교직은 정말 희망이 없었습니다.

1981년. 능력(?) 있는 사람들은 경제 호황기에 교직을 많이 떠났고, 능력 없는 사람들이 남아 있는 곳이 교직이라는 자조 섞인 말도 들은 적이 있습니다. 당시 교장, 교감 되기 위해서는 '장(교장) 천, 감(교감) 오백'이라는 말이 공공연했던 시절이었습니다. 교장, 교감 되는 것이 교직 사회에서 출세하는 것이고, 그렇지 못한 사람들은 실패한 교육자로 생각하던 때였습니다. 이후 교사라는 직업을 처음 진지하게 고민했습니다. 그리고 실패한 교육자로서의 삶을 스스로 선택했습니다. 그렇게 시작한 교직 생활이었습니다. 젊었을 때는 의욕 하나만으로도 많은 실수가 덮어졌습니다. 시행착오는 한 번으로 끝나지 않았습니다. 용기 하나만으로 학생들을 만나온 것 같습니다. 돌이켜 보면 정말, 만용蠻勇이었습니다.

그렇다고 지금 크게 달라진 것은 없습니다. 가르치는 교실 현장에서 똑같은 실수를 늘 하고 있다는 생각을 합니다. 가르치는 것의 어려움을 많이 느끼고 있습니다. 학생들을 만나기 위한 준비도 소홀히 할 때가 많습니다. 한때는 외부적인 조건에서 그 이유를 찾기도 했습니다. 해서 교사의 교육 활동을 제약하는 권력과 싸우기도 했습니다. 이제 교사가 가르치고 싶은 것을 제약하려는 권력의 힘은 전과 많이 달라졌습니다. 늘 어떻게 가르쳐야 하는가를 고민하고 있습니다. 또 무엇을 가르쳐야 하는가에 대해서도 이따금 되돌아보기도 합니다. 고민은 부족함에서 나오고 있습니다. 부족함을 채우려 하지만 원초적 한계를 뛰어넘지 못하고 있습니다.

교사 최화섭, '탄원서: 최화섭 선생님이 있어야 할 곳은 학교입니다'에서

빵 상자 속에 들어 있던 봉투

다음 해 처음으로 담임을 맡았다. 학부모가 찾아와서 면담을 마치고 봉투를 놓고 간 적이 있었다. 편지려니 생각하고 봉투를 열어보니 그 안에는 빳빳한 지폐가 다섯 장 가지런히 들어 있었다. 당시 월급을 20만 원 약간 넘게 받았으니 촌지 5만 원은 큰돈이었다. 초등학교 4학년 때

학교 근처에 있는 구멍가게에서 친구들과 모의를 하고 '사탕'을 훔쳤을 때만큼 가슴이 두근거리고 얼굴이 화끈거렸다. 퇴근하고 집으로 버스를 타고 가면서도 촌지를 받아야 할지 아니면 돌려줘야 할지 마음이 오락가락했다. 집에 가서도 촌지를 어떻게 처리할지 결심을 하지 못하고 밤새 뒤척이며 잠을 설쳤다. 참 당혹스러운 일이었다.

다음 날 가까이 앉은 선배 교사에게 촌지를 받은 사실을 말씀드리고 어떻게 해야 하느냐고 묻자, 아무렇지 않게 그냥 받아두라고 했다. 학생들을 위해 쓰라는 선배도 있었고, 퇴근 후에 술을 사라는 선배도 있었다. 말하는 것으로 봐서 농담이 아니었다. 그러나 그것은 답이 아니라는 생각을 했고 결국 편지를 써서 학생 편에 돌려보냈다. 다행히 그해 담임이 끝날 때까지 촌지를 가져오는 학부모는 더 이상 없었다. 그만큼 생활이 넉넉하지 못했던 학생들이 많았던 지역의 학교였다. 그다음 해에도 담임교사를 맡으면서 촌지를 받았을 때는 편지를 써서 돌려드렸으나 늘 그러했던 것만은 아니었다. 노골적으로 촌지를 가져오도록 학생에게 압력을 가하는 교사, 가성방문을 통해 촌지를 수금(?)하는 교사 얘기도 돌았고, 촌지를 학교에 가져다주는 것이 관행으로 생각되기도 했던 시절이었다.

1989년 전교조에 가입하고 탈퇴하지 않았다는 이유로 해직되었다가 1994년 3월 복직한 이후 촌지에 대한 생각은 더 확고했다. 전교조 교사는 촌지를 받지 않는다는 평판을 들으면서 촌지를 받을 수는 없었다. 한 번 촌지를 거절하면 학부모 사이에 소문이 나서 그런지 그 이후에는 촌지를 가져오는 학부모가 없었다. 학기 초에 학부모 총회를 할 때 전교조 교사라는 사실을 밝히고 촌지 때문에 담임교사 찾아오는 데 부담을 갖지 않아도 된다는 말씀부터 드리고 시작했었다. 그럼에도 불구하고 어떤 학부모가 케이크 상자에 봉투를 넣어 건네는 경우가 있었다.

어머님이 전해주신 빵을 고맙게 받아들입니다. 빵을 학교 사무실에서 풀어보는 것이 결례일 것 같아 상당히 주저했습니다. 집에서 혹시 당할지도 모르는 당혹스러움을 벗어나기 위해 결례를 무릅쓰고 빵 상자를 뜯었습니다. 우리 아이들이 좋아하는 빵이라 너무도 기분 좋았습니다. 특히 저도 좋아하는 빵입니다. 보내주신 빵은 아이들과 함께 맛있게 먹도록 하겠습니다.

빵 위에 얹어놓으신 봉투를 열고 무척 고민이 되었습니다. 제게는 참으로 큰돈이었습니다. 지난 5월 봉급 총액이 100만 원 약간 넘은 것을 보고, 해도 너무한다는 생각을 한 적이 있습니다. 교사에 대한 처우 개선을 한다면서 줬던 체력단련비가 사라지면서 100만 원이 약간 넘는 봉급을 받아야 하는 달이 날로 줄어들고 있습니다. 어머니께서 전해주신 봉투는 제게 참으로 큰 액수입니다. 참으로 유용하게 쓸 수 있는 액수이기도 합니다. 그러나 아직도 결벽증에서 벗어나지 못하고 있습니다. 학기 초 학부모로부터 상품권을 받은 적이 있습니다. 받고 나서도 오랫동안 고민을 했습니다. 전교조 교사라는 것이 때로는 굴레로 작용하여 마음에도 없는 행동을 하는 것 같을 때도 있지만 그나마 그러한 자존심도 갖지 않았다면 오래전에 저는 교직을 떠났을지 모릅니다. 전교조 교사마저도 이제 촌지를 받는다는 말을 듣고 싶지는 않습니다. 적은 교사의 봉급은 교사 스스로 노력해서 정당한 봉급을 받도록 할 부분이라고 생각합니다. 학생들을 위해 다른 용도로 쓸 수 있지 않겠는가 하는 생각도 없는 것은 아니지만 아무래도 마음 불편하게 생각됩니다. 촌지 받는 교사에 대한 징계 운운은 아예 염두에도 두지 않습니다. 비록 다른 선생님이 촌지를 받는다 할지라도 지금 상황에서 비난할 생각이 추호도 없습니다.

○○아 어머님. 어머님이 전해주신 봉투 아니어도 어머님께서 담

임교사에게 전하신 고마운 뜻을 충분히 헤아릴 수 있습니다. 가지고 있다가 또 다른 유혹에 빠질지도 모를 것 같아 ○○아 편에 돌려보냅니다. 어머니께서 보여주신 딸에 대한 애정과 관심에 ○○아가 그렇게 솔직한 모습으로 자란 것 같습니다. 성적에 대한 어머님의 걱정 못지않게 ○○아도 많은 고민을 하고 있는 것 같습니다. 성적 때문에 아이들이 상처받는 일이 없도록 각별한 지도가 필요할 것 같습니다. 담임교사로서 ○○아뿐만 아니라 우리 학급 학생들에 대한 교육적 관심과 애정을 더 깊이 갖도록 노력하겠습니다. 다시 돌려드리는 것이 결례된다 할지라도 너그럽게 용서해주십시오.

1999년 5월 19일

촌지 대신 다른 물품을 가져올 때도 난감하기는 마찬가지였다. 설이었는지 추석이었는지 정확히 기억은 나지 않지만 어느 학부모가 갈비를 보내온 적이 있었다. 돈을 주고 사서 먹기에는 너무도 부담스러운 고급 선물 세트였다. 당시 그 학부모는 많은 사람들이 선망하는 직업을 갖고 있었고 갈비 세트가 부담되는 선물로 생각되지 않을 정도의 사회지도층에 있는 사람이었다. 학교운영위원으로 함께 활동했던 그는 지금 국회의원이 되어 국정을 논하는 지위에 있다. 경비실에서 이미 받아놓았고 되돌려줄 방법도 쉽지 않았다. 돌려받았을 때 학부모님이 민망해할 것 같아 주저했고 또 결례가 될 것 같다는 생각에서 받은 적이 있었다. 아내의 요리 솜씨로 맛있게 잘 먹었지만 두고두고 마음에 걸렸었다.

매를 들었던 초임 교사

초임 교사 때는 교육이 무엇인가를 알고 가르쳤던 게 아니었다. 의욕만 앞섰다. 무기력한 선배 교사와 다른 '나'로 존재하고 싶었고, 학생들에게 신망을 받는 교사이고 싶었다. 체벌이 일상이었던 시절이었기에 '매' 없이 학생을 만날 수 있다는 호기를 부리기도 했다. 그것이 교육자가 지녀야 할 올바른 태도라고 생각했다. 젊은 시절이어서 가능했을 것이다. 그러나 그것도 한 학기를 끝나갈 때 무너졌다. 한 번 무너진 이후 나도 다른 교사와 별로 다르지 않은 교사가 되었다. 나 자신에게 무척 실망했다. 교육 환경과 교실 환경을 탓하며 '어쩔 수 없다'는 말로 나를 합리화했다. 훗날 '체벌'과 관련한 글을 썼을 때 당시의 내 생각을 다음과 같이 썼다.

　　1981년 도봉중학교에서 시작한 교직 생활, 젊은 청년 시절이었었다. 대학교 때부터 유네스코학생회 활동을 하면서 유네스코 청년원에서 청소년 지도자 프로그램에 참여한 탓에 누구보다 청소년을 만나는 것이 자신 있었다. 문제 학생은 없다고 생각했다. 학생들을 대하는 교사의 접근 방식에 문제가 있는 것처럼 생각하기도 했다. 매를 드는 동료 교사를 경멸하는 듯한 태도를 취하기도 했다. 문제 교사가 문제 학생을 만드는 것은 아닌가라는 생각도 했다.
　　청소년 시기의 특성을 이해하면서 다른 교사보다 학생들과 가깝게 지냈다. 한 반에 70명 학생. 일주일에 네 시간. 한 달도 채 안 되어 5개 반 350명 학생들의 이름을 전부 욀 정도로 열정적이었다. 담임교사들로부터 학생들이 상담하고 싶은 선생님으로 가장 많은 숫자가 나왔다는 말에 당연히 그럴 것으로 생각했다. 다른 선생님보다 적게 나온 반에 대해서는 원인 분석을 하며 학생들 모두에게 전폭적인 신뢰를 받는 교사로 서겠다는 각오가 대단했던 젊은 교사 시절이었다.
　　당시 중학교 2학년 학생들을 나는 과대평가하고 있었다. 중학교

2학년 학생들에게 꿈과 희망을 이야기하며 사회정의에 대해서 말했고, 민주주의에 대해서도, 민족 분단을 어떻게 극복해야 할 것인가에 대해서 말하기도 했다. 운동권과는 전혀 관계없이 대학을 다녔음에도 학생들에게 가르쳐야 할 것은 가르쳐야 한다고 생각했다. 전두환 정권 시절이었다.

그러나 매 없이 학생들과 만날 수 있다는 오만함은 그해 여름방학 하루 전날, 여지없이 깨졌다. 지금은 왜 그랬는지조차 기억도 나지 않지만 무지막지하게 매를 들었다. 한 학생을 불러냈고, 그 학생에게 두 손은 칠판의 턱을 잡도록 했고, 엎드린 상태에서 대걸레 자루로 사정없이 내려쳤다. 그럼에도 맞는 학생은 꿈쩍하지 않고 '때릴 테면 때려봐' 흐트러짐 없이 많은 매를 맞았다. 대걸레 자루가 부러졌는지 기억이 나지 않지만 그래도 분이 안 풀려서 학생에게 소리를 질렀었다. 지금도 그 학생의 이름을 또렷이 기억하고 있다. 장○○. 이름뿐만 아니라 얼굴도 생각난다. 갸름하고 흰 얼굴에 안경을 썼고, 공부도 꽤 잘하는 학생이었다. 교사에게 그렇게 많이 맞아야 할 정도로 큰 잘못을 한 것이 아닐 텐데.

그날의 일을 생각하면 얼굴이 화끈거린다. 그날 밤은 잠도 제대로 못 잤던 것 같다. 다음 날이 방학이었다. 밤새도록 그 반 학생들에게 편지를 썼다. 왜 내가 매를 들었는가에 대해 해명하는 글이었다. 돌아보면 해명할 것도 없는 교사의 구차한 변명이었다. 매를 든 것이 아니라 폭력을 휘둘렀던 것에 대해 사과하는 내용도 포함되었다.

2002년 6월 27일 목요일, '체벌'과 관련한 글에서

다행스럽게도 첫 학교 도봉중학교에서 참 좋은 동료 교사들을 많이 만났다. 학생들을 지도하는 방식에 대해 토론했고, 교과 수업을 서로 참관하면서 교수 방법에 대해서도 논의를 했다. 뿐만 아니라 열악한 환경에서 학습 결손이 누적된 학생들에 대한 관심도 가졌다. 그때 부진아 지도에 가장 적극적인 관심을 가졌던 동료 교사가 이인규(현 한국교육연구소장), 정부영(현재 잠실고 교사) 선생님이었다. 그들과 함께 한글을 모르는 학생들을 모아서 오후에 학생들과 즐거운 시간을 보냈던 아름다운 기억도 있다. 모아놓고 보니 학습 결손이 누적된 부진아도 있었고 학습 능력이 결여된 지진아도 있었다.

그러나 전두환 군사독재정권은 학원 및 과외를 금지시켰던 초법적 조치에 따라 학습 부진 학생들을 가르치는 것조차 공문으로 막아버려 교사들의 공분을 불러일으켰다. 얼마 뒤에 학습 부진아의 경우는 예외로 한다는 후속 공문이 내려옴에 따라 다시 시작했지만, 학생들을 계속 만나는 것이 쉽지만은 않았다. 그 당시만 해도 학습 부진아와 지진아를 지도할 수 있는 학습 자료가 거의 없어 힘에 부쳤다. 결국 한 학기만 활동하고 멈췄다. 함께했던 이인규, 정부영 선생이 군대를 가면서 혼자서 감당하기 힘들어졌기 때문이기도 했다.

학생이 보낸 편지

꽤 오래전의 기억이다. 학생들에게 상당한 분량의 편지를 받은 적이 있었다. 교사 초임 시절에는 학생들이 직접 쓴 편지를 보냈다. 방학이면 선생님께 편지 쓰는 것을 장려했기 때문에 스승의 날과 방학 때가 되면 꽤 많은 편지를 받았다. 버리는 것이 아까워 계속 보관하다가 이사를 할 때마다 조금씩 모두 버리게 되었다. 그러다가 2017년 6월 말에 둔촌동에서 마천동으로 이사하면서 도봉중학교 때 학생이 보낸 편지를 서랍속에서 우연히 발견하였다. 오래된 편지여서 편지 내용이 전혀 생각나지 않았다. 두둑한 봉투에서 꺼내어 읽어보니 글씨가 참 정갈한 그 학생의 편지 속에는 당시 '문교부 장관'과 '자기 자신' 그리고 '국어 선생님'에게 쓴 편지까지 함께 들어 있었다. 세월의 무게감을 견디기 힘들었던지 변색된 편지였지만 수업 시간에 늘 충실했던 그 학생답게 글자도 반듯했다. 우표가 붙어 있지 않은 것으로 봐서 수업 시간에 과제를 내줬던 것인지, 내 주소를 몰라 친구 편에 전달받은 것인지는 기억나지 않는다. 중학교 2학년 학생이 쓴 글치고는 맹랑하기도 하고 당찬 글이었다.

문교부 장관님께

어느덧 83년 해도 며칠 남지 않고 쌀쌀한 날씨가 계속되는데 건강에 유의하시는지요? 저는 도봉중학교 2학년에 재학 중인 송재은 학생이랍니다. 장관님께 물어보고 싶어 하는 것은 다름이 아니라 우리나라 교육의 실태와 보다 나은 교육을 바라기 위한 것이랍니다. 우리나라는 인구가 많아 세계에서 손꼽을 정도로 인구 밀도가 많은 나라로 인식도 있는데 그렇다고 해서 조그만 학교에서 과분한 학생이 공부한다는 것은 우리나라의 미래에 큰 문제라고 생각됩니다. 저희 학교만 하더라도 한 반에 70명이라는 정원 속에서 생활하고 수업을 받으니 선생님들과의 충분한 대화를 할 수가 없습니다. 그러므로 좀 더 계획적인 사고방식으로 학교를 설립, 운영하며 학생들에 대한 깊은 관심을 요구하는 바입니다. 제가 문교부 장관님께 훈계를 하는 것이 아니오라 저의 조그만 생각이 우리나라 교육에 조금이라도 보탬이 되었으면 하고 보내드리오니 읽어보시고 잘 검토해주시기 바랍니다. 몸 건강히 하시고 안녕히 계십시오.

1983년 12월 13일 송재은 올림

1년 후 내 자신에게

재은아. 1년 동안 무엇을 하고 지냈니? 공부는 열심히 하였겠지.

그러나 나는 공부보다도 너의 젊은 정신이 필요하다고 생각해. 연합고사가 며칠 안 남았다고 서두르는 표정, 그건 너무나 너의 발전을 지속하는 원인인 거야. 그러므로 자기가 행동한 일은 주장할 수 있고 반성할 수 있는 맑은 정신이 필요한 것 같아. 이 이야기는 그만하고 2학년 때의 여러 선생님 아래서 다시 공부하게 되었다면서 너 참 좋겠다. 내가 2학년 1년 동안 깊은 애정을 가지고 생활했던 분들이시기 때문에 더욱 공부하는 분위기가 좋아졌겠구나. 이제는 옛날이 되어버렸지만 어느 날 운동장에서 실내화를 신고 놀았는데 화장실에 갔다 나오다가 같이 맞았던 일도 지금 내 머리를 스쳐 지나가고 있어. 이제는 모든 추억으로 남고 배운 것도 많고 씩씩한 체력을 기른 것 등. 그중에서도 가장 보람 있었던 일은 인생에 대해 깨끗하게 사는 것이지. 내가 느낀 것을 실현하려면 너희 희망인 꿈을 견지하면서 더욱 깨끗한 삶을 누릴 수 있도록 노력하길 바래. 그럼 이만.

1983년 12월 13일 송재은

국어 선생님께

안녕하십니까? 2학년 1년 동안 국어 선생님께 배우고 느낀 것이 많았어요. 지금은 국어 선생님이 존경스럽게 보일 때가 많아요. 왜냐하면 국어 선생님께선 너무나 깨끗한 삶을 영위하는 것 같아요. 2학년 첫째 국어 시간에 웬 학생인가 쳐다보았더니 알고 보니 국어과목 선생님이 아니겠어요. 그리고 시험 일정이 끝날 때면 시험을 무엇보다도 중요시한 우리는 선생님을 한때 미워하기도 하였답니다. 그때마다 '시험이 인생의 전부는 아니다'라고 말씀하신 것이 머리를 스쳐 가는군요. 16반의 내 친구를 기다리려면 선생님의 종례 말씀이 너무 길어서 짜증이 날 때도 있다구요. 그러나 내 친구가 하는 말은 우리들에게 보다 도움을 주기 위한 것이라고 들었습니다. 국어 시간은 1주일에 5번, 생각하기로는 지겹게 느껴지는데 선생님의 유머 있는 말씀이 수업을 흥미 있게 이끌어주시고 계십니다. 생각나는 대로 쓰는 글이라 좀 더 물어보고 싶은 것을 쓰지 못해 죄송합니다. 방학 기간에 편지를 다시 띄우겠습니다. 그럼 이만 줄이겠습니다.

1983년 12월 13일 송재은 올림

학생의 글을 옮겨놓고 보니 학생들에게 과제를 내주었던 것 같다. 1년을 돌아보며 자신을 가르쳤던 선생님 중 한 분을 정해 고마움을 표하는 글을 쓰도록 했다. 재은이의 글에서 수업 시간 중에 유머로 수업을 흥미 있게 이끌어주었다는 것을 보니 그때는 아이들에게 유머를 할 줄 알았던가 싶은 생각이 든다. 재미있게 가르치는 것은 교사가 느끼는 부담이었다. 평생 재미있고 유익한 수업을 고민했으나 부족함만 철저하게 느끼면서 마친 국어 시간이었다. 또 그 어린 중학생에게 무슨 할 말이 많다고 하루 종일 학교에 붙잡혀 있다가 맞이하는 해방감을 박탈했으니, 그 시간이 얼마나 견디기 힘들었겠는가. 조회, 종례 시간은 짧을수록 좋다고 생각하면서도 욕심이 과했던 젊은 교사 시절의 횡포였다.

이 선생, 제자 이봉용 그리고 조주현

평생 교육 동지가 된 제자가 있다. 그는 도봉중학교에서 내가 담임교사를 하면서 만났던 학생이었다. 지금도 1983년 그 당시를 돌아보면 몇 가지 또렷하게 기억나는 일들이 있었다. 그는 솔직하며 예의 바르고 어느 것 하나 나무랄 데 없는 참 반듯한 학생이었다. 정의감이 강했고 친구들 사이에서도 의리가 있었다. 어느 날 그에게 연락이 왔다. 오랫동안 잊고 지냈던 이름이지만, 이름만 대면 금방 떠오르는 학생이었기에 교사가 되었다는 전화를 받고 무척 반가웠다. 학생과 교사의 관계로 만났지만 이제는 교육 동지가 된 것이다. 언젠가 그가 근무하는 학교를 찾아갔었다. 점심시간이었는데 가르치는 학생의 어깨를 걸고 담소를 나누며 정겹게 걸어가는 모습을 보았다. 옛날 내 모습 속에서는 찾아볼 수 없었던 일이라 더 인상 깊었다. 그러고 나서 학교를 옮긴 후 그가 내가 근무하는 학교를 찾아왔었다. 그날의 느낌을 일기로 써놓은 게 있다.

오늘 봉용이가 다녀갔다. 중학교 교사였던 봉용이(현 성북교육청 장학사). 아현산업정보학교에서 중학생과 다른 고등학생들을 만나고 있다. 교사 되기가 어려운 요즘, 선생님 되는 것은 더욱 어렵다. 잠실고가 내려다보이는 둑길을 18년 전의 제자 봉용이와 걸었다. '재미있는가?'를 물었을 때, '힘들다'고 대답하는 봉용이의 말에 가슴이 아렸다. 인문계 고등학교에서 낙오한 학생들, 가슴에 '아픔' 하나씩을 새겨놓고 살아가는 학생들이다. 그늘진 교육의 뒷모습에 괴로워했을 봉용이를 생각한다. 노원중학교를 찾아갔을 때 교사가 되어 학생의 어깨를 걸고 담소하며 걸어가는 모습을 멀찍이 떨어져서 본 적이 있었다. 젊었을 때의 나보다 좋은 선생님. 이봉용 선생님을 보았다. 교육 사랑, 인간 사랑 그 모습으로 가길 기대한다.

2002년 4월 15일 월요일

또 다른 제자 조주현. 30여 년 전 청년 교사였을 때로 나로 돌아가게 했던 그는 '학교 밖 청소년'들을 만나고 있는 성남의 디딤돌 학교 대표 교사다. 강동구 의회의 매우 의욕적인 젊은 구의원인 박찬호. 2014년에 그가 주최한 '학교 밖 청소년'에 대한 토론회에서 그는 발제를 했고 나는 토론 내용을 듣기 위해 참석했었다. 토론회가 끝나고 바로 옆에 앉은 그는 낯이 익다면서 옛날 도봉중학교에서 근무하신 선생님이 아니냐고 물어왔다. 많은 세월이 흘러 그에게서 30년 전의 흔적을 찾아볼 수는 없었다. 그는 중학교 시절 학생부에서 억울하게 꾸지람을 듣고 있을 때 자신을 믿어주고 격려했던 선생님으로 나를 기억하고 있었다. 이제는 교사와 학생으로서가 아니라 이 시대, 교육 문제를 함께 고민하는 교육 동지로 만나게 되었다. 제자를 통해 오히려 많은 것을 생각하고 배울 기회가 생겼다. 서로가 바쁘게 지내기로서니 반가운 제자와 차만 마시고 헤어졌던 게 무척 아쉬웠다. 다시 그를 만난 것은 잠신고등학교에서 근무할 당시, 2학년 문과반 학생들을 대상으로 특별 수업을 하기 위해 강사로 초대했을 때였다.

33년 전, 오주중학교(1984년 3월~1986년 2월)

첫 학교 발령을 받을 당시 나는 장위동에 살았다. 그러다가 종암동으로 이사를 갔고 다시 송파구 방이동으로 이사를 왔다. 3년 사이에 세 번이나 이사를 해야 할 가정 사정이 있었다. 방이동으로 이사하면서 출근하는 것이 고역이었다. 지금처럼 지하철이 있는 것도 아니고 버스를 두 번씩이나 갈아타야 했다. 출퇴근하면서 많은 시간을 버스에서 보내야 했다. 4년째가 되는 해에 원거리 내신을 내서 집 가까운 오주중학교로 발령이 났다.

신설 학교라서 학교 건물이 깨끗하고, 개교 첫해 교직원은 20명이 넘지 않는 작은 학교였다. 교직원 숫자가 적으니 가족 같은 분위기였으나 해야 할 일이 많았다. 책상이 새 책상으로 바뀌었을 뿐 교사가 근무하기에는 많은 것이 부족했다. 식사를 할 곳이 없어 점심시간에 밥을 시켜

먹거나 도시락을 싸 갖고 다녔다. 교무실 책상이 수업 준비와 행정 업무를 보는 곳이었고 식사를 하는 장소도 되었다. 유일한 통신 수단이었던 교무실 전화는 그때까지도 한 대였다. 학교 주변은 도시와 농촌 풍경이 혼재되어 논밭이 있었고, 수업하다가도 꿩이 우는 소리가 들렸다. 30년이 훨씬 지난 지금은 학교 주변에 아파트가 들어섰고, 성내천에는 팔뚝만 한 잉어들이 떼를 지어 노닐다 사람 발자국 소리를 듣고 몰려드는 아름다운 경관을 지닌 학교가 되었다. 학교 주변은 옛 모습을 전혀 찾아볼 수 없게 변했다.

학생들은 순박했고 교사의 말을 잘 따랐으며 나 또한 학생들을 만나는 것이 즐거웠다. 3년 동안 남학생들만 만나다가 남녀 공학이었던 학교로 와서 여학생 교실을 처음 들어섰을 때는 참 당혹스러웠다. 교사인 내가 눈을 어디에 둬야 할지 몰라 당황했었는데, 학년이 올라가면서 그러한 모습은 조금씩 달라지기 시작했다. 일상에서 일탈과 이탈의 모호한 경계에서 그 시기를 넘어서는 중학교 2학년 학생을 만나는 것이 힘에 부칠 때도 생겼다. 하지만 총각 교사는 단 두 명, 남학생 담임교사였으나 교과 수업 시간에 만난 많은 여학생들로부터 분에 넘치는 환대를 받기도 했다. 단지 젊은 총각 선생님이라는 이유 때문이었다. 학생들과 가장 많은 시간을 보낸 시기였다. 수업이 끝난 후 학생들과 함께 농구와 축구를 했고, 주말에는 학급 아이들과 등산을 다니면서 참 재미있게 보냈다.

나를 교사로 거듭나게 한 제자들

그 당시 만났던 학생들 중에 지금도 늘 연락을 하는 제자들이 있다. 어쩌면 그들이 나를 교사로 거듭나게 했다. 오주중학교를 떠나 자양고등학교로 옮겼고, 자양고등학교에서 전교조 창립으로 해직되어 힘든 시간을 보낼 때 해직교사인 나를 찾아준 학생들이었다. 경제적 어려움으로 다른 직업 선택을 고민할 때 교사로 살아가도록 지켜준 이들이 오주중학교, 자양고등학교 제자들이었다. 오주중학교 때 만났던 경식이와 서윤이, 희경이, 미영이, 배은이와 미경이는 '스승의 날'이 되면 떡 케이크와 남들이 부러워하는 꽃바구니를 학교로 보내곤 했다. 동료 교사와 그 떡을 함께 나눠 먹으며 남들이 부러워할 만큼 자랑했던 제자들이다. 주례를 섰던 싱돈이는 건실한 가장이 되어 명절이 되면 잊지 않고 찾아왔다. 군에서 고급 장교로 근무하고 있는 은수 또한 잊지 않고 연락을 해왔다. 가장 최근에는 한동안 기억 속에서 잊고 있었던 희영이가 정년퇴임 2년 전, 서울시교육청을 통해 내가 근무하는 학교를 확인하고 찾아왔다. 지금은 같은 시선으로 이 세상을 바라보면서 시대의 동반자로 우리 사회의 민주주의를 생각하며 살아가고 있다. 2003년 대학원을 다닐 때 교육과 관련된 책을 읽고 발표하기 위해 쓴 글에서, 그 당시를 이렇게 묘사했었다.

(전략) 그렇게 해서 4년 6개월, 학교를 떠나야 했습니다. 해직 기간은 참 힘들었습니다. 활동비로 8만 원 받으면서 한 달을 견딘다는 것은 너무도 힘들었습니다. 늘 가불을 해야 했습니다. 다른 선택을 해야 하는가를 고민할 때 저를 교사로 살아가도록 똑바로 세워준 것은 제자들이었습니다. 스승의 날로 기억됩니다. 중학교 때 제자 10여 명이 전교조 사무실로 찾아왔습니다. 꽃을 사 들고 찾아온 제자들이 고마웠습니다. 찾아온 제자들은 저더러 짜장면을 사 달라고 했습니다. 사무실에 있는 다른 선생님에게 눈치를 보면서 또 가불을 해야 했습니다. 돈을 빌린다는 것이 왜 그렇게 사람을 구차스럽게 만들던지. 찾아온 제자들이 야속했습니다. 가불한 돈을

갖고 전교조 사무실 옆에 있는 중국집으로 갔습니다. "그래 먹고 싶은 것 있으면 시켜라." 호기를 부렸습니다. 제자들은 선생님 사정을 다 안다는 듯이 짜장면 이상의 음식은 시키지 않았습니다. 그런 제자들이 대견스럽기도 하고 고마웠습니다.

식사를 마치고 음식점을 나왔을 때도 밖은 어둡지 않았습니다. 제자들을 보내고 사무실로 가려고 하는데 제자들은 저더러 "지금부터는 우리들이 선생님을 모시겠다"면서 저를 택시에 태웠습니다. 택시는 건국대학교 입구에 있는 큰 술집 앞에서 섰습니다. 술집 손님은 대부분이 대학생들이었던 것 같았습니다. 술집 홀 안에는 30여 명이 있었습니다. 술을 별로 많이 마시지 않는 나였지만 제자들이 건네주는 술을 마다하지 않았습니다. 기분이 좋았기 때문에 받아 마신 술이 꽤나 되었습니다. 소주 한 잔만 마셔도 얼굴이 붉어지는 나였지만 이날만큼은 맘껏 취하고 싶었습니다. 꽤 많은 시간이 지나갔던 것으로 기억됩니다. 정신이 몽롱해지고 잠이 들락 말락 할 때 제자들이 모두 일어서 있는 모습이 보였습니다. 그중에 제자 한 명이 홀 안에 있는 사람들에게 이야기를 하는 것이 꿈속에서처럼 들렸습니다. "오늘이 스승의 날이다. 지금 저희들은 가장 존경하는 선생님과 함께하고 있다. … 전교조에 가입했다가 해직된 선생님이다. … 술을 마시다가 시끄럽게 해서 미안하다. 그러나 우리 선생님을 위해서 같이 노래 불러달라…" 술이 확 깨고, 정신이 번쩍 들었습니다. 부끄럽기도 하고 제자들이 고맙기도 했습니다. 〈참교육의 함성〉을 제자들과 함께 불렀습니다. 그리고 자리에 앉았습니다. 앉고 보니 저만 앉아 있었습니다. 다시 일어서야 하는가 싶어 일어서려고 하니 제자들이 선생님은 앉아 계시라는 말에, 술기운에 그대로 주저앉았습니다. 그러고 나서 제자들이 홀 안에 있는 사람들과 같이 노래를 부르기 시작했습니다. "스승의 은혜는 하늘 같아서…"노래가 끝날 때까지 나는 눈물을 흘렸습니다. 제자들이 너무도 고마웠습니다. 학생들을 만날 때 그렇게 잘해준 것 같지 않은데 분에 넘치는 대접을 받는 것이 너무 미안했고 고마웠습니다.

제가 가장 힘들 때 교사로 다시 거듭날 수 있도록 해준 제 인생의 동반자들입니다. 정말 힘들 때 다시 일으켜 세워준 그 제자들의 힘으로 저는 교사로 거듭날 수 있었습니다. 평생 그날의 그 장면, 그리고 그 제자들을 잊지 못할 것입니다. 세상에서 저는 가장 아름다운 제자들로부터 아름다운 빚을 졌습니다. 1994년 복직한 이후에 그 제자들은 지금도 스승의 날만 되면 꽃바구니를 잊지 않고 보내주고 있습니다. (후략)

2003년 서울시립대학교교육대학원 수업에서 '좋은 책'을 읽고 발표한 내용의 일부

금기어, 『민중교육』

오주중학교는 내 교직 생활의 두 번째 학교였지만 학교의 체제는 별로 다르지 않았다. 한 학년만 있는 작은 학교라는 것 말고는 전에 근무했던 학교와 큰 차이는 없었다. 매일 아침 직원회의 때마다 교장 선생님의 지시가 많았다. 말이 직원회의이지 각 부에서 전달하는 내용이 반이고 교장 선생님의 지시성 훈화가 반이었다. 어느 땐가는 직원연수 시간에 당시 재야 인사였던 김대중 씨를 좌경 용공분자로 교육하라고 했던 적도 있었다. 교육은 정치적 중립을 지켜야 한다고 말하면서도 광주를 피로 물들이고 집권했던 당시 군부독재정권은 학교를 자신들의 홍보 수단으로 전락시켰다.

1985년이 되었다. 정통성이 결여된 정권은 불안정한 정권을 유지하기 위해 애를 썼다. '땡전 뉴스'로 언론조차 정권의 홍보 기관으로 전락

했다. 헌정 질서를 파괴하고 권력을 찬탈했던 그들은 뻔뻔하게도 오히려 '정의사회 구현'을 국정 목표로 삼았다. 정당성도 없고 부도덕했던 군사 독재정권은 학교와 교사들을 아무렇지도 않게 정권의 하수인으로 부렸다. 뿐만 아니라 그들은 교육을 통해 노골적으로 광주항쟁을 왜곡 선전하게 했고 그들의 체제를 홍보하는 데 주저하지 않았다. 그리고 '광주'는 금기어로 만들어버렸다. 그에 굴하지 않고 반교육적이며 반민주주의적인 교육에 문제의식을 느낀 교사들은 그러한 상황을 비판한 내용을 모아 무크지로 만들었다. 그것이 바로 『민중교육』이었고, 『교육현장』이었다.

대학로에 나갔다가 지금은 사라진 '논장서점'에서 우연히 구입한 『민중교육』과 『교육현장』을 읽고 공감했던 나는 학교현장에서 느끼는 문제에 대해 글을 기고해보겠다는 생각을 했었다. 그해 여름 어느 날 KBS에서 '민중교육을 해부한다'라며 빨간 줄을 쳐가면서 『민중교육』지를 불온한 사상이 담긴 서적으로 단죄했다. 그들은 학교가 빨갛게 물이라도 든 것처럼 보도했다. 해설자의 분연한 목소리 또한 비장했다. 『민중교육』에 글을 쓴 사람들은 이미 좌경 의식화 교사로 단정했고 접근해서는 안 될 무서운 사람들로 묘사되었다. 그 장면을 보는 순간 정말 살벌했고 섬뜩했다.

어쩌면 당시 정권 입장에서 기겁을 한 것이 이해할 만도 했다. 자신들의 속내를 들켰기 때문이었을 것이다. 정권의 하수인으로 충실하게 살아왔던 교육 당국자 입장에서는 매우 불경스러운 내용이 『민중교육』에 실려 있었다. 그동안 옳다고 믿어왔던 가치 교육을 부정당했으니 광분했던 것이다. 그 일로 『민중교육』에 글을 게재한 필진은 물론이고 원고를 전달해준 사람까지 학교를 떠나야 했다. 군사독재정권답게 학교에서 의식 있는 교사를 발본색원하겠다는 의지가 엿보였다. 이후 학교에서는 『민중교육』에 나오는 내용을 바탕으로 좌경 의식화 교사를 경계하는 내용의 연수까지 진행했다. 원고를 기고하겠다던 내 생각은 어느 누구에게도 말을 꺼내지 못한 채 지나갔다.

고등학교 교사

당시까지만 해도 성실하고 양심적인 교사였을 뿐 세상을 읽어낼 수 있는 통찰력을 지닌 용기 있는 교사는 아니었다. 물론 부당한 것에 대해서는 교장 선생님일지라도 거침없이 문제를 제기했었다. 그럼에도 교사로서 열심히 하는 것을 인정받아서였는지 교장 선생님의 신임을 받았다. 그러나 2년 만에 고등학교로 옮기게 되었다. 교직 5년째 되던 해 가르치는 것에 조금씩 회의가 들기도 했고 또 당시 대입 학력고사 감독으로 갔다가 국어 문제를 풀면서 받은 충격도 컸다. 답을 쉽게 찾지 못했다. 교사로서 가르치는 것에 대한 자신감을 잃는 것만큼 큰 좌절은 없다. 계속 교사를 할 것인가 고민도 했다.

출근을 늘 같이 하면서 교육에 대해 많은 대화를 나눴던 선배 교사는 고등학교로 옮겨보기를 권했다. 조언을 받아들여 더 공부를 해야겠다는 생각으로 고등학교로 가는 것을 결심했다. 교장 선생님은 1년만 더 같이 있자고 설득했고 1년 후 잘 이끌어주겠다며 장학사에 대한 이야기도 했다. 그러나 교사 시작부터 평교사로 정년퇴임을 하겠다고 결심한 나에게 '장학사'는 관심사가 아니었다.

고등학교로 가겠다는 결심이 얼마나 확고했는지, 알지도 못하는 고등학교 교장 선생님께 우편으로 발송하기 위해 나를 소개하는 글까지 준비했었다. 당시만 해도 고등학교 교장 선생님과 사적 관계가 없으면 학교를 옮길 수가 없었다. 마침 같이 근무하던 이호상 교감 선생님께 고등학교로 가겠다는 의사를 밝히자 무학여고로 추천을 해주었다. 그때 만

낯던 교감 선생님은 내가 교직 생활을 하면서 관리자로 만났던 이들 중에서 가장 합리적이고 교사들의 교육 활동을 가장 먼저 생각했던 참 인상적이었던 분이다. 그 선생님의 추천을 받아 무학여고 교장 선생님을 만나 뵙고 무학여고로 가는 것으로 확답을 들었다.

　나중에 안 사실이지만 1년만 더 함께 근무해달라고 권유했던 최은석 교장 선생님도 더 이상 나를 잡을 수 없겠다고 판단하신 후 나에게 확인하지 않은 상태에서 자양고로 추천을 했다. 그전에 우리 집으로 전화를 했으나 공교롭게도 나는 그때 밖에서 친구들과 만나고 있었고 밤늦게 귀가한 탓에 전화를 받을 수가 없었다. 고등학교로 가겠다는 의사를 워낙 강하게 말씀드렸던지라 자양고 교감 선생님께 나를 강력히 추천했던 것이다. 그런데 교장 선생님께서 추천한 것이 오히려 화가 되어 이미 가기로 확정했던 무학여고와 새롭게 추천을 받은 자양고에서 나를 서로 데려가겠다고 다투는 모양새가 되었다. 중간에서 나는 참 난처했으나 교육청은 나를 자양고등학교로 발령을 냈다.

나는 비겁한 교사였다

29년 전, 자양고등학교(1986년 3월~1989년 8월)

자양고등학교도 개설한 지 3년밖에 되지 않은 신설 학교였다. 12개 학급. 중학교와는 분위기가 달랐다. 이미 연합고사를 보고 입학한 학생들이었다. 천방지축(?)으로 날뛰던 중학생들과는 격이 달랐다. 말이 통하는 것 같았다. 가르치는 것도 재미있었다. 교과서를 통해 들여다보는 우리 사회는 '밝음'보다는 '어둠'이 많았다. 교육을 통해서 우리가 어둠을 말하는 것은 우리가 살고 있는 세상에 대한 성찰이다. 굳이 '어둠'을 들추는 것도 부정적이고 비판적인 것을 가르치는 것이 아니라 더 나은 세계를 만들어가기 위한 희망을 말하는 것임은 물론이다. 좀 더 자세하게 들여다볼수록 비판적일 수밖에 없었다. 현실 비판적인 교사의 말에 대해 학생들은 많은 공감을 했다. 전두환 정권 말기였다.

그때도 대학 입시 경쟁은 지금과 크게 다르지 않았다. 1980년 당시 군부 세력은 민주화 요구를 총칼로 진압했고 정권을 탈취하기 위한 수순으로 국보위(국가보위비상대책위원회)를 설치하고 전두환 당시 보안사령관이 위원장을 맡았다. 국보위에서는 민심을 끌어들이기 위해 사설 학원과 과외 금지 조치를 내린 것이 1980년 7월 30일이다. 그렇다고 사설 학원과 과외가 완전히 사라진 것은 아니었다. 학교에서는 학생들을 늦게까지 잡아두고 보충수업과 자율학습을 강요했다. 학생들에게 학교는 공부하는 기계처럼 살아가는 공간이 되어갔다. 정규 수업이 다 끝나고 나서 학생들은 보충수업을 들어야 했다. 자기에게 부족한 과목을 듣기 위한 보충수업이 아니라 의무적으로 들어야 하는 강제 수업이었다. 학생들에게 선택할 권리는 없었다. 학습에 의욕이 없는 학생들도 그 시간에 잠을 자더라도 교실에 앉아 있어야 했다. 담임교사는 보충수업에 불참한 학생들을 도망자로 몰아갔다. 도망가지 않도록 단속해야 하는 역할을 담임교사가 맡아야 했다.

보충수업 이후에도 학교의 일과는 끝난 것이 아니었다. 다시 자율학습. 대학교 입시를 위해서 1학년은 9시, 2학년은 10시, 3학년은 11시까지 같은 교실에 남아 공부를 해야 했다. 학생들을 학교에 잡아두면 공부를 할 수밖에 없을 것이라는 생각이 통했던 시기였다. 학부모들은 그렇게 해주는 학교를 고마워했다. 집에 와서 빈둥대는(?) 자식 꼴을 보는 것보다는 그렇게라도 교실에 묶어두면 공부할 것으로 믿었으니 말이다. 하루 일과가 모두 끝나고 집으로 돌아가는 학생들은 "학교 다녀오겠습니다"라는 아침 인사를 "집에 다녀오겠습니다"로 대신하며 시대를 비꼰 재치가 있는 똑똑한 아이들이었다.

보충수업을 듣지 않아도 보충수업비를 내야 했고, 학부모들은 돈을 거둬 자율학습 감독하는 교사에게 비공식적으로 수당을 지급했다. 얄팍한 월급봉투로 생활하는 교사들에게 보충수업과 자율학습 감독은 두툼한 용돈으로 사용하기에 충분했다. 박봉으로 경제적 어려움을 겪고 있는 중년의 교사에게는 생활비에 보탬이 될 수도 있는 봉투였다. 거기에다 학부모를 불러 '촌지'를 챙기는 교사도 있었다. 수학여행을 가서는 여관에서 '수고했다'고 교사에게 봉투가 전달되었다. 교사로 살면서 부끄러움을 참 많이 느꼈던 시절이었다. 교육자적 양심을 매번 저울질당하는 기분이었다. 학교가 정의롭지 못하다는 것을 철저하게 느끼고 깨달았다.

나는 비겁한 교사였다

자양고등학교 역시 젊은 교사들이 많았다. 교육 문제에 대해 진지하게 논의할 수 있는 가까운 동료 교사들이 있었다. 상대방을 믿지 못하고서는 마음 놓고 이야기를 할 수 없는 시대였으니 은근히 불안하기도 했다. 교육 문제로 접근하고 싶었으나 사회 문제까지 깊은 논의가 진행될 때는 교육의 중립성을 훼손하는 것은 아닌가 하는 참 순진한 생각을 했다.

1986년 5월 10일, YMCA중등교육자협회가 제1회 교사의 날을 선언하는 자리에서 600여 명의 일선 교사가 서명한 교육민주화선언문이 발표되었다. 그전에 학교에서 가까운 동료 교사가 선언문을 보여주며 서명을 하는 게 어떻겠냐고 부탁을 했다. 선언문의 내용은 어느 것 하나 틀린 것이 없었고 취지에도 충분히 공감이 갔다. 서명을 부탁하는 동료 교사의 요구를 받고 생각해보겠다는 의사만 밝히고 다시 연락 오기를 기다렸으나 그 친구는 다시 찾아오지 않았다. 종로에 있는 YMCA 강당에서 선언문이 발표되는 그날, 마침 친한 친구의 결혼식에 빠질 수 없어서 선언문을 발표하는 장소에 갈 수가 없었다.

선언문이 발표된 다음 날, 학교는 뒤숭숭했다. 서명에 동참한 교사들과 '교사의 날' 행사에 참석한 교사들이 교장실에 불려가는 것을 지켜보면서 미안하기도 하고 부끄러웠다. 결국 알면서도 행하지 못했던 것에 대한 미안함과 부끄러움, 그리고 새로운 사실을 깨닫게 된 것이 교육운동에 들어선 계기였다.

잘못된 교육 현실에 대한 정당한 비판으로 동료 교사가 탄압받는 것을 두 눈 뜨고 지켜보는 것은 괴로운 일이었다. 서명에 동참했던 동료 교사들과 가까워진 계기가 되었다. 그들과 함께 교육 문제를 더 깊이 고민하고 논의하는 시간이 늘어만 갔다. 나도 모르게 그들과 동화되어갔다. 사회 모순 해결 없이 교육 모순을 해결할 수 없겠다는 것을 어렴풋이 깨닫기 시작했다. 그때까지도 나는 의식화된 교사가 아니었다. 학생을 각성시키는 것이 교육의 중요한 기능인데도, 지식을 충실하게 전달하는 것이 교사의 역할이라고 생각했다. 교사로 거듭 깨어나는 시기였다. 그때 만난 동료 교사들이 나의 정신적 스승이었고 평생 동지였다.

그것은 당시의 시국과도 무관하지 않았다. 군부독재정권에 대한 크고 작은 저항은 전두환 정권 초기부터 끊임없이 지속되었으나 정권 말기에 이르면서 더욱 고조되었다. 특히 유신 시절부터 국민이 직접 행사할 수 있는 권리를 박탈당하면서 그 권리를 되찾기 위한 저항은 갈수록 거세졌다. 민주헌법쟁취국민운동본부가 시군 단위까지 전국적으로 만들어졌고 대통령 직선제를 강력히 요구하는 시위가 들불처럼 퍼져나갔다. 결국 국회에서 여야가 합의하는 헌법 개정안을 만들도록 해놓고 오히려 합의할 수 없는 방식으로 이끌어가던 정권은 기다렸다는 듯이 기존의 헌법을 유지시키겠다는 발표를 했다. 그 유명한 1987년의 '4·13 대통령 특별 담화'였다.

이후 정국은 요동치기 시작했다. 각계에서 시국선언을 발표했고 교사들 역시 시국선언을 했다. 호헌 철폐를 요구하는 교사 시국선언에 참여한 숫자는 100명이 약간 넘었다. 그만큼 수위가 높았기 때문이었을 것이다. 그 시국선언에 참여를 독려하기에는 부담스러웠던지 동료 교사는 아예 서명 참여 요청을 하지 않았다. 교사 시국선언이 발표된 이후에야 그 사실을 알게 되었다. 그때를 돌아보면, 미리 알았을지라도 동참할 정도의 용기는 없었을 것 같다. 지금은 누구나 쉽게 참여할 수 있는 일이 되었지만 그 당시 교사 시국선언은 본인의 용기 있는 결단 아니고서는 할 수 없는 일이었다. 교육민주화 선언과 시국선언에 참여했던 교사들이 있었기에 교사의 시민권적 자유가 확대되었다. 그들의 용기 있는 태도가 우리 교육운동의 초석이 되었음은 물론이다.

6·10 항쟁

시국선언 이후부터 시위가 공지된 날에는 수업을 마치고 동료 교사와 함께 시내 중심가로 가는 것이 일상이 되었다. 시위대에 휩쓸려 호헌 철폐를 외쳤고 어느 때는 시위대 맨 앞에 서 있는 나 자신을 발견할 수가 있었다. 시위가 절정에 다다랐을 때 을지로에서 시위 대열에 참가했던 나는 경찰이 던진 사과탄에 맞은 적도 있었다. 다행히 가죽으로 된 허리띠에 맞고 파편이 튕겨져 나가 큰 불상사는 일어나지 않았다. 그래도 옷 안쪽으로 들어온 사과탄 파편으로 약간 찢기는 상처가 났고 최루 가스 탓에 몹시 쓰라렸다. 주변에 있던 시민들이 수돗가로 데려가 옷에 묻어 있던 최루 가스를 털어내고 씻어주기도 했다.

또 한 번은 명동 쪽에서 당시 백골단이라 불렸던 사복 경찰들에게 토끼몰이를 당해 함께 쫓기는 시민들에게 밟힐 뻔한 일도 있었다. 시내로 나갔던 날은 2호선 지하철이 끊어질 때까지 거리를 배회했다. 늦은 시간까지 거리를 뛰어다녔지만 피곤함을 몰랐다. 다음 날 아침에는 아무 일도 없었던 것처럼 늦지 않게 출근했다. 대통령을 직선제로 선출해야 한다는 국민적 요구는 거스를 수 없는 대세가 되었다. 4·13 호헌 조치 이후 시국선언, 국민적 저항으로 이어진 6·10 항쟁은 6·29 선언으로 귀결되었다. 그러나 거기까지였다. 민주 세력의 분열은 또 다른 군부정권을 탄생시켰다. 1987년 12월 16일이었다. 그해를 마감하며 지인들에게 보낸 연하카드에는 이렇게 쓰여 있었다.

(1) 고문, 죽음, 분노, 민주, 자유. 이 땅을 의지하며 살아가는 사람들이 1987년을 시작하며 만났던 언어들입니다. 내가 살고 있는 이 땅에서 저질러진 비인간적인 그리고 부당한 공권력에 대해 공분했던 1987년이었습니다. 고통 받는 사람들이 당하는 만큼의 아픔

을 새기지 못했고, 또 그렇게 해보려 해도 될 수 없는 연령에 이미 나는 서 있습니다. 순수한 열정을 간직하기에는 이제 너무 멀어진 내 모습입니다. 단지 의무감에 장소를 달리하며 거리에 나와 있는 내 모습을 발견한 1987년 정묘년 6월이었습니다.

(2) 1987년 어느 6월. 최루 가스 범벅된 거리에 나는 와 있었다. 두려움, 떳떳하지 못한 모습. 붙잡히지는 말아야 한다는 생각으로 이리저리 눈치 보며 동대문, 종로, 파고다, 시청, 명동에 나는 와 있었다. "민-주-시-민, 동-참-하-라", 가냘픈 목소리, 이어지는 함성, 빌딩 숲에 메아리 울리고, 매캐한 냄새, 쓰라린 눈물, 피가 거꾸로 솟구친다. 다시 힘껏 외치는 소리 "호헌-철폐!, 독재-타도!" 위정자들의 책임을 질책하는 분노의 거센 함성. 또 하나의 고유명사, 6·29. 민주화 열망 꽃피울 것 같던 1987년 6월 29일. 그러나 TV, 조직, 금력, 거기에다 양 K는 원치 않은 기적을 탄생시켰다.

1987년 12월 16일

교사협의회 결성

6·10 항쟁 이후 학교에서 생긴 큰 변화 중 하나는 교사 모임이 더욱 활성화되었다는 점이다. 1986년 5·10 교육민주화 선언 이후 1987년의 교사 시국선언과 6·10 항쟁을 겪었던 교사들은 교육 민주화의 희망을 보게 되었다. 교육 민주화를 열망했던 교사들의 모임이 학교 안에 머물지 않고 학교와 학교 사이의 담장을 넘어 지역과 지역이 결합하는 교사 모임으로 확대되었다. 모임이 확대되면서 교사의 자주적인 단체에 대한 필요성을 공감하게 되었고 단체를 구체화시키기 위한 논의가 활발하게

전개되었다. 6·10 항쟁 기간에는 수업이 끝난 후 거리로 나갔으나 6·10 항쟁 이후에는 교사 모임에 나가는 분주한 생활이 시작되었다. 교사의 자주적인 조직을 만들고 나면 그 힘으로 통제된 학교를 민주적인 학교로 바꿔낼 것만 같은 기대감으로 가슴이 벅찼다.

1987년 9월 22일, 민주교육 추진을 위한 서울교사협의회 창립대회 날이었다. 수업을 마치고 대회 장소인 강남의 동부 교회로 갔을 때는 이미 봉쇄되었고 그 주변에는 장학사와 교감들이 미리 와서 소속 교사들의 참가 여부를 점검하고 있었다. 대회 장소로 진입할 수 없었던 교사들은 길거리에 연좌 농성을 벌이다가 2차 장소였던 영등포구 구로동에 있는 갈릴리교회로 이동했다. 그러나 대회 장소가 협소하여 들어가지 못해 처음 보는 다른 지역의 교사들과 함께 계단에 앉아 입에서 입으로 전달받는 방식으로 창립대회에 참여했다. 서울교사협의회 창립으로 오직 입시만을 위한 숨 막히는 학교가 달라지리라는 희망이 보였다.

6·10 민주항쟁 이후에도 교사에게는 헌법에 보장된 결사의 자유조차 허용되지 않기는 마찬가지였다. 그러나 온갖 방해를 무릅쓰고 4·19 교원노조 이후 처음으로 교사의 자주적인 단체를 결성한 것이 1987년 9월 27일 민주교육추진 전국교사협의회였다. 서울 수유리에 있는 한신대 운동장에서 창립대회가 있었다. 전국교사협의회가 창립되기 전후에는 시군구 단위의 지역교사협의회가 만들어졌다. 서울교사협의회가 결성될 당시와 마찬가지로 한신대 입구에도 장학사를 동원하여 교사들의 움직임을 감시했다. 장학사뿐만 아니라 교감과 교장까지 동원되어 소속 학교 교사가 집회에 참석했는가를 파악하고 상급 기관에 보고하는 역할까지 맡았다.

학생들은 스스로도 성장한다

1987년 6·10 항쟁 이후 독재 권력이 무너지면서 학생들도 자주적으로 학생 중심의 자치 시대를 열어나갔다. 자양고에서는 1986년 겨울부터 '애오라지'라는 자생적 독서토론회 모임이 만들어졌다고 한다. 학생들은 '애오라지' 독서 모임을 통해 학생회장 직선제를 요구하는 유인물을 제작하여 배포했다. 그해 가을 자양고 체육대회에서 3학년 학생들은 징과 꽹과리를 치고 '쾌지나 칭칭 나네'를 부르며 최초로 집단적인 시위를 벌여 자신들의 요구를 하고 나섰다. 이미 민주화의 요구가 분출하면서 학교도 학생들의 요구를 막을 수 없는 상황으로 내몰렸다. 해가 바뀐 88년 봄, 그동안 간선으로 선출했던 학생회장을 직선제로 전환하기로 방침을 정하고 학칙 개정을 위한 학생회칙 준비위가 구성되었다.

지금은 성적 제한 자체가 학생들의 인권을 제약하는 것으로 하여 대부분 폐지되었으나 당시 준비위원회에서는 학생회장 선거에 입후보할 수 있는 자격을 2학년으로, 또 성적 30% 이내라는 제한을 두었다. 이때 활동했던 학생들을 중심으로 학생회 선거에 후보를 내고 적극 참여하기로 결정하여 학생회장 선거에는 3명의 후보가 출마를 했다. 1번 김경훈, 2번 안태욱, 3번 심환이 부회장 후보와 짝을 이뤄 학생들의 의견을 공약으로 담아 치열한 선거운동이 진행되었다. 선거운동에서 최고로 흥미를 끌었던 것은 정견 발표를 하는 후보들의 연설이었다. 학교 방송으로 중계된 정견 발표는 각 후보를 지지하는 3학년 선배들의 찬조 연설과 후보자들의 정견 발표에 학생들은 환호했고 교사들도 학생들의 자치 능력을 눈으로 확인하면서 놀라워했다. 투표 결과 강제적으로 진행되고 있던 보충수업과 자율학습을 폐지하고 형식적인 학급회의 시간을 대폭 개선하겠다는 공약을 내세웠던 기호 3번 심환이 직선제 학생회장으로 당선되었다. 학생들은 스스로의 힘으로 화려한 학생 자치 시대를 다시 부활시켰다.

그 시절을 세세하게 기억할 수 있었던 것은 자양고 시절에 만났던 학생들의 힘이 컸다. 그중에 제자 이승재는 학생 시절 정의감이 강했고 친화력이 뛰어났다. 교사였던 나는 그의 말을 들어줬을 뿐, 가르친 것이 별로 없었다. 그를 통해서 나는 학생들은 스스로 성장한다는 강한 믿음을 갖게 되었다. 교육은 지켜봐주는 것이 반이고, 기다려주는 것이 반이라는 생각을 갖게 했다. 나는 그를 가르친 것이 아니라 당시 시대를 살아가면서 느낀 고민을 함께 나눴을 뿐이다. 교과 성적이야 계량화된 점수로 나타낼 수 있었지만 그의 책임감과 정의감, 냉철한 이성은 성적표 어디에도 담길 수가 없었다. 몇 년이 지난 후 다시 그를 만났을 때, 그의 세상 보는 안목과 통찰력은 가르쳤던 나를 넘어서고 있었다. 어디 승재뿐이겠는가.

교육운동의 시작

지역교사협의회를 만들어가는 과정 또한 지난한 일이었다. 발기인 모집과 준비위원회 모임 그리고 창립대회까지 어느 하나 쉬운 것은 없었다. 그럼에도 불구하고 지역 모임을 확대해가는 과정에서 뜻을 같이하는 교사들이 있음을 확인하고, 선배 교사였던 이부영(당시 송곡여고 국어 교사) 선생님을 처음 만났다. 대부분의 선배 교사들이 몸을 사리고 있을 때 교육운동의 맏형으로 든든한 후배들의 방패막이가 되었을 뿐만 아니라 후배 교사들이 마음 놓고 의지할 수 있었던 참 넉넉한 선배였다. 지역교사협의회를 만들면서 무엇보다도 힘들었던 것은 준비위원회 모임을 안정적으로 개최할 수 있는 장소를 확보하는 일이었다. 다방과 제과점 그리고 개인 주택에서 시작되었던 모임이 규모가 커지면서 많은 사람들이 모일 수 있는 큰 장소가 필요했다. 수소문을 해봐도 가능한 장소를 확보할 수가 없었다. 마침 화양동에 있는 '성음교회'를 가까스로 승낙을 받아 동부(현재의 성동구, 동대문구, 중랑구, 광진구) 지역교사협의회 발기인대회를 가졌다.

이후 북부(현재의 성북구, 강북구, 도봉구, 노원구)에서도 그러한 교사 모임이 있다는 것을 확인하고 여러 차례의 확대 준비위원회를 거쳐 동부와 북부를 통합하여 창립대회를 준비하는 것으로 추진하였다. 동부와 북부를 오가면서 준비위원회를 개최했고 창립대회 날짜도 확정하였다. 문제는 수백 명이 참석할 대회 장소를 확보하는 것이 쉽지가 않았다. 결국 대학교 강당을 빌리는 것으로 하고 수소문한 결과 서울시립대학교 강당이 가능할 것 같다는 의견을 총학생회를 통해 확인하였다. 그러나 창립대회 당일 시립대학교에서는 강당을 허용할 수 없다며 강당의 전원을 모두 차단해버렸다. 총학생회장을 비롯하여 학생회 간부들이 학교 측에 항의를 했으나 끝내 불은 켜지지 않았다. 비상수단으로 촛불을 켜고 창립대회를 진행할 수밖에 없었다. 정보기관이 개입했음은 물론이고 권력의 눈치를 볼 수밖에 없었던 대학이었다.

서울에서도 관악·동작, 남부, 중서부, 강남동 지역교사협의회가 만들어졌고, 이어서 서울에서는 마지막으로 1988년 6월 4일 동북부지역교사협의회(회장 이부영, 대의원의장 유승준, 사무국장 유기창)가 결성되었다. 나 자신의 능력도 깨닫기 전에 서울 동북부지역교사협의회에서 중심 역할을 맡았다. 고단한 교육운동에 조금씩 깊숙이 들어가는 시작이었다. 그러나 그것은 유신 정권과 전두환 군부독재정권 시절에 목숨 걸고 그 시대를 넘어섰던 사람들에 비하면 아무것도 아니었다. 목숨 걸고 투쟁했던 사람들이 살아온 길이 가시밭길이었고 자갈밭이었다면 내가 교육운동을 시작했던 그 길은 꽃길 이상이었다.

고민

동북부지역교사협의회에서 사무국장 역할을 맡으면서 감당해야 할 일은 더 많아졌다. 돌아보면 교육운동에 헌신하는 교사들의 정신적 노동 강도는 몸으로 하는 노동 이상으로 힘들었다. 학교에서는 담임교사와 교과교사로 하루를 보냈고, 퇴근 이후에는 새벽까지 각종 회의와 모임, 집회를 준비하고 또 참석해야 했다. 어느 것 하나 소홀히 할 일이 아니었다. 새벽에 집에 들어가서 옷만 갈아입고 나오는 생활이 일주일 계속 반복되다 보니 몸이 조금씩 지쳐갔다. 쉬는 시간에는 책상 위에 고꾸라져서 쪽잠을 자는 경우가 많았고, 쉬는 시간이 길 때에는 아예 숙직실에 가서 잠을 청했다. 종소리를 듣지 못하고 잠에 빠져 있다가 해당 학급 학생이 숙직실로 쫓아오는 경우도 있었다. 학생들을 위해서 하는 교육운동이었음에도 학생들에게 피해를 주는 것 같아 미안했다.

학생들과의 만남은 즐거움이 반이고 괴로움이 반이었다. 교과서에 밑줄을 긋고 설명하는 방식의 수업에 환멸을 느끼면서도 나 역시 그것을 넘어설 수는 없었다. 그것이 전부인가 늘 회의하면서 수업을 고민했다. 단편적인 지식 전달에 그치지 않고 교과서 이면에 담긴 세상에 대해 이야기를 나누려고 노력했다. 그것이 교사가 가르쳐야 할 것이라고 생각했다. 교과서 내용을 넘어서기 위한 교과 수업 준비가 충실한 만큼 수업 시간은 재미가 있었다. 아이들과 교감을 나누며 가르치는 것은 교사의 즐거움이었다. 그러면서 학생들이 단편적인 지식을 뛰어넘어 세상을 읽어나갈 수 있는 사람으로 성장하기를 바랐다.

민주적인 방식으로 학급을 운영하겠다는 것은 담임교사로서의 신념이었다. 학급회의를 통해 학급 내 소그룹을 만들어 다양한 경험을 제공하고 싶었다. 입시에 매달릴 수밖에 없는 학생들에게 무리한 요구일 수도 있었지만, 그것이 진정한 교육이라는 생각에 내가 먼저 흔들리고 싶지 않았다. '왜 그것도 못하느냐?' 하는 생각에 열심히 했지만, 교육운동에 참여하는 시간이 늘어갈수록 해야 할 일이 넘쳐났다. 몸도 지치고 마음의 여유도 없어지고, 작은 일에도 예민하게 반응하고 학생들에게 화를 내는 일이 잦아지면서 학생들과 갈등이 깊어져갔다. 이런 교사가 되고자 지역교사협의회를 결성한 것은 아니었다. 능력 밖의 일을 하는 것은 아닌지 괴로움이 컸다. 한 학기를 정리하면서 학생들에게 쓴 편지에 이런 마음이 담겨 있다.

(전략) 학급 문화를 만들고 싶었습니다. 그러기 위한 전제는 학급 생활이 재미가 있어야 하고 의미가 있어야 할 것입니다. 그렇게 해서 만들어진 것이 학급회의 조직표를 이용한 소그룹 활동이었습니다. 자기 취향에 맞는 친구들과 함께하는 생활로 소그룹 활동이 시작됩니다. 영화를 볼 수도 있고, 놀러도 가보고, 만나보고 싶은 사람들을 찾아가서 대화를 나눠보는 것도 소그룹 활동의 하나가 될 수 있을 것입니다. 그렇게 하기 위해서는 준비가 필요하겠지요. 준비과정을 통해 친구들의 장점을 보기도 할 것이고 자신의 부족한 점도 알게 될 것입니다. 또 그러한 활동의 결과를 학급회의 시간에 발표를 합니다. 다른 그룹에서 활동한 내용을 비교하다 보면 새로운 자극도 받게 되고 선의의 경쟁도 가능할 것입니다. 그 결과물이 축적되면 그것이 우리만의 학급문화로 만들어질 것입니다. (후략)

1987학년도 1학기를 정리하며 '학생들에게 쓴 편지'에서

전국교직원노동조합

동북부지역교사협의회 창립 이후 연말 개편대회에서는 더 이상 책임

지는 역할을 맡지 않겠다는 결심을 했다. 그것이 학생들을 위한 일이었고 그만한 역량을 갖춘 사람이 그 역할을 맡는 것이 옳겠다는 생각이 들었다. 동북부지역교사협의회 2차 정기총회에서 새로운 집행부(회장 김종연, 당시 전농중학교)가 들어섰다. 사무국장 역할을 강력히 고사함에 따라 교육운동에서 한발 물러설 수 있는 기회를 잡았다. 그러나 물러나는 것이 그리 간단하지만은 않았다. 사무국장에서는 물러났지만 동료 교사들은 나를 가만두지 않았다. 조직을 결성한 책임에서 자유로울 수가 없었다. 결국 회장을 보좌하고 자문하는 역할 정도라면 가능할 것 같아 동북부지역교사협의회 부회장을 수락했다. 해가 바뀌어 1989년 전교조를 창립하는 방향으로 새로운 교육운동의 장이 열리고 있었다.

임의 단체 성격을 띤 전교협이 할 수 있는 일은 많지 않았다. 물론 교사의 집약된 의견을 반영하기 위한 통로를 마련해 교육부(당시 문교부)와 협의하여 의미 있는 결과를 가져오기도 했다. 그러나 양자가 합의한 것임에도 문교부는 여러 가지 핑계를 들어 합의 사항을 이행하지 않았다. 그래도 전교협은 임의 단체였기 때문에 문교부는 아무런 법적 책임을 지지 않았다. 전국교사협의회라는 조직으로는 학교를 바꾸고 교사의 권익을 보호받을 수 없다는 사실을 철저하게 깨닫고, 그 한계를 극복하기 위해 더욱 강력한 조직 형태를 고민해서 내린 결론이 노동조합이었다.

그런데 그 당시에 교사가 노동자라는 의식을 갖는다는 것은 공감하기가 쉽지 않았다. 법적으로 강력한 조직일지라도 당사자인 교사 자신이 노동자라는 것에 선뜻 동의하기가 어려웠다. 인류 역사 발전의 원동력이 인간의 끊임없는 노동의 결과였음은 주지의 사실이다. 노동에 대한 철학적 고찰을 하지 않더라도 자본과의 관계에서 임금을 받고 있는 사람은 누구나 노동자임이 분명한데도, 그릇된 노동 교육을 받아왔기 때문에 가장 기본적인 사실조차 받아들이기 힘들었다. 노동을 천시했던 사람들이 노동을 왜곡시킨 결과였다. 노동하는 사람이 '노동자'임에도 우리 사회에서는 '근로자'라는 말로 미화시켜 사람들의 투쟁 의식을 아예 거세시키려 했던 것이다. 더구나 교사는 전문직이고 교육을 담당하는 교사는 성직자라는 의식이 우리 사회를 오랫동안 지배했었다. 정권의 입장에서 '노동'이라는 단어는 '광주'만큼이나 불온한 금기어였다. 이때 교사 자신은 물론이고 사회적으로도 교사가 노동자임을 선언한다는 것은 충격적인 일이었다. 나부터도 협소한 생각에서 벗어나지 못했었다. 전교조로 조직 전환을 한다고 할 때 반대하는 쪽에 내가 섰던 이유도 그 때문이었다.

그럼에도 불구하고 1989년 2월 12일, 서교협 대의원대회에서는 노동조합을 결성하기로 결정했다. 그것도 단 한 표 차이로 결정이 났다. 대의원대회에 참가하여 노조 결성과 관련한 격론을 지켜보면서 발언하는 교사들의 확고한 의지를 읽을 수 있었다. 2월 19일 전교협 제2차 대의원대회에서는 재적 369명 중 280명 대의원이 참가하여 만장일치로 노조 결성을 공식 의결했다. 그러나 실정법을 위반하는 것은 위험 부담으로 다가왔다. 그렇다면 나는 노동조합으로 전환하기로 한 대의원 대회 결정을 따라야만 할 것인가? 내 생각과 다른 결정이 났기 때문에 따르지 않아도 된다는 것은 지금까지 살아온 나의 삶의 방식이 아니었다. 민주주의의 원리에 위배된다는 생각을 했고, 지금까지 믿고 함께했던 동료 교사들에 대한 믿음을 거둬들이는 것만 같았다. 비록 노동조합으로 전환하는 것에 반대했지만 전교조 결성 추진에 참여를 주저할 수가 없었다. 그렇게 하여 서울의 동북부지역교사협의회 대표 2인(유승준, 당시 창문여고 윤리교사)의 한 사람으로 전교조 서울지부 창립준비위원회 위원으로 참여하게 되었다. 해직으로 가는 문으로 들어선 것이다.

전교조 결성 당시 나는 전교조 서울지부 결성준비위원회에서 사무처장을 맡기를 요청받았으나 지역교사협의회 사무국장을 하면서 쌓였던 피로감과 역량 부족을 이유로 끝까지 고사했었다. 당시 서울지부장으로 내정된 이부영 선생님은 본부 수석부위원장을 겸직하고 있었다. 서울지부 사무처장을 맡지 않을 것이라면 본부에서 조사통계국장을 맡도록 강권하여 그것까지 사양할 수 없는 상황이 되었다. 생소한 역할이지만 서울지부 사무처장보다는 덜 부담될 것이라는 판단이 들어 수락했던 것이다. 결국 전교조 서울지부 초대 사무처장은 이정헌(2018년 서울공고에서 정년퇴임) 선생님이 맡았다. 조사통계국장을 줄여서 조통국장으로 부르다 보니 외부 단체에서는 조국통일국장으로 생각하고 통일 사업과 관련한 회의가 있을 경우 참석을 요청받는 해프닝도 있었다.

투사

 1989년은 내 삶의 분기점이 되었다. 평범한 교사로 살고자 했던 내가 어느새 투사로 변해갔다. 그러나 나는 평범한 교사 이상은 아니었다. 팔을 올리면서 구호를 외치는 것은 여전히 낯설었고 어색했으며 늘 주저했다. '투쟁'이라는 말이 결코 과격할 수 없는 언어임에도 불구하고 '나와는 잘 어울리지 않는 말처럼 느껴졌다. 유행에 맞지 않는 새 옷을 입은 것처럼 늘 거북했다. 물론 부당한 것에 결코 굴복하지 않겠다는 단호한 뜻을 담은 '투쟁'이라는 말은 집회 참가자들의 의지를 모으는 매우 중요한 언어이다. 투쟁은 말로만 하는 것이 아닐 것이다. 싸워야 할 때 싸우지 못하는 것은 비겁한 일이지만, 아무 때나 투쟁을 남발하는 것도 오히려 투쟁 의지를 반감시킬 수 있다. 투쟁 속에서 20여 년을 살아온 삶이지만 '투쟁'이란 말은 아직도 익숙하지 않다. 그러나 싸워야 할 때 그 싸움을 회피하지는 않았다. 어쩌면 투쟁이란 말의 '낯섦'보다는 투쟁이 남발되는 것에 대한 부정적 생각이 나를 지배했었기 때문은 아닌지 모르겠다. 애절한 삶의 막바지에서 터져 나오는 절박한 투쟁은 절규에 가깝다. 그래서 그러한 투쟁의 현장을 보는 것은 언제나 가슴 아프다.

전교조가 투쟁을 해야만 하는 시기가 분명히 있었다. 전교조 결성 자체가 투쟁의 산물이었다. 노태우 군부정권은 보수 언론을 동원해 전교조에 대한 이념 공세를 퍼부어 좌경 의식화 집단으로 몰아갔다. 뿐만 아니라 전교조 결성 시기가 가까워오자 전교조에 가담하는 교사들을 파면하겠다는 협박도 서슴지 않았다. 교사 조직에 불과한 노동조합 건설에 정권은 범정부 차원의 관계기관 대책회의를 만들어 교사들의 노동조합 결성 저지를 위한 강력한 의지를 드러냈다. 전교조 결성일이 가까워오자 대회 장소로 공지된 한양대는 경찰 차량과 전투복과 방패로 무장한 경찰과 사복 경찰을 동원하여 그 넓은 대학을 에워싸고 대학 출입을 막았다. 학교 주변을 배회하는 사람들을 검문하여 교사라는 사실이 확인되면 모두 불법 연행하였다. 또 온갖 방해에도 불구하고 한양대학교에 미리 들어간 200여 명의 교사들은 결성대회 당일 오후 무장한 경찰에 의해 끌려나와 연행되었다. 한양대학교 주변은 군사 작전을 벌이는 듯한 살벌한 공포 분위기였다.

1989년 5월 28일

당시 정권이 대회 장소를 원천봉쇄하자 한양대가 아닌 연세대에서 집행부가 중심이 되어 상징적인 전교조 결성대회를 마쳤다. 1989년 5월 28일이었다. 한양대가 봉쇄되고 지도부 중심으로 결성대회를 치르기로 했던 연세대마저 실패할 경우를 대비해서 2차 장소로 정했던 곳이 건국대였다. 경찰의 눈을 따돌린 2,000여 명의 전교조 교사들은 건국대로 모여들었다. 연세대에서 전교조 결성대회를 성공적으로 마쳤다는 소식이

전해지면서 건국대에 참석했던 사람들의 감격스러움은 말로 표현하기
어려울 정도였다. 흥분된 분위기 속에서 전교조 결성 보고대회와 전교
조 탄압 규탄대회로 건국대 집회를 마무리했다. 전교조 결성대회 저지
에 실패한 경찰은 건국대에 참석한 교사들을 연행하기 위해 학교 전체
를 다시 봉쇄했다. 그러나 대부분의 참가자들은 학생들의 도움을 받아
경찰의 눈을 따돌리고 건국대를 빠져나왔다. 큰 불상사는 없었다. 연세
대에서 결성대회를 마친 전교조 집행부는 곧바로 서울 마포구 공덕동의
민주당사로 가서 '전교조 인정'을 요구하며 장기 단식 농성에 들어갔다.

부부 교사였던 주현신과 차봉숙은 '참교육의 함성'을 만들었다. 차봉
숙이 노랫말을 짓고 주현신이 곡을 붙인 노래는 전교조 결성 배경과 교
사들의 투쟁 의지를 이렇게 담아냈다.

1.
굴종의 삶을 떨쳐 반교육의 벽 부수고
침묵의 교단을 딛고서 참교육 외치니
굴종의 삶을 떨쳐 기만의 산을 옮기고
너와 나의 눈물 뜻 모아 진실을 외친다.
보이는가 강물 참교육 피땀 흐르는
들리는가 함성 벅찬 가슴 솟구치는
아! 우리의 깃발 교직원 노조 세워
민족 민주 인간화 교육 만만세

2.
굴종의 삶을 떨쳐 반교육의 벽 부수고
침묵의 교단을 딛고서 참교육 외치니
굴종의 삶을 떨쳐 반역의 어둠 사르고

이제 교육 동지 굳세게 단결 전진한다.

함께 가세 이 길 아이들의 넋이 춤추는

함께 가세 이 길 사람 사는 통일 세상

아! 우리의 깃발 교직원 노조 세워

민족 민주 인간화 교육 만만세

대정부투쟁

1989년 5월 28일 전교조 결성대회가 끝난 이후 8월 21일 파면 통보를 받을 때까지는 내 인생에서 가장 굴곡이 많았던 긴 고통의 시간이었다. 수업을 마치고 나면 전교조 본부가 있는 아현동 사무실에 나가는 것으로 새로운 생활이 시작되었다. 동북부지역교사협의회 사무국장 시절과 같은 회의 준비에 대한 부담은 덜했지만 회의 시간은 크게 달라지지 않았다. 게다가 본부 단위 회의에서 사용되는 언어가 생경해서, 회의가 끝나고 나서 생각해봐도 정확히 이해하기 힘든 내용이 더러 있었다.

그때만 해도 운동권의 언어가 대중적이지 못했기 때문이었다. 처음 '적敵'이라는 말을 들었을 때 무척 낯설었다. 그 당시까지만 해도 적은 '북北' 말고 생각해본 적이 없던 나였다. 어릴 때부터 교육받은 결과 학생 때는 물론이고 교사가 되어서도 의심하지 않았었는데, 정권을 향해 서슴없이 적으로 규정하는 것을 보면서 섬뜩했다. 민주주의를 파괴하고 권력을 찬탈한 그들을 민주주의의 '적'으로 규정하는 것보다 더 명쾌한 말이 없었음에도 말이다. 그러던 나도 시간이 흘러가면서 말이 거칠어지고 과격해졌다. 나는 아직도 쉽게 사용하지 못하는 말들이 몇 개 있는데, '적'이란 말도 그중 하나이다.

당시 아현동의 전교조 본부는 전시 상황실이나 다름없었다. 노태우 정권은 범정부 관계기관 대책위원회를 만들어 이미 결성된 전교조를 와해시키기 위해 전교조와 전면전을 치르는 듯했다. 전교조의 실체를 인정하지 않고, 학교 현장에 전교조에 가입한 교사는 극소수에 불과하다고 왜곡 선전을 했다. 매 시간 뉴스마다 전교조에 대한 이념 공세를 퍼붓고 조합원 참여 숫자를 축소해 방송했다. 전교조를 지지하는 국민들이 흔들렸고 전교조 본부도 위기감을 느꼈다. 정권의 기만적인 행위를 폭로하고 전교조 조직을 사수하기 위한 특단의 대책을 논의한 결과, 조합원 명단 공개가 결정되었다. 조합원 명단이 언론에 보도되자 정권은 가족과 친지, 동문 등 이용할 수 있는 모든 방법을 동원해 탈퇴를 종용했다. 당연히 협박과 회유도 따랐다.

전교조 7·9 여의도 대회

시간이 지날수록 탈퇴 조합원 숫자가 늘어만 갔다. 명단 공개 전술의 허점이 드러난 것이다. 가장 선명한 전술이었으나 돌아보면 최악의 전술이었다. 조합원들의 동요도 심각했다. 본부 차원에서 전교조가 실재하고 있음을 알리고 정권의 극렬한 탄압에 저항하기 위한 집회를 준비했다. 당시 지도부는 은신 중이었으므로 본부 집행부 실·국장들이 중심이 되어 구속을 불사하며 집회를 주도하고, 참가자들은 모두 경찰에 연행되는 것을 집회 방침으로 정했다. 집회 날짜는 1989년 7월 9일이었다. '전교조 합법성 쟁취를 위한 범국민대회'로 명칭하고, 장소는 여의도 고수부지, 2차, 3차 집회를 종로, 명동, 서울역으로 분산 개최하기로 하고 실·국장들이 역할을 나누어 맡았다. 여의도 집회는 당시 제2사무차장 겸 쟁의국장이었던 고은수(2016년 정년퇴임) 선생님이 집회를 주도하기로 하고, 경찰에 연행될 경우 다음으로 홍보선전국장 곽동찬(현 효문고 교사), 교선국장 김성근(충북 단재교육연수원장) 선생님과 내가 뒤를 이어받아 집회를 주도하기로 사전에 역할을 나눴다. 경찰의 감시망을 피하기 위해 본부 실·국장들은 집으로 돌아가지 못하고 밖에서 밤을 지새운 후 다음 날 여의도 고수부지에서 만나기로 했다.

집회 시간이 임박하자 징소리가 울리는 것을 시작으로 주변에 흩어져 있던 조합원들이 모여들었다. 순식간에 500여 명의 조합원이 모였다. 대오를 만들고 곽동찬 선생님과 나는 플래카드를 붙잡고 있었고, 고은수 선생님이 집회를 주도해나갔다. 수배 중이었던 당시 이부영 수석부위원장은 투쟁사를 읽고 난 후 피서 나온 사람으로 변장하여 대회 장소를 빠져나갔다. 수석부위원장의 투쟁사가 끝난 직후 멀리서 경적을 울리면서 경찰차가 들이닥쳤고, 이어 로마 군사처럼 무장한 경찰들이 새카맣게 몰려와 집회장소를 에워쌌다. 경찰들은 집회에 몰려들고 있는 교사들을 차단하고 마이크를 들고 연설하는 고은수 선생님을 끌고 가려 했다. 격렬한 싸움이 이어졌지만 고은수 선생님은 얼마 버티지 못하고 경찰차로 연행되었다. 나와 곽동찬 선생님이 들고 있던 플래카드도 경찰에게 빼앗겼다. 우리는 연좌 농성 대열에 합류하여 팔짱을 끼고 농성에 들어갔다. 그러자 경찰이 한 사람씩 뜯어내서 경찰차로 연행하기 시작했다. 견고하게 팔짱을 끼고 경찰과 대치했던 조합원들은 경찰의 군홧발과 몽둥이에 얻어맞으면서도 끝까지 버텼다. 더 이상 소극적으로 대응할 수 없어 자리에서 일어나 "폭력 경찰 물러가라!" 구호를 외치자, 연좌 농성을 하던 조합원들이 팔짱을 낀 채 함께 연호했다. 그러나 나도 얼마 버티지 못하고 연행되어 경찰차에 실렸다. 결국 집회 참석자 500명 모두가 경찰차에 실렸다.

경찰들의 움직임은 분주했다. 집회를 원천 봉쇄하지 못한 책임 추궁을 우려했던지 그들은 흥분을 감추지 못했다. 상부 단위의 명령을 기다리는 것 같았다. 연행된 지 꽤 많은 시간이 지나서야 차가 움직이기 시작했다. 생애 처음으로 경찰서에 입건되었다. 이것이 경찰서를 내 집처럼 드나드는 일의 시작이었다. 영등포 경찰서, 하필 경찰서로 들어가는 장면이 TV 카메라에 정면으로 찍혔다. 한동안 전교조와 관련된 기사가 나올 때마다 그 장면이 자료 화면으로 계속 나왔다. 나를 알고 있던 많은 사람들은 굳이 말하지 않아도 내가 전교조 조합원임을 알게 되었다. 경찰서에서 조사받을 때 경찰이 채증한 사진에 시위를 주도하는 모습이 그대로 드러나자 나를 대단한 주동자로 몰아가려 했다. 그러나 나는 동료 교사가 연행되는 것을 보고 순간적으로 감정이 격해 일어났던 우발적인 일이라 변명하면서 구속은 면할 수 있었다. 조서를 꾸밀 때는 묵비권을 행사했는데, 인적 사항조차 확인할 수 없자 경찰이 나의 인상착의를 보고 맨 끝에 미남형이라 적어놓는 바람에 나는 국가기관이 인정하는 '미남' 평가를 받기도 했다. 이날 집회에 참석했다가 경찰에 연행된 사람은 1,800명이었는데, 서울 각 경찰서에 분산 수용되었다가 구속 4명, 불구속 47명, 6명이 즉심에 넘겨졌다. 이날 이후 복직할 때까지 서울에 있는 경찰서를 거의 다 가본 특이한 경험을 했다.

징계

7월 여름방학이 다가오자 전교조 조합원 탈퇴를 하지 않은 교사들에 대한 징계 절차가 시작되었다. 마지막 선택을 강요당하는 상황이었다. '그 많은 교사들을 해직시키겠는가?'라는 순진한 생각을 했었지만, 노태우 정권은 이성적이지도 합리적이지도 않은 군부정권이었을 뿐이다. 그들은 범정부 차원의 전교조 대책회의를 만들어 전교조 와해를 위해 전방위 압박을 가했다. 대학교 때 서클 지도교수도 나를 설득하기 위해 전화를 걸었다. 전교조 가입 교사들의 생사여탈권을 쥔 정권은 여러 통로를 통해 회유, 협박을 했고 학교에서는 학교장이 탈퇴 여부를 최종 확인하고 상급 관청에 보고했다. 강제 해직의 괴로움은 그렇게 시작되었다.

전교조 본부에서 역할을 맡은 사람으로서 '탈퇴'는 남의 일이었다. 선택의 여지는 없었다. 하루가 지나면 탈퇴 숫자는 늘어만 갔다. 버티는 것 말고는 할 수 있는 것이 없던 시기였다. 탈퇴하는 교사들은 얼마나 많은 번민의 시간을 보내야 했을까? 탈퇴했다고 해서 마음이 편해지는 것은 아니었을 것이다. 조합원 한 사람에게 결단을 일임하는 것은 너무도 가혹하다는 생각이 들었다. 그러나 지도부가 교사들에게 조합 탈퇴를 강권할 수도 없는 일이었다. 결국 1,500여 명의 교사가 해직 대열에 함께했고, 그 대가로 전교조는 실재하는 조직으로 존립할 수 있었다.

자양고 학생회, 징계 저지 집단 시위

1989년 5월 28일 이후 노태우 정권은 온갖 탄압을 하면서 전교조 조합원 대부분이 탈퇴했으며 전교조는 유명무실한 조직으로 붕괴되었다고 왜곡 선전을 했다. 그러자 전교조는 정권의 허구성을 폭로하기 위해 조합원 명단을 전격적으로 공개했다. 이후 정권은 날짜를 제시해가며 그때까지 탈퇴하지 않는 교사를 전원 중징계하겠다는 방침을 밝혔다. 자양고에서도 탈퇴하지 않은 조합원 5명에 대한 징계 위협이 현실화되어갔다.

1988년 자양고 최초로 학생들의 직선제를 통해 당선되었던 학생회장 심환은 교무실 방송은 꺼놓은 채 전체 학년 대상으로 '전교조 교사 징계'를 단호하게 반대하는 학생회 입장을 밝혔다. 또 그러한 주장이 담긴 유인물을 제작, 배포하였다. 7월 들어 전교조 교사에 대한 징계가 현실화되자, 학생회를 중심으로 50여 명의 학생이 마스크를 쓰고 복도에서 교사들의 징계를 반대하는 연좌시위를 벌였다. 학생들의 기습적인 시위에 놀란 학교 측에서 학생 주임이 긴급히 나서 시위를 저지하자, 오히려 2학년 학생들이 참여하고 전체 학생 시위로 번져 강제 해산이 어려워지는 상황에까지 이르렀다. 7월 12일에는 권용식, 김광석 학생이 조직적인 시위를 주도하고 각 반 반장들이 참여하여 '전교조 교사 징계 반대' 시위를 준비하였다. 7월 13일에는 500여 명의 학생들이 운동장에서 연좌하는 대규모 시위로 발전하였다. 그러나 당시 징계 대상자였던 자양고 분회장 박영신 선생님이 "전교조 교사 징계를 반대하는 학생들의 뜻은 고맙지만 학업을 위해 시위를 자제해달라"는 방송을 하면서 시위는 더 이상 확대되지 않았다.

자양 OB 친구들

1989년, 뜨거운 여름이었다. 5월 28일 이후 전교조 시·도 지부가 결성되고 이어서 지회, 분회까지 결성되었다. 노태우 정권은 자신들의 명운이 걸린 것처럼 전교조를 와해시키기 위해 무자비한 총공세를 펼쳤다. 권력은 모든 것을 갖고 있었고 전교조는 교사의 양심만을 갖고 버텼다. 극렬한 탄압 속에서도 전교조 조직의 뿌리인 분회를 창립해나갔다. 분회 창립을 저지하기 위해 어제까지 동료 교사였던 사람들이 전교조 조합원을 적대시하는 학교도 있었다.

1989년 6월 12일, 자양고등학교에서도 교무실에서 분회를 창립했다. 그때 전교조를 끝까지 탈퇴하지 않은 5명은 파면과 해임, 정직을 당했다. 탈퇴했던 조합원들은 조직 복원기에 다시 전교조에 가입하여 비합법적 시기의 전교조를 지탱하는 든든한 후원자가 되었다. 그때 함께했던 조합원들은 평생 교육 동지로 '자양 OB' 모임을 만들어 지금도 교육에 대한 담소를 나누고 여행도 같이 다니면서 함께하고 있다. 다음은 2002년 여름이 깊어가는 5월, 오랜만에 만났던 분회원들의 일면을 스케치한 일기의 한 부분이다.

저녁 때, 오랜만에 자양고에서 함께 근무했던 친구들을 만났다. 전교조 출범 당시 자양고 초대 분회장이었던 박영신(현 수도여고, 국어) 선생님은 자양고등학교에서 처음 만났을 때 참 까칠했던 친구였다. 그가 까칠했던 것이 아니라 처음부터 말을 놓아버린 그에 대한 나의 감정이 그러했던 것이다. 강단 있게 생긴 외모는 딱따구리를 연상케 하여 그것이 별명이 되었으나 누구보다 원칙에 충실한 교사였다. 부정한 것에 대해서는 매우 단호했고 교육에 어긋나는 것에 대해서는 어느 누구와도 타협하지 않았다. 전교조 자양고등학교 분회 창립 과정에서 온갖 회유와 협박을 받았을 때 한 치의 흔들림 없이 분회장 역할에 충실했던 친구다. 전교조 출범할 당시 '교사 10계명'을 지어 많은 사람들에게 감명을 주기도 했으며 해직 당시에 누구보다 나의 처지를 잘 이해해준 동지였다.

무주에 있는 대안학교, 푸른꿈고등학교 교장 이철국(불어, 퇴임) 선생님. 전교조에서는 한두 살 차이는 드러내지 않는 나이지만 이철국 선생님은 확실한 나의 동갑내기다. 1985년 『민중교육』지 사건으로 학교를 떠났다가 다시 복직하여 전교조 가입으로 또다시 파면, 그리고 복직한 영혼이 맑은 교사다. 그러다가 40을 넘어서서 새로운 인생을 살겠다며 육아 협동조합장 일을 하다가 지금은 대안학교 교장으로 선임되어 교육 일선으로 다시 복귀했다. 전교조 해직 교사 출신으로 가장 먼저 교장 지위에 올랐고 학교다운 학교에서 교육의 뜻을 펼치고 있다. 미장원에서 브릿지 염색을 하여 함께 모여 있는 모든 사람들이 배꼽 잡고 웃었다. 전국에서 유일하게 브릿지 염색을 한 최초의 교장, 학생들과 생각을, 뜻을 같이해보려 노력하는 파란만장한 삶을 겪었던 교장 선생이다.

청운중학교 생활지도부장 김성룡(2018년 정년퇴임) 선생님. 마음 맞는 사람들과는 말술을 마다 않는 산적 같은 인상. 아버지가 호를 후산後山으로 지어주었다고 호 하나씩을 이제 갖자고 했을 때, '성룡'이라고 불렀더니만 이제는 호로 부르자며 예절을 중시하는 체육교사다. 누구보다 사람다움과 사람됨을 중시하며 학생들을 만났을 뿐만 아니라 생활 속에서 그렇게 살아왔던 친구다. 옆에 있음으로 하여 많은 것을 일깨워주고 어디서나 배움을 생각하는 삶을 살고 있으며 여행을 할 때 요리하는 것을 좋아하는 살림꾼이기도 하다. 문학을 가르치는 나보다도 더 책을 끼고 다니는 그다. 오주중학교 때부터 함께 근무하기도 했고 자양고까지 따라와 다시 만난 오랜 친구이다.

김융희(명예퇴임, 역사) 선생님, 별명은 꺼벙이다. 마음은 늘 청년으로 산다. 마음뿐만 아니라 학생들이 인권 사각 시대에 있을 때 늘 학생을 보호하기 위해 애를 썼고 학생 편에 있었던 참 좋은 교사였다. 청소년들을 위해 평생을 살고 있는 교사다. 지금도 학교 밖 청소년에 대한 관심을 갖고 동분서주하며 활동하고 있다. 내가 교사로 성장하는 데 가장 많은 도움을 줬던 동료다. 확언하건대 김융희 선생님을 만나지 않았더라면 나는 다른 인생을 살았을 것이다.

함께 해직되었다가 복직을 그만두고 회계사로 세상을 다르게 살고 있는 김홍렬(회계사, 지구과학) 선생님은 올해 다시 교육위원으로 출마 결심을 굳혔다. 4년 동안의 임기 중 가장 젊은 사람으로서 동료 교육위원들로부터 합리적인 사람으로 신망을 받아 최연소 부의장으로 활동을 하기도 했다.

최경수(현 삼성고, 윤리) 선생님은 말수가 가장 적다. 치밀하고 분석적이면서도 지긋한 미소를 짓는 외모가 이홍렬과 닮았다는 사람도 있으나 코미디언 이홍렬과 비할 바가 아니다. 속마음을 잘 드러내지 않는다고 하지만 참 정이 많은 사람이다.

오랜만에 함께했던 토요일 오후. 모임을 끝낼 때는 늘 헤어지는 아쉬움이 남는다. 그러나 기분 좋은 하루였다. 그만큼 함께했던 시간이 즐거웠던 것이다. 거친 야만의 시대를 함께 벗이 되어 서로 격려하고 힘을 받으며 그 시기를 이겨내며 온 동지들이다.

이날 함께하지 못한 동지들이 있다. 공부하는 것을 참 좋아하고 늘 책을 끼고 살았던 이면우(지구과학, 전 춘천교대 총장) 선생님은 대학에서 박사 학위를 받은 후 춘천교대 교수가 되었다. 교사로 있을 때도 가르치는 것을 참 좋아했고 학생들에 엄격하기도 했으나 잔정이 많았던 참 좋은 선생님이기도 했다.

신의를 삶의 신조로 살고 있는 이기송(현 방산고, 수학) 선생님은 호탕한 성격에 말술을 마다하지 않을 정도로 술 좋아하는 호쾌한 후배 교사다. 정의로운 교사일 뿐만 아니라 불의에 대해서는 참지 못하는 불같은 성정을 지니고 있으나 들여다보면 참 인간적인 선생님이다. 그리고 모임 시작 후 처음에는 자주 만났다가 소식이 뜸한 전교조 분회 창립식에서 사회를 봤던 박민제 선생님, 전교조 교사들과 어울리지 말라고 교장 선생님으로부터 충고까지 받았던 가장 젊은 교사 장두호(현 잠신고 역사) 선생님이 있다.

2002년 5월 4일 토요일

"어머니, 10년은 젊게 사셔요."

1989년 8월 12일 파면통지서를 받고 학교를 떠나야 했던 그날은 얄궂게도 어머니 생신이었다. 자식의 해직은 어머니에게는 큰 충격이었다. 그렇지 않아도 심약하셨던 어머니는 뉴스에 전교조라는 말만 나와도 가슴 두근거리시면서 사셔야 했다. 전교조는 내 삶의 많은 부분이기도 했지만 어쩌면 어머니의 짙은 한숨도 그 안에 스며들어 있을 것이다. 해직 통보를 받고 1년이 지난 어머니 생신에 나는 그 당시의 심정을 편지에 담았다.

어머니. 62회 생신을 축하드리면서 작은 선물조차 준비 못한 사식의 마음을 전합니다. 아버님 생신 때도 아무런 선물을 드리지 못해 어머님 생신 때 같이 준비하겠다고 마음먹었던 것이 또 어긋났습니다. 그러나 어머니께 드리는 선물보다 더 어머니께서 걱정스러워하고 있는 것이 무엇인가를 왜 모를 리가 있겠습니까. 지금 당장 어쩔 수 없는 일이고 보니 더욱 죄송스럽고 답답합니다.

생활비에도 미치지 못하는 적은 돈으로 집안 생계를 꾸려가시는 어머니를 생각할 때는 늘 괴롭습니다. 물론 지금 가져다 드리는 20만 원 안팎의 적은 돈은 전에도 말씀드렸지만 학교 현장에 계시는 선생님들이 만 원부터 많게는 10만 원까지 후원한 것으로 지급받고 있습니다. 경제적으로 받는 고통을 생각한다면 어느 것 하나 어머니 마음을 덜어드리지 못하고 있습니다. 아침에 집을 나올 때마다 수심에 찬 모습으로 자식을 바라보는 어머니를 볼 때마다 짜릿한 가슴 통증을 느낀 것이 한두 번이 아니었습니다. 또 적은 푼돈이나마 생활에 보태기 위해 잔손이 많이 가는 마늘 까는 일을 하루 종일 붙들고 노역하시는 어머니 모습을 볼 때가 있었습니다. 옳은 신념 속에 선택하고 받아들인 해직이었지만 성치 않으신 몸으로 일하시는 어머니 모습을 지켜보는 것은 너무도 고통스러웠습니다.

그러나 어머니. 비록 현실적인 고통, 경제적인 어려움을 겪고 있지만 자신 있게 말씀드릴 수 있는 것은 어느 누구에게도 부끄럽지 않은 모습으로 지금을 살고 있습니다. 그렇게 살아오셨던 아버지를 존경하고 경제적 어려움 속에서도 늘 넉넉하신 마음으로 살아오신 어머니에 대한 사랑을 마음속에 새기며 살아왔습니다. 아버지, 어머니가 기다려주신다면 지금까지 그렇게 살아왔던 것처럼 흔들리지 않고 살아갈 것입니다.

아버지, 어머니. 1989년 8월 21일, 파면 통지서를 전달받던 그날은 공교롭게도 어머니의 생신날이었습니다. 그날 이후 만 1년이 지나고 있습니다. 그동안 해직 생활에 대해서도 거의 말씀드리지 못한 가운데 1년이 되었습니다. 해직 이전에도 학교생활에 대해 그리고 전교조 결성 당시부터 해직 과정에 이르기까지 부모님께 말씀드리지 못했습니다. 자식이 선택한 일에 대해 언제나 끝까지 기다려주시고 지켜봐주셨던 아버지, 어머니셨습니다. 어머니가 자식에게 물어봤어도 시원한 대답을 드리지 못했을 저였습니다. 어쩌면 짜증부터 냈을 저였습니다. 또 자식의 아픈 상처를 건드리지 않기 위해 모른 척 넘어가셨을 아버지, 어머니셨습니다. 아무리 옳고 의로운 자식의 결심이었다 할지라도 미리 말씀드리지 못한 것은 저의 잘못이었습니다.

지난 1년 동안은 아버지, 어머니와 담소를 나누며 저녁밥을 함께 들어본 기억을 되살려보아도 생각나지 않습니다. 늘 깊은 밤이 되어서야 돌아왔으니까요. 늦은 밤 초인종을 누르고 집으로 들어오는 순간까지 노심초사하시는 어머니께 애간장만 타게 했던 자식이었습니다. 들어오지 않는 자식을 기다리다가 지쳐 불을 켠 채 아무렇게나 누워 쪽잠을 주무시는 어머님을 새벽녘에 뵌 것이 더 많이 기억납니다.

어떻게 된 생활이 학교 다닐 때보다 더 바쁘게 하루를 보내고 있습니다. 물론 크고 작은 집회에 끊임없이 참가하고 있습니다. 그리고 일주일 중 이틀, 사흘 계속되는 무거운 주제의 마라톤 회의, 또 조직 활동의 일천한 경험에서 오는 시행착오, 전교조 조직 사업의 효율적인 집행에 대한 고민 등 산적한 과제들의 연속입니다. 전교조 결성 이후 그 활동은 어느 것 하나 완결되어진 것보다는 모두가 진행 중인 것들뿐입니다. 더구나 장기적 해직으로 인한 생활의 불규칙함, 다시 학교로 돌아가는 것에 대한 전망의 불투명함, 조직 생활 속에서 역할의 한계를 느끼면서 오는 무기력감, 돈 많은 사람들의 하루 술값에도 미치지 못하는 월 생계비 등 이러한 것들은 해직된 교사들 모두의 고민이기도 합니다.

아버지, 어머니. 전교조 합법화의 정당성과 해직교사 원상 복직의 당위성이 있고 없음보다 눈앞에 닥친 현실이 더 아프게 느껴지는 것을 왜 모르겠습니까? 원치 않은 결과로 학교를 떠난 지 해가 바뀌어 만 1년이 되었습니다. 가까운 시일 내에 학교로 돌아가는 것은 쉽지 않을 것입니다. 그러나 학교로 돌아갈 수 있을 것이라는 믿음에 대해서는 변함이 없습니다. 한국 사회 속에서 그래도 솔직하게 살아갈 수 있는 곳이 학교사회라는 사실과 책을 계속 보며 공부할 수 있다는 것 그리고 순수한 학생들을 만난다는 것은 즐거운 일이기 때문입니다. 물론 살아가기에 풍족한 봉급은 아니었지만 검소하게 살아가겠다고 마음만 먹으면 궁핍하게 살지 않을 것이라는 생각은 듭니다. 다시 학교로 돌아가 복직되었을 때 많지 않은 봉급이어도 아버지, 어머니 생신 때에 오늘처럼 선물을 드리지 못해 괴로워하지는 않을 것입니다.

아버지, 어머니. 돌이켜 보면 여유라고 조금도 느끼지 못하면서 살아오신 생애십니다. 자식을 통해서 느끼는 기쁨이나 행복보다는 괴로움과 고통으로 점철된 삶을 살아오신 세월 같습니다. 어쩌면 야속함과 속상함에 억울한 시간이었을 것입니다. 해서 드리는 말씀입니다. 아버지, 어머니. 10년은 젊게 사셔야 합니다. 저 역시 굴절되게 살아온 10년을 빼고 아버지, 어머니와 함께하는 시간을 더 많이 갖도록 하겠습니다. 경제적으로 쪼들리는 가계지만 당분간만 참으시고 평소 살아오신 모습대로 넉넉한 마음으로 젊게 살아가셔요. 아버지, 어머니를 존경하고 사랑합니다.

1990년 8월 21일

전교조 활동을 하던 3년째인 1992년에 어머니는 결국 병원에 입원하셔야 했다. 어머니는 정신이 혼미하여 실성한 사람처럼 밤새도록 잠을 못 주무시기도 했다. 어떤 때는 이틀 밤낮을 그렇게 정신을 놓고 지내셨다. 다행히도 약물 치료를 받아 경과가 좋아져 퇴원하셨지만 이후에도 늘 약에 의존해야 했다. 내가 복직한 후 건강을 되찾으신 어머니는 8년을 더 사시다가 2002년에 돌아가셨다. 돌아가신 지 올해로 16년이 되었다. 아버지에게도 나는 늘 많은 것이 부족한 자식이었으나 그런 아들에게 실망하시지 않고 언제나 끝까지 우직하게 기다려주셨다. 참 반듯하게, 선비처럼 사셨던 아버지는 4년의 투병 끝에 2017년 초 어머니를 따라가셨다.

교육 희망, 전교조

28년 전, 해직교사 시절(1989년 8월~1994년 2월)

해직된 시점이 방학 때였으니, 전교조에서는 학교현장을 중심에 둔 효율적인 투쟁이 어려워졌다. 노태우 정권은 범정부 대책 기구를 만들어 전교조에 대한 왜곡 선전을 하는 한편 전교조 조합원을 탈퇴시키기 위한 비열한 공작을 집요하게 벌였다. 가정 파괴에 가까운 반인륜적인 협박을 이겨내는 것은 쉬운 일이 아니었다. 눈물을 머금고 탈퇴하는 교사가 늘어났다. 본부 차원에서는 특단의 대책으로 1989년 7월 26일 명동성당에서 목숨을 건 집단 단식농성 투쟁에 들어갔다. 1987년 6·10 항쟁의 성지였던 명동성당은 이제 교사들의 교육 민주화를 위한 투쟁 장소로 바뀌었다. 나 역시 생전 처음 단식에 참여했다. 8월 5일까지 11일 동안 진행된 단식농성 투쟁에 전국에서 600여 명의 조합원이 참여했고, 그 과정에서 탈퇴했던 조합원이 다시 재가입하는 경우도 있었다.

단식 투쟁을 하는 동안 명동성당에는 전교조 선생님을 찾아오는 학생들의 물결이 장사진을 이뤘다. 명동성당은 전교조 교사들이 학교현장에서 학생들에게 어떻게 교육 활동을 했는가를 확인하는 자리였다. 학생들뿐만 아니라 전교조의 투쟁을 격려하기 위해 시민 단체와 개인들이 매일 구름처럼 몰려왔다. 그러자 경찰은 명동성당으로 들어오는 골목을 철저하게 봉쇄했고 학생들은 명동성당 근처에 얼씬도 못하게 막아섰다. 그런데도 학생들은 지혜를 발휘하여 경찰 눈을 속이고는 삼삼오오 명동성당을 찾아왔다. 나를 찾아오는 학생은 별로 없었다. 내가 가르쳤던 제자들은 경찰에 막혀 못 왔으려니 하고 위안을 삼기도 했다. 단식일이 길어지면서 쓰러지는 사람들이 속출했다. 그들을 보호하고 집회 대오를 유지하기 위해서는 본부 집행부 실·국장은 단식을 중단해야 한다는 중앙집행위원회 방침이 나왔다. 그에 따라 나는 다른 사람보다 이틀 먼저 단식을 중단했다.

5·28 전교조 결성 이후 위원장과 수석부위원장이 구속되면서 지도부 공백을 메우기 위한 전교조 제1차 전국대의원대회가 1989년 8월 19일 건국대 학생회 강당에서 개최되었다. 이 자리에서 이만호 위원장, 이효영 수석부위원장 권한대행을 선출하고 기존의 집행부는 총사퇴를 했다. 전교조 초대 조사통계국장을 맡았던 나는 사업다운 사업 하나 추진하지 못하고 어설픈 사업 구상만 하다가 역할을 마쳤다. 비상 상황이었고 투쟁하는 조직이었기 때문에 고유 업무를 맡아 할 수 있는 상황도 아니었다. 2기 집행부에서 나는 생각지도 않았던 복지후생국장을 맡아 해직교사의 생계 대책을 마련하는 역할을 하게 되었다. 해직교사가 1,500여 명을 넘고 보니 그들의 생계 대책을 마련하는 것이 매우 시급했다. 처음 당하는 일이라 막연하기만 했다. 무엇보다도 해직교사가 처한 조건이 모두 다르기 때문에 본부 차원에서 통괄하는 것이 옳을 것 같았다. 지부별로 들어오는 모든 후원금을 본부로 통합해서 다시 지부별로 재분배하는 방침을 세웠다. 한편으로 궁극적인 대책을 마련하는 것이 필요하다는 판단을 하고 본부에서는 참교육사업단(단장 이효영, 광주상고에서 해직, 2017년 작고)을 만들었다. 복지후생국장이었던 나는 실무책임자를 겸직하도록 해서 그 사업에 참여하게 되었다.

꺼지지 않은 불씨

2학기가 시작되었다. 동료 교사들은 개학을 해서 학교에 나갔지만 파면 통보를 받은 나는 계속 방학이었다. 방학이라고 생각을 했기 때문인지 학교를 나가지 않는 것이 전혀 어색하지 않았다. 개학을 하면서부터 전교조로 소용돌이쳤던 학교는 진정 국면으로 바뀌었다. 정권 입장에서는 반색할 일이었겠으나 언제든지 폭발할 수밖에 없었던 것이 전교조 문제였다. 1,500명이 넘는 교사들을 해직시켰다고 해서 전교조 문제가 해결된 것은 아니었다. 전교조 본부 차원에서는 새로운 방식의 투쟁 전술을 선택했다. 해직교사들의 출근 투쟁이었다. 출근 투쟁으로 전교조 문제가 새로운 양상으로 부각되었다. 해직교사를 복직시키지 않고서는 전교조 문제는 학교현장에서 언제나 발화할 수 있는 꺼질 수 없는 불씨였다.

해직교사, 학교현장의 교사, 그리고 학생들까지 모두가 힘들고 아픈 시간을 건너뛸 수는 없었다. 출근 투쟁을 하러 찾아간 학교는 철저하게 막혀 있었다. 교육부의 지침에 충실한 대부분의 학교에서는 문을 잠가 해직교사의 학교 출입을 원천 봉쇄해버렸다. 교문을 사이에 두고 학생과 해직교사들이 마주 보고 있는 사진은 많은 사람들의 심금을 울렸다.

언론을 장악한 군부정권이 전교조를 불온한 집단으로 매도했음에도 불구하고 학생들과 시민들은 전교조 창립을 전폭적으로 지지했다. 특히 학생들이 전교조 교사들의 해직을 막아내기 위해 수업을 거부하고 시위를 벌였던 자양고등학교에서도 예외는 아니었다. 해임과 파면을 당한 박영신, 이철국, 김홍렬 선생님은 우리 때문에 학생들이 다치지는 않을까 노심초사했다. 방학이 끝나고 2학기가 시작된 이후에도 학생들은 학교 복도에 페인트로 강제 보충수업과 자율학습에 대한 비판을 하다가 들키기도 했고, 해직된 교사들을 복직시키라는 유인물을 밤에 몰래 뿌리다가 적발되어 학생들이 처벌받을 위기까지 간 적도 있었다. 그러한 일이 있을 때마다 학교를 찾아가 교장 선생님을 뵙고 처벌 중단을 강력히 요청하여 학생들이 처벌받지 않은 것은 그나마 다행한 일이었다.

1989년은 그렇게 저물어갔다. 곧 돌아갈 수 있을 것으로 기대했던 복직에 대한 희망은 점차 멀어져만 갔다. 1990년 2월 15일부터 치러진 선거에서 윤영규 선생님을 위원장으로 다시 선출하고 새로운 집행부가 구성되면서 복지후생국장과 해직자생계대책위원회 실무책임자를 벗어날 수 있었다. 사업적 능력이 전혀 없는 것을 스스로 잘 알고 있던 나는 무거운 부담에서 벗어나 홀가분한 기분이었다. 그러나 전교조 해직교사들은 현실 속에서 살아야만 했다. 버티면서 사는 일만 남았다. 어떻게 버티며 살아가야 하는가는 결국 각자의 선택으로 돌아갔다.

지회장 선거 3파전

1990년 2월 위원장 선거가 있던 그해, 지회장 선거도 같이 진행되었다. 원래 내가 소속해 있던 서울지부 동북부지회로 활동 장소를 옮겨 지회장 선거에 참여하게 됐다. 그때만 해도 선거도 전교조 투쟁의 하나로 여겨져 지회장도 경선을 하였다. 동북부지회는 3파전으로 선거가 진행되었다. 전교조 결성 이전 '5·10 교사의 날' 교육민주화 선언을 주도했고, 전교조 결성 당시에는 본부에서 편집실장으로 활동했던 교육운동사의 산증인, 김민곤(2016년 경기고에서 정년퇴임)이 지회장에 출마했다. 또 대학 시절부터 학생운동 경력이 화려한 이을재(현 전교조 부위원장) 선생님이 출마했다. 보건사회부 장관을 지낸 유시민 작가는 『어떻게 살 것인가』라는 책에서 그를 대학 때부터 운동권의 맹장으로 기억할 정도로 투사적인 면모를 지녔지만 당시 참 해맑은 미소를 지닌 청년 교사였다. 나 역시 동북부지역교사협회 사무국장을 했던 경험이 있으므로 당선 가능성이 많다는 주변 동료들의 추천을 받아 후보로 등록했다. 특히 자양고에서 함께 해직되었던 박영신 선생님이 유일하게 선거운동원 겸 선거대책위원장이 되어 나를 적극적으로 후원해주었다. 다른 후보들과 차별화된 매우 훌륭한 선전, 홍보물을 제작하여 앞장서서 도움을 주었다.

당시의 선거는 매우 소박했다. 선전물을 제작하여 학교 단위에 배포하고 합동유세를 한 번 한 것이 전부였다. 청량리의 동북부지회 사무실과 가까운 경희대 소강당을 합동유세 장소로 정했다. 집회가 있는 날에는 어디고 간에 경찰이 동원돼서 집회 장소를 봉쇄했으나 교사들은 그 봉쇄망을 뚫고 집회 장소로 모였다. 1차 집회 장소가 막혔을 때는 비선을 통해 2차 장소로 모였고 끝내 집회를 성사시켜냈던 전교조였다. 합동유세가 있던 그날 경희대 소강당 문이 열리기는 했으나 전기는 들어오지 않았다. 전등을 켤 수 없어 촛불을 켰고 마이크를 사용할 수 없어 소형 핸드마이크로 정견 발표를 할 수밖에 없었다. 1988년에 동북부지역교사협의회 창립할 때의 광경이 재연되었다. 청중석은 어두웠고 후보자들이 있는 연단에만 촛불을 켜고 정견 발표를 했다.

정견 발표만을 놓고 보면 내가 가장 뛰어난 연설을 했던 것으로 생각되었다. 현장 투표를 했더라면 내가 당선될 가능성도 있었겠으나 참석한 숫자가 100명도 채 안 되었기 때문에 연설의 효과가 클 리는 없었다. 함께 후보로 나섰던 김민곤 선생님은 연설을 마친 후 나의 당선을 예감하기도 했으나 당선자는 조직력이 강했던 이을재 선생님이었다. 1위와 2위의 표차가 30표도 채 안 되었고 2위와 3위의 표차 또한 30표가 나지 않맞는데, 나는 3위에 그쳤다. 흔히 말하는 조직 노선을 두고서는 김민곤 선생님이나 나나 그다지 다르지 않았음에도 오히려 표가 분산되어 이을재 선생님이 2대 지회장에 당선되었다. 김민곤 선생님과 인연은 깊어져

2006년 3월 전교조 위원장 보궐선거가 있을 때 후보로 나선 김민곤 선생님의 당선을 위해 서울지역선대본부장을 맡기도 했다. 그러나 당선까지는 이르지 못했다. 위원장 선거만을 놓고 보면 참 불운한 김민곤 선생님이었다.

지회장 선거에서 탈락한 나는 통합 집행부를 구성한다는 취지를 받아들여 부지회장을 수락했다. 부지회장을 하며 학교 방문을 통해 전교조를 복원하는 데 앞장섰던 현직 교사들을 격려하기도 했다. 불가피한 사정으로 전교조 사수에 동참하지 못한 동료 교사들이 입었던 상처를 극복하고 일어서는 것을 볼 수 있었다. 고마운 마음 이상이었다.

5월 교단을 생각하며

학교현장에서 교육 민주화를 위해 헌신하는 선생님께

잘못된 입시교육제도로 인해 마음 아파하는 학생들을 염려하는 선생님을 기억합니다. 순치된 길들이기 교육의 한계를 극복하지 못하는 자괴심으로 수척하셨던 선생님의 모습이 더욱 선명히 떠오릅니다. 작년 5월 28일 전국교직원노동조합 결성에 뜻을 같이하면서도 여러 가지 사정으로 동참하지 못한 것을 많이 괴로워하셨지요. 그러면서 그 미안함으로 격려와 용기를 주셨던 89년 5월이 벌써 1년이 지나 다시 돌아오고 있습니다.

지부, 지회, 분회가 결성되고 교육의 민주화와 교사들의 교육권, 학생들의 학습권을 법적으로 보장받을 수 있는 장치로 전교조가 결성되었다는 사실에 감격스러워했던 그 5월이 아니었습니까? 교사의 양심에 비춰 역사적 사실을 눈치 보지 않고 떳떳하게 가르칠 수 있는 학교를 만들 수 있다는 사실이 우리에게 기뻤던 것이었지요.

상급자의 그릇된 지시를 당당하게 부정하며 대안을 세울 수 있는 학교를 만들어나갈 수 있다는 사실과 역사 앞에 부끄럽지 않은 교사로 학생들을 가르칠 수 있다는 사실이 얼마나 벅찬 감격이었습니까? 보충수업 받기를 희망하는 학생들에게만 보충수업을 하고, 학교에서 남아 공부하기를 원하는 학생에게만 개방하는 자율학습, 학생들 스스로의 잠재된 소질을 계발할 수 있는 교육과정, 학생들의 자율적인 능력을 신장시킬 수 있는 학생회의 활성화, 이러한 것이 가능하기 위해서는 교사들이 더욱 부지런해야 한다고 생각하면서 신명나는 학교를 꿈꿨던 89년의 5월이 아니었습니까? (중략)

물리적 힘에 의해 학교를 떠나 있던 지난 1년은 새로운 삶의 경험을 하고 있습니다. 처음엔 거리에서 선전물을 배포하는 것도 참 쑥스러웠습니다. 지금도 거리로 나설 때는 어색함을 떨칠 수가 없습니다. 머리띠를 두르고 구호를 외칠 때도 멈칫거려지고 주저하는 모습은 여전합니다. 그러나 분명히 확신할 수 있는 것은 그것이 학교로 돌아가는 시간을 앞당기고 학교현상을 민주화시키며 전교조 합법성을 쟁취하는 데 보탬이 되는 일이라면 더 쑥스러운 일을 하게 될지라도 언제든 앞장설 것입니다. 달라진 저 자신을 돌아볼 때 스스로 놀랍기도 합니다.

1,600여 명의 해직교사들이 생계를 해결하기 위해서 물품을 제작하고 판매하러 이 학교, 저 학교를 다니고 사람이 많이 모이는 집회 장소를 찾아다니는 것도 새로운 삶의 경험입니다. 그러면서 옛날 제자를 다시 만나는 것은 너무도 감격스러운 일이기도 했습니다. 지난 5월 초에는 이제 대학생이 된 제자들과 함께한 술좌석에서 주위에 동석했던 모든 사람들이 함께 '스승의 노래'와 '참교육의 함성으로'를 불러주었을 때는 전교조 교사에게 호의적으로 대해주는 모든 분들이 참으로 고마웠습니다.

학교현장은 분명 달라져가고 있지만 진정 우리가 지향하고자 하는 방향으로 변화되고 있는지 우리가 모두 주목해야 할 것입니다. 학교현장의 민주화와 참교육의 내용을 채워나가는 것은 우리 모두의 몫이기 때문입니다. 저는 지금 비록 학교 밖에 있지만 학교로 돌아갈 수 있을 것이라는 확신에는 조금도 변함이 없습니다. 학교를 떠나올 때 '더 훌륭한 선생님으로 돌아오겠습니다.' 약속했던 사실을 항시 기억하면서 오늘 밤을 보냅니다.

다시 만나 뵐 때까지 건강하십시오. 수척해 보이시던 선생님의 모습이 안쓰럽습니다. 5월 교단을 생각하며 드립니다.

1990년 5월 23일

전교조 위원장 임기를 정한 규약 개정에 따라 전교조 위원장, 지부장, 지회장 그리고 대의원 선거가 12월 초로 바뀌었다. 주변 후배들의 추천을 받아 다시 지회장 후보로 등록하였다. 지난 지회장 선거에서 박영신 선생님이 혼자서 도움을 줬던 것에 비해 후배들이 중심이 되어 선거팀이 꾸려졌다. 또 최재현, 구은모, 오현록, 이행섭 후배 교사들은 선거 유세를 하는 동안 참모 역할뿐만 아니라 유세를 할 때는 율동 섞인 춤까지 준비해서 선거에 도움을 주었다. 나만 그런 선거팀이 꾸려진 것이 아니라 2파전으로 치러진 선거에서 상대 후보도 마찬가지 팀을 꾸렸음은 물론이다. 그때부터 전교조 내에서 조직 노선이 명확하게 드러나기 시작하였다. 흔히 말하는 정파(의견 그룹으로 불리기도 했다)의 출현이었다. 그러나 그해 위원장 선거 파동으로 출마하려던 상대 진영에서 선거 보이콧을 하는 바람에 단독 후보가 되어 찬반 투표로 치러진 선거에서 나는 90%를 훨씬 넘는 찬성률로 당선되었다. 전교조 계선 조직의 중간단위인 지회의 책임자가 된 것이다. 당시 제주나 충북, 강원지부보다 많은 800여 명에 가까운 조합원이 가입한 거대 지회의 책임자가 된 것이다.

교육 희망, 전교조

1989년 전교조 결성 과정도 그랬고 그 이후도 전교조가 합법화되기 전까지는 정권과의 한판 싸움은 계속되었다. 전교조만 없애면 민주개혁 세력을 무력화시킬 수 있다는 계산이 섰기 때문인지 늘 전교조는 군부 정권의 눈엣가시 같은 존재였다. 반면 한국 사회의 민주시민단체는 전교조를 지켜내기 위해 공동대책위원회를 결성하여 전교조를 물심양면으로 후원했고, 학부모들은 '참교육전국학부모회'를 조직하여 전교조를 응원하였다. 정권이 수단과 방법을 가리지 않고 전교조를 와해시키기 위한 공세를 가했음에도 끝까지 버틸 수 있었던 것도 시민단체와 학부모 조직의 후원이 있었기 때문에 가능했다. 전교조는 출범부터 시민단체에 많은 빚을 진 것이다. 합법화 이후에도 전교조가 단순한 교사단체로만 머물 수 없었던 것도 바로 이 때문이 아니었을까?

전교조를 결성하기 전부터 그리고 전교조를 결성하면서 또 전교조를 결성한 이후 합법화된 이후까지도 전교조는 늘 정권과 맞서왔다. 잘못된 교육정책은 비판했고 부당한 명령에 대해서는 저항했다. 반교육적인 법에 대해서는 불이익을 감수하고 실정법을 위반하며 법의 부당함을 세상에 알렸다. 유인물을 통해서 정권의 기만적인 행태를 폭로하고, 집회를 통해서 정권의 부도덕함을 규탄하기도 하면서 저항했다. 저항의 결과 얻어맞기도 했고 경찰에 끌려가 구인되었고, 사회로부터 격리되는 고통을 겪기도 했다. 1989년 4월 25일부터 6월 24일까지 전교조 결성 관련 구속된 숫자가 27명에 이르렀음은 전교조 결성 과정이 얼마나 치열했는가를 실증적으로 보여준다. 그리고 보면 전교조는 투쟁의 산물이었다.

전교조 교사들의 투쟁력과 의지는 당시 민주시민단체의 중심인물로 나서도록 요구받았다. 시대가 교사를 투사로 만들었다. 전교조 교사들이 처음부터 투사였던 것은 아니었다. 대부분 평범한 교사였고 교육 모순에 대해 눈감지 못한 것이 결국은 운동의 맨 앞에 서게 된 경우가 대부분이었다. 이수호 선생님(전 민노총위원장)이라고 다르지 않았다. 서울에서 이부영 선생님(전 전교조위원장)과 함께 후배 교사들의 맏형 역할을 맡았던 또 한 분이 전교협 시절부터 전교조 초대 사무처장을 맡았던 이수호 선생님이었다. 처음 봤을 때 여느 교사와 다르지 않은 평범한 교사였으나 시대는 그를 늘 운동 전선의 맨 앞에 서게 했다. 그로 인하여 이수호 선생님에게는 학교만큼이나 감옥도 친숙한 곳이 되어버렸다. 전교조는 끈끈한 동지애로 만들어진 조직이었다. 감옥에 수감된 교육 동지들의 외로움을 덜고 격려하기 위해 돌아가면서 면회를 했다. 또 편지도 썼다. 1992년에 수감 중이었던 이수호 선생님께 보낸 편지였다.

선배님의 호쾌한 웃음소리가 들리는 듯합니다. 갇힌 신세임에도 불편함을 내색하지 않으시기에 면회를 하는 동안은 마음 편했습니다. 그러나 영어의 몸이 된 생활이 어찌 밖에 있는 것만큼 편할 리가 있겠습니까? 10분을 넘기지 못한 짧은 면회였습니다. 그리고 다시 갇힌 몸이 되어 교도소 안으로 들어가셨습니다. 옷자락 끝이 보이지 않는 순간 헤어지는 아쉬움이 한꺼번에 몰려왔습니다.

시대가 교사까지도 범법자로 만들어 놓고 있습니다. 죄 아닌 죄로 감옥에는 숱한 양심수로 넘쳐나고 있다고 합니다. 사회의 구조적 모순으로 죄의 구렁텅이에 빠져든 사람도 있겠지요. 본인의 의지와 관계없이 형극의 길을 걷는 것은 고달픈 인생입니다. 죄를 짓기까지 얼마나 많은 사연이 있을 것이며 또 잘못된 법적용에 의해 억울한 사람도 적지 않을 것입니다. 민주화된 사회로 가려면 더 많은 세월과 시간이 흘러야 할 것입니다. 그런 사회이고 보니 누가 언제 이 사회로부터 격리될지 모르는 세상에 살고 있습니다. 아직도 한 치 앞을 내다볼 수 없는 세상입니다.

교단에 처음 섰던 것이 1981년이었습니다. 1989년 학교를 떠나지 않았다면 10년이 넘는 교사 생활을 하고 있을 것입니다. 10여 년이 넘는 지금 학교는 많은 것들이 달라졌습니다. 한 대밖에 없던 교무실 전화기가 교무실마다 놓여 있습니다. 전에는 없던 휴게실이 아늑하게 꾸며졌습니다. 교사에게 경비까지 서게 했던 숙직 제도가 폐지되었습니다. 교무실 환경의 변화 말고도 교직에 대한 인식까지 바뀌었습니다. 교직에 대한 선호도가 높아졌고 교사가 되는 벽은 더욱 높아졌습니다. 교원고시라는 말이 교직 선택의 어려움을 단적으로 표현해주고 있습니다.

며칠 전 저는 전라북도 고창군 선운사에 있었습니다. 겨울 동백꽃으로 유명한 곳입니다. 날이 채 밝아오지 않은 시간에 산자락에 다가가서 오르기 시작하면 중턱에서 맞이하는 아침이 좋습니다. 숨을 몰아쉬면서 선운사 뒤쪽의 고개를 오르면 곧바로 펼쳐지는 서해안과 변산반도가 한눈에 들어옵니다. 능선을 타고 조금만 오르면 전라남북도를 가로지르는 수려한 산세를 한눈에 볼 수 있습니다. 그리고 능선을 따라 계속 오르면 광활한 서해안 바다가 눈을 기쁘게 합니다. 해안의 변산반도와 산 아래쪽의 산사를 한눈으로 오가며 볼 수 있는 빼어난 자연 경관이 황홀합니다.

한 시간의 등산을 마치고 폭이 1미터쯤 되는 길을 따라 선운사로 접어들면 초록 빛깔의 동백나무 숲을 다시 만납니다. 군락을 이루고 있는 동백나무 숲은 선운사 경내로 들어오면 절정을 이뤄 탄성이 절로 납니다. 낙엽이 진 겨울나무들과 선을 확연하게 긋고 숲을 이루고 있는 의연한 자태가 범상치 않습니다. 여러 새들이 함께 있지만 다투지 않고 공존하는 곳에 자리 잡고 있는 선운사에 저도 일부가 됩니다.

그곳에서 1월 22일부터 24일까지 머물다 돌아왔습니다. 전국 참

교육 실천 연수가 있었습니다. 학교현장에서 참교육 실천을 위해 고민하는 벗들과 함께 나 자신 참교육 실천자로 거듭나기 위해 연수에 참여했습니다. 우리가 주창하고 있는 참교육의 내용을 구체화하고 어떻게 실천해낼 것인가를 고민하면서 참교육 실천 연수는 시작되었습니다. 작년 8월 이후 두 번째로 개최된 참교육 실천 연수는 현장교사가 중심이 되어 진행하고 있습니다. 서울에서 14명이 참가했고 제가 소속해 있는 동북부지회에서 6명이 참석했습니다. 전국에서 120명이 참석한 가운데 매우 성공적으로 마쳤습니다. 조합원수에 비하면 매우 적은 숫자지만 '전교조'라는 말만 들어도 '경기驚氣'를 하는 교육 관료들의 압박을 물리치고 참가한 것을 생각한다면 매우 고무적인 숫자입니다.

2박 3일의 일정 속에서 현 시기 참교육 실천의 당면 과제는 무엇인가에 대한 발제부터 시작해 학교현장에서 직접 실천했던 사례들이 발표되었습니다. 수업 시간을 활용하여 환경오염 고발 실천 사례, 학부모와 학생들의 간담회, 교사 집단 내에서 소모임 조직화 그리고 학생들을 올바로 만나기 위한 과제 연구, 참교육 실천을 통한 이론 체계 확립 방안 등에 대한 진지한 논의도 함께 있었습니다. 학교교육을 위해서 꼭 필요한 것들에 대한 교사의 고민을 연수에 담고 있습니다. 이 시대 교사로 새롭게 깨어나는 과정입니다. 그러나 이러한 논의가 교육 관료들에게는 불온한 것으로 여겨지고 있는 것이 지금의 현실입니다. 지시와 명령에 충실한 순치된 교사를 그들은 기대하고 있을 뿐입니다.

사례 발표를 들으면서 하나같이 훌륭하게 느껴졌고 발표한 선생님들에게 절로 박수를 보냈습니다. 그러면서 '나는 언제 저렇게 훌륭한 선생님이 되어 학생들을 만나볼 수 있을까?'라는 생각을 하며 힘찬 박수로 응원했습니다. 그리고 학교에 있을 때 나만이 순수한 교육자연했던 것에 부끄러움이 몰려왔습니다. 나보다 훨씬 훌륭한 선생님들이 전교조 조합원으로 있다는 사실만으로 '전교조의 내일은 낙관해도 좋다'라는 확신을 갖기도 했습니다. 사례 발표를 했던 선생님들의 참교육에 대한 열정으로 인해 전교조는 학생과 학부모로부터 신망받는 집단으로 존재할 것이기 때문입니다.

선배님이 교도소에 갇혀 있는 동안에도 전교조는 역동적인 모습으로 전진하고 있습니다. 언제나 호쾌한 웃음과 서글서글하신 눈, 옆에 있는 것만으로도 힘이 되는 선배님이십니다. 어느 누구에게는 감옥 바깥이 교도소입니다. 선배님에게는 교도소 안이 감옥 바깥의 세상보다 자유로운 곳으로 생각하고 계시지요. 그래도 빨리 우리 곁으로 돌아오시기를 기원하겠습니다. 설날 떡국은 드셨는지요.

1992년 2월 7일

『우리교육』영업사원

다시 학교로 돌아온 것이 1994년 3월 1일이었다. 복직하기까지 해직 교사들에게는 처절한 시간이 지나야 했다. 건너뛸 수 없는 4년 6개월의 시간이었다. 학교를 떠나 있는 동안 본부에서, 지회에서 전교조 일을 하면서 월급이 아닌 활동비를 받으면서 활동을 했다. 집안 생계를 책임졌던 사람들에게는 가정의 위기였다. 복직에 대한 꿈은 갈수록 멀어졌다. 나 역시 경제적 어려움을 견디기 힘들어 잠시 조직 일선에서 후퇴했다.

지회장 임기를 마친 1992년 초였다. 전교조에서 지급받는 활동비만으로 도저히 생계를 유지하는 것이 힘들어졌다. 그것을 모르고 선택한 일은 아니었지만 막상 부딪힌 현실은 생각했던 것보다 힘들었다. 그렇다고 새로운 직업을 선택할 수 있는 상황도 아니었다. 전교조 조직을 완전히 떠날 수도 없는 일이었다. 고민 끝에 선택한 것이 교육 전문 잡지 『우리교육』 영업사원이었다. 지금은 계간지로 바뀌었으나 초기의 『우리교육』은 전교조 해직교사들이 중심이 되어 만든 월간 잡지였다. 교육 전문 잡지가 거의 전무했던 시기에 『우리교육』은 학교현장의 모범 사례와 진보 교육의 담론을 주요 내용으로 하여 현장 교사들에게 많은 호평을 받았다. 영업사원 시작할 때가 방학이었기 때문에 사무실에서 전화 거는 것으로 정기구독자를 확보하기 시작했다. 그러다가 개학을 했다.

개학 이후에는 학교를 찾아가서 정기구독자를 확보해야 했다. 영업에 대한 교육도 한번 받지 않고 영업을 나선 것이다. 처음 책 장수가 되어 해직되기 전 근무했던 자양고등학교를 찾아갔는데 말을 꺼내는 것이 생각만큼 쉽지가 않았다. 동료 교사들을 다시 만났을 때, '그러려고 해직되었느냐'는 핀잔을 듣는 것 같아 한마디도 못 하고 바둑만 두고 돌아섰다. 교문을 나서면서 왜 그렇게 부끄럽고 참담했던지 누가 보지는 않을까 나도 모르게 흐르는 눈물을 훔쳤다. 스스로 약해지지 말아야겠다는 생각을 하고 다음 날 다시 학교를 찾아갔다. 정말 뻔뻔스럽게 책을 내밀며 책 선전을 했다. 월간 잡지였던 『우리교육』이 불량품이 아니라는 확신을 했기 때문에 책을 권유하는 것이 부끄럽지는 않았지만 많은 선생님들은 해직된 동료 교사였기 때문에 정기구독 카드를 받아들였을 것이다. 어느 때는 중학교에 갔다가 교감에게 멱살을 잡히고 끌려 나온 적도 있었다. 그때 처음으로 키 작은 것이 원망스러웠다. 내가 들고 있는 것이 『우리교육』이라는 전교조에서 만드는 잡지이기 때문이었다. 그런 날은 애꿎은 동료 교사들을 불러 술로 밤을 새우기도 했고, 그 아픔을 잊지 않기 위해 일기도 썼다.

1월 생계비 수령액 203,000원. 이미 가불한 10만 원을 제외하면 손에 든 실수령액은 103,000원. 12월 생계비로 지급 받았던

335,000원에 비교하면 무려 30%가 삭감된 액수이다. 임대료, 관리비 포함하여 한 달에 고정적으로 지출되어야 할 최소한의 액수가 약 15만 원. 적게 먹고 적게 쓴다 할지라도 5만 원을 가지고 한 달을 견뎌내야 한다는 것은 거의 불가능하다. 또 10만 원 정도를 더 가불해야 할 것 같다. 그렇지 않아도 지회 사무실에서 제일 가불을 많이 하는 사람 중 하나다. 어쩌나? 한 달은 참 길다. 새로이 오게 될 한 달을 버티며 기다려야 한다. 언제까지 이렇게 살아야 할까? 지금과 같은 상황 속에서 근본적인 생계 대책은 해결될 수 없을 것이다.

일상적인 전교조 활동을 할 때는 결코 느끼지 못했던 아픔들이 생계비를 지급받는 날은 여러 가지 감상으로 찾아온다. 생계를 책임지는 자식으로 그 역할을 다하지 못하고 있다는 사실을 깨달을 때는 더 괴롭다. 부모님께 편치 않은 마음을 갖게 하는 것은 무엇보다 견디기 힘든 고통이다. 또 경제력을 상실하고 있는 무력감이 전교조 해직교사이기 때문에 겪어야 할 시련이라고 한다면 더 이상의 할 말은 없다.

그런 상황 속에서도 참으로 고마운 것은 거르지 않고 후원금을 내주고 있는 현직에 계시는 동료 선생님들이다. 전교조를 고사시키고 해직교사를 학교로부터 분리시키려는 정권은 참 집요하고 지독했다. 후원금을 내는 사람들에게까지 수사를 하겠다는 정권의 협박하에서도 굽힘 없이 내주는 성금은 정말로 눈물겹다. 충분한 액수는 아니지만 현직 교사들의 성원으로 주어지는 생계비이기에 무엇보다 값지게 느껴진다.

1992년 2월

가불하고서도 늘 빚지는 생활이다. 동료 해직교사들에게도 미안한 일이다. 조직에서 한발 떨어져 있지 않고서는 대책이 없다. 전교조를 떠나겠다는 결심을 하지 않고서는 방법이 없다. 그래도 전교조를 지켜내는 데 보탬이 될 수 있는 일을 해야 할 것이다. 그렇게 해서 시작한 것이 전교조에서 만든 교육 전문 잡지 『우리교육』의 영업사원이다. 학교현장을 찾아가서 『우리교육』을 정기구독할 수 있는 교사를 찾아야 한다. 참으로 생소한 일, 과연 해낼 수 있을까? 어느 누구한테도 영업 교육 한 번 제대로 받지 않고 무조건 사무실을 나왔다. 갈 데라고는 뻔했다. 4년 전에 근무했던 학교 옛 동료 교사들을 찾았다. 오랜만에 찾아가는 학교, 동료 교사들은 바빴다. "어떻게 지내?"라는 동료 교사의 물음에 조금 전까지 생각해두었던 말들을 순간 다 잊어버렸다. 그저 잘 지낸다는 말로 대답하고 교무실을 물러 나왔다. 결국 단 한 사람의 정기구독자를 확보하지 못하고 휴게실에서 바둑돌만 두드리다 학교를 나왔다. 교문을 나서면서 왜 그렇게 내가 작게 느껴지던지. "『우리교육』 영업사원 되기 위해 학교를 떠났느냐?" 동료 교사들이 하지도 않은 말들이 귓가에 들렸다. 눈에는 이슬이 맺혔다. 얼굴만 붉힌 채 사무실로 돌아왔다. 교사의 자존심 탓이었을까? 전교조 해직교사로서 그러한 일을 하는 것에 대한 부끄러움이었을까? 내일은 달라진 모습으로 사람들을 만나야겠다.

1992년 3월

『우리교육』 영업을 위해 학교를 찾아다니다 보면 어떤 때는 내가 복직한 것 같은 착각에 빠질 때도 있다. 복도를 지나칠 때 인사를 하고 지나가는 학생들을 보노라면 모두가 학교에 있을 당시의 제자처럼 정겹고 반갑다.

오늘은 ㅈ여중을 찾아갔다. 영업사원을 시작한 지 2주일. 나도 조금 뻔뻔스러워졌다. 학교에 아는 선생님을 통해서 『우리교육』을 구독할 만한 선생님을 미리 파악하고 찾아가는 것이다. 그러나 오늘은 미리 연락을 취하지 않고 찾아갔다. 교무실에 들어서면서 우연히 교장 선생님과 마주하게 되었다. "어떻게 왔는가?", "누구를 찾아왔는가?", "왜 찾아왔는가?" 군이 물어보지 않아도 될 질문을 했다. 질문하는 것 하며 경계 어린 눈으로 쳐다보는 것이 '몹쓸 사람' 대하는 듯했다. 『우리교육』을 팔에 끼고 있음으로 하여 나는 교장 선생님께는 불온한 사람이었던 것이다.

교장 선생님과 실랑이를 벌이고 있을 때 한 학생이 교무실 문을 두드리고 들어온다. 다소곳이 인사를 하고 내 앞으로 와서 수업 시간 중에 교과 선생님으로부터 심부름 왔노라 말하면서 교과 선생님의 자리를 물어본다. 그때 교장 선생님 옆에 서 계시던 중견 교사 한 분이 정색을 하며 말을 했다.

"그 사람 선생님 아녀."

오늘 따라 유난히 잘 마시지 못하는 술을 마시고 싶은 하루였다. 그 학교에서 정기구독자 한 명도 확보하지 못했음은 물론이다. 며칠 전 P중학교 갔을 때 교감에게 멱살 잡히고 끌려 나온 적이 있었다. 그런 모습으로 끌려 나오지 않은 것만으로 다행스럽게 생각해야 하나.

1992년 3월

1993년 3월에는 과연 학교로 돌아갈 수 있을까? 그 어느 때보다 기다려지는 1993년이다. 오늘 '교육대개혁과 원상복직을 위한 전교조 동북부지회 교사 결의대회'가 ㄱ대학교 강의실에서 개최되었다. 오늘 행사에 참여하면서 '교육 민주화 선언'이 있었던 1986년이 새롭게 기억난다.

광주를 짓밟고 탄생했던 군사독재정권의 5공화국 시절, 정권에 순종적이었던 교사들 아니었던가? 공문 하나에 일사불란했던 학교 아니었던가? 그런 교사들이 집단적으로 교육의 정치적 중립이니 반교육이니, 비인간적 교육이니 하며 부르짖는 외침은 감히 상상할 수 없는 일이었다. 아침 일찍부터 밤늦게까지 학교에 강제 수용됨으로써 학생 비행이란 것이 일어날 수 없는 때에 교사의 준동(?)이라는 상상할 수 없는 일이 일어난 것이다. 권력 앞에 침묵을 미화했던 당시 정권은 얼마나 놀랍고 충격적이었던가? 아니 정권이 두려워했던 것 이상으로 나는 또 얼마나 불안했던가?

　오늘 해직 당시 몸담았던 학교를 찾아가 동료 교사들에게 오늘 대회의 중요성을 밝히면서 함께 참여하기를 권했지만 많은 동료 교사들이 사전 약속으로 자리를 함께하지 못했다. 전교조 조합원이라는 사실 하나만으로도 학교장으로부터 온갖 경계를 받아야 하는 학교 상황. 전교조 조합원이기에 도덕적으로 남보다 더 정당해야 하고, 성실함을 요구 받고 있는 상황. 또 전교조 일이 그 어디 쉬운 것이 있으랴. 1주일에 3회 이상 크고 작은 모임에 참석해야 했다. 전교조를 지켜내기 위해서는 연구와 토론도 해야 했다. 활동을 같이 하면서 느끼는 갈등은 왜 없겠는가? 지쳤을 때는 서로 격려하고 용기를 잃지 않기 위해 뒤풀이까지 하다 보면 새벽을 넘기는 것이 다반사였다.

　이 시대 전교조 교사에게 쉬운 것은 아무것도 없다. 전교조 조합원이라고 해서 별다른 보상이 있는 것은 더더욱 아니다. 오히려 일 하나 더 얹고 살아가는 삶이다. 그러나 아무리 어렵고 힘든 일일지라도 전교조 교사는 못 하는 것이 없다. 현직에서 일하고 있는 현장 조합원 동지들에게 돌아가야 할 찬사이다.

1992년 4월

전추위 간사

『우리교육』영업사원을 시작한 지 6개월이 지났을 때였다. 정기구독자를 확보하는 데 성공할 때보다 실패하는 경우가 많았지만 영업에 대한 감각을 조금씩 익혀가고 있었다. 영업과 관련한 책도 사 보면서 새로운 경험을 키워갔다. 또 영업 실적도 쌓이면서 나에게도 이런 '기질'이 있는가 싶을 정도로 영업에 자신감이 붙었을 때였다. 해직교사 복직을 위해 현장 교사들이 '교육개혁과 해직교사 원상복직을 위한 전국교사추진위원회(이하 전추위)'를 조직했다는 소식을 전해 들었다. 전교조 결성 당시 동북부지역교사협의회 회장으로 활동했던 김종연(2014년 문현고에서 명예퇴직) 선생님이 전추위 위원장을 맡았다. 전교조를 결성할 때 개인적 사정으로 함께하지 못했던 것을 늘 마음으로 아파했던 동지였다. 영업사원으로 학교를 찾아갔을 때 만나서 우연히 그 상황을 전해 들었다. 결국 전교조가 필요할 때 해직을 각오하고 전교조 합법화 투쟁을 위해 전면에 나선 것이다. 현직 교사들의 투쟁을 효과적으로 전개하기 위해 도움이 필요하다고 했다. 그러나 전교조에서는 전추위 조직을 별도로 지원할 정도로 인력이 넘치는 상황은 아니었다.

언론에서도 현장 교사 조직이 결성된 것에 상당한 주목을 하고 있는지라 인터뷰 요청이 많았고 성명서 작업도 필요했다. 무엇보다 전교조 합법화와 해직교사 원상복직을 위해 현장 교사들이 앞장서고 있는 것을 외면할 수가 없었다. 『우리교육』영업사원으로 활동하면서 정기구독자를 모집하는 것도 중요했지만, 해직을 각오한 동지들을 지원하는 것만큼 중요한 것은 없었다. 처음 시작했던 영업사원의 실적치고는 많은 성과를 냈으나 거기에 더 이상 매달릴 수만 없었다. 전교조 결성 당시로 돌아가는 기분이었다. 영업사원 일을 과감하게 접었다. 다시 전교조 계선 조직으로 복귀를 해서 전추위 활동을 기획, 지원하는 전추위 간사

직책을 맡았다. 시·도 전추위 위원장들이 모두 해직되면서 더 이상 현장 조직으로 활동하는 것이 한계에 부딪혔다. 뿐만 아니라 전교조와 조직의 혼선을 빚으면서 전추위를 해소하고 전교조 조직으로 일원화하기로 결정을 했다. 전교조 사수 투쟁 기간에 있었던 현장 교사 단위의 전추위 활동에 대한 생각과 함께 그 활동의 의의를 당시 전교조 기관지 〈교육운동〉에 기고했다.

위대한 결단, 전추위 결성

'교육개혁과 해직교사 원상복직을 위한 전국교사추진위원회(이하, 전추위)' 결성은 교육운동사에 또 하나의 획을 긋는 위대한 사건이었다. 교육개혁과 참교육 실현을 주장하고 전교조 결성과 관련하여 해직된 교사들의 원상복직이 전교조 합법화의 선결 과제임을 현직 교사들이 선언했다는 면에서 중요한 의미를 갖는다. 또 해직교사의 원상복직과 전교조의 합법화가 선행되지 않는 교육의 변화는 기만이며 허구라고 주장한 것은 타당한 지적이었다. 그리고 해직교사의 원상복직과 전교조의 합법화가 실현되지 않고서는 언제든지 교육 현안으로 돌출할 수밖에 없는 사안임을 확인시킨 계기가되기도 했다. 전추위가 결성된 이후 방학 중 개최되었던 8·6 단위학교 대표자 결의대회와 개학 후 14개 시·도 추진위원장의 민주당사 농성은 전교조와 해직교사 원상복직 문제를 다시 한 번 사회적으로 부각시킨 주목할 만한 사건이었다.

1992년 8월 6일 세종대학교에서 개최된 단위학교 대표자 결의대회는 6월 21일 전추위 결성 이후 단위학교까지 추진위가 결성되었으며 전국 조직임을 입증시킨 집회였다. 뿐만 아니라 교육개혁의 절박함과 3년 전 학교를 강제로 떠난 동료 교사들의 동지애에서 비롯된 해직교사의 원상복직이 현직교사들에게 얼마나 자기 문제로 인식되고 있는가를 명확히 보여주었다. 그리고 해직교사를 복직시키라고 주장하던 14개 시·도 추진위원장 중 9월 20일 현재 해직된 11명이 9월 25일까지 진행된 민주당사 농성은 교육 당국의 반도덕적이고 무능력한 교육 행정을 폭로한 성공적인 싸움이었다. 이는 농성 중인 추진위 지도부가 단위학교를 직접 찾아가고, 추진위 활동을 극렬하게 탄압한 단위학교 및 해당 교육청을 항의 방문하는 등 싸움의 전면에 나섬에 따라 하부로부터 믿음을 갖게 했으며, 추진위 교사들로 하여금 싸움에 자신을 갖게 하는 계기가 되었다. 특히 농성 투쟁 중 9월 24일 전국 121명의 시·군·구 추진위원장들의 입장 발표는 농성 투쟁을 극대화시켜주었다. (이하 생략)

1992년 전추위 간사, 자양고 유기창

전교조 위원장의 결단

여름 방학을 전후해 다시 한 번 언론의 주목을 받으면서 전교조 합법화와 해직교사 원상 복직 문제를 제기했던 전추위 활동이었다. 그러나 전추위 활동을 주도했던 15개 시·도 추진위원장이 징계를 당하고 파면, 해임당하면서 현장 조직은 수면 아래로 가라앉았다. 파면, 해임된 시·도 추진위원장도 다시 해직교사 대열에 합류하게 되어 굳이 조직을 이원화시킬 필요성이 없어졌다. 전교조는 전추위를 해소하고 전추위 위원장들을 조직 내 활동 단위에 재배치하였다. 전추위 간사로 활동하던 나는 1992년 10월에는 전교조 본부 사무차장으로 역할을 바꿔 약 2년 만에 본부로 복귀했다.

해가 거듭할수록 학교로 돌아가고 싶은 열망은 더욱 강해졌다. 해직교사로서 학생들을 다시 만나고 싶은 간절함도 있었지만 경제적 어려움도 컸기 때문이다. 본부에서 지급되는 활동비로 생계를 꾸리는 것이 너무 힘들어 회계사로 사회 활동을 하고 있는 고등학교 친구를 찾아간 적이 있었다. 고등학교 때는 늘 가깝게 지냈던 친구였지만 실직자가 되어 친구 앞에 서는 것은 참 민망한 일이었다. 개인적 신념과 교육의 대의를 위해 명분 있는 해직이었지만 그 친구 앞에서 손을 벌리는 것이 참 구차했다. 그것을 모르고 친구에게 연락을 해서 만나자고 했던 것은 아니었기에 부탁하는 것을 주저하지 않았다. 비록 교육관이 다르고 세상을 바라보는 시선도 많이 달랐지만 돈이 필요하다는 말을 꺼내자마자 한순간도 주저하지 않고, 얼마면 되겠느냐는 말부터 했다. 그러나 친구에게 손을 벌리는 것도 한두 번이었고 그것이 근본적인 해결책이 될 수는 없었다. 복직은 먼 일이고 먹고사는 문제는 당장 해결해야 할 현실이었다. 당장 해결할 수 없는 복직이라면 또 전교조 조직을 지키기 위해서 생계 문제를 해결하지 않고서는 늘 불안할 수밖에 없었다. 결국 대학교 때 유네스코 학생협회 활동을 하면서 가깝게 지냈던 선배와 후배들에게 도움을 요청했다. 그렇게 해서 10여 명의 선배와 후배들이 개인 후원회 통장을 만들어주어 복직하기 전까지 최소한의 도움을 받으면서 활동하는 것이 가능해졌다.

1992년 12월 19일 14대 대통령 선거에서 전교조는 김대중 후보를 지원하기로 조직적 방침을 정했다. 전교조 합법화와 해직교사 원상복직을 공약으로 내걸었던 유일한 후보였다. 당시 여당이었던 민자당의 대통령 후보는 김영삼 씨였다. 1970년대 40대 기수론을 내세우며 신민당 대통령 후보 경선을 주도했던 그였다. 이후 유신독재정권과 전두환 군사독재정권에 맞서며 민주화 운동의 지도자였던 김영삼 씨는 정치공학적인 방식으로 야합한 3당 합당의 주역이 되어 여당의 대통령 후보가 되었다.

그 결과 대통령에 당선된 사람은 김영삼 씨였다. 문민정부 탄생의 역사적 의미는 있었겠으나 뭔가 떳떳하지 않았다. 그럼에도 불구하고 대통령 재임 초기 우리 헌정사에 큰 획을 그을 만한 역사를 만들기도 했다. 그러나 전교조 합법화의 가능성은 기대할 수가 없었다. '교사가 무슨 노동자인가?'라는 노동자관이 왜곡된 그에게 전교조 합법화를 기대하기는 어려웠다.

해가 바뀌어 1993년에 전교조 5대 집행부가 구성되었다. 전교조 결성 이후 초대부터 3대 위원장까지를 역임한 윤영규 선생님은 전교조의 상징적 존재였을 뿐만 아니라 전교조 교사들에게 산과 같은 존재였다. 전교조 이상으로 고난을 멍에처럼 달고 사셨던 당신께서는 역시 선생님이었다. 2005년 4월 선생님이 돌아가셨을 때 나는 섧게 울었다. 1992년 4대 위원장 선거는 전교조 역사 최초로 경선으로 위원장을 선출하였다. 위원장과 수석부위원장이 한 조가 되어 이영희-최교진 후보와 박순보-고은수 후보의 경선 결과, 이영희-최교진 선생님이 위원장과 수석부위원장으로 당선되었다. 이영희 선생님은 가장 노조위원장다운 분으로 각종 집회에서 포효하는 연설로 청중들을 매료시켰디. 카리스마 넘치는 위원장이었다. 1993년 3월 전교조 5대 위원장 선거에서는 광주지부장을 역임했던 정해숙-유상덕 선생님이 위원장-수석부위원장 단독 후보로 출마하여 당선되었다. 위원장 후보로 나서는 것을 끝까지 고사하셨던 정해숙 선생님을 위원장으로 모실 수 있었던 것은 전교조로서는 지혜로운 선택이었다. 전교조 초창기에 과격하고 투쟁적인 조직으로 왜곡 선전되었는데 온화하면서도 민주적인 리더십을 갖춘 정해숙 선생님을 위원장으로 추대한 것은 정말 다행이었다. 1993년 이수호 선생님이 석방되면서 해직교사원상복직위원회 위원장을 맡았고, 1992년 후반기에 이어 1993년에도 전교조 본부 사무차장으로 있던 나는 1993년 해직교사원상복직집행위원장을 겸직했다.

정치공학적인 방식으로 정권을 잡은 김영삼 대통령 시기였지만 해직교사 복직의 가능성이 열릴 것 같은 분위기가 감지되었다. 당시 교육문화수석비서관은 재야인사의 대부로 알려진 김정남 씨였다. 해직교사 원상복직집행위원장 자격으로 청와대 방문을 검토하고 위원장의 허락을 받아 전교조 대변인과 함께 청와대를 찾아갔다. 청와대 민원실에 면담 신청서를 접수했으나 실제로 면담이 가능할 것이라 기대하지 않았는데, 신청서를 접수한 직후 교육문화수석실로 오라는 연락이 왔다. 흔쾌하게 만나준 것도 고마운 일이었지만 처음 만난 김정남 교육문화수석은 참 겸손했다. 해직교사가 복직되어야 한다는 점에 전적으로 동감해주었고 적극 노력하겠다는 뜻도 밝혔다. 또 해직교사들이 당하고 있는 어려움도 익히 알고 있었다. 복직에 대한 고무적인 반응을 확인하고 위원장에게 보고를 했다. 이후 청와대와 전교조 지도부의 여러 차례 물밑 협상 끝에 복직 절차가 논의되었다. 그러나 전교조 합법화를 아예 염두에 두지 않고 있던 김영삼 정권하에서 원상 복직은 불가능했다. 결국 전교조 위원장의 결단으로 해직교사 복직의 길이 열리게 되었다. 아픈 일이었지만 현실이 그럴 수밖에 없었다. 1993년 10월 15일이었다.

해직 4년 6개월, 어디 궂은일만 있었겠는가? 지금의 나로 거듭날 수 있었던 시간이기도 했다. 인생을 더 깊게 살게 해준 시간이었다. 삶은 고단했고 버티며 살아냈고 학교 밖 세상을 색다르게 경험한 시간이었다. 돌아보면 내 삶을 풍부하게 만들었던 시간이었다. 꽤 오래된 일이지만 잠시 그 시절로 돌아가면 바로 어제처럼 생생하다. 돌아보면 아픈 시간이었지만 그런 시기가 없었다면 참 단조로운 삶으로 교직 생활을 마쳤을 것이다. 그것은 어려운 조건에서도 전교조를 지켜낸 학교현장 교사들의 분투로 가능했다. 비록 탈퇴해야 했었지만 다시 전교조 가입을 했고, 학교현장에서 수많은 동료 교사들의 눈물겨운 투쟁이 있었기에 가능했다. 그 고마움은 평생 잊을 수 없는 일이다.

다시 교단에 서다

23년 전, 온수고등학교(1994년 3월~1998년 2월)

정해숙 위원장의 해직교사 복직을 위한 고뇌의 결단은 전교조 역사에서 분기점이 된 사건이었다. 비록 복직을 하기 위한 수순으로 전교조 탈퇴를 조건으로 했지만, 전교조는 이미 실체하는 조직으로 굳건하게 자리를 잡고 있음을 분명히 밝힌 선언이었다. 이는 해직교사가 처한 어려움을 조직의 수장으로서 방관하는 것은 무책임하다는 판단에 따른 것이다. 교육계의 난제 중 하나였던 해직교사 문제를 해결하는 데 전교조 위원장이 정치적 책임을 지겠다는 복직 발표였다. 전교조 합법화는 다시 미뤄졌지만 해직교사의 복직 선언은 교육계에 언제나 잠복된 문제였고 그 문제 해결의 실마리를 찾았다는 점에서 여론은 전반적으로 환영하는 분위기였다. 그런데 오히려 교원을 대표한다는 한교총과 교장단에서는 해직교사의 복직을 단호하게 반대하는 성명을 발표했다. 해직교사가 복직하게 되면 학교가 혼란에 빠져들 것이라며 극렬하게 반대한 것이다. 하지만 그들의 주장은 설득력이 없었고 해직교사 복직이라는 대세를 되돌릴 힘도 그들에게는 없었다. 1994년 3월 새 학기에 맞춰 학교로 돌아가기 위한 복직 절차를 정부에서도 밟아나갔다. 그러나 학교로 돌아가는 길은 순탄하지만은 않았다.

전국 시·도 교육위원회별로 순조롭게 복직 절차가 진행되었지만, 서울시교육위원회(지금의 서울시교육청)에서 각서에 서명을 거부한 교사의 복직은 받아들이지 않겠다고 하는 돌발 사건이 벌어졌다. 당시 교육위원회에서는 탈퇴했다는 내용의 각서를 요구하며 각서 끝에 서명을 하게 했으나 일부 교사들이 끝까지 서명을 하지 않자 복직을 보류하겠다는 것이었다. 전교조 서울지부에서는 지회별로 해직교사 총회가 열렸다. 각서에 서명하는 것은 복직을 위한 요식행위로 구속력이 없는 것으로 받아들여야 한다는 주장과 서명을 끝까지 거부하겠다는 의견이 대립했다. 당시 전교조 해직교사원상복직집행위원장을 맡았던 나는 각서에 서명을 한 상태에서 더욱 난감했다. 다시 전교조해직교사원상복직위원장을 맡고 전교조 조직을 위해 잔류하기로 했던 이수호 선생님과 함께 서울시교육위원회를 찾아가서 학무국장(지금의 교육정책국장)을 만나 문제를 해결하기 위해 수습에 나섰다. 면담 결과 다시 선별된 교사들에 대한 복직 절차를 진행하는 것으로 원만하게 해결되었다. 3월 1일 자로 복직을 신청한 교사들은 전원 복직이 가능해졌다.

위원장의 해직교사 복직 결단 발표

"교육개혁과 참교육 실현을 위해서 복직을 더 이상 늦출 수 없다"는 전교조 위원장의 고뇌에 찬 결단이 있었던 1993년 10월 15일. 전교조의 합법화와 해직교사의 원상복직을 열망했던 전교조 집행부를 맡고 있었던 해직교사들은 그날 뒷골목에서 소주잔을 기울였습니다. 누가 약속한 것도 아니었는데 그들은 삼삼오오 뒷골목의 값싼 소줏집과 맥줏집을 찾았습니다. 남보다 일찍 사무실을 나갔던 동료들은 벌써 얼굴이 붉어져 있었고 안경 너머로 흐르는 눈물을 감추고자 고개를 돌리고 있었습니다.

술잔을 기울이는 사람들의 눈물 속에는 분노 서렸던 아롱진 5년 동안의 아픔들이 담겨 있었습니다. 전교조 합법성 쟁취와 해직교사의 원상복직을 위해 크고 작은 집회에 참여했다 경찰에 끌려가 곤욕을 당했던 일들. 해직교사는 선생님이 아니라며 경찰의 군홧발에 짓밟히고 젊은 경찰들에게 주먹세례를 당했던 일들. 또 입에 담기 거북스러운 말과 같잖은 훈계를 들어야 했던 일들. 그리고 교사의 자존심과 양심을 지키기 위해 물리적 고통을 감수하며 맨몸으로 저항했던 일들. 모두가 전교조 합법화와 해직교사의 원상복직을 위해 투쟁하며 보냈던 5년의 시간들이었습니다.

어디 그뿐이었습니까. 돈 많은 사람들의 하루 용돈에 불과한 20여만 원의 생계비로 한 달을 견디며 살아왔던 생활. 감당하기 힘든 경제적 어려움과 생계를 유지하기 위해 전교조 활동을 멈춰야 했던 동지들. 학교가 그리울 때는 해직 당시의 학교 주변을 맴돌곤 했다는 동료 해직교사. 언젠가는 대낮에 학교 주변을 거닐다 수상한 자로 몰려 경찰에 끌려가 곤욕을 치렀다는 해직교사도 있었습니다. 그러한 일이 있은 후에는 학교 수업이 다 끝난 후 텅 빈 학교를 눌러보는 것으로 위안 삼기도 했다는 해직교사들. 그렇게 학교로 돌아가기를 손꼽아 기다렸던 해직교사들이 아니었습니까.

"전교조 탈퇴 각서를 전제로 한 복직"

그동안 해직교사로 버티며 살아왔던 것은 전교조 활동의 정당함이었습니다. 어느 정권과도 맞설 수 있었던 것도 '당신'과는 다른 당당함이 있었기 때문이었습니다. 그러나 문민정부의 복직 방침은 해직교사에게 굴욕적이었습니다. '지금까지의 활동을 모두 부정한 사람들만 복직시키겠다'라고 명시만 안 했을 뿐입니다. 5년 동안의 고통을 당한 사람들에게는 너무도 가혹한 요구였습니다. '전교조 탈퇴를 전제로 한 것이라면 이전 군부정권과 문민정부가 무엇이

다른가?' 그러나 사실이었습니다. 전교조 탈퇴를 전제로 한 복직 방침은 집요할 정도로 흔들릴 수 없는 방침이었습니다.

학교로 돌아간다는 사실은 또 다른 "가슴앓이"였습니다. 교사의 양심을 또 한 번 저당(?)잡힌 것에 대한 아픔이었습니다. 전교조 위원장의 결단은 1,500여 교사들의 개인적 아픔을 전교조 위원장이 대신 끌어안고 가겠다는 것이었습니다. 회한과 고뇌 서린 결단이었습니다. 개인의 결단이 아니라 조직의 수장이 내린 결단으로 교단 복귀를 선택한 것입니다. 더 이상 교단 복귀는 개인이 선택할 문제가 아니었습니다.

거듭난 교사로 교단에 서다

돌아보면 참교육을 주장하다 학교를 강제로 떠나야 했던 해직교사들은 인고의 세월을 보냈습니다. 그러나 해직교사라는 사실만으로 교육을 걱정하고 사랑하는 분들로부터 분에 넘친 대접을 받기도 했습니다. 그분들에게 새로운 약속을 지키기 위해 그래도 덜 무거운 마음으로 학교로 돌아왔습니다.

비록 해직 당시의 학교로 돌아온 것은 아니지만 다시 학교 발령을 받았습니다. 학교 배정받은 날부터 첫 출근하는 날까지 며칠 동안은 잠도 오지 않았습니다. 아침 일찍 일어나는 것도 또 다른 희열이었습니다. 떠나 있는 동안 학교는 어떻게 바뀌었을까? 상상하는 것만으로도 기쁜 일이었습니다. 1994년 3월, 갓 입학한 학생들보다 더 기쁜 마음으로 학교를 오갔습니다.

그러면서 처음의 마음으로 교단에 설 각오를 했습니다. 교직을 선택했을 때 평교사로 정년퇴임하겠다는 결심을 다시 다짐했습니다. 교사로서 잘못된 길을 걷지 않겠다는 결심을 했습니다. 또 옳지 않은 일에 눈감지 않겠다는 결심도 했습니다. 그리고 잘못된 교육에 대해서는 부정하고 거부할 수 있는 용감한 교사로 거듭날 수 있기를 다짐하기도 했습니다. 또 양심적인 교사로 매일 거듭나며 살아갈 수 있도록 주변 어른들에게 지도를 부탁했습니다. 비록 험한 길이라 할지라도 그것이 교사가 가야 할 길이라면 주저하지 않을 것입니다. 그렇게 했다 해서 학교를 강제로 떠나게 하는 학교가 이제는 아니길 진심으로 기원했습니다.

함께 돌아오지 못한 동료 교사

그리고 나 자신 다시는 학교를 떠나는 일이 없기를 간절히 바랐습니다. 학생들로부터 불필요한 내가 되었을 때는 떠밀려 나오지 않고 내 스스로 걸어 나올 것이라는 결심도 했습니다. 내가 학교를 떠나는 일이 없기를 간절히 바라는 것과 똑같은 심정으로 학교로 돌아오기를 희망하는 교사들이 있습니다. 교육 당국에 의해 당치 않은 부적격자로 선별당한 동료 해직교사들. 그들은 우리가 먼저 학교로 돌아가게 된 것을 다행스럽게 생각했던 동지들이었습니다. 전교조 조직을 사수하기 위해 학교로 돌아가는 것을 유예한 동지들이 있습니다. 학교 밖에 남아 있는 동지들에 대한 송구한 마음을 지울 수 없습니다. 그들이 학교 밖에 있는 한, 또 그들이 학교로 돌아오기 전까지는 저는 빚을 진 심정으로 살아갈 것입니다. 그들이 하루빨리 학교로 돌아오길 기대하고 있습니다.

그들보다 먼저 학교로 돌아온 저는 그들을 동료 교사로 맞이하기 위한 준비를 지금부터 시작할 것입니다. 학생들에게 존경받고 동료 교사들로부터 신망받는 교사로 거듭나기 위해 노력할 것입니다. 교육개혁과 참교육을 주장하다 학교를 떠난 해직교사들이 존재한다는 것이 우리 교육에 얼마나 큰 손실인가를 몸으로 보여줄 것입니다. 비록 그러한 모습으로 애쓰다 교단에서 쓰러지는 한이 있더라도 동지들이 한시바삐 돌아올 수 있게 하기 위해 노력할 것입니다. 그 어떤 아픔도 참아내며 살아갈 것입니다.

생각할수록 더욱 가슴 아려오는 일들이 있습니다. 학교로 돌아가기를 바라는 마음은 누구나 다르지 않았습니다. 그러나 뜻을 이루지 못한 채 유명을 달리한 해직교사 동지들이 있습니다. 그분들 중에는 전교조 활동에 헌신하다 어느 날 쓰러져 불귀의 객이 되기도 했고, 불시에 찾아온 병마에 시달리다 세상을 떠나기도 했습니다. 그리고 견디기 힘든 현실적 고통을 이기지 못하고 쓰린 아픔을 달래며 스스로 목숨을 끊는 경우도 있었습니다. 그들과 함께 교단으로 돌아오지 못한 것은 큰 아픔입니다.

그들이 다 하지 못한 몫까지 학생들을 사랑하는 마음으로 교단을 지킬 것입니다.

1994년 4월 『새가정』 4월호에 기고했던 글

빨갱이 교사

전교조에서 해직된 이후 학교로 돌아왔을 때 마음은 그랬다. 1981년 학교에 발령받고 교사 생활을 하면서 교장, 교감이 되지 못한 것을 두고 교육자로 실패했다는 선배 교사들의 자조 섞인 말을 들으면서 한 결심이었다. '나'라도 평교사로 정년퇴임하겠다는 결심이었다. 그렇게 시작한 교사였다. '촌지 문제', '획일적인 교육', '통제된 학교' 등 비교육적인 교육 현실을 보며 전교조 창립에 참여하게 되었고 끝까지 탈퇴하지 않아 파면되었다. 학교를 떠나야 했다. 4년 6개월을 전교조 활동을 하며 보내고 학교로 돌아온 것이 1994년 3월이었다. 그때 다시 '학생들로부터 불필요한 내가 되었을 때는 떠밀려 나오지 않고 내 스스로 걸어 나오겠다'

는 결심을 했다. 복직한 이후 학생들과 갈등이 없기를 바랐지만 학생들과 소통이 되지 않아 불신을 당한 적이 한두 번이 아니었다. 불신을 받은 경험은 물론이고 그런 학생들에 대한 미운 감정이 쌓이기도 했다. 처음의 결심대로라면 마땅히 학교를 떠나야 했었다. 그러나 거짓말이 되었다. 함부로 결심할 일이 아니었다.

다시 돌아온 학교가 온수고등학교(현 노원고등학교)였다. 학교로 돌아올 수 있어서 기뻤지만 돌아온 학교의 아이들은 달랐다. 그들은 X세대라고 불렸다. 학교로 돌아온 나는 학생들 사이에서 '빨갱이 교사'로 소문이 나 있었다. 나를 '빨갱이 교사'라고 했던 그 학생(임선일, 현 구로고역사 교사)은 대학을 졸업한 후 교사가 되어 지금은 전교조에 가입하여 교육 동지로 함께 활동하고 있다. 2006년 12월 전교조 위원장, 지부장 선거운동이 한창일 때, 한쪽 진영의 서울선거대책본부 책임자였던 나에게 그는 과열된 선거를 비판하며 보낸 편지에서 1994년 당시의 나를 이렇게 회고했다.

"아마도 95년 여름이었던 걸로 기억합니다. 선생님을 처음 뵙던 때였습니다. 선생님은 전교조로 인하여 해직이 되었다가 다시 복직한 교사라고 스스럼없이 말씀하셨습니다. 지금 생각하면 부끄럽지만, 그때는 선생님이 소위 사회에서 말하는 '빨갱이'라고 생각했었고, 친구들과 그렇게 이야기하였습니다. 그렇지만 선생님은 학생들 앞에서 전교조 교사는 그런 사람이 아니라는 것을 몸소 보여주셨지요. 저희 때부터 시작된 본고사를 위해 논술지도를 손수 해주셨고, 아이들을 사랑하는 방법을 직접 보여주셨습니다.

작년 전국교사대회 때 선생님의 모습을 10여 년 만에 다시 뵈었을 때, 너무나도 기뻤습니다. 10년 동안 제 기억에서는 잠시 잊혔었지만, 다시 선생님을 뵈었을 때, 역시 전교조에 가입하길 잘했다는 생각이 들었습니다. 저는 교사가 되자마자 전교조에 가입했습니다. 그리고 약 2년 정도 흘렀습니다." (중략)

전교조에 가입한 교사는 모두 '빨갱이 교사'로 딱지를 붙였다. 한때는 당시 문교부(현 교육부) 차원에서 전교조 교사 식별법을 만들어 배포까지 했었다. 촌지 거부하는 교사, 아이들에게 함부로 대하지 않는 교사, 학생들의 자율성과 창의성을 높이려는 교사, 직원회의 때 손을 들고 발언을 자주 하는 교사 등. 이는 교육자적 양심을 지닌 교사가 전교조 교사였음을 오히려 선전하는 효과를 불러왔고 전교조 교사에 대한 과분한 칭찬이 되었다.

지금은 부끄럽지 않게 학생들을 만나고 있는가

그 점에서 '나'는 부분적으로 전교조 교사인 것이 맞지만, 많은 면에서 부족한 전교조 교사였다. 전교조 교사는 학생들에게 매를 들지 않는 것으로도 알려졌었다. 그렇게 학생들을 만나려고 노력한 것은 사실이었으나 분을 이기지 못했을 때는 여느 교사와 다르지 않았다. 교사의 기준으로 학생을 판단했고 교사의 기대에 미치지 못할 때는 실망하고 때로는 체벌을 가하기도 했다. 늘 그랬던 것은 아니었지만 그것은 교사의 자존심 때문에 '폭력'을 휘두른 것이지 교육적 체벌아 아니었다. 참 부끄러운 일이었다. 전교조 동료 교사들에게 참 미안한 일이었다. 복직을 한 후 10여 년이 되었을 때 체벌과 관련한 글에서 그 당시를 회고하며 다음과 같이 썼다.

(전략) 그렇다고 그 뒤로 매를 놓은 것은 아니었다. 자양고등학교

에 근무할 때였다. 돌이켜 보면 그때도 학생들을 만나는 방법이 서툴렀던 것으로 기억된다. 박○○. 그때는 몽둥이로 때린 것이 아니라 손으로 뺨을 때렸다. 나보다 키가 큰 학생이었다. 아무리 잘못을 했다 할지라도 그렇게까지 맞아야 할 상황은 아니었을 것이다. 맞으면서도 교사에 대한 불만을 안으로 삭이려는 학생의 모습을 보았다. 학생 자신도 잘못을 인정하지만 담임교사에게 그렇게까지 맞아야 하는가에 대해서는 억울해하는 모습이었다.

그러다가 전교조 일로 학교를 떠났다. 다시 복직한 후에는 그런 모습이 없기를 다짐했다. 그러나 복직한 학교 온수고(현 노원고)에서 홍○○에게 가한 체벌은 변명할 수도 없이 교사의 잘못이었다. 어쩌면 교사의 도덕적 결벽증으로 학생들을 만나면서 학생을 구타했던 사건은 아니었는가. 가르치는 자의 오만함이었다. 젊었기 때문에 나올 수 있었던 행동으로 변명하기에는 너무도 부끄러운 기억이다.

이해찬 장관 시대가 열리면서 매는 일시적으로 사라졌다. 학생들을 통제하는 데 가장 효과적인 매가 사라진 것에 대해 말도 많았다. 그러나 학생들의 인권을 보호한다는 차원에서 늦었지만 잘된 결정이라 생각되었다. 다만 아쉬웠던 것은 교육의 결의를 모으는 과정이 없었고, 행정력으로 내린 결정에 교사는 무장 해제를 당한 것으로 생각했다. 물론 교사가 자발적으로 결정하는 것이 가능할지는 모르겠지만 장관의 말 한마디가 곧 교육정책으로 결정되는 것은 아무래도 납득할 수가 없다. 그렇다고 학교에서 매가 사라질 것이라고 생각하지는 않았다. 그러나 교실에서 매를 맞은 학생들이 경찰서에 교사를 신고하는 일이 발생하면서 엉뚱한 쪽으로 비화되었다. 그런 일이 자주 발생하면서 교사들은 방어적으로 바뀌었고 교육을 방기하는 상황까지 나타났다.

지금도 학생들에게 매를 들지 않고 만나려 노력은 하고 있다. 해가 거듭될수록 교육이 무엇인가를 더 고민하게 되고 절제하는 힘을 기르려고 노력한다. 힘에 부쳐서 매 드는 것을 포기한다면 그때는 교직을 다시 생각해야 할 것이다. 다만, 교권을 회복시켜주기 위해 매를 허용한다는 것은 정책의 일관성이 없는 것일뿐더러 교사의 사기를 진작시키는 것도 아니다.

학생 체벌 금지를 교육정책으로 결정했다 할지라도 교육적 소신이 있다면 매를 들어야 한다. 감정이 실려 있는지 학생에 대한 애정에서 출발한 체벌인지는 학생 자신이 가장 잘 알기 때문이다. 학생들이 납득할 수 없는 체벌은 교사의 주관적 애정일 뿐이다. 출근하는 길에 체벌 허용에 대한 방송을 들으면서 20여 년 전에 신출내기 교사가 보였던 만용蠻勇. 지금은 30대 중반의 나이가 되었을 장○○이, 홀어머니를 모시고 살았던 박○○이도 30대 초반이 되었을 것이다. 어쩌면 가정을 꾸리고 가장으로서 아이들을 키우고 있을 장○○이와 박○○일 것이다. 어디 장○○이와 박○○ 그리고 홍○○뿐이겠는가.

기억이 나지 않을 뿐 교사로서 학생들에게 마음의 상처를 준 학생들이 어디 세 학생뿐이겠는가. 시간은 흘러도 잊히지 않는 일이다. 지금은 장년으로 이 세상 어디선가 살아가고 있을 것이다. 만날 수 있다면 사과부터 해야 할 일이다. 그러나 만나는 것이 가능할 수 있겠는가. 평생 안고 가야 할 일이 되어버렸다. 교사로서의 삶을 다시 생각한다. 지금은 부끄럽지 않게 학생들을 만나고 있는가를 스스로 되물어본다.

2002년 6월 27일 목요일

월급봉투

학교 교무실은 한가하다. 그렇게도 돌아오고 싶었던 학교로 복직한 지 벌써 1개월 반이 지나고 있다. 어제는 4월 월급을 받았다. 지난달과 거의 비슷한 120여만 원. 처음 월급봉투를 받았을 때 혹시 0이 하나 더 붙은 것은 아닌가 싶어 바로 앞에 앉은 선생님의 월급명세서를 비교도 해보았다. 이렇게 많이 받다니. 받으면서 제일 먼저 떠오르는 사람은 역시 전교조를 지키기 위해 복직을 유예한 동지들이다. 생계비를 현실화시킨다고 했지만 과연 얼마나 받게 될지 걱정이 앞선다. 어릴 때 "돈 100만 원이 생긴다면 무엇 하겠는가?" 말을 할 정도로 많게 느껴지는 액수가 아니었는가. 바로 그 돈을 내가 월급으로 받게 된 것이다. 그것도 상여금의 3분의 1만 받았는데도 이렇게 많다니. 물론 물가가 상대적으로 오른 것을 놓고 볼 때 별것 아니라고 하지만 바로 전달까지만 해도 30만 원이 채 안 되는 돈으로 한 달의 생계를 꾸려가다시피 하지 않았던가. 손안에 들어온 100만 원을 어떻게 사용할 것인가. 어머니와 아버지께 그동안 걱정만 끼쳤는데 처음으로 선물을 사다 드려야 할 텐데. 무엇으로 할까. 그러나 아무런 선물도 드리지 못하고 현금 60만 원을 갖다 드리는 것으로 선물을 대신해야 했다.

해직 기간 동안 도와준 친구와 선배들, 그리고 어려움이 있을 때마다 찾아준 제자들과 함께하기 위한 돈. 신세를 졌던 많은 사람들에게 작은 선물이라도 준비를 해야 하고, 알게 모르게 도움을 줬던 분들에게 어떤 방식으로 감사의 뜻을 전해야 할지. 그러고 보니 은행에 남겨놓은 60만 원이 많게 느껴지지 않았다. 행복한 고민일까. 무엇보다도 최우선으로 지급해야 할 돈은 조합비다. 그리고 해직 기간 동안 본부에서 빌리고 갚지 않은 돈도 빨리 갚아야 하는데 적어도 100만 원에 가까운 돈이다. 얼마나 의미 있는 돈이었던가. 복직을 하고 나서 갑자기 부자가 된 느낌이다. 생활이 갑자기 피어나는 것 같다. 이제 생활인으로 돌아온 것일까.

1994년 4월 16일, 토요일

복직을 한 후 그해 10월에 결혼을 했다. 결혼 전에는 혼자 있을 때의 시간 전부를 나 하고 싶은 대로 살았으나 결혼한 이후 반은 나만의 시간이 아니었다. 결혼 2년 후에 아이들이 태어난 것은 신이 내린 최고의 축복이었다. 결혼생활 이후 나만의 시간이 절반으로 줄었던 것이 아이들이 태어나면서 다시 절반으로 줄어들었다. 학교에 출근하고 퇴근하면 하루가 끝나는 생활이었다. 아이들의 아빠로 산다는 것은 즐거운 일이었다. 이렇게 살아도 되는가 싶을 정도로 행복했다. 전교조 활동에서 한 발 떨어져 사는 것도 가능하다는 것을 알았다. 그러나 그때까지도 전교조 합법화는 아직 요원했고 전교조를 지키기 위해 복직을 유예했던 동료들에게는 늘 미안했다. 혹 하나 얹어놓고 사는 기분이었다.

고집불통 교사

해직되었다가 다시 학교로 돌아왔을 때는 첫 교사 발령을 받았을 때의 기분으로 살았다. 더 잘하지 않으면 안 된다는 강박관념에 빠져 오히려 나를 더 괴롭힌 학교생활이었다. 전교조 교사의 복직은 학교를 혼란에 빠트릴 것이라며 복직을 가로막았던 사람들에게 그 말이 얼마나 잘못된 것이었는지를 보여주기 위해서라도 더 성실한 모습으로 학교생활을 해야 했다. 그렇다고 잘못된 것까지 눈감을 수는 없었다. 관행으로 굳어진 비교육적인 것에 대해 문제를 제기했고 내가 옳다고 생각하는 것에 대해서는 끝까지 고집을 부리는 경우도 있었다.

당시 학급회장이나 학생회장 선거에 출마하는 학생의 성적을 10~30% 이내로 제한했다. 성적이 저조한 학생들은 능력과 관계없이 출마 자체가 제약을 받았다. 지금은 학생인권조례와 배치되어 대부분의 학교에서 성적 조항을 폐지했지만, 성적은 오랫동안 학교 관행으로 회장과 부회장이 되기 위한 절대적 조건이었다. 복직한 직후 담임교사를 맡았을 때 학급회장 선출 규정이 잘못되었음을 학생들에게 설명했다. 그리고 우리 학급에서는 성적 규정과 관계없이 회장과 부회장을 선출하는 것에 대해 학생들에게 동의를 구하고 추천을 받아 정·부회장 선거를 진행했다. 그렇게 하더라도 대부분의 학생들이 성적이 좋은 학생들을 선출할 것이라고 믿는 마음도 없지는 않았다. 다만 학생들이 주눅 들지 않고 학교생활을 했으면 하는 바람으로 학교 성적 규정을 무시했던 것이다. 물론 학교에서 정한 성적에 해당되지 않는 학생이 학급회장 또는 부회장으로 선출된다 할지라도 당연히 추천할 생각이었다.

학급 정·부회장을 선출하는 날, 학생들의 정견 발표를 듣고 투표를 한 결과, 정말로 성적이 안 되는 학생이 부회장으로 선출되었다. 뜻밖의 결과였다. 그러나 돌이킬 수 없는 일이었다. 아니 돌이켜서는 안 될 일이었다. 학생들이 선출했을지라도 학급 담임교사가 추천하는 서식이 있었고, 이에 따라 학급 정·부회장의 인적 사항과 성적을 기록하여 담당부서에 제출했다. 담임교사 추천을 확인한 담당 부서 부장이 학교에서 정한 학급 정·부회장 성적 조항에 어긋나니 부회장을 다시 선출하라는 요구를 했다. 그런 일이 있을 것이라 예상했기 때문에 선출 과정을 담임 소견서와 함께 제출했다. 성적이 저조한 것으로 인해 학교생활에 흥미를 잃고 자신감이 결여된 학생들에게 희망을 가질 수 있는 계기를 마련해주고, 당선된 학생도 학업에 관심을 기울일 수 있게 하기 위해서도 부반장으로 임명하는 것이 교육적으로 타당하다는 취지의 소견서였다. 그러나 학교에서는 끝내 부회장 임명장을 발부하지 않았다. 그렇다면 나 역시 우리 학급에서는 부회장을 다시 선출하지 않겠다고 했다. 당선된 학생에게는 학급 학생 모두의 이름으로 부회장 임명장을 주기로 했다. 그 당시 학생들과 함께 만든 임명장이다.

제96.2.9-1호

임명장

학급 부회장
2학년 9반 18번
성명: 손○설

위 학생은 3월 15일 민주적인 절차와 방식으로 진행된 2학년 9반 정·부반장 선거에서 부반장으로 선출되었습니다. 학급 부반장은 반장과 함께 2학년 9반을 대표하며 학급 전체 학생을 위하여 봉사와 희생 그리고 학급을 통합시켜내는 역할을 맡게 됩니다. 위와 같은 역할을 충실히 수행하여주기를 염원하며 2학년 9반 학생 전체의 이름으로 임명장을 수여합니다.

1996년 3월 25일

2학년 9반
고광순·곽종세·김근용·김상홍·김성욱·김원선·김은구·김태진·김환진·나광훈·박원식
박진수·서경수·서상문·석재광·성상헌·성호진·손○설·신세용·신영상·심재현·안진수
양근모·오남규·오민일·우문희·유진범·윤세운·윤정규·이경보·이동찬·이문원·이은재
이재산·이주용·이호석·정선우·정정호·정창안·조성욱·조준희·조형준·최광훈·최영열
최원석·함승현·홍제혁(이상 47명)
정·부반장 후보자 **김원선**·**손○설**·**이은재**·**조형준**·**최광훈**
선거관리위원장 **곽종세**
후보자선거관리위원 **김은구**·**유진범**·**이주용**
담임교사 **유기창**

나는 아직 너희들의 스승이 아니다

이런 일도 있었다. 복직 3년째가 되는 스승의 날이었다. 종례 시간에 학생들이 "내일 '스승의 날' 어떤 선물을 받고 싶으세요?"라고 뜻밖의 질문을 했다. 어떤 대답이 나올지 무척 궁금해하는 표정으로 나를 바라보는 학생들 얼굴에서는 선물을 준비해야 하는 곤혹스러움이 읽히기도 했다. 어쩌면 내가 지레짐작했던 것인지도 모르겠다. 질문을 받고 잠시 생각하다가 정색을 하고 단호하게 말했다.

"내일 스승의 날 나에게 선물하기 위해 고민하지 않아도 된다. 어떤 선물도 나는 받지 않을 것이다. 꽃 한 송이도 안 받을 것이다. 그냥 하는 말로 받아들이지 마라. 내일 가져왔다가 무안당하는 일만 생길 것이다."

다음 날, 교실 교탁에는 정말 아무것도 없었다. 종례를 마칠 때까지 교실 교탁은 물론이고 교무실 책상에도 꽃 한 송이 없었다. 다른 담임 선생님들의 책상에 수북이 쌓여 있는 선물과 너무도 대조적이었다. 조금은 무안하기도 했다. 종례를 마치고 학생들을 귀가시킨 후 문을 닫고 교무실로 가려고 물건을 정리할 때, 은재가 다가왔다. 정말로 선생님을 위해 어제 많은 고심 끝에 고른 선물이라며 책 한 권을 내밀었다. 끝까지 손사래를 치자 은재가 실망한 표정으로 눈물을 흘렸다. 나는 은재에게 과했다는 생각이 들어 그 책을 받아 들었다. 두툼한 뿔테 안경을 썼던 은재, 스승의 날만 되면 나는 은재가 떠오르곤 했다. 온수고등학교를 떠난 이후 은재와 연락이 끊어졌다. 이후 다른 학교로 옮겨서도 그러한 다짐은 계속됐다. 스승의 날이 가까워오면 학생들에게 다음과 같은 글을 전하고는 했다.

매년 스승의 날이 되면, 해를 건너뛰는 일도 없이 꽃바구니와 누구라도 먹고 싶은 떡으로 만든 예쁜 케이크를 보내오는 30년 전에 가르쳤던 제자들이 있었다. 벌써 27년 전, 원치 않게 학교를 떠나 있을 때 '거리의 교사'로 복직에 대한 가능성이 사라져갈 때 "선생님은 교사로 다시 서야 한다"고 식어가는 교사의 길을 다시 걷게 했던 제자들이었다. 주머니에는 차비조차 넉넉하지 못해 십 리 길은 멀지 않다 걸어 다녀야 했던 때에 놈들은 나에게 짜장면을 사달라고 어리광(?) 피우던 고등학교를 갓 졸업한 대학 초년생, 그리고 재수생이었다. (중략)

학생들아. 나는 너희들의 자랑스러운 선생님이고 싶었다. 나는 너희들이 정말 나의 자랑스러운 제자이길 갈망했다. 그러나 아직은 아니다. 1년 뒤, 아니 10년, 20년 뒤에 고등학교 시절을 떠올릴 때 "그때 유기창은 괜찮은 선생님이었다." 고등학교 '독서'와 '문학'을 가르쳤던 교사 유기창을 그런 선생으로 기억해준다면, 나는 더없이 행복한 교사일 것이다. 그리하여, 그런 모습으로 세상을 나와 더불어 산다면 비로소 나는 너희들을 자랑스러운 제자로 생각할 것이다.

바보야, 그것은 교육이 아냐

숱한 교육개혁안이 나온다 할지라도 그 교육개혁안의 성패는 학교에서 이뤄지는 일이고, 궁극적으로는 교실에서 이뤄져야 한다. 초등학교에서는 담임교사, 중·고등학교에서는 담임교사와 교과교사가 담당해야 할 몫이다. 그런 점에서 담임교사와 교과교사가 학생들에게 미치는 영향은 절대적이다. 교실을 뛰어넘는 교육개혁은 없다. 그러기 위해서는 교사에게 교육에 대한 자율적 권한이 주어지는 것보다 중요한 것이 없다. 그런데도 교육 당국은 끊임없이 교육 행정으로 교사들을 지도하고 이끌려고 할 뿐이다. 아무리 훌륭한 정책일지라도 교사를 움직이지 않고서는 성공할 수 없음을 생각한다면 교사를 어떻게 지원할 것인가를 먼저 고민해야 한다. 교육은 교사의 질을 뛰어넘을 수 없다는 것은 언제나 하는 말이지만, 교사를 행정으로 귀찮게 했을 뿐 교육 활동의 주체로 인정하지 않았다. 교사들을 길들이려는 방식으로는 어떤 교육개혁안도 결코 성공할 수 없다. 그런데도 권력은 교사를 교육개혁의 대상으로 생각하고 있을 뿐이다. 교육개혁의 실패는 언제나 교육정책을 입안한 사람들의 실패였음에도 늘 학교와 교사에게 책임을 전가해왔다. 어디 한두 가지인가. 무엇보다 교사의 자존심을 상하게 하는 대표적인 정책이 바로 '성과상여금'제도이다.

교육에 대한 차등성과급은 1년 동안 교사의 교육 활동의 결과를 등급을 매기고 그 등급에 따라 성과급을 차등으로 지급하는 것이다. 그러나 교육의 성과는 수치로 계산할 수 있는 게 아니다. 더구나 교육 성과라는 이름으로 등급을 매겨 돈으로 교사의 교육력을 향상시키려는 것은 반교육적인 정책이다.

생산성을 향상시키기 위해 끊임없이 인간을 경쟁시키는 것도 비인간적이지만, 자본주의 사회에서 이윤을 극대화시키기 위해 기업이 시장의 논리를 끌어들이려는 것을 이해 못 할 바는 아니다. 그러나 학교는 물건을 생산해내는 곳이 아님은 물론 영업 실적을 내야하는 곳도 아니다. 학교는 학생을 교육시키는 곳이다. 아무리 상급학교 진학을 위한 입시가 학교를 지배하는 가장 주요한 가치가 되었다 할지라도 학교를 시장화하려는 것은 어떤 교육철학에도 부합할 수가 없다.

교육부라고 모를 리 없을 것이다. 알면서도 학교현장에 차등성과급을 강력히 추진하는 것은 교육부의 뜻과도 거리가 먼 것이다. 그럼에도 불구하고 차등성과급에 대한 태도 변화가 없는 것은 교육부 장관의 무소신에서 비롯된 것으로밖에 볼 수가 없다. 절대다수의 교사가 반대하고 틀렸다고 의견을 제시하면 그것을 정책에 반영하는 것이 교육 당국이 져야 할 책임이다. 만에 하나 교사의 의견이 틀렸다면 교사들이 납득할 수 있도록 설득하려는 노력을 해야 할 것이다. 교사의 의견을 반영하는 것도 아니고 교사를 설득하지도 못하고 정권이 시키는 대로 집행만 하는 것이라면 그 어찌 교육 정책을 최종적으로 책임지는 사람의 소신 있는 행위로 볼 수 있겠는가? 학교 구성원인 교사 간에 갈등을 야기시키고 교사의 사기를 저하시키고 있음에도 불구하고 강 건너 불구경하듯 방관하고 있는 것이 현재 교육부의 모습이다.

차등성과급이 처음 도입되었을 때 학교현장에서는 교사들이 강력히 반발하며 받아들이지 않았다. 교사의 반대 목소리가 컸음은 물론 성과급을 모아 반납하겠다는 뜻을 밝히면서 사회적 파장을 일으킨 적도 있었다. 해를 거듭할수록 차등성과급 반대 투쟁이 반복되었으나 차등성과급을 학교에 정착시키려는 정권의 태도 또한 집요했다. 결국 학교에서는 성과급을 받아 균등 분배 형식으로 차등성과급을 무력화시켜갔으나 교육부는 그것조차 제재를 가하고 있다. 학교 공동체 구성원이 함께 노력한 결과로 교육의 효과가 나는 것이지 특정한 소수의 사람으로 학교가 운영되는 것이 아님을 교사들은 누구보다 잘 알고 있다. 차등성과급으로 인해 가장 곤혹스러운 사람은 학교 관리자이다. 학교 관리자와 교사 간의 불필요한 갈등으로 학교장의 리더십이 세워질 수가 없다. 상급 관청의 지시에 충실할 수밖에 없는 사람이 학교 관리자다. 학교 관리자를 그렇게 피곤하게 해서 학교가 원만하게 운영될 리도 없다.

교육은 교사의 질을 넘어설 수 없다는 말은 오래전부터 많은 사람들에 의해 회자되었다. 그러나 교사의 교육력은 차등성과급으로는 결코 향상시킬 수 없다. 법과 제도로 교사를 움직이는 것은 가능할 수 있겠으나 그것은 교사의 자존감을 훼손하는 일이며 군사독재정권에서나 가능했던 일이다. 학교현장에서 차등성과급을 지급하기 위한 온갖 묘책을 찾아봐도 결국은 합리적인 안을 만드는 것이 불가능하다는 사실을 철저하게 깨닫고 있다. 그래서 나온 것이 편법이다. 차등성과급으로 받은 것을 균등 분배하는 것이다. 쓸데없는 일에 힘을 쓰고 있다. 편법보다는 원칙에 충실하도록 가르치는 것이 교육 아닌가? 교육을 하는 교사들로 하여금 원칙보다는 편법을 오히려 정당한 것으로 인식하도록 하려는가?

교사의 교육력은 자율성과 자발성을 기반으로 한다. 다만 업무의 특성상 일의 경중이 있는 것은 분명하나 그것은 수당으로 보상하는 것이 옳지, 교사 간 교육의 성과를 평가하는 방식이어서는 사기를 저하시킬 뿐이다. S등급을 받았다고 해서 그렇게 자랑스러울 일도 아니고, 큰 성과를 보상받은 것에 대해 자긍심을 느낄 리도 없을 것이다. 차능을 누고서 좋은 등급을 받기 위해 기를 쓰는 것도 어찌 보면 비굴해 보인다. 교사를 왜 비굴하게 만들려고 애쓰는가? 그것은 교육이 아니다.

교사들의 의견을 수렴하여 정책에 반영하겠다고 말은 하면서도, 도입된 지 20년 가까이 되었음에도 어느 정권도 성과 상여금제도를 폐지하겠다는 발표를 하지 않았다. 교사들이 학교현장에서 일관되게 반대해왔음에도 불구하고 아직도 그 정책을 물리지 않고 있다. 정말 성과 상여금을 시행함으로써 교육이 달라졌다고 생각하는지 참으로 답답한 일이다.

어떻게 세상과 맞설 것인가?

4년의 생활은 그렇게 흘러갔다. 온수고등학교에서 근무하던 마지막 해에는 처음으로 고등학교 3학년 담임교사를 맡았다. 지금은 지역을 떠나 담임교사를 기피하는 분위기지만 그 당시만 해도 담임교사를 맡고 싶어 하는 것이 대세였다. 지금도 선호하는 3학년 담임교사는 그때는 선배 교사들이 주로 맡았다. 입시 지도 경험이 많지 않은 교사는 감히 생각할 수 없었다. 3학년 담임을 맡아봐야 경험도 생길 텐데 경력자 우선으로 맡기다 보니 젊은 교사들 가운데 3학년 교사를 맡는 것은 한두 명에 불과했다. 그때 처음으로 인사자문위원회가 만들어져 주임과 담임교사와 부서 배치를 할 때 교사들의 의견을 반영하는 통로가 생기기는 했지만, 여전히 학교 인사는 교장의 절대적인 권한 사항이었다.

그렇게 맡았던 3학년 담임교사. 나 역시 어떻게 하면 우리 학생들을 대학에 많이 보내야 하는가를 고민하며 1년을 보냈다. 대학 입시에 종속된 고등학교는 그 틀에서 조금도 벗어날 수가 없다. 입시라는 구조에서 작동되는 기계의 부품 같은 삶을 거부할 수 없는 것이 고등학교 3학년 담임교사였다. 학생들은 좋은 학교에 입학하기 위해 맹목적으로 열심이었고, 입시 경쟁에서 좋은 성적을 내기 위해 학교 전체가 일사불란하게 움직여야 했다. 다시는 맡고 싶지 않았던 3학년 담임교사였다. 졸업식 날, 전체 행사를 마치고 교실에서 마지막 훈화를 할 때 편지를 써서 학생들에게 내 마음을 전했다.

오늘 이후, 학교를 나오지 않은 학생들에게 얼굴을 붉히면서 "왜 학교 안 오는가?" 전화하는 일은 없을 것이다. 오히려 학교를 나오게 되면 "왜 나왔는가?", "어떻게 나왔는가?"라고 질문이 바뀔 것이다. 더 이상 이 교실에서 담임교사의 잔소리는 듣지 않게 될 것

이다. (중략)

나는 온수고등학교에서 4년 동안의 기간을 마치고 이제 다른 학교로 이동하게 된다. 비록 온수고를 떠나지만 대학에 실패한 사람들에 대한 책임을 면할 수 없다. 가르치는 대상이 다르고 장소가 다를 뿐 학생들에게 관심을 계속 기울이며 살아갈 것이다. 특히 3학년 1반이었던 학생들에 대한 빚진 감정을 해소하기 위해서 재수하는 학생들에게 끊임없는 관심을 기울일 것이다. 재수를 하면서 힘들 때, 견디기 힘든 내적 갈등을 느낄 때 언제든지 찾아오면 그 어려움을 극복하는 데 지혜를 모아내도록 할 것이다. 한 달에 한 번 이상은 재수하는 학생들에게 연락을 취하여 공부하는 상황을 점검할 것이다. 올 1년을 재수한다는 기분으로 학생들과 함께 있을 것이다. 그리하여 1년 뒤 오늘에는 "재수하기를 정말 잘했다"라는 판단이 들도록 할 것이다.

대학 입시에 실패하고 재수도 아닌 다른 길을 선택하는 학생들아. 대학이 아닌 것에 삶의 승부를 걸고자 한다면 그 결심은 참으로 담대한 결단이지 용기이다. 그러한 용기를 뒷받침하는 것은 성실성이다. 다른 사람보다 10분 부지런한 모습으로 살아가겠다는 결심이 섰다면 이미 성공을 예고하는 것이다. 자기가 서 있는 분야에서 제1인자가 되도록 노력하라. 남을 짓밟고 일어서는 것이 아니라 자신과의 승부에서 승리하는 사람이 되어라.

대학을 입학한 학생들아, 재수를 하는 학생들아, 그리고 대학이 아닌 다른 선택을 하는 학생들아! 똑같이 주고 싶은 말은, 결심했던 순간의 마음으로 돌아가거라. 그것은 "처음처럼 살자"이다. 세상을 살면서 아닌 것은 아니라고 말할 수 있는 사람으로 살아가자. 맹목적이고 순치된 모습으로 살아가는 것을 거부하자. 그런 삶은 고통을 동반할 때도 있다. 그러나 그것이 옳다면 그 모습으로 살아가

자. 옳다고 생각했던 것이 틀렸다면 과감히 틀린 것을 고쳐나가도록 하자. 알량한 자존심보다는 전체에게 도움이 될 수 있는 사람으로 살아라.

여러분 앞에 서 있는 나도 여러분보다 못한 사람이 되지 않도록 노력하며 살 것이다. 틀린 모습으로 살지 않도록 노력할 것이다. 여러분을 통해서 거듭나는 교사가 되도록 노력할 것이다. 너희들도 유기창의 자랑스러운 제자로 거듭나라. 나보다 훌륭한 사람으로 살아가거라. 이 시대를 함께 살아가는 동반자로서 선의의 경쟁을 하자꾸나.

잘 가거라.

1998년 2월 13일, 졸업식

1994년 3월에 복직한 후 첫 학교, 온수고등학교에서 4년의 생활은 이렇게 마쳤다. 그리고 1998년 3월에 창덕여고로 발령을 받았다. 그 후 재수를 하는 학생들에게 약속했던 편지는 그렇게 자주 쓰지 못했다. 늘 처음 결심했을 때만큼의 기분으로 돌아가지 못하는 것이 인간사인가 보다.

"나는 선생님이 싫어요"

19년 전, 창덕여고(1998년 3월~2002년 2월)

1997년 12월 15대 대통령 선거에서 김대중 후보가 승리하여 집권했다. 1971년 40대 기수론의 선두 주자로 당시 신민당 대통령 후보였던 김대중 씨는 이후 박정희 대통령의 정적이 되어 모진 핍박을 받았다. 1972년 세칭 '10월 유신'으로 장기 독재정권의 기반을 다진 박정희 정권은 반독재 투쟁을 위해 미국에서 망명 생활을 하면서 투쟁하던 그를 일본 호텔에서 납치하는 일도 서슴지 않았다. 박정희 대통령이 1979년 10월 26일 김재규 중앙정보부장에게 암살당하기 전까지 그는 죽음을 넘나드는 드라마틱한 사건을 겪었다. 대통령 암살 직후 가택 연금에서 풀려난 그는 1980년 광주항쟁의 배후로 조작한 전두환 군부독재정권으로부터 사형 선고까지 당했다.

1987년 '6·10 민주항쟁'의 결과 군부독재정권의 기만적인 '6·29 선언'으로 그는 비로소 가택 연금에서 풀려났다. 이후 정치를 재개하여 평생 정치적 라이벌이었던 김영삼 씨와 야권 후보 단일화를 논의했으나 끝내 합의를 이루지 못했다. 결국 김영삼, 김대중 씨 모두 13대 대통령 후보가 되어 출마했고, 양김의 분열로 민주세력은 군부독재정권을 종식시킬 기회를 뒤로 미뤄야 했다. 총선거를 통해 제1야당의 지도자로 입지를 확보한 후 1992년에 14대 대통령 후보로 다시 출마했으나 보수 세력과 야합한 김영삼 후보에게 다시 고배를 마셨다. 세 차례의 선거에서 국민의 선택을 받고자 했으나 1992년 대통령 선거에서 패배한 후 정계 은퇴를 선언했다. 1995년 7월에 다시 정치에 복귀하면서 숱한 비난을 받는 수모를 겪었고, 2년 뒤 1997년 12월 15대 대통령 선거에서 당선되었다.

1993년부터 1996년까지 정해숙 선생님의 위원장 임기 4년 동안 전교조의 사회적 지위와 위상은 굳건하게 다져졌다. 10년에 가까운 세월을 거치면서 전교조는 합법적 노조의 지위를 갖지 못했을 뿐 실재하는 조직으로 인정을 받았다. 1998년에 이르러 전교조는 현직 교사 출신인 김귀식 선생님을 위원장으로 선출했다. 김귀식 선생님은 비합법화 시기 후배 교사들의 버팀목이었고, 낙천적이고 예리한 통찰력을 지닌 분이었다. 현직 교사 출신이었음에도 신분상의 불이익을 받지 않았던 것은 전교조와의 관계에 유연하게 대응한 김대중 정권 때문이었고, 그래서 학교의 분란을 막을 수도 있었다. 전교조가 합법화로 가는 경로만이 남아 있을 뿐이었다. 그러나 권력의 시혜로 노동자에게 권리가 주어지는 것은 그 어떤 노동조합운동사에서도 보기 힘든 일이다. 결국 김귀식 위원장의 단식 투쟁 결과, 1999년 1월 임시 국회에서 교원의 노동조합 설립을 법률로 보장받게 되었다. 이후 1999년 7월 1일 자로 노조 설립 신고를 함에 따라 전교조 합법화 시대가 열렸다.

전교조를 반대하는 세력과 연합한 정권으로 출범했고 보수 세력으로부터 많은 견제를 받았음에도 불구하고 김대중 대통령은 전교조 합법화 약속을 지켰다. 하지만 노동 3권 보장이라는 전교조의 바람과 달리 노동 2권만이 법적으로 허용된 기형적인 노동조합이었다. 그래도 법적 지위를 인정받으면서 조합원 수가 폭발적으로 늘어나 10만 명에 육박했다. 어용 교육 단체로 비판을 받았던 대한교련은 약삭빠르게 한교총으로 이름을 바꿨지만 학교현장 교사들로부터 외면받기는 마찬가지였다.

한교총 탈퇴 숫자가 늘어나면서 상대적으로 전교조 가입 교사는 한교총 회원 수와 엇비슷할 정도까지 되었다. 그러나 거기까지였다.

나는 송파지역에 있으면서도 강남 8학군과 같은 평판을 받고 있었던 창덕여자고등학교로 부임하였다. 창덕여고는 강북에 있는 학교와 학교 환경이 너무도 차이가 났다. 서울에 있는 공립 고등학교의 등록금이 지역에 따라 차이가 있는 것은 아니었다. 강북의 온수고등학교는 작은 운동장과 네모난 건물이 전부일 뿐 학교 부대시설이라고는 아예 없는 신설 학교였다. 그에 비해 창덕여고는 온수고등학교의 거의 두 배나 되는 운동장부터 기품 있는 학교 건물과 강당, 수영장까지 갖추었다. 교실에서 배우는 내용과 방식은 다르지 않았겠지만 학교 환경만 놓고 본다면 창덕여고를 다니는 학생들은 행운아였을 것이다.

내가 고등학교를 다니던 시절 창덕여고 학생들은 참 멋있는 교복을 입었었다. 동그랗게 생긴, 끈이 위로 약간 솟은 모자를 썼었던 게 기억난다. 세월이 흘러 세상도 많이 바뀌었고 학생들의 교복도 바뀌었다. 앙증맞은 모자도 사라졌지만 창덕여고 교사로 발령 난 사실을 알았을 때 마음이 설렜다. 부임한 이후 느낀 점을 그해 교지에 싣기 위해 글로 썼었다.

창덕여고, 1998

1998년 2월 말, 창덕여고 발령 소식을 듣는 순간은 잘해낼 수 있을까? 그랬다, 남자고등학교를 선호했던 입장에서 창덕여자고등학교로의 발령. 교직 생활 10여 년 만에 처음 만나게 될 여고생. 어떻게 만나야 할지 상상이 되지 않았다. 긴장도 되고, 불안하기도 하고 그러면서도 마음 한구석 설레는 마음이 전혀 없던 것은 아니었다.

20여 년 전 고등학교 시절, 당시 우리 학교에서 개최한 '문학의 밤'에 초청된 창덕여고 학생의 청초했던 모습을 아직도 생생하게 기억하고 있다. 오랜 세월이 지나 그 여학생이 낭송했던 시가 어떤 내용이었는지 전혀 기억이 나지 않지만 맑은 목소리와 단아하고 기품 있는 모습은 그 밤을 설레게 했다. 창덕여고에 얽힌 어린 시절의 아름다운 추억이다. 그 학교에 발령을 받았다는 것이 왜 마음 설레지 않겠는가?

창덕여고는 1989년 재동에서 방이동으로 교사를 옮겼다고 한다. 간혹 교외로 나갈 때 건물 외곽 모습을 보면서 아, 내가 옛날 좋아했던 창덕여자고등학교가 이쪽으로 이전해 왔구나 하는 정도로만 알고 있었다. 학교 이름이 걸린 표지판만을 보았을 뿐 직접 학교를 방문한 적은 한 번도 없었다. 그렇다고 재동 시절에 있던 창덕여고를 방문한 것도 아니었다. 여자고등학교에 아무런 일 없이 출입하는 것이 어렵기는 지금에 비할 바가 아니었다. 고등학교 시절로부터 26년 후 창덕여고 교사로 올지 누가 상상이나 했겠는가? 바로 그 학교를 요즘은 학생들과 함께 당당하게 드나들고 있는 것이다. 그러나 1998년의 창덕여고는 내가 상상했던 26년 전의 창덕여고가 아니었다.

요즘 7시 30분까지 등교하는 그 길은 무척이나 분주하다(또다시 20년이 흘렀을 때는 7시 30분까지 등교하는 학교가 아니길 바란다. 원하지 않는 보충수업으로 찌들어 있는 학생들의 모습을 보는 것만으로도 교사는 힘이 든다. 우리나라 빼고 세계에서 고등학생들이 보충수업 받으러 7시 30분까지 등교하는 학교가 있다는 말은 아직 들어보지 못했다. 물론 내년부터 바뀔 움직임이 보이고는 있지만 두고 볼 일이다). 지하철과 버스를 주로 이용하는 내게는 정거장에서 학교까지 걸어오는 시간도 즐겁다.

학생들과 등교하다 깜짝 놀랄 때가 있었다. 이런저런 생각을 하며 등교할 때, 등 뒤 쪽에서 "안녕하세요?" 소리 지르듯이 90도 각도(거짓말이 결코 아니다. 아마 95도쯤 되는 것 같기도 하다)로 인사하는 모습을 본 것이 한두 번이 아니었다. 어쩌다 그렇게 분에 넘치는 인사를 받는 것에 미안해하며 목례로 답인사를 하다 보면 인사를 받는 사람은 따로 있었다. 인사를 한 학생은 나와 전혀 눈길을 마주치지 않고 앞에 가는 여학생을 쳐다보고 있는 것이다. 그것도 경외스러운(?) 눈초리로 말이다. 인사를 받고 걸어가는 여학생은 동아리(서클) 선배이다. '아뿔싸, 내게 인사한 것이 아니었구나.' 속으로 뜨끔하면서 당황한 적이 한두 번이 아니었다. 이제는 그렇게 인사하는 소리를 들으면 '아, 나한테 인사하는 것이 아니겠지.' 하는 정도는 되었다. 처음에는 무척 헷갈렸다. 그런 광경은 등굣길에서만 보는 것이 아니다. 학교 복도에서도 쉽게 볼 수 있는 창덕여자고등학교의 요즘 풍속도이다. 창덕여고 선생님 가운데 학생들에게 그렇게 큰 인사를 받는 선생님은 거의 본 적이 없었다. 후배들에게 선배는 교사보다 더 존귀한 대상이다.

이런 일도 있었다. C동아리(학교에서는 동아리를 인정하지 않고 있다. 다만 C·A활동 부서로 편제하여 운영하고 있을 뿐이다) 사무실에서 익히 알고 있는 여학생 4명이 고개도 들지 못하고 있는 모습을 본 적이 있다. 누가 보아도 벌을 받고 있는 것이 틀림없었다. 고개 숙이고 큰 죄를 진 듯 반성하고 있는 표정이 너무도 진지했다. 수업 시간에 교사의 지적에는 눈을 치뜨며(모든 학생이 그런 것은 아님) 따지듯이 대드는 모습과는 비교가 되지 않았다. 고개를 들지 못한 각도는 똑같다. 턱을 넥타이 맨 위쪽에 갖다 대고 고개를 숙인 모습에 벌 받고 있는 학생들이 얼마나 힘들어하고 있는가를 짐작으로도 충분히 알 수 있다. 문을 열자 아이들은 놀란 듯 눈을 크게

뜨며 언제 그런 벌을 받았느냐는 듯한 표정을 짓는다. 조금 전 이상한 포즈를 취했던 학생들에게 물어보니, 천연덕스럽게 '아무것도 아닌데요', '무슨 일이 있었어요?' 교사에게 핀잔 섞인 묘한 표정을 지으며 되묻는 것이었다. 왜 모르겠는가? 효율성을 극대화시키기 위해 한 개인의 개성이 무시되는 곳이 군사 집단이다. 해서 군대 내에서 존재하는 생활양식을 우리는 군사 문화라고 부른다. 군사 문화의 특징은 명령의 정당성 여부를 논하지 않는 것이다. 지금은 군대의 경우도 합리적인 방식으로 바뀌어가고 있다는 말을 전해 듣고 있다.

무엇보다도 개성이 존중되어야 할 학교에서 사회와 역행하는 현상이 나타나고 있는 것은 심히 우려할 만한 사항이다. 정당성이 없는 상명하복上命下服의 집단 문화는 반문화이다. 비판이 없고 맹종만 있는 문화에서는 평등의 개념을 찾을 수 없을뿐더러 그 속에서 민주를 기대할 수도 없다. 이는 반민주적인 행위이다. '동의'와 '청유'가 전제되지 않은 '지시'와 '명령'만이 존재하는 문화는 건전한 문화를 파괴할 뿐이다. 선배가 군림하고 후배가 맹종하는 문화는 조폭 세계에서나 존재할 수 있다. 선배들에게 맹신하고 맹종하는 문화는 그런 문화를 낳는다. 요즘 신세대는 자기주장과 개성이 강하다고 한다. 그러나 동아리 집단에서는 적용되지 않고 있는가 보다. 아니면 자기 또래 집단에서 나타나는 또 다른 특성인지도 모를 일이다.

교사가 학생들에게 90도 각도로 인사받지 못하는 것을 푸념할 생각은 애초에 없다. 과공비례라는 말도 있지 않은가? 90도 아니라 인사를 받지 않아도 상관없다. 그러나 맹목적인 문화는 배척되어야 한다. 1998년도 학생회장 선거에서 단독 후보를 부결시킬 정도로 비판 의식이 있는 창덕여고 학생들이다. 새로운 문화를 기대해본다.

아름다운 기억만을 갖고 있는 20년 전의 고등학생이 적어본 요즘 창덕여고에 대한 슬픈 단상이다. 더 슬픈 것은 문학 수업 시간에 누구보다 성실하게 참여했던 학생이 미국으로 이민을 간다는 것이다. 창덕여고에서 앞날이 기대되는 제자였는데, 무궁한 발전이 있기를 기원한다. 잘 가라.

그해 창덕여고 교지에 게재하기 위해 원고를 넘겼으나 학교 명예를 실추시킬 수 있다는 이유로 실리지 못했다. 당시의 풍속도를 통해 학생들의 건강한 학교 문화를 생각해보자는 뜻으로 쓴 글이었다. 그렇다고 그것이 창덕여고의 전부가 아님은 물론이다. 다분히 주관적인 나의 생각일 뿐이었다. 김대중 국민의 정부 시대였지만 학교는 아직 1980년대 이전에 머물고 있었다.

부장교사

창덕여고에서 근무할 때 처음으로 특별활동부가 생겼다. 대학 입시만이 아니라 학생들의 다양한 체험 활동을 강화하기 위해 학교마다 새로운 부서로 특별활동부가 만들어진 것이다. 그때는 부서의 장을 부장이라고 불렀다. 교사의 사기를 높여주기 위해서 '주임'이라는 명칭을 '부장'으로 격상(?)시켰다는 말이 있었다. 그래서 교사의 지위가 높아졌는지는 모르겠다. 학교는 교육하는 곳이지 군대 조직이 아닌데도 상급자와 하급자로 구분하는 것이 꼭 필요한가에 대해서는 회의적이다. 이미 '부장'이라는 직위를 부여받은 사람들은 평교사와 구분되는 '부장'으로 불리기를 은근히 기대했다. 부장이라 부르지 않으면 무척 서운해하는 사람도 주변에 꽤나 있었다. 주임이든 부장이든 그것이 승진의 발판으로 작용하다 보니 부장을 임명하는 과정에서 동료 교사 간에 알력도 있었고 그에 따른 잡음도 생기곤 했다.

더구나 부장이 된다는 것은 교감, 교장이 되기 위한 수순이었고 장학사가 되기 위한 필수 코스였다. 장학사가 되는 것을 일반 공무원 사회에서 고급 관료가 되는 것만큼 출세(?)로 생각하는 사람도 있었다. 교육청 단위에서 근무하는 장학사에 합격한 것을 교사와는 또 다른 특별한 신분으로 생각하는 경향도 있었다. 그러한 혜택이 있었던 것도 사실이었다. 평교사로 근무하다 교감, 교장 되는 것보다, 장학사가 되는 것은 가장 빨리 교감, 교장이 될 수 있는 코스이기도 했다. 장학사가 되는 게 요즘 교사가 되는 것만큼 어렵고 보니 교사이면서도 수험생이 되어 수업을 마치고 아예 독서실에 들어가서 공부할 정도였다고 한다.

새로 생긴 부서의 특별활동부장을 맡아야 한다는 후배들의 권유를 받았으나 부장보다는 학생회 활동을 맡고 싶었다. 물론 내가 하고 싶다고 시켜주는 것은 아니었지만, 학생들과 함께하는 민주적인 학생회 운영에 더 많은 관심이 있었다. 맡게 된다면 정말 잘할 자신도 있었다. 마침 그 '부장'을 하고 싶어 하는 후배 교사에게 맡도록 하고, '학생회' 담당 교사를 맡을 수 있도록 부탁했다. 그러나 그 바람도 실현되지 못하고 C·A를 맡게 되었다. 부당하다고 생각한 그 인사에 대해 교장 선생님에게 항의까지 했으나 번복되지 않았다. 대신 C·A를 맡는 조건으로 전일제 클럽활동으로 전환할 것을 제안하여 그때 처음으로 학생들이 원하는 전일제 클럽활동을 시행했다. 지금은 토요 휴무제로 많이 달라졌지만 당시만 해도 획기적인 일이었다. 전일제 클럽활동을 시행하기 전에 준비할 것이 참 많았다. 3월 한 달 동안은 일찍 출근해서 달이 중천에 걸려 있는 늦은 밤이 돼야 퇴근을 했다. 당시 교사로서의 삶을 다짐하며 다음과 같은 기록을 남겼다.

1980년대 초 발령을 받고 처음 교직 생활을 시작한 곳은 강북에 소재한 도봉중학교였다. 한 학년이 22개 학급으로 구성되었고, 한 학급 학생 수가 70명이 넘는 콩나물 교실이었다. 불과 20년 전의 상황이긴 하지만 돌이켜 보면 전설 같은 시절로 기억된다. 물론 20대의 신출내기 교사로서 '젊다는 것' 하나만이 대단한 자산이었기에 힘든 것 모르고 학생들을 만났다. '젊은 교사'의 만용에 가까운 자신감은 오히려 의욕으로 미화될 수 있었다. 20대 중반에 시작하여 이제 40대 후반에 가까운 나이가 되었으니 20여 년의 경험들은 중견 교사로서 더 이상의 실수가 용인될 수 없게 되었다. 나름대로 20여 년 동안 한눈팔지 않고 교육에만 전념하며 학생들과 부대끼며 살아왔다. 학생들에게 필요하지 않은 교사라고 생각된다면 언제든지 내 발로 걸어 나가겠다는 당당한 생각을 하며 학생들을 만나왔다. 그러나 원치 않게 학교를 떠나 있었던 적도 있었다.

1989년 8월 21일 자로 전달된 인사 발령 통지서에 적힌 '파면'으로 나는 더 이상 학교에 머물 수 없는 해직교사가 되었다. 파면 사유는 전교조 결성에 주도적 참여와 가입. 그리고 탈퇴 의지가 확인되지 않기 때문이란다. 그러나 입시 중심의 교육은 사람을 가르치는 교사들의 설 자리를 위협했다. 지시와 전달만 있는 교육 행정 만능은 교사들을 정권의 하수인으로 전락시키려 했다. 학생들을 가르치는 교사가 근무하는 환경과 학생들이 공부하는 교실 환경은 너무도 열악했다. 비민주적인 상황에서 굴종하며 살기를 거부하고, 비인간화되고 있는 교육 위기 상황을 방관할 수 없기에 전교조 결성에 참여했던 것이다. 그런데 파면이었다. 11년 전에 있었던 일이다.

복직해서 다시 학생들을 만난 지 6년이 되었다. 학교마다 조건은 다르겠지만 학급당 70명이 넘는 학교는 이 시대에 더 이상 존재하지 않는다. 참으로 다행스러운 일이다. 하지만 70명이었던 시절에 교사 하는 것보다 40명이 채 안 되는 학생들을 만나는 시대에 교사 하는 것이 더 힘들다고 아우성이다. 요즘 교사들에게 수업 시간 50분은 학생들과의 전쟁이다. 나라고 해서 그 범주에서 자유로울 순 없다. 어찌 보면 20년 교육 경험이 아무런 힘을 발휘하지 못하는 것 같아 부끄럽게 느껴진다.

교실에 들어서는 순간부터 교사는 많은 것을 인내해야 한다. 교실에 들어서기 전부터 엎드려 자고 있는 학생들에 대한 불쾌한 감정을 우선 극복해야 한다. 또 학생들은 스스로 교과 시간을 선택할 정도로 영악해져 있다. 대학 입시와 직접적으로 직결되어 있지 않은 교과일 경우 아예 다른 책을 버젓이 펼쳐놓고 공부를 한다. 고학년과 저학년의 정도 차이가 있기는 하지만 입시와 관계없는 교과의 경우 학생들을 교과 시간에 유인하는 것은 오직 점수화할 때만 가능하다.

학생들은 시험 문제를 어렵게 내는 교사를 내신 성적을 불리하게 줘서 제자들의 장래를 막는 사람으로 생각한다. 이럴 경우 학생들로부터 존경받는 것은 아예 기대할 수 없을뿐더러 복도에서 인사받는 것조차 포기해야 한다. 열심히 공부한 사람이 손해 보는 시험은 공정한 경쟁이 아니다. 그럼에도 요즘의 학교는 쉽게 사는 것만을 가르치고 있는 것은 아닌가 싶은 생각이 들 때가 있다. 뿐만 아니다. 수업 시간 중에 떠드는 학생들을 지적했을 때 '재수 없게 왜 나만 갖고 그래'라는 곱지 않은 시선으로 눈을 치뜨는 학생들을 보고 분노할 때는 '왕따 교사' 될 것을 각오해야 된다.

'왕따 교사'를 각오하더라도 틀린 것은 틀렸다고 말할 수 있는 열정만은 식지 않았으면 좋겠는데 세월은 속일 수 없는가 보다. 눈감을 때가 더 많은 요즘이다.

"늘 푸른 청년 교사로 살고 싶은 욕망만은 버리지 말아야지."

2000년 7월 12일

대한민국의 고등학생으로 산다는 것

정권이 바뀔 때마다 교육개혁 방안이 발표되었지만 학생들의 일상은 크게 달라지지 않았다. '공교육의 위기'라고 호들갑 떠는 여론 속에서도 학교에는 언제나 입시 말고 그리 중요한 것이 없었다. 어떤 교육정책이 발표되든 그 정책의 실험 대상이 되는 것은 당대를 살아가는 학생들이었다. 입시 교육의 최대 피해자가 학생 자신임을 누구보다 잘 알고 있지만 그렇다고 거부할 만한 힘은 없었다. 그것을 부정한다는 것은 인생을 포기하는 것이기에 과거에도 그러했고 현재에도 학생들은 피교육자라는 이름으로 제도와 정책에 순응할 수밖에 없다. 어른들이 만든 교육정책에 자신의 의지와 관계없이 입시라는 통로로 늘 내몰렸다. 학교가 존재하는 것은 학생들이 있기 때문인데도 오히려 학교 존재의 필요성(?)을 봐주고 있는 것은 아닌가 싶을 정도로 학생들은 인내심을 발휘하면서 학교를 다니고 있다.

그런 가운데 교육의 이해 당사자들에게 기대감을 갖게 하는 그럴듯한 구호가 만들어지고 있다. '구호' 공화국이라고 할 정도로 구호 만들기를 좋아하는 사회라서인지 멋있는 구호가 계속 생산되고 있다. '즐거운 학교', '신나는 학교', '가고 싶은 학교'라는 구호는 정작 학생들에게는 역겹게 느껴질 뿐이다. 오히려 숨 막힐 듯한 학교를 빨리 벗어나고 싶어 하는 학생들이 더 많다. 무엇이 그렇게 숨 막히게 만들고 있나? 교과 수업인 '독서' 시간에 교과 단원 중 '삶의 보람'과 관련해 여러 항목을 주고 학생들에게 글을 써보게 했다.

3학년에 올라와서 충격 먹은 일이 또 생겼다. 아침과 저녁 보충을 한다는 사실이었다. 정말 황당했다. 그 지겨운 보충수업을 또 받아야 한다니… 괴로웠다. 그것도 두 시간이나 받아야 한다니… '무슨 복날에 개 대신 애들을 잡기로 했나.' 하는 생각이 들었다. 선생님들도 그리 원하지 않는 것 같던데 학부모들의 열화(?)와 같은 성원에 힘입어 학교가 움직이고 있었다. 거기다가 야자(야간 자율학습의 줄임말)까지 해야 한다니. 난 기계가 아니라 사람인데… 그래서 난 인간답게 보충수업도 자주 빠지고 야자도 거의 맨날 빠졌다. 물론 내가 잘했다는 건 아니다. 학교라는 공동체의 규칙을 내가 마음에 안 든다고 임의로 어겨버렸으니까… 이런 날 보고 자극받은 아이들도 도망을 가고 있는지도 모르겠다. 그래도 3학년 초엔 100점을 올려보겠다는 생각으로 열심히 했었다. 그때 당시 목표가 Y대였다. 하지만 그림의 떡이 된 지금 나는 대학에 별 큰 기대를 걸지 않는다. 들어가면 들어가는 거고 안 들어가면(못 들어가는 거지만) 안 가는 거고 난 나대로 대학이란 곳에 얽매이지 않고 살아볼 꺼다. 그러나 대학은 가볼 만한 곳이란 생각도 없지 않아 있다.

지금 나에게 주어진 기간은 20여 일 정도… 내가 지금 이 시점에서 무얼 할 수 있을까 하는 생각이 든다. 어쨌든 학비 대주시는 부모님 보기가 민망해서라도 마지막까지 최선을 다해볼란다. 그런 의미에서 총정리를 하고 있다. 혹시나 내가 다시 2학년이 된다면(그런 끔찍한 일은 겪고 싶지 않지만) 가요제나 학교 활동을 열심히 해보고 싶다. 진정으로 나에게 2학년이 될 기회가 주어진다면 사양하겠다. 틀에 박히고 지겨운 학교에서 내 재능을 죽이고 싶지 않으니까… 공부 잘하는 아이들만이 사는 그런 숨 막히는 성에 더 이상 있고 싶지 않다. 인간을 만드는 학교가 아니라 기계 즉 공부 잘하는 만능 머신을 뽑아내는 학교엔 있고 싶지도 않고 있어야 할 이유도 없다. 난 인간이고 싶지 기계이고 싶진 않으니까.

1999학년도 당시 고등학교 3학년 학생

20여 년 전에 쓴 학생의 글이지만 지금이라고 학교는 크게 다르지 않다. 입시는 더욱 복잡해졌고 그래서 계층 간의 위화감을 더 심화시킨다는 지적까지 받고 있다. 그 당시 학생들 글에서 확인할 수 있었던 것은 현재의 고등학교 3학년 학생들의 삶과 비교해도 크게 달라지지 않았다는 점이다. 대한민국에 사는 고등학교 3학년들에게는 하나의 통과의례가 되고 있지만 참 고약한 일이다. 그렇다고 대학이 곧 미래의 보증수표가 되어주는 것도 아니다. 고등학교 1, 2학년도 자유로운 것은 아니다. 정도의 차이만 있을 뿐, 인문계 학생들이 느끼는 입시에 대한 심리적 부담감은 다르지 않다. 눈앞에 닥친 현실이 아니라는 점과 잠시 눈을 돌릴 정도의 시간적 여유가 있을 뿐이다. 잠시 다른 생각을 하는 것조차 불안하게 느끼고 오직 입시로 모든 것이 귀결되고 있는 것이 인문계 고등학교 학생들이 맞이하는 현실이다.

대학 입시라는 틀 속에 갇혀 단조로운 생활을 반복하면서 청소년 시기에 마땅히 해야 될 경험들을 박탈당하고 있다. 미래의 주인공이라는 솔깃한 말에 그 연령대에서 겪고 느끼며 살아갈 행복은 꿈조차 꾸지 못하고 살아가고 있는 것이다. 입시 하나에만 목을 매고 사는 상태라서 실패로 끝날 경우 심한 좌절에 빠질 위험성이 크다. 뿐만 아니라 실패한 이후 다른 선택을 할 수 있는 폭이 없어 대부분 재수로 이어지고 있다는 점도 문제이다. 이것도 저것도 아닌 상태에서 졸업하는 학생들은 자포자기하는 심정으로 학교를 떠나고 있다. 이런 학생들은 삶을 이미 절반의 실패로 시작하는 게 아닐까. 청소년기는 인생관을 확립하는 시기임에도 입시라는 틀에 묶여 살고 있는 학생들은 다른 세계관을 접할 수 있는 기회를 잃고 있다. 주체적이고 자주적으로 살아가야 하는데 지시에 익숙해진 학생들이 스스로 선택해야 할 상황에서 오히려 당혹스러워하는 경우가 많다.

학생들은 늘 시간에 쫓긴다. 교사와 학생 간의 면담조차 시간을 빼앗기는 것으로 생각하는 경향이 있다. 친구들과의 대화도 깊이 있는 관계로 발전하지 못하고, 부모와도 공부하라는 잔소리 말고는 대화가 없다. 우리가 사는 사회는 함께 살아가야 한다는 것을 일깨워줘야 함에도 학생들에게는 오히려 바람직하지 못한 영향을 미치고 있다. 성적만 좋다면 모든 것이 용서된다는 생각을 하게끔 하고 있다.

현재의 제도교육 아래서 대부분의 학교는 입시 성적을 최고의 목표로 설정하고 있다. 학생의 본분을 다하고 있는지 그 여부를 판단하는 가장 중요한 잣대는 오직 대학 진학의 가능성이다. 성적지상주의는 과정보다 결과를 중시하는 가치관을 형성하는 쪽으로 작용한다. 현재의 교육체제에서는 이러한 문제를 해결할 만한 뚜렷한 대책이 없다는 데 문제의 심각성이 더 크다. 다만 교육에 대한 열정을 지난 교사들이 부분적으로 학생들의 갈등을 해소하고 있을 뿐이다.

실패한 담임교사

평소 그렇게 얌전하고 착해 보였던 학생들이 정기 고사를 보고 난 뒤에 달라졌다. 시험이 끝나자 돌변한 학생들의 모습은 너무도 공격적이었다. 또 자신을 철저히 방어하는 모습은 '이놈'들이 학생인가 싶을 정도로 철저하게 계산적이었다. 무서운 학생들이었다. 물론 모든 학생이 그런 것은 아니었다. 그 시기 학교 붕괴론이 교육계의 주요 화두로 떠올라 한국 교육의 위기감을 조장했다. 그때만 그러한 것이 아닐진대 언론은 학교 위기를 부풀려가면서 선정적으로 보도했다. 학교에 입시 말고 중요한

게 없었던 적이 어제오늘만의 이야기가 결코 아니었는데도 말이다.

　여학생들의 특성을 이해하지 못해 깊은 불신을 받은 적도 있었다. 나의 잘못이 컸다. 담임교사 하기가 겁이 났다. 학생들과 소통하지 못한 답답함을 호소하기 위한 글을 학급 홈페이지에 올린 적이 있었다. 학생들은 익명으로 자신의 생각을 자유롭게 쓸 수 있었으므로 학생들의 의견이 가감 없이 올라왔다. 게시 글을 보면서 담임교사의 생각과 학생들이 바라보는 시선이 그렇게 달랐는지 알게 되었다. 담임교사는 잘해보려고 노력했으나 학생들은 담임교사가 열심히 하는 것을 보고 싶었던 게 아니라 학생들을 이해해주기를 원했던 것이다. 참담함 그 자체였다. 담임교사를 격려하고 응원하는 글도 없지는 않았지만 질책하는 글들을 볼 때는 무척 당혹스러웠다. 정말 교사를 계속해야 하나 싶어 밤잠을 설쳤다. 이렇게까지 담임교사에 대한 불만과 불신이 컸는지 정말 몰랐었다.

　선생님께서 하신 말씀 아주 잘 읽어보았습니다. 선생님의 의견을 들었으니 저의 생각도 말씀드리고 싶네요. 읽어주시겠지요? 사실 처음 이 글을 읽었을 때 조금 당황하였습니다. 저희가 그렇게까지 나쁜 학생들이었나요? 저희도 처음부터 그러지는 않았습니다. 결론부터 말씀드리자면 선생님만의 교육 방침이라는 것이 저희들을 이렇게 만든 게 아닌가 싶습니다. 남의 입장에서 한번 생각해보라는 얘기도 있지요. 저희를 보신 선생님의 입장을 그 글로 읽었으니 저도 선생님을 보는 저의 입장을 말씀드릴 테니 한번 읽어봐주세요. 선생님께서는 자신이 아주 심한 차별을 하신다는 거 아시나요? 내가 언제 그랬느냐, 하시겠지요? 하지만 사실이에요. 차별은 당하는 사람만이 안다는 거 아시지요? 항상 좋아하는 학생한테는 모든 사랑과 관심을 베푸시고 칭찬과 함께 그 학생만이 아주 착한 학생이 되어버리지요. 반면에 싫어하는 학생은 나쁜 점만 보시고 단점만을 지적하시곤 하시더라구요. (저희 반에 떠도는 얘기가 선생님께 상담을 받으면 선택받은 아이란 얘기가 있어요. 또, 좋아하는 학생 집에 가정방문까지 하셨다지요? 보통의 아이들의 생각으론 좋게 보이지는 않는군요.) 뭐, 이런 얘기는 하는 저 역시 기분이 나쁘니 그만하도록 하지요. 또 한 가지, 이런 말씀드리기도 민망하지만, 선생님의 자신만의 교육 방침이라는 것 때문에 저희 반 아이들이 학교에서 찬밥 신세인 것과 함께 무시까지 당하고 있는 거 아시나요? 봉사활동 신청 기간이 다 지난 후에야 그런 게 있었다는 사실을 알게 되고, 적성검사 당일에야 그런 걸 한다는 것을 알고 아침부터 당황하고, 그게 저희 반의 모습입니다.

　1학년 때는 한 번도 겪어보지 못했던, 저희 반은 반장과 부반장의 짐이 너무 버거울 정도입니다. 담임선생님께서 반에 소홀하신 만큼, 그만큼 반장 부반장이 해야 할 일이 많아지니까요. 저희들에 대해 비판하시기 전에 담임으로서의 책임과 의무부터 다해주셨으면 합니다. 그러면 저희들도 학생으로서의 본연의 모습으로 돌아갈 테니까요. 뭐, 이미 2학년도 거의 다 지나고 되돌리긴 너무 늦어버린 거 같네요. 지금에서야 저희를 바꾸려 너무 노력하지 마세요. 내년에는 이런 안 좋은 관계로 선생님과 만나고 싶지 않을 뿐입니다. 조금 감정적이 되어서 기분이 나쁘실지도 모르겠네요. 기분이 나쁘셨다면 죄송합니다. 이게 저희 반 아이들 모두의 생각이라고 말씀드리긴 뭐하지만 대부분의 아이들이 비슷한 생각을 가지고 있긴 할 거예요. 이 글이 믿어지지 않으신다면 저 혼자만의 생각이라 생각하셔도 상관없구요. 어쨌든 읽어주셔서 감사합니다. (이런 글로 인해 저의 생활기록부가 나빠지는 건 아니겠지요??*^^*)

학생들은 TV를 보고, 나는 생각을 쓴다

창덕여고에서의 근무를 마쳐가던 2001년 12월 말 방학을 며칠 앞둔 때였다. 학년말 시험이 끝난 이후라 수업하기가 힘들었다. 학생들은 아예 비디오테이프를 가져와 영화 보는 것으로 수업 시간을 대신하고 있었다. 교과서 진도를 이미 끝낸 상태라서 시간이 남았기 때문이어서 그렇기도 했다. 그렇다고 영화 보는 것을 권장할 일은 아니었다. 그날도 시집 한 권을 준비해서 학생들에게 들려줄 생각이었다. 그러나 학생들은 교실로 들어서는 나를 쳐다보지도 않았다. 불을 켜고 영화 보는 것을 중단시켰을 때, 아이들의 따가운 눈총을 피하는 것은 쉬운 일이 아니었다. 그때가 국어, 마지막 시간이었다. 그날도 다르지 않았다. 나는 무력한 교사가 된 기분으로 당시 교사의 마음을 칠판에 적어놓고 아무 말도 없이 조용히 교실을 나왔다.

국어 수업 시간보다 더 열심히 TV 보는 것에 열중해 있는 학생들을 본다. 시집을 갖고 교실로 들어간 시간 학생들은 TV 보는 것에 빠져 있었다. 시험이 끝났다고 모든 것이 끝난 것은 아닌데, 학생들은 교사의 존재조차 의식하지 않는다. 21세기 전자 시대, TV의 위력을 다시 확인한다. 학생들이 보는 TV 영화를 끄면, 아우성치는 학생들 때문에 나는 TV조차 끄지 못하는 무딘, 무능력 교사. 학생들을 가르치기 위해 준비한 것이 TV 영화만큼도 영향을 줄 수 없는 나는 초라한 교사. "우리에게 국어 시간, 1년은 무엇이었는가?"를 되돌아보며 "부끄러움"만 남는 국어 시간이었음을 고백하며 2001년의 국어 시간을 끝낸다.

그날 학급 종례를 마치고 교무실에 갔을 때 책상 위에 종이로 곱게 접은 편지 하나가 놓여 있었다. 어느 학생이 내 책상 위에 놓고 갔을 것이다. 그래도 그때는 학생들이 손으로 쓴 편지를 건네는 경우가 많았다.

존경하는 유기창 선생님께

선생님. 지금 영화를 보다가 이렇게 펜을 듭니다. 선생님께서 들어오셔서 아무 말 없이 계시다가 칠판에 글을 쓰시고 조용히 나가시는 것을 보고 참 가슴이 아팠습니다. 그리고 정말 죄송했습니다. 저희들의 모습이. 하지만 선생님, 이것만은 말씀드릴 수 있어요. 선생님께선 무딘 무능력자가 아니십니다. 저희들의 단점밖에 보지 못하시고, 저희들을 비꼬시며, 하나의 인격체로 존중해주시지 않는 선생님들. 항상 불만을 터트리시고 저희를 무시하시는 그런 선생님들에 비해(죄송한 말씀이지만…) 항상 성의를 다하시고 열성적이신, 저희 하나하나를 존중해주시고 버릇없이 굴어도 웃음으로 넘겨주시는 그런 유기창 선생님이 정말 존경스러웠습니다.

선생님, 선생님께선 답답하시겠지요. 저희 때문에 허탈하시겠지요. 선생님, 선생님께서 준비하신 것은 TV보다 못하지 않습니다. 지금까지 배워오면서 여느 선생님들과 다르셨지만, 그 누구보다 열성적이셨고 정말 참교육을 실현시키고자 하시는 선생님의 모습이 아름답다고 느꼈습니다.

선생님 힘내세요. 선생님을 존경하는 많은 학생들이 지켜보고 있잖아요. 가슴속에 따뜻한 사랑과 누구보다 뜨거운 열정을 지니신 선생님의 모습은 제가 어른이 되어도 '늘 푸른 청년'으로 제 가슴속에 영원히 기억될 것입니다.

2001년 12월 20일
선생님을 존경하는 한 학생이

학생들에게 편지를 받은 것이 적지 않았으나 나를 가장 감동시킨 편지였고 나에게 가장 용기를 준 편지였다. 교사로서 자신감을 잃었을 때면 늘 이 편지를 찾았다. 다른 사람에게 보이는 것은 부끄러운 일이지만 내 마음속으로는 가장 자랑스럽게 간직하고 있었던 편지 가운데 하나였다. 학교를 옮길 때마다 이 편지를 책상 위 유리판 밑에 놓고 힘들 때마다 들여다보았다. 많은 학생들에게 이런 마음의 편지를 받고 싶었지만 이 편지 이상으로 나에게 위로가 된 것은 없었다. 내게는 잊을 수 없는, 이름도 없고 얼굴도 모르는 참 고마운 학생이었다.

운영위원 선거, 유기창은?

1995년 김영삼 정권하에서 도입된 학교운영위원 제도는 민주적인 학교 운영을 위해 많은 기대감을 갖게 했다. 2년 임기의 운영위원은 전체 교직원의 직접 선서보 선출하도록 법에 규정하고 있었다. 직접 선거를 통해 선출되는 운영위원은 명예직이지만 초기에는 서로 해보겠다는 분위기였다. 경선이 자연스럽게 이루어졌다. 운영위원 선거를 할 때마다 거의 빠짐없이 동료 교사들이 추천하여 출마를 했다. 온수고등학교에서 시작해 잠신고등학교에서 정년퇴임할 때까지 한 번 이상은 꼭 운영위원 활동에 참여했다.

창덕여고에서 운영위원으로 출마할 때였다. 발령받은 그해에 운영위원으로 출마하는 것은 예의가 아니었다. 마침 그해 운영위원이 궐석이 되어 보궐 선거가 있었다. 가까운 동료 교사들의 강력한 권유를 받고도 여러 차례 고사했으나 끝까지 피할 수는 없었다. 주변 동료 교사들의 강권에 못 이겨 출마를 결심하고 연설문을 준비했다. 비록 짧은 연설문이었지만 많은 시간을 준비했다. 3명이 출마했다가 한 명이 도중에 사퇴를 하고 경선을 펼친 결과 압도적인 표차로 당선되었다.

유기창은 키만 작습니다

기호 3번 유기창입니다. 제가 후보가 아니라면 저 역시 이○우 선생님을 주저하지 않고 선택할 것입니다. 평소 이○우 선생님의 교육에 대한 열정에 존경과 신뢰를 보내고 있습니다. 기호 3번 유기창은 키만 작습니다. 키 작은 것은 운영위원 활동과 전혀 무관하다고 저는 생각합니다.

운영위원이 되면 모든 것을 결정할 수 있다고 생각지는 않습니다. 그러나 선생님들의 의견을 정확하고 바르게 수렴해서 반영할 뿐만 아니라 운영위원회에서 논의되는 주요 사항 중 틀린 것에 대해서는 '아니오'라고도 말할 수 있는 쪽에서 활동할 것입니다. 그리고 교사의 권익 문제를 제기하고 해결 방안을 모색하는 역할도 수행할 것입니다.

기호 3번 유기창을 뽑아주신다면 할 일은 분명히 하겠습니다. 안건 상정에 대해 선생님의 의견을 수렴하고 결과를 꼭 보고드리겠습니다. 능력에 대해 신뢰가 안 간다면 저를 선택하지 않아도 좋습니다. 다만 개인적으로 제가 밉거나 평소 저에게 서운한 감정이 있어 저를 선택하는 데 주저하신다면 다시 한 번 생각해주십시오.

기호 3번 유기창은 소신 있고 믿을 만한 사람입니다. 저는 이러한 자세로 운영위원 활동을 할 것입니다. 첫째, 학교 운영에서 나타나는 문제에 대해 설문지를 통해 선생님들의 의견을 수렴하여 개선할 것입니다. 둘째, 현실적으로 적합하지 못한 학교 운영 규정을 바꾸는 데 노력하겠습니다. 셋째, 틀린 것과 잘못된 것에 대해서는 항시 지적하고 바꿔나가는 데 앞장설 것입니다. 항시 어렵고 힘든 쪽에서 저는 선생님 곁에 서 있을 것입니다.

다음 해에 다시 운영위원 선거가 있었다. 다시 출마 권유를 받았다. '유기창'이 안 될 것이라고 믿은 사람은 많지 않았다. 단기명으로 운영위원을 선출하는 방식의 선거였다. 마음이 맞는 사람이 있으면 힘이 배가된다. 운영위원 활동도 마찬가지였다. 함께 활동하면 서로 도움이 되겠다는 생각으로 같은 전교조 조합원에 출마하도록 설득했다. 출마한 동료 교사를 당선시키는 것이 우선이었다. 표 분석을 했고 표 분배를 했다. 당선 가능한 표를 분배하고 나니 내가 확신할 수 있는 표는 4표였다. 나머지는 내가 선거운동을 통해 표를 확보해야만 했다. 이미 굳어진 표를 가져오는 것은 불가능한 일이다. 결국 정견 발표를 통해서 설득하는 방법 말고는 없었다. 연설을 마쳤을 때 가장 많은 박수를 받았다. 많은 사람들이 유기창은 당선권 안에 있다고 미리 축하하는 사람도 있었다. 그러나 선거 결과 가장 확실하게 당선될 것이라고 믿었던 나는 탈락했다. 빗나가길 바랐지만 아쉽게도 나의 예상은 맞았다. 이후 학교를 옮겼던 잠실고등학교 운영위원 선거 때도 그런 일이 또 한 번 있었다.

동료 교사들의 선택으로 학교운영위원이 된다는 것은 명예스러운 일이다. 그렇기 때문에 출마를 제안받았을 때는 주저하지 않았다. 운영위원 초기만 해도 많은 것을 할 수 있을 것 같은 기대감에 출마하려는 사람들이 많았다. 그러나 운영위원회에서 할 수 있는 일은 기대만큼 그리 많지 않았다. 학교에서 운영위원회를 법적으로 설치하도록 규정하고 있음에도 불구하고 의결기구가 아니고 보니 학교장의 자문기구 이상의 역할을 하지 못했다. 운영위원회를 거쳐야 하고 결정된 사항을 집행하지 않으면 안 되는 중요한 안건도 있으나 대부분의 경우 학교장이 집행을 하지 않아도 문제가 되지 않는 허점이 많은 것이 현재의 학교운영위원회다. 그리고 보니 운영위원회를 법적 기구로 설치한 취지를 이해하지 못하는 학교장의 경우 운영위원회를 무기력한 상태로 빠트리기도 한다. 운영위원회 무용론이 나오고 있는 이유이기도 하다. 운영위원회에 참여하려는 교사가 없다 보니 대부분의 학교에서는 정원수만 채워 무투표 당선시켜 선거 자체가 사라졌다. 법적 기구인 운영위원회의 권위도 그렇게 무너지고 있는 것이 요즘의 현실이다.

"학교는
교장만의 학교가 아닙니다"

15년 전, 잠실고등학교(2002년 3월~2007년 2월)

20대 중반에 교사 생활을 시작한 내가 50대 중년의 교사가 되어간 시기였다. 한일 월드컵 경기가 대한민국을 휩쓸었고 또 한 번의 권력이 교체되었다.

창덕여고에서 잠실고등학교로 발령이 났다. 호텔에서 생활하다가 여인숙으로 짐을 옮긴 것 같은 느낌이었다. 아니다. 더 적절한 비유를 하자면 자연 경관이 수려했던 전원주택에 살다가 도심 한가운데 단칸방으로 이사를 온 것 같았다. 지식·정보화시대를 맞아 학교마다 정보관이라는 건물이 비좁은 공간에 세워졌다. 학교는 더욱 옹색한 모양 속에 건물 하나가 올라갔다. 3월 개학날까지도 건물이 완공되지 않았고 새로 지은 건물은 전기가 들어오지 않아 어두컴컴했다. 교무실에는 컴퓨터도 없었다. 근무할 수 없는 교무실 환경이었고 수업하기 힘든 교실이었다. 입학식을 마치고 학생들이 자신의 책걸상을 옮겨야 했다. 그런 학교일지라도 익숙해지는 데 많은 시간이 걸리지 않았다. 한 달이 지났을 때는 '남의 학교' 같던 학교가 '우리 학교'가 되었다. 여학생을 만났던 좋았던 기억은 모두 잊고, 동성을 만남으로써 막혔던 숨통이 트이는 시원함도 느껴졌다. 남학생들을 만나다 보니 말이 거칠어지기도 했다. 1학년 담임을 맡았다. 담임교사로 학생들을 만나면서 교단 일기 형식의 글을 꽤 오랫동안 썼다. 그 일부다.

담임교사 이야기 (1)

학급회장으로 당선된 ○성이가 결국 햄버거를 돌렸다. 아이들의 햄버거를 사내라는 압력에 굴복(?)한 것인지. 아침에 와서 오늘 햄버거를 돌리기로 했다고 통보하듯이 말했다. 한동안 말을 하지 않았다. 착한 ○성이가 무안할 것 같아 그저 알았다고만 했다. 본인의 자발적인 의사에 의한 것인지는 확인을 못 했다. 부회장인 ○원이와 반반 부담하여 냈다고 한다. 쉬는 시간에 ○성이 어머니한테 전화가 왔다. 여러 가지로 고맙다는 뜻을 전해 왔다. 그리고 찾아뵙지 못해 미안하다고 했다. 학급 일을 위해 회장 어머니가 해야 할 일이 있다면 언제든지 전화하라고 했다. 아직도 학부모는 자식이 다니는 학교에 그저 약자일 뿐이다.

○성이가 며칠 전(일요일) 자신의 고민이 담긴 메일을 보내왔다.

안녕하세여. 저 ○성인데여. 반장 된 거 말씀드릴려구 하는데여. 제 중학교 내신 아시져? 62%인데여. 반장이 될려면 30% 안에 들어야 하는데. 왜 그냥 뽑아주셨어여. 2주 동안 반장 하면서 생각해봤는데여. 인사 말구는 우리 반을 빛낼 자신이 없구여. 교과샘들의 질문에도 대답하기 힘들고요. 넘지 말아야 할 나무에 오른 거 같은 기분이 들어여. 저번에 대의원회의에 참석했을 때여, 교장 선생님 말씀이, 중간고사를 본 후 성적이 안 나오면 짜른다고 하셨는데… 선생님, 죄송합니다. 전 할 수 있다고 생각했습니다. 근데, 그게 쉽게 안되더라구여. 반장 다시 뽑았으면 하는데여. 답장 보내주십쇼.

답장을 보내지는 못했다. 어떻게 대답을 해줘야 할지. 메일을 보낸 다음 날(월요일), 교무실에서 잠깐 대화를 나눴다. "성적에 대한 규정은 가급적 30%였다. 그러나 다른 친구들이 너를 학급 대표로 뽑아준 것이다. 성적에 도달해보려고 노력하는 것은 의미가 있다. 중간고사 성적이 안 된다고 해서 학급 회장을 바꿀 생각은 추호도 없다. 남들이 해볼 수 없는 경험을 만들어봐라." 성적은 아이들을 이렇게 주눅 들게 하고 있다.

회장 선거하는 날, ○성이가 회장 안 하겠다는 말은 하지 않았다. 후보로 나선 학생들 모두에게 용기를 갖고 도전해보라고 했다. 기회를 스스로 물리치는 것은 비겁한 것이라고 했다. 그러나 ○성이가 회장 될 것이라는 생각은 안 했다. 그렇다고 ○성이가 회장 되어서는 안 된다는 생각은 더욱 안 했다. ○성이는 착하고 성실한 학생이었고, 다른 친구들에게 헌신적인 학생이었다. 그런 ○성이를 회장으로 선출하는 데 아이들은 주저하지 않았던 것이다. 성적으로 제한 했더라면 후보에 오를 수 없는 학생이었다. 초등학교부터 중학교 때까지 한 번도 그런 기회조차 가져보지 못했던 ○성이가 회장 후보가 된 것만으로도 ○성이는 자랑스러웠을지도 모른다. 성적 제한을 두지 않은 것이 오히려 ○성이를 고민스럽게 하고 있는 것은 아닌지. 어떻게 자신감을 갖도록 할 것인가? ○성이에게 학교생활에서 담대한 자신감을 갖게 해줄 수 있는 더 없이 좋은 기회다. ○성이보다 더 많은 고민을 해야 한다. 담임교사의 몫이다.

2002년 3월 27일 수요일

이별

어제, 오늘 가까운 두 사람이 내 곁을 떠났다. 전교조 결성 당시 해직교사였던 젊은 성하성 선생님이 어제(3월 30일) 간암으로 세상을 달리했다. 1989년 장위중학교에서 해직되어 동북부 지역에서 함께 활동했던 동료 교사였다. 1991년 내가 동북부지회장을 할 때 성하성 선생님은 북부지구장 역할을 맡았다. 1990년 조직 내에서 동지들 간에 격한 논쟁이 있었을 때 가장 괴로워했던 순결한 사람이었다. 다른 사람을 욕할 줄 모르고 자신에게 철저했던 넉넉한 사람이었다. 그를 칭찬하는 사람은 많았지만 그를 비난하는 사람은 없었다. 의롭지 못한 일에 대해서는 분노할 줄 아는 사람이었지만 그는 투사는 아니었다. 복직한 이후 교단에서 그는 신망받는 교사였다. 가르치면서 책을 집필하기도 했고, EBS 강좌를 맡기도 했다고 한다. 잠실고등학교의 몇몇 국어 교사 책꽂이에는 그가 쓴 『내가 한 글쓰기 수업』이라는 책이 꽂혀 있었다.

1991년 동북부지회장 시절, 내가 힘들어할 때, 성하성 선생님이 옆에 있었고, 이영길, 안병국 그리고 윤상태 선생님이 있었다. 어느 누구보다 균형감각을 지니고 있었고, 논리가 정연했으며, 주장에는 많은 사람들이 인정을 했던 성하성 선생님이었다. 힘들어도 내색을 하지 않았고 맡은 일에 성실했던 성하성 선생님이었다. 전교조신문을 들고 학교 방문을 할 때 난색을 표하던 선배 교사에게도 예절을 지켰던 사람이기도 했다. 집요함을 싫어했고 감성이 풍부했다. 1991년 전교조 동북부지회 문화제를 고려대학교 강당에서 할 때, 당시 학교현장의 모습을 풍자한 연극에서 빼어난 변사로 등장하여 많은 사람들에게 웃음을 주었던 성하성 선생님이었다. 문병란의 시 '직녀에게'를 부를 때 절규하는 듯한 성하성 선생님의 목소리는 듣는 사람들의 마음을 움직였다.

아직도 그의 죽음을 실감하지 못한다. 나보다 젊었던 사람, 그의 영정 앞에서 나는 엎드려 절을 했다. 그의 죽음을 실감하지 못한 채 나는 다시 서서 그의 영정을 보며 넉넉한 웃음 짓는 모습을 보고서야 눈가에 눈물이 났다. 나보다도 젊었던 성하성 선생님은 겸손했고, 절제할 줄 아는 낭만적 휴머니스트였다.

오늘 작문 시간, 시를 패러디하는 시간. 수업을 하다 문득 성하성 선생님 생각에 목이 몇 번인가 잠겼다. 학생들에게 각자 해보도록 하고 뒤에 가서 한참 쏟아지는 눈물을 주체할 수가 없었다. 종이 울리고 교실을 나올 때 눈이 빨개진 내 모습은 너무도 초췌해 있었다.

○진이가 결국 학교를 자퇴했다. 자퇴서를 낸 진이에게 한 달 동안 함께 생활했던 친구들에게 인사를 하고 떠나라고 했다. "나같이 중도에 학교를 그만두는 사람 없도록 해. 잘 있어. 그리고 너(○호를 가리키며) 연락해." 영화에 나오는 대사를 외듯이 ○진이는 그렇게 말했다. 그리고 ○진이는 학교를 떠났다. "네가 선택한 일, 그것은 결단이고 용기"라고 말을 해주었다. 살아가면서 어려울 때 오늘을 꼭 잊지 말라고 했다. 선택한 일에 대해서는 책임을 꼭 지라고 했다. 그리고 검정고시 본다고 했으니 꼭 성공하라고 했다.

성하성 선생님과 ○진이가 떠난 오늘, 만우절. 그러나 거짓말 같은 사실이었다.

2002년 4월 1일, 월요일

우리 학급, 교과 선생님께

우리 학급 교과 시간에 들어오시는 선생님께 먼저 인사드립니다. 담임교사 유기창입니다. 저는 후관 3층 인문사회부에 있습니다. 올해 잠실고등학교로 왔습니다. 여러 해 동안 학생들을 만나고, 담임교사를 했음에도 학급 운영하면서 늘 서툴고 부족하게 느끼고 있습니다. 담임을 맡을 때마다 새로운 각오로 학생들을 만나려 하지만 늘 시행착오를 반복하고 있습니다. 올해 또다시 담임을 맡으면서 이런 생각으로 학급 운영을 하겠다고 학생들에게 전달한 바 있습니다.

'학생들과 이 시대를 함께 살아갈 동반자로 생각하며 만날 것입니다. 학생들의 작은 목소리도 크게 들으려고 노력하는 모습으로 만날 것입니다. 우리 학급 35명. 모두를 귀한 존재로 생각하며 소중하게 만날 것입니다.'

아직도 학생들을 이해하는 데 많은 부족함을 느낍니다. 다만 학생들을 이해하기 위해 규제하지 않고 그 특성이 드러날 수 있도록 한 달을 지켜보고 있습니다. 다만 눈에 두드러진 학생과 특기할 만한 학생들에 대해 몇 가지 알려드립니다. 35명의 학생 중 가난하여 학비 감면 신청서를 낸 학생(김○○, 임○○, 이○○, 김○○)이 네 명이 있습니다.

강○성 군은 우리 학급 회장입니다. 강○성 군은 처음 주변으로 임시 회장을 하면서 헌신적이고 봉사하는 태도가 다른 친구들에게 강한 인상을 줘서 선출된 것 같습니다. 그러나 본인은 성적이 다소 뒤져 많은 고민을 하고 있습니다. 성적이 저조해 자신감을 많이 잃고 있어 수업 시간 중에 교과 선생님들의 격려가 더욱 필요한 학생입니다. 성적 때문에 늘 주눅 들었던 모습을 바꾸게 해주는 것은 강 군에게는 새롭게 세상을 경험하는 계기가 될 것 같습니다.

○○○ 군은 아버지와 둘이서 생활을 하는 학생입니다. 어머니가 계시지 않아 가정에서 학생의 생활을 규제할 사람이 없어 불규칙한 생활을 하고 있습니다. 중학교 3학년 때 담임선생님 말씀에 의하면 게임 중독으로 인하여 밤잠을 설치는 경우가 많았다고 들었습니다. 고등학교 입학 후 현재까지 결석과 지각 횟수가 가장 많은 학생입니다. 잘못된 습관을 당장 고치는 것이 힘들 것으로 생각됩니다. 담임교사도 꾸준히 지켜보며 학생을 지도하고 있습니다. 수업

시간 중에도 엎드려 자는 횟수가 다른 학생에 비해 많을 것으로 생각됩니다. 힘드시더라도 잘못된 습관을 고쳐나갈 수 있도록 교과 선생님의 협조를 부탁드립니다.

학생들을 보면서 잠복되어 있는 문제보다 드러난 문제의 경우 해답은 있다는 생각을 갖고 지내왔습니다. 3월을 지나면서 기초 학력이 부족한 학생들을 만나는 교사의 고충을 제 스스로 체험하고 있습니다. 고등학생이라고 하기에는 유치한 행동을 하는 학생들을 보면 불쾌감을 많이 느끼는 요즘입니다. 그런 모습이 우리 학급 학생에게서 많이 있다는 말씀을 전해 듣고 있습니다. 교육은 기다림이라는 생각을 감히 해봅니다. 어려운 학생들에게 용기를 줄 수 있는 격려의 말씀과 희망을 만들어가는 우리 학급이 될 수 있도록 협조를 부탁드립니다.

후관 3층, 인문사회부에서 밖을 내다보면 노란 개나리가 둑에 흐드러지게 피어 있는 봄입니다. 시간 날 때 들러주십시오. 따듯한 차로 대접하겠습니다.

2002년 3월 29일

쑥스러움

내일 다시 황사가 온다지만 쾌청한 아침이다. 신문을 집안 쪽으로 던져놓고 운동화 끈을 졸라맸다. 집에서 큰길 하나 가로지르면 산으로 이어졌다. 단순한 등산만으로 땀이 흐르지는 않을 것이다. 약간 비스듬한 길을 따라 뛰기 시작했다. 산길 200미터, 왕복하기를 8번, 운동화 끈이 끌려져 뛰기를 멈췄다. 얼굴로 흐르는 땀. 술 마신 다음 날, 그것도 운동해서 흘리는 땀만큼 기분 좋은 것이 없다. 20여 분을 그렇게 뛰고서도 서두르지 않아도 될 정도로 시간 여유가 있다. 아침 출근 시간 20분이 늦춰진 것. 세상을 다르게 사는 느낌이다.

담임교사가 교과 선생님께 드리는 편지를 써서 보내드리고 1주
정도가 지난 며칠 후 1교시 수업 끝나기 5분 전에 원로 선생님 한
분이 찾아오셨다. 담임교사를 찾아오신 데는 수업 시간에 우리 학
급 학생들이 말썽을 일으킨 것 말고는 다른 이유가 없을 것으로 생
각했다. 이따금 그 선생님이 근무하시는 교무실에 들렀을 때 쉬는
시간이면 언제나 조용히 책을 넘기며 시간을 보내셨던 분이라 말
씀 나누는 것조차 조심스러웠던 선배 교사셨다. 조금은 긴장을 했
다. 어떻게 위로의 말씀을 드려야 할까? 우리 학급 수업 중에 5분
남기고 학생들을 조용히 시켜놓은 후 일부러 찾아오셨다고 한다.
'이놈들이 또 무슨 말썽을 부렸는가?' 원로 선생님 수업 중에 벌
받는 아이들의 모습을 간간이 보았었는데, 벌주는 것으로는 도저
히 지도가 안 되어 담임교사를 찾은 것 같아 미안한 생각부터 들
었다.

무릎을 맞댈 정도로 가까이 다가와서 두 손을 꼭 잡고

"유기창 선생님이시죠."

"네."(정말로 어정쩡한 상태로 대답했다.)

"상담실에 있는 원○식입니다. 수업을 하다가 담임선생님을 꼭 찾
아뵈어야겠다고 마음먹고 왔습니다."

"네."('올 것이 왔구나. 이놈들이 도대체 얼마나 잘못을 했을까?')

연세에 비해 훨씬 교육 경력이 많은 것처럼 보였던 선생님이라서
더욱 조심스러웠다.

"유 선생님. 지난번에 보낸 선생님의 편지, 너무 감명 깊게 잘 읽
었습니다. 학교에 있으면서 담임선생님한테 그런 글을 받아보기는
처음입니다. 여러 가지를 생각하게 되었습니다."

뜻하지 않은 선생님의 말을 듣고 순간 당황했다. 원○식 선생님이

찾아오신 이유의 전부였다. 이렇게 쑥스러운 일을 당하다니.

2002년 4월 12일 금요일

학생, ○현이

중간고사 시작하는 날부터 마지막 날까지 ○현이는 시험 중에 깨어 있는 모습을 볼 수가 없었다.

학습 의욕은 다소 저조하지만 선생님들을 대하는 태도는 거리낌이 없는 것 같다. 영어 선생님 중에 한 분은 여선생님이다. 처음 시간에 "나는 너희들을 내 자식처럼 생각하며 만날 것이다. 너희들도 나를 엄마처럼 대해라." 아직 결혼하지 않은 선생님이셨지만 학생들과 선을 긋기 위해서 일부러 그런 방식으로 자신을 소개했다고 했다. ○현이는 그것을 아는지 모르는지 그다음 시간부터 수업이 끝난 뒤에는 그 선생님에게 "엄마"라고 부르며 따를 정도로 넉살이 좋은 놈이다. 심지어는 교무실에 와서도 선생님을 부를 때, "엄마"라고 불러 주변 선생님들마저도 놀란 적이 있었다고 한다. 그러나 담임교사에게는 아직까지 자신의 속내를 드러내놓지 않고 있는 ○현이다. 어떻게 만나야 하나?

칠판에 다음과 같이 써놓는 것으로 종례를 대신했다.

"시험은 끝났다. 어디로 갈 것인가? 5월 17일. 다 같이 연극 보러 가자. 〈비상. 369〉 공연, 어때?"

2002년 5월 11일 토요일

내 말 들어

어제 늦게 끝난 수업. 종례는 짧게 끝냈다. 어제 학생들에게 기아체험 달리기대회에 대해 하고 싶었던 말을 하지 못하고 끝냈다. 월요일에는 화만 냈고, 화요일에는 7교시까지 수업. 기진맥진해 있는 학생들을 붙들고 있기가 미안해서 오늘 아침이 되어서야 학생들을 개별적으로 불렀다.

6월 6일, 약속이 있는가를 물었다. 한 명씩 불려 나온 학생들은 담임의 느닷없는 질문에 혼란스러웠던 모양이다. 특별한 약속이 있는 경우를 제외하고는 모두가 "기아체험 달리기"에 참여할 것을 요구(실은 협박?)했다. 학교에서 참여를 독려한 것은 아니었지만 비디오를 보면서 느낀 강렬한 인상. 학생들과 동참하고 싶었다. 학생들에게 남을 돕는다는 것을 체험하게 하고 싶었다. 1부터 5를 세는 동안에도 지구상에서 굶어 죽는 숫자가 3명이나 된다고 한다. 자신들이 뜀에 따라 굶어 죽는 아이들을 살려낼 수 있는 경험을 만든다는 것은 학생들에게 색다른 경험을 줄 것처럼 생각되었다.

뛰는 것은 학생이 하고 후원인을 만들어 6,000원을 지원받아 학교에 낼 수 있으면 된다. 나도 6월 6일이 포함된 그 주에는 일주일 동안 점심을 거르고 모은 돈으로 달리기에 참여할 생각을 하고 있었다. 교사와 학생이 함께 기아체험 달리기에 참여하는 일. 그리고 그로 인해서 죽어가는 생명을 회복시킬 수 있는 것이라면 평생 동안 잊지 않을 것이라 생각이 들었다. 혹시 담임교사의 자기도취적인 생각에 학생들을 이끄는 것은 아닐까?

학부모께 동의를 구하는 편지도 써야 할 것이다. 사정이 있다고 하는 학생은 그 사정 이야기를 들었다. 약속을 연기해도 좋을 학생들에게는 약속을 옮기라고 했다. 담임교사의 확고한 의지를 확인한 학생들은 자신의 뜻을 포기했다. ○현이는 그날이 생일이라고 하면서 친구들과 생일잔치를 하기 때문에 참여하지 않겠다고 버텼다. 이번 중간고사에서 꼴찌 한 ○현이. 기아체험 달리기에 참여하는 뜻을 어떻게 설명해야 할까?

점심시간에는 회장인 ○성이와 부회장인 ○원이를 교무실로 오게 했다. 학습 분위기를 조성하기 위한 방안을 함께 고민해보라고 했다. 또 회장 역할을 수행하는 데 어려움은 없는가를 점검하기 위해서였다. 점심 식사를 마치고 교무실로 온 ○성이와 ○원이를 의자에 앉게 했다. ○성이는 학기 초보다 나아진 자신감을 보이고 있지만 아직도 주저하는 모습은 여전하다.

회장의 역할에 대해서 힘들지 않은가를 물었다. ○성이는 괜찮다고 대답을 했다. 교실에서 회장이 고민할 것에 대해서 이야기를 해주었다. 학급에는 문제가 없는가? 문제가 있다면 어떻게 해결할 것인가? 그러면서 현재 학습 분위기는 문제가 없는가를 물어보았다. 교과 선생님마다 다르다고 했다. 현재 우리 반 성적이 저조한 것은 수업 분위기와 무관하지 않다는 것을 말했다. 회장 혼자서 고민해서 해결할 문제가 아니라고 말했다. 해서 부장들과 함께 이야기를 해보라고 했다. 현재의 문제들에 대해 부장과 이야기를 해보고 그 해결 방안을 찾아보고 나서 회장과 부회장이 해야 할 역할과 담임 교사가 할 역할을 나눠보자고 했다.

아직도 ○성이는 자신감이 더 필요한 것 같다. 어떻게 자신감을 갖도록 해줄 것인가? 성적을 올리기 위해서 ○성이는 영어와 수학 과외를 받고 있다고 했다.

2002년 5월 22일 수요일

정말인가?

공교육 정상화를 위한 교육부의 교육정책 발표. 수식어를 단 보충수업 허용부터, 체벌까지. 도대체 정신이 없다. 과연 옳은 정책인지 헛갈린다. 생각하는 교육이라야 생명력이 있을 텐데 교육에 대한 문제를 교사가 생각할 기회조차 주지 않고 그저 통보만 받고 있을 뿐이다. 그나마 봄방학을 없앤 것은 고무적이다. 학교는 교육을 방치하고, 교사는 가르치는 것을 포기하고, 학생은 교육받는 것을 거부했던 2002년의 2월은 더 이상 없다는 것만으로 다행한 일이다.

잠실고등학교에서 처음으로 매 맞는 학생을 보았다. 학생이 물론 잘못했을 것이려니 생각하면서도 보는 것만으로도 괴로웠다. 오랫동안 묻어두었던 내 과거의 모습을 다시 꺼내 들여다보는 것 같아 부끄럽기도 했다. 말이 체벌이지 엎드려 있는 상태에 가해지는 교사 폭력. 나도 언제 그런 헐크의 모습으로 변할지. 오히려 젊은 교사의 관대한 모습을 본다. 젊은 교사에게서 학생들을 이해하는 교사의 모습을 배운다.

"그래, 네가 그런 말을 교사에게 할 리가 없지. 그러나 그런 말 하면 안 돼. 알았지?"

나보다도 10년은 더 젊은 후배인 최경 선생님에게서 그런 멋진 모습을 보다니. 얼굴도 나보다 멋있게 생겼다. 부럽다.

잠자는 학생들이 늘어간다. 잠을 쫓기 위해 애쓰는 모습이 오히려 애처롭다. 엎드려 코를 골고 자는 학생을 깨워 일으켜 세운다. 잠이 깨면 다시 앉아도 좋다고 했다. 앉자마자 턱을 괴고 다시 코를 곤다. 아, 어쩌나.

2002년 3월 21일 목요일

담임교사의 횡포

조회 시간에 학생들을 한 명씩 나오도록 했다. 6월 6일 현충일 기아체험 자선 달리기 참가비를 내라고 했다. 6명을 제외하고 거의 모든 학생들이 다 냈다. 강압(?)에 못 이겨 낸 것은 아닌지? 그러나 의미를 분명히 전달하자. 아직 시간은 남았다. 참가비를 내지 못한 학생들을 교무실로 오게 했다. 학생들에게 자신이 가장 좋아하는 선생님을 찾아가 후원자가 되어달라고 말씀드리라고 했다. 돈을 꾸는 것이 아니라고 분명히 말씀드리라고 했다. 시간은 점심시간까지. 그렇게 해서 ○샘(황진경 선생님이 후원), ○웅(박정선 선생님이 후원), ○민(권정희 선생님이 후원), ○윤(박지미 선생님이 후원), ○신(장형욱 선생님이 후원)이 점심시간 때까지 모두 참가비를 냈다. 선생님을 후원자로 모신 것에 대해 고맙다는 취지의 감사의 글을 내일까지 써 오도록 했다. 그리고 담임교사로서 선생님께 고마운 뜻을 메신저를 통해 전달했다.

선생님, 유기창입니다

6월 6일 2002 기아 난민 돕기 자선 달리기대회에 우리 학급 학생 모두가 참가하기로 결정하였습니다. 담임교사의 일방적인 강요(?)와 협박(?)에 못 이겨 참여한 학생들도 있겠지만 특별한 체험을 학생들에게 만들어주는 것도 의미가 있을 것 같아 담임교사가 강제권을 발동하였습니다. 특별한 사정이 있는 학생 2명을 제외한 32명이 6월 6일 올림픽 공원을 달리게 됩니다.

한 달에 150만 명이 굶어 죽는 끔찍한 일이 이 지구상에서 벌어지고 있다고 합니다. 1년이면 2,000만 명이 굶어 죽고. 지난해 있었던 9월 11일 테러 사건의 충격. 그러나 그 못지않게 큰 사건이 기아 문제임을 새롭게 느꼈습니다. 비디오를 보고 학생들과 함께할 수 있는 일로 우리의 작은 마음을 보태고자 1학년 13반 전체가 참여하기로 결정한 것입니다. 담임교사인 저도 학생들과 함께 6월 6일 뛸 것입니다. 이 지구상에서 굶고 있는 사람들과 고통을 함께 나누고 싶은 마음에서 6월 3일부터 3일 동안 저는 점심 식사를 하지 않을 것입니다. 그 점심 값으로 참가비를 보낼 생각입니다. 그런다고 기아 문제가 당장 해결되는 것은 아니겠지만 한 사람이라도 마음을 보내는 데 의미를 두려 생각하고 있습니다.

학생들에게는 자기 돈으로 내지 말고 자기 주변에서 후원자를 모셔보라고 했습니다. 기아 문제를 알리는 효과도 있고, 비록 참여하지는 못하지만 뜻을 같이할 수 있다는 의미를 살리기 위해서였습니다. 강제 성금(?)이긴 하지만 오늘 대부분의 학생이 5,000원씩을 냈습니다. 그중에 못 낸 학생 6명에게 선생님을 후원자로 모셔보도록 했습니다. 선생님과 좀 더 가까워질 수 있는 방법이기도 하고, 선생님의 후원을 받아 뛸 수 있게 된 것에 대한 고마움을 느껴보기 위해서였습니다. 또 자신의 뜻을 선생님에게 정확히 전달해보는 훈련의 의미도 있고 해서 일부러 자기가 찾아가고 싶은 선생님을 뵙도록 했던 것입니다.

무례와 결례가 있었다면 너그럽게 용서해주십시오. 그리고 후원 학생들이 학교에서 열심히 생활할 수 있도록 지켜봐주십시오. 후원하신 선생님의 뜻은 잊지 않겠습니다. 고맙습니다. 너무 긴 쪽지. 죄송합니다.

기아체험 자선 달리기에 우리 반 학생 후원자로 참여해주신 선생님께 쪽지를 보냈다. 권정희 선생님과 장형욱 선생님이 답장 쪽지를 보내오셨다.

어휴~ 선생님, 대단하시군요. ○민이가 버벅거리면서 후원해달라기에 잔소리해가며 후원했었는데… 그냥 깨끗하게 해줄걸…^^ 6일 날 달리시려면 컨디션 조절 잘하셔야겠네요. 파이팅!! (권정희)

늘 선생님의 깊은 뜻에 감탄을 하게 됩니다. 전 그런 줄도 모르고 어쩌다 보니까 작은 후원을 하게 된 것입니다. (민망 ^^) 아이들과 기아 달리기 잘하세요. 장문의 쪽지를 읽는 것은 즐거움이랍니다. (장형욱, 2002년 5월 31일 금요일)

다시 선택한 벌

오늘까지 다시 써 오기로 했던 편지를 ○경이만 써 왔다. 다시 4명을 교무실로 불렀다. 약속을 지키지 않은 것에 대해 추궁을 했다. 4명에게 다시 벌을 정해서 오라고 했다. 정해서 갖고 온 벌은 또 청소였다. 그것은 안 된다고 하자 두 명씩 짝을 지어 주빈을 2주 동안 하겠다고 했다. 그것도 안 된다고 했다. 그러면 앉았다 일어났다를 백 번씩 하겠다고 했다. 그것도 안 된다고 했다. 그러자 이번에 기회를 한 번 주고 난 뒤 안 해 왔을 경우 가정방문을 실시해달라고 했다. 가정방문에 솔깃했으나 약속을 지키지 않은 벌은 벌대로 받아야 할 것이라고 말했다.

학생들에게 다시 제의했다. 스스로 정하지 못한 벌에 대한 결정권을 모두 담임교사에게 위임하라고 제의했다. 그리고 담임교사가 제안한 벌은 무조건 해야 한다고 했다. 엄청난 담임교사의 횡포였다. 그러나 학생들은 이도 저도 안 되는 벌이라면 그렇게 하겠다고 대답을 했다. 터무니없는 벌을 주지는 않을 것이라는 담임교사에 대한 믿음 때문이었을까?

이것저것 생각하다 점심시간에 학생들을 다시 불렀다. 벌로서 학급에서 일어난 일을 기록한다. 우리 학급의 역사를 기록한다는 사관史官의 입장이 되어 쓰라고 했다. 6월 한 달 동안 쓰도록 했다. 매일 써야 할 것을 약속했다. 만약 쓰지 않으면 가정방문을 할 것이고 또 다른 벌이 주어질 것이라는 위협(?)도 했다.

2002년 6월 3일 월요일

묵힌 감사의 편지

기아체험 자선 달리기를 홍보하기 위해 잠실고등학교 조합원 선생님께 쪽지를 썼으나 망설이다 끝내 보내지는 않았다.

유기창을 아는 분께

오늘부터 6월 5일까지 점심시간에 식당에서 유기창을 볼 수 없을 것입니다. 기아체험 자선 달리기에 참여하면서 배고픔의 고통을 직접 체험하기 위해 점심 식사를 하지 않기로 결심했습니다. 점심 식사를 하지 않고 모아진 돈은 몇 푼 안 되지만 기아체험 자선 달리기 참가비로 사용할 생각입니다.

2002 한일 월드컵도 사건이요, 작년 9·11 테러도 충격을 주는 사건이었습니다. 그러나 이 지구상에서 한 달에 150만 명이 굶어 죽는다는 것보다 큰 사건은 없을 것입니다. 5,000원 보태는 것으로 현재의 기아 문제가 해결될 것으로 생각하지 않습니다. 이 시대를 함께 살아가면서 이 지구상에 굶어 죽는 이웃이 있다는 것을 마음속에 간직하려는 계기로 삼고자 할 뿐입니다.

참여하지 않으시더라도 생각은 해봤으면 좋겠다는 생각으로 쪽지를 보냅니다. 보낼까 말까 무척 망설이다 쪽(?) 팔리는 셈치고 그냥 보냅니다. 비록 뛰지는 못하시지만 후원해주신 분이 있습니다. 권정희 선생님, 황진경 선생님, 박정선 선생님, 장형욱 선생님, 박지미 선생님이 참가비를 못 낸 학생들을 후원해주셨습니다.

기아체험 자선 달리기대회 참석 여부를 오늘까지 결정해서 오기로 했던 ○현이를 종례 끝난 뒤 불렀다. ○현이가 어떤 결정을 하든 그 결심을 존중하기로 마음먹고 있었다. 현충일을 기쁜(?) 날로 알고 있는 ○현이의 순진무구함(?)과 학급 전체가 참여하는 기아체험 자선 달리기대회보다 자신의 생일잔치가 더 중요한 것으로 생각하고 있는 ○현이에게 참여를 설득하는 것은 무리라고 생각했기 때문이었다. 그러나 ○현이의 대답은 너무도 흔쾌했다.

"선생님, 할게요."

2002년 6월 3일 월요일

부끄러움

나른한 하루였다. 어제 충분히 휴식을 취했음에도 정상적인 컨디션은 아니었다. 그래서 아이들에게 화를 냈는가? 혹시 일관성 없는 교사의 모습을 보인 것은 아닐까? '교사가 자신의 감정을 스스로 절제하지 못하는 것처럼 부끄러운 것은 없다'고 말을 해왔는데 참으로 부끄러운 오늘이었다.

○샘, ○신, ○민, ○웅, ○윤이에게

얘들아. 오늘 너희들에게 취했던 담임교사의 행동에 대해 사과부터 하자. 오늘 나의 행동은 참으로 교사답지 못했음을 고백한다. 그리고 보통 때 같으면 20분도 채 안 걸리는 청소 시간. 1시간 30분이 넘도록 보내지 않은 것은 담임교사의 횡포였다.

다만 이런 생각은 하고 있다. 너희들이 벌로 선택한 일주일 동안의 청소. 벌로 청소를 시키는 것에 나는 별로 내키지 않았지만 다른 방안을 내놓지 못해 수락했었다. 왜냐하면 청소란 것이 귀찮은 일이라는 생각을 갖게 하는 것이 싫었기 때문이다. 어찌 되었든 너희들이 원해서 청소를 하기로 했고, 월·수·금요일은 책상을 뒤로 밀고 청소를 하기로 애초부터 약속을 하지 않았느냐? 교실에 갔을 때 너희들은 "책상을 뒤로 밀고 청소를 했다"고 했고, 나는 "책상을 뒤로 밀고 청소를 했다면 그렇게 지저분하지는 않았을 것이다"

라고 내 생각을 굽히지 않았다.

　처음에는 나도 너희들이 강하게 주장해서 '그래. 내가 보지 않았으니 너희들 말을 믿지'라고 생각까지 했다. 그러나 청소했다는 교실을 한 바퀴 돌아보면서 '이것은 분명 아니다' 싶은 생각이 들었다. 지금도 나는 너희들의 주장에 믿음이 안 가는 것이 솔직한 심정이다. 나중에는 '책상을 뒤로 밀고, 밀지 않았고'가 중요한 것이 아니라 '밀고 청소'를 한 교실이 그렇게 지저분할 수 있는가에 화가 났던 것이다.

　결국 언젠가는 한 번 짚고 넘어갈 것, 청소를 다시 하도록 지시를 했다. 너희들 표정에서 다시 청소하는 것에 대한 불만을 왜 읽지 못했겠느냐? 너희들이 잘못한 것에 책임지는 모습은 없이 불만을 토로하는 태도에 나도 화가 났고, 너희들을 엎드리게 했던 것이다. 날씨도 더운 상태라 땀을 흘리며 힘들어하는 모습을 보고 있는 것도 미안했다. 해서 일어나게 했고, 밖에 나가서 차라리 반성하는 시간을 갖도록 했던 것이다. 담임교사 혼자 교실 청소를 하고 있을 때 복도에서 히히덕거리는 너희들의 모습을 보면서 일어나는 화를 참기 힘들었다. 결국 교실에 들어와서 담임교사 혼자 청소하는 것을 1시간 넘게 지켜보도록 한 것이다. 담임교사 혼자 청소할 때 너희들이 어떤 생각을 했는지는 잘 모르겠다.

　나는 청소를 하면서 한 번도 너희들의 손길이 닿지 않은 곳까지 일부러 닦았다. 그리고 ○신이가 밖으로 침을 뱉다가 걸려 교실 바닥에 있는 껌을 떼기로 약속했음에도 그대로 남아 있는 껌까지 떼어냈다. 청소를 마치고 너희들 다섯 명이 청소한 것보다 훨씬 깨끗한 교실을 보았을 것이다. 이를 악물고 한 청소였기에 당연히 깨끗할 수밖에 없겠지. 더구나 쉬지 않고 한 시간 동안 청소를 한 탓에 이 편지를 쓰는 지금도 어깨가 뻐근하게 아려오고 있다. 너희들에게 고통을 준 대가로 생각을 한다.

청소 사건을 통해서 너희들에게 꼭 다시 하고 싶은 말이 있다. 대충 할 것도 있지만, 대충 해서는 안 될 것은 정말로 똑바로 하자. 비단 청소뿐만 아니다.

교사 혼자서 청소를 하게 만든 이놈들아. 미안하다. 그래도 나는 너희들을 미워하지 않을 것이다.

2002년 6월 7일 금요일

천진난만한 ○현이

어제 일찍 8시 20분까지 오라고 했던 ○현이가 교실에 와 있었다. 교무실로 오게 해서 ○현이를 의자에 앉게 했다. 멀뚱멀뚱한 모습으로 앉아서 ○현이는 담임교사가 어떤 말을 할 것인지 주시하고 있었다. ○현이에게 먼저 성적표를 부모님께 보여드렸는가를 물어보았다. ○현이는 바로 그 성적 때문에 고민을 하고 있다며 아직 보여드리지 못했다고 했다. 부모님께 혼나는 것이 두렵다고 했다. 다음으로 ○현이에게 학교에서 주로 무엇을 하며 지내느냐고 물었다. 수업 시간 중에 늘 잠만 자는 모습을 보아왔던 터라 일부러 그렇게 물어보았다. 학습 의욕을 전혀 보이지 않는 ○현이가 솔직히 대답하는가를 알아보기 위해서 던진 질문이었다. 놀기도 하고 수업 시간에 열심히 하는 과목도 있다고 했다. 어떤 과목이냐고 물었을 때 ○현이는 수학과 영어는 열심히 공부한다고 했다.

중간고사 성적 일람표를 보았다. 다른 과목에 비해 수학은 58점을 받았다. 가장 잘 본 점수인 것 같았다. 영어 22점, 사회 16점, 전체 평균 점수 38점. 학급 석차 33위. 전교 석차 700명 중 687위. 꼴찌는 아니다. ○현이에게 성적을 불러주었다. 부끄러워하면서도 자존심 상하는 빛은 없어 다행이었다. 겸연쩍었던지 ○현이는 씩 웃어

넘겼다.

　지금 ○현이는 어떤 꿈과 희망을 안고 살아가는가를 물었다. 검사가 되는 것이라고 대답했다. 그러고 보니 학기 초 면담했을 때 ○현이는 초등학교 때부터 검사를 해보고 싶었다고 한 말이 기억났다. 그 당시는 "그래, 열심히 해봐"라고 말했었다. 오늘은 ○현이에게 거짓말을 해서는 안 되겠다고 처음부터 다짐하고 만났다. '왜 검사가 되려고 하지?'라고 물었을 때 ○현이는 멋이 있다고 대답했다. 그러면 검사가 되기 위해서는 어떤 과정이 필요한가를 물어보았다. ○현이는 우선 대학을 가야 한다고 말했다. 현재의 실력으로 대학에 갈 수 있겠는가를 물어보자 ○현이는 잘 모르겠다고 대답했다. 실현 가능성이 없는 것을 우리는 꿈이라 말한다고 했다. 그저 덤덤한 모습이었다.

　검사가 무엇 하는 사람이냐고 다시 물어보았다. 멋있는 사람이라고 했다. 영화 〈공공의 적〉에 나오는 검사를 아느냐고 묻자 영화를 안 봤다고 했다. 〈공공의 적〉에 나오는 검사는 비겁하고 비열한 검사였다고 하며, 검사는 사회정의를 똑바로 세우는 역할을 하는 사람이라고 말했다. 검사 되는 것보다는 정의로운 마음을 갖는 것이 더 중요하다고 했다. 사회정의를 위해서는 검사라는 지위도 내던질 수 있는 사람이 용기 있는 사람이라 했다. 알아들을 수 없는 말을 하는 담임교사에게 ○현이는 '아침부터 선생님이 왜 저러지?' 하는 듯, 표정에는 변화가 없다. 다분히 나의 주관적인 생각이다.

　수업 시간에 거의 잠만 자는 ○현이에게 어떤 희망과 꿈을 안고 살아가도록 할 것인가? 지금의 모습만으로 ○현이를 예단하는 것은 매우 위험한 생각이다. 그러나 집에 가서도 1시간 이상 공부를 하지 않는다고 솔직 담백하게 말하는 ○현이. 지난 6월 6일 기아체험 달리기에 왜 못 나왔느냐고 슬쩍 물었을 때, 늦게 일어나서 참가하지 못했다고 겸연쩍은 표정을 지으며 말하는 단순하면서도 솔직한 미덕을 지닌 ○현이다. 어떻게 해야 하나?

2002년 6월 18일 화요일

『잠실소식』지

2차 정기고사(1학기말 고사)가 발표되면서 학생들을 붙잡고 『잠실소식』지를 만들기는 너무 부담스러웠다. 결국 1학기 학교 소식지를 만드는 것은 내 몫이 되어버렸다. 이미 부별로 들어온 소식을 바탕으로 기사를 만들기 시작했다. 동문회 소식을 포함시키기 위해 동문회장과 통화를 해서 '자랑스러운 잠실인'으로 추천할 만한 사람을 소개해달라고 했다.

그렇게 해서 소개받은 선배는 모 방송국 PD였다. 그는 명문 S대를 나왔고 사회 활동력이 왕성한 선배로 후배들에게 귀감이 될 만하다고 했다. 전해준 전화번호로 연락을 했다. 전화를 받은 선배는 운전 중이라면서 나중에 다시 전화하라고 했다. 매우 바쁜 사람이었다. 정해준 시간에 전화를 했을 때 전화는 부재중임을 알렸다. 정중하게 음성 메시지를 남겼다. 다음 날 다시 전화했다. 그러나 또 운전 중이라고 했다. 나중에 다시 전화하라는 말만 남기고 통화는 끝났다. 다시 전화를 해야 하나 마나 망설이다 전화기를 들지 않았다. 세상을 바쁘게 살고 있는 사람은 전화를 받기만 하지 할 줄을 모르는가 보다. 본교에 재직하고 있는 교사임을 밝혔음에도 전화는 오지 않았다. 전화 예절을 다시 한 번 생각한다.

2002년 7월 9일 화요일

답이 없다

아직 처리하지 못한 국어 수행평가 작업. 국어과 동료 교사인 강

○순 선생님이 교무실로 찾아왔다. 수행평가 점수를 30점 만점 중에 28점으로 맞추자고 했다. 열심히 한 사람과 제대로 하지 않은 사람과 전혀 차이가 나지 않는 점수. 참 고민스럽다.

수행평가에 대한 이야기를 마치고 일어서면서 강○순 선생님은 최근 발생한 학생 사안에 대해 의견을 물었다. 1학년 학생이 수업 시간 중에 여교사의 치마 밑으로 핸드폰을 집어넣고 사진을 찍었다는 제보를 받고 이 일을 어떻게 처리해야 할지 난감하다며 의견을 물었다. 상담실에 불려 와서 죄 지은 듯한 표정으로 얼굴을 푹 숙이고 있었던 학생이 바로 그 학생이었던 것이다. 학교에서는 소문내지 않고 처리하려는 눈치다. 차라리 직원회의에서 공개적으로 상황을 공유하는 방식은 어떻겠는가? 그리고 학생에 대한 처벌도 선도위원회를 열어 처리하는 것이 옳겠다는 의견을 제시했다. "뭘 그런 것 가지고"라며 대단치 않게 반응하는 남교사들의 진지하지 못한 태도 때문에 망설여진다고 했다. 결과는 더 두고 보기로 했다.

그러던 중에 ○준이 엄마로부터 내일이 복날이라며, 복날을 맞아 음식을 준비했다고 택배로 보낸다는 전화 연락이 왔다. 직접 만든 음식. 이미 준비가 끝난 상태였는가 보다. 확실하게 거절하지 못하고 주저하는 사이에 전화는 끊어졌다. 성의로 만든 음식이라면. 집에 도착해서 아이들과 자전거를 타고 노는 중에 ○준이 엄마가 '택배가 안 된다'고 하면서 직접 음식을 싸가지고 집을 찾아왔다. 직접 만드신 것으로 생각하고 받아 들고 집으로 모시려 했지만 바빠서 그냥 가야 한다고 뒤도 돌아보지 않고 가셨다. 집에 들어가서 열어 보니 음식이 아니라 한우 갈비 세트였다. 어이쿠. 뒤통수를 맞는 기분이었다.

방학 전날

출장과 연수로 5교시 단축 수업을 하고 있어 시간표가 뒤바뀌고 어수선하다. 출장을 마치고 학교로 되돌아왔을 때는 이미 학생들은 다 가고 없었다. 교실은 뒷정리가 제대로 되지 않아 평소보다 어지럽혀져 있었다. 교실 청소도 뒤로 밀고 해야 했음에도 바닥을 쓸기만 했던 것 같다. 유리문은 그대로 열려 있었고, 주번조차 뒷정리를 하지 않고 갔나 보다. ○윤이와 ○철이가 주번인데. 주번을 부를까 말까 망설이다 ○윤이에게 전화를 했다. ○윤이 동생이 받았다. 형이 있는가를 물었다. 있다고 했다. 바꿔달라고 했다. ○철이에게도 전화해서 같이 한 시간 이내로 학교로 나오라고 했다. ○윤이는 교복을 입고 나왔고, ○철이는 반바지에 자유복을 입고 나왔다. 교실에 가서 교실 상태를 확인시켰다. 잘못을 인정했다. 두 놈에게 백묵으로 칠판을 반 나누도록 했다. 그리고 "주번 ○윤이 13반 친구들에게 쓰는 글"이라는 제목으로 현재의 생각을 쓰게 했다. 평소에 성실했던 ○윤이, ○철이가 재수 없게 설려 학교까지 불려 나와서 곤혹스러운 일을 당하고 있는 것이다.

주번 ○윤이 우리 반 친구들에게 쓰는 글

난 한 주 동안 우리 교실을 맡아서 깨끗이 해야 할 의무가 있는 주번이다. 그런데 창문도 닫지 않고, 뒷마무리도 제대로 안 하고, 복도 청소도 하지 않았다. 1학기 마지막이라서 세 번만 하는데도 열심히 하지 않았다. 오늘은 수요일이고, 한 학기의 마지막 청소이기 때문에 책상을 뒤로 밀고, 청소를 해야 하는데 그렇게 하지 않았다. 선생님 없다고 제대로 나의 일을 수행하지 않은 것이 정말로 부끄럽고 후회스럽다. 다음부터 다시는 이런 일이 없도록 해야겠다.

*아이들이 청소를 빨리 끝내고 간다는 생각만으로 책상도 뒤로

밀지 않고 대충 빗자루질만 하고 다들 집에 갔다. 다음부터 2학기 때는 주번이나 청소 당번으로서 제대로 해서 오늘과 같은 일이 다시 일어나지 않도록 하는 게 좋겠다.

2002년 7월 24일 수요일, 다시 학교로 불려 나와서 16시 37분 임○윤 씀

주번 ○철이 우리 반 친구들에게 쓰는 글

내가 1학기 마지막 주번인데 뒷정리를 제대로 안 했다. 일주일에 3일 주번 하면서 아침에도 늦게 오고 청소도 안 하고 창문도 안 닫았다. 내일 하루가 마지막이다. 내일은 청소도 잘하고 에어컨도 끄고 창문도 닫아서 1학기 마지막 주번 활동을 제대로 해야겠다.

*너희들이 2학기 때 주번이나 청소 당번이 되면 열심히 해서 우리와 반대로 청소도 잘하고 창문도 잘 닫고 복도 청소도 잘하고 바닥도 걸레로 잘 닦고 해서 우리 반이 지금보다 더 깨끗하게 될 수 있도록 같이 노력하자.

2002년 7월 24일 수요일, 다시 학교로 불려 나와서 16시 37분에 임○철 씀

문을 닫고 글을 썼는지라 꽤나 더웠는지 땀을 흘리고 있었다. 두 놈을 교무실로 오게 했다. 얼음 두 개를 넣은 홍차를 탔다. 마시라고 했다. 달짝지근한 홍차를 마시는 두 놈은 무척 겸연쩍어했다. "세상을 살면서 끝을 마무리해야 할 때는 항시 오늘을 잊지 말라"고 했다. 말을 알아들을 ○윤이, ○철이었기에 더 혹독하게 했는지도 모르겠다.

인쇄소에서 학교소식지가 곧 학교에 도착할 것 같다는 연락이 온 것은 18시였다. 모두가 퇴근한 교무실. 『잠실소식』지를 받았을 때, 차례가 잘못된 것이 제일 먼저 눈에 띄었다. 맨 뒷장에 올 기사가 2면에 왔다. 지면이 하나씩 밀렸다. 인쇄소에서 확인까지 했는

데 담당자가 착오를 일으켰는지 교정이 되지 않았다. 아, 어쩌나. 약속한 시간에 맞추기 위해 땀을 뻘뻘 흘리고 온 너무도 선하게 생긴 눈을 지닌 직원에게 틀렸다고 야박하게 말하지를 못했다. 둘째 면에 놓아도 크게 문제 될 것은 없다는 생각에 아무 말도 하지 않았다. 편집한 것을 보면 금방 확인되어 잘못 나온 것만큼 반송 처리할 수도 있었지만 어느 누구에게도 말하지 않겠다는 결심을 했다. 내가 바보인가?

2002년 7월 24일 수요일

아빠로 산다는 것

잠실고등학교에 근무하던 첫해 쌍둥이인 우리 아이들은 유치원 졸업반이었고, 나는 대학원 1학년을 다녔다. 그로 인해 아내는 학교 일을 하랴, 아이들까지 돌보랴 식상 맘으로서 이중의 고달픈 시기를 보내야 했다. 학교를 마치고 대학원으로 가는 길은 즐거웠다. 대학교 다닐 때 부족했던 공부를 다시 하는 기분이었다. 잠실고등학교에서 근무하는 동안 대학원도 마쳤다. 그때 아이들은 초등학교 3학년이 되었다. 4학년이 되었을 때 영어 교사인 아내는 캐나다로 1년 동안 어학연수를 갈 기회가 있었다. 쌍둥이인 아들과 딸은 아내를 따라 캐나다로 동반 유학을 떠났다. 문화 체험을 시켜보는 것도 좋겠다는 생각으로 떠난 캐나다였으나 아이들은 끝내 서울로 돌아오지 않았다. 엄마까지 불러들여 나보다 훨씬 유능한 교사였던 아내는 명예퇴직을 해야 했고, 나는 '기러기 아빠'로 많은 세월을 보내야 했다.

아이들이 유치원 졸업반 때인 2002년 4월이었다. 4교시 수업을 위해 먼저 점심 식사를 하고, 수업 준비를 위해 교무실에 막 들어섰을 때 교감 선생님은 쪽지를 들고 있었다. 나를 찾고 있는 중이었던 것 같다. 교무실로 들어서는 나에게 전해준 쪽지에 가지런히 쓰여 있는 내용.

"柳선생님, 어린이집에 맡긴 宅의 아기가 열이 나고 한다면서 來電 있었어요. 11:50 申."

현기증이 일었다. 어린이집으로 전화를 했지만 엉뚱한 곳이 나왔다. 전화번호를 잘못 누른 것이다. 전화기를 놓고 잠시 생각을 하고 있는 동안에 다시 전화벨이 울렸다. 유치원 선생님의 당황스러운 전화. "경주가 열이 나고 머리가 아프다면서 계속 울고 있어요. 병원에 데려가 봐야 될 것 같아요. 어머니한테 전화를 드렸는데 받지 않아 아빠 학교로 전화를 드렸습니다."

아내는 수업 중이었고, 나는 4교시 수업이 있는데 어떻게 하나. 안절부절못하는 모습에 교감 선생님이 "빨리 가보세요. 국어 시간, 내가 들어갈 테니 걱정하지 말고 다녀오세요." 교감 선생님의 말씀이 고맙다. 그렇게 해서 유치원에 갔을 때 경주는 아빠를 보자 더욱 섧게 울었다. 아빠 품에 쓰러지듯 안기는 경주를 안고 다니던 병원으로 갔다.

의사 선생님의 진단-감기 증상, 편도선 우측 부위에 부기 있음. 약을 복용하고도 1시간이 지나 열이 떨어지지 않으면 해열제를 먹이라는 말을 들었다. 감기 증상이라는 것에 안도.

경주에게 "유치원에 다시 가자"라고 하자 다시 울기 시작했다. 결국 옆집 선생님에게 경주를 맡기도록 아내에게 전화 부탁을 했다. 집에 와서 약을 복용하고 옆집 선생님 댁으로 가자고 했을 때 경주는 또다시 아빠의 손을 꼭 잡고는 놓지를 않았다. 경주는 울면서 "아빠, 아빠 학교에 데려가면 되잖아요." 떨어지기 싫어하는 경주를 업었다. 약을 먹고 난 뒤라 경주는 아빠 등에 기대고 잠을 자기 시작했다. 그러나 자다가도 눈을 떴다. 눈을 떴을 때, "경주야, 이제 아빠 학교에 가야 돼. 옆집 선생님 집에 가서 엄마 올 때까지 기다리자." 경주는 어쩔 수 없이 떨어져야 한다는 사실을 확인했는지 힘들게 고개를 끄덕였다. 옆집 선생님 댁에 가서 경주를 눕히려 하자 경주는 다시 눈을 떴다. 아빠와 떨어지는 것이 불안했던지 경주는 또다시 팔을 붙들고 놓아주지를 않았다. 그냥 계속 있을 수 없어 옆집 선생님이 경주를 붙잡고 있는 사이에 문을 열고 나왔다. 집을 나와서도 발길은 떨어지지 않았다. 그때까지 참았던 눈물이 쏟아졌다. 한 발짝 한 발짝 멀어지는 발길을 경주는 알고 있기라도 한 듯 "아빠, 같이 가", "아빠, 가지 마." 자지러지듯이 울부짖었다.

학교에 와서 옆집 선생님에게 전화를 드렸을 때는 자다가 일어나서 훌쩍거린다는 말을 들었다. 아내가 집에 도착하려면 18시가 넘어야 될 텐데. 오늘 대학원 가는 날. 집으로 갈까? 망설이면서 대학원으로 갔다. 대학원으로 가면서도 마음은 무거웠다. 대학원이 뭔데. 경석이 경주가 아빠를 필요로 할 때 아이들과 함께 있는 것이 더 중요한 것은 아닐까? 대학원에 다니는 이유가 뭔데? 학점. 그것은 아니었다. 장학금 받는 것. 장학금을 받고 싶다. 그러나 장학금 받기 위해서 대학원 다녀? 아니다. 이런저런 생각을 하면서 학교까지 갔다.

대학원 강의를 마치고 집에 전화했을 때는 경주가 전화를 받았다. 낮에 힘들어했던 경주 목소리가 아니었다. 맑고 힘찬 목소리를 듣고서야 안심이 되었다. 경주가 너무도 고마웠다. 눈물이 핑 돌았다. '경주야!' 속으로 경주를 불렀다. 서둘러 집에 왔을 때 경주는 아직까지 자지 않고 있었다. 문을 열고 들어섰을 때 경주가 달려 나왔다.

2002년 4월 9일 화요일

"당신이 선생님이야."

2003년 잠실고등학교에서 2년째 근무하던 시절, 2학년 담임을 맡고 있었다. 교무실과 많이 떨어져 있는 우리 반 교실이라 출근하면서 먼저 교실을 둘러보았다. 1학기 중간고사 시험 기간이었다. 밤늦게까지 시험 공부하느라 늦잠 자다 지각하는 학생들이 종종 있어서 시험 보기 전 학생들의 출결을 확인하는 것이 담임교사에게는 습관이 되었다. 사전에 연락 없이 늦는 학생들에게는 집으로 전화해서 출발했는가를 확인한다. 교실에 올라가 보니 빈 좌석이 드문드문 보였다.

아직 오지 않은 학생 명단을 파악하고 교무실에 올라오자, 동료 교사 한 분이 임○현 학생이 우리 반 아닌지를 물었다. 순간적으로 '사고구나' 직감했다. 교감 선생님이 받은 전화 내용은 ○현이가 다른 학교 학생을 때려서 맞은 학생 부모가 진단서를 끊어 고발하겠다며 학교를 찾아왔다는 것이다. 사실 여부를 확인하기 위해 ○현이 집으로 전화를 했다. 혹시 어제의 사고로 학교에 안 나왔는지를 확인하기 위해서였다. 어머니는 담임교사의 갑작스러운 전화에 당황스러워했다. 담임교사가 예고 없이 전화했으니 예사로운 일이 아닐 것임은 누구든지 쉽게 알 수 있는 일 아닌가. 간단하게 상황을 말씀드리고 좀 더 자세한 것은 파악하는 대로 다시 전화를 하겠다고 말씀드렸다.

이미 학교에 갔다는 어머니 말씀에 교실에 도착했는지 확인부터 해야 했다. 분주하게 다시 교실로 내려가서 교실 정돈을 하는 중에 ○현이가 들어왔다. 늦어서 미안해하는 표정을 지으며 자리에 앉는 ○현이에게 아무 일 없다는 듯이 눈인사로 답했다. 숨을 돌릴 약간의 시간이 지나고 난 뒤 ○현이를 복도로 불러내서 어제 있었던 일을 물어보았다. ○현이는 스승의 날에 중학교 선생님을 찾아뵈러 갔다가 그런 일이 있었다고 사실대로 얘기했다. 시험 보기 직전이라 일단 안정시키고 나서 시험을 보게 했다. 더 구체적인 상황은 시험이 끝난 뒤 교무실로 올라와서 듣기로 했다.

교무실로 올라오자 생활지도부 담당 선생님으로부터 급한 인터폰이 왔다는 말을 듣고 전화기를 들었다. 담당 선생님은 "시험 끝나고 종례 후 임○현을 데리고 내려오세요"라고 명령하듯이 말하더니 전화를 끊었다. 불쾌했다. 학생 사안에 대해 교육은 없고 행정만이 있다는 생각이 들면서 더욱 짜증이 났다. 다툴 일이 아님에도 소리가 커질 것 같아 직접 내려가서 말을 해야겠다는 생각으로 찾아갔다. 담당 선생님도 불쾌해하기는 마찬가지였다. 서로가 일그러진 표정으로 만나는 것이 도움이 되지 않을 것 같아 시험 끝나 후에 이야기하자는 말을 남기고 바로 시험 감독을 들어갔다.

2학년 시험 감독 중에 생활지도부의 다른 선생님에게서 종례 후에 ○현이를 보내달라는 말을 또 들어야 했다. 길게 말씀드릴 수 없어 ○현이로부터 상황을 듣고 보내겠다고 했다. 그리고 학생과 피해자 학부모가 격앙된 상태에서 바로 만나는 것은 피하는 것이 좋겠다는 말도 했다. 시험이 끝나고 교무실에서 ○현이에게 어제 상황을 듣고 있는 중에 생활지도부 담당 선생님이 또 연락을 했다. 학생과 면담 중이라고 하자, 그러면 피해자 학부모를 올려 보내겠다기에 그렇게 하라고 하고는 전화를 끊었다. 학생과 피해자 학부모를 바로 대면시키면 상황이 악화될 것 같아 ○현는 다른 곳에 가 있도록 했다. 올라오고도 충분할 시간이 지났음에도 나타나지 않더니 학부모 대신 생활지도부 선생님이 올라왔다.

선생님은 학부모가 '오라, 가라' 하는 것에 감정이 상해 있다는 말을 전했다. 생각해보니 그럴 수 있겠다 싶었다. 그렇다면 내가 내려가서 학부모를 만나겠다고 했다. 같이 생활지도부로 내려갔을 때 피해자 어머니는 일어서 있었고, 아버지는 의자에 버티고 앉아 있었다. 아버지가 대뜸 "당신이 뭔데 오라 가라고 해?" 하면서 큰소리를 냈다. 아무리 가해 학생 담임이라는 이유라지만 듣기 거북한 말이었다. 그러나 참고 인사를 했다. "임○현 학생, 담임입니다." "당신이 선생님이야? 범죄를 저지른 학생을 감싸는 것이 무슨 선생님이야."

당혹감. 상황을 모면하기 위해 냉수 한 컵을 마시고 와서 다시 앉았다. 그분은 훈계하듯이 계속해서 "당신이 뭔데…"라는 말을 했다. 사과부터 했다. 말 한마디 하기가 조심스러웠다. 흥분한 상태의 학부모를 만나는 것은 쉽지 않은 일이다. 학부모의 감정을 누그러뜨리고 나서 대화를 하기까지 꽤 많은 시간이 흘러야 했다. 평상심으로 대화를 하면 괜찮은데, 내가 더 억울하다는 생각이 들 때 대화는 없다. 다만 싸움만 있을 뿐이다. 학부모로부터 들은 "당신이 무슨 선생님이야." 교직 생활 20년 만에 처음 들어본 말이었다. 나는 속으로 모든 것을 삭이면서 듣기만 했다. 그런 말을 하고 싶었을 학부모가 어디 한두 분이었겠나? 학생들 앞에 서 있는 나를 다시 돌아본다.

학부모에게 일방적으로 훈계를 듣고 있자니 괴로웠다. 그분은 하고 싶은 말을 다 하면서 감정이 누그러졌는지 먼저 교무실을 나갔다. 학부모로부터 꾸지람을 다 듣고 나서야 나도 해방됐다. 교무실을 나오면서 동료 교사에게 한마디 했다. "내가 당한 수모로 충분합니다. 더 이상 학생을 처벌한다는 말은 꺼내지도 마세요."

동료 교사에게 화를 내고 교무실에 올라왔지만 과했다는 생각에 마음이 불편했다. 담당 선생님에게 편지를 썼다.

"오늘 학생 문제를 처리하는 과정에서, 제가 학생을 바로 학생부에 보내지 않은 이유는 학생 생활지도의 일차적 책임은 담임교사가 맡아야 한다는 생각을 했기 때문입니다. 피해자 학부모가 어떤 사람인가를 확인도 하지 않은 상태에서 학생을 바로 만나게 하는 것이 적절치 않다는 생각을 했기 때문입니다. 제 생각이 다 맞을 수는 없을 것입니다. 그러나 이번 일은 청소년 시기에 충분히 일어날 수 있는 일이라고 생각합니다. 학생이 저지른 행위는 일탈 행위이지, 범죄 행위는 아니라는 뜻입니다. 우리도 그런 시절을 보내면서 성장하지 않았습니까? 대수롭지 않은 일 가지고도 목숨 걸고 덤비는 시기이니 그럴 수도 있는 일이 아닐까요. 우리 반 임○현 학생이 잘못이 없다는 말은 아닙니다. 다만 교육이 아니고 행정으로만 이 문제를 처리하지 않았으면 하는 뜻에서 드리는 말씀입니다. 임○현 학생을 지도하는 데 한계가 있다면 제가 먼저 처벌을 요청하겠습니다. 분에 넘친 말을 한 것에 거듭 사과드립니다. 죄송합니다."

교장 선생님의 생각

2002년 5월 국민경선제가 최초로 도입된 여당의 대통령 후보 선출대회에서 기적 같은 일이 일어났다. '바보 노무현'이 여당의 대통령 후보로 확정되었다. 현실적인 정치인답지 않게 지역주의와 맞서며 시대와 싸웠던 '바보' 노무현이었다. 5공 청문회 당시 정치인 중에도 저렇게 진솔한 국회의원이 있다는 사실이 놀라웠다. 이후 3당 야합을 준열하게 꾸짖던 젊은 정치인 노무현은 오랫동안 참 괜찮은 정치인으로 각인되었다. 1989년 5월 14일 연세대학교에서 전교조 발기인대회를 마치고 신촌에 있는 선술집에서 함께 술을 마신 적이 있었다. 그때 심각한 얼굴을 하고 우리가 하는 말을 말없이 듣고만 있었던 국회의원 노무현의 모습이 잔상만 남아 있다. 그런 그가 2002년 선거에서 대통령으로 당선된 것이다. 대통령이 된 뒤에 그를 다시 만날 기회는 없었다.

전교조가 합법화된 이후 큰 변화 중 하나는 학교장이 전교조 분회 총회에 참석하여 축사를 한 적도 있다는 것이다. 물론 학교장이 분회를 학교 운영의 파트너십으로 여기는 데에는 더 많은 세월이 필요할 것이다. 더구나 박근혜 정권 당시 2013년 10월 24일에 합법 노조였던 전교조를 '노조 아님'으로 통보했으니, 합법 노조로 돌려놓는 것이 우선일 것이다. 이는 2016년과 2017년에 걸쳐 '촛불 혁명'으로 집권하게 된 문재인 정권이 교육 문제에 대해 파트너십을 발휘하겠다는 의사가 있다면 가장 먼저 풀어야 할 과제이기도 하다. 2002년 당시 전교조 분회 총회에 참석했던 교장 선생님은 부당노동행위에 해당할 수도 있는, 축사라면서 전교조 활동 교사들을 협박(?)하는 말을 했다.

잠실고 분회 총회. 16시 30분. 멀티미디어실. 아무도 없었다. 대학원 가는 날. 17시 30분에는 나가야 하는데. 분회 총회 하는 날, 날씨는 어두웠고 강풍이 불었다. 교무실에 올라가서 가방을 챙겨 갖고 내려왔을 때 이미 총회가 시작되었다. 교장 선생님의 축사가 진행되고 있었다. 세상이 많이 바뀌었다. 전교조 분회 총회에 교장 선생님의 축사는 상상할 수 없는 일이었다. 물론 비합법 시기였을 때였다. 전교조의 '전' 자만 들어도 경기驚氣를 일으켰던 교장 선생님도 있었던 시대였다.

"수평적으로만 살아가지 마라. 교장, 교감 해봐야 되지 않나. 전교조 지도부는 의식화 교육하는 사람들로 결코 바뀌지 않을 것이다. 이제 노사 문화가 바뀌어야 한다. 교장을 적대시하지 않았으면 좋겠다. 행동에 신중하라. 이제 파면되면 더 이상의 복직은 없다."

축사가 아니라 회유, 조롱, 협박이었다. 듣고만 있으려니 참 고약스러웠다. 그러나 축사를 하러 온 분한테 뭐라고 말할 수는 없는 일이었다. 눈을 감고, 때로는 턱을 괴면서 끝까지 들었다. 솔직한 것은 좋으나 노골적인 비난이 반이다. 교장 선생님이 전교조 지도부를 향한 시선이 결코 바뀌지 않는다고 단정하듯이, 교장 선생님의 전교조에 대한 시각도 결코 바뀌지 않을 것이다. 그 차이를 어떻게 메울 것인가? 2년 후면 정년퇴임을 하신다. 그저 시간만 지나면 해결될 문제인가? 편견이 무섭다는 것을 다시 한 번 생각한다. 대학원에 가기 위해 17시 35분이 되어서 먼저 일어났다. 차를 갖고 갔다. 평소 같으면 50분 넘게 걸리는 시간, 35분 만에 도착했다. 대단한 기록이었다. 그러나 위험한 기록이었다.

2002년 4월 12일 금요일

네이스 투쟁

전교조를 전폭적으로 지지했던 노무현 대통령은 임기가 끝나갈 무렵에는 전교조를 앞장서서 비판하기도 했다. 노무현 정권 초기 정부가 전교조에 매우 우호적이었던 당시의 전교조 집행부는 참 어리석었다. 물론 당시 교육적 담론으로 제기되었던 정보 인권을 교사뿐만 아니라 국민들에게 부각시켰다는 점에서 큰 성과를 낸 것도 부인할 수 없을 것이다. 학생들에게 매우 민감한 정보까지 교육부 컴퓨터에 집적시키는 것을 막아냈다는 점은 성과일 수도 있다. 하지만 당시 참여정부 출범으로 찾아온 학교개혁을 이끌 절호의 기회를 스스로 내쳤다는 점에서 비판받아 마땅했다. 학교를 바꿔낼 수 있는 좋은 기회를 스스로 걷어찬 것이나 다름없었다. 개인적으로 드는 생각이다. 네이스 투쟁으로 인하여 많은 피로감을 느낄 때, 썼던 일기는 당시를 이렇게 기록하고 있다.

"많이 피곤하시지요?" 교직 생활 23년. 매월 3월이면 정신이 없습니다. 익숙해질 법한 세월이 지났음에도 아직도 서툴고 정신없는 3월을 보냈습니다. 4월이 되면 나아지려니 했지만 아직도 쫓기듯이 시간들을 보내고 있습니다. 오늘은, 오늘은, 오늘은….

그러나 아직도 쫓기는 생활에서 자유롭지 않습니다. 월요일, 직원회의가 있었습니다. 네이스 시행한다는 공문이 내려왔다고 교육정보부장은 보고를 했습니다. 그리고 인증을 하라는 요청이 있었습니다. 전교조 분회장이 지금까지 네이스 시행을 반대해왔던 입장을 밝혔고 인권위원회에서 결정 날 때까지 유보하자는 취지의 발언이 있었습니다. 교장 선생님은 네이스는 국가 교육정책이고, 우리는 교육에만 힘썼으면 좋겠다며 네이스 운영에 대한 입장을 다시 밝혔습니다.

조합원 한 분이 또 일어나서 반박을 했습니다. 지난주에 이어 격돌한 직원회의. 많은 선생님들은 신물(?) 난다고 말을 했습니다. 점심시간에 마주 앉은 선생님이 매주 아침마다 직원회의가 이런 식이 돼서야 되겠느냐며 전교조를 핀잔하는 듯한 말을 했습니다. 끝까지 들어주는 것도 힘든 일이었습니다. 평온했던 학교가 왜 이렇게 바뀌었는지 모르겠다고 속을 긁는 말을 계속했습니다. 친한 친구이기도 하고 알 만한 친구라 결국 말을 하고 말았습니다.

문제가 있는데 문제가 없는 것처럼 넘어가는 것이 옳으냐고 말했습니다. 직원회의에서 교사가 손을 들고 말할 때 얼마나 조바심을 내는지, 말하는 교사의 입장을 생각해본 적이 있느냐고 말했습니다. 직원회의가 회의다운 회의로 진행된 적이 있느냐고 말했습니다. 토론다운 토론을 해본 적이 있느냐고 말했습니다. 그러면서 말을 점잖고 세련되게 하지 못하는 것을 같은 동료 교사의 잘못으로만 돌릴 수 있느냐고 따지듯이 말했습니다. 흥분하지 않았지만 듣고 있던 선생님은 민망한 표정을 짓고 있었습니다. '전교조는 역시 안 돼'라고 생각을 굳히지는 않았을지 걱정이 됩니다.

전교조. 전교조 결성 당시 1989년만큼이나 많은 사람들에게 회자되고 있는 요즘입니다. 전교조 조합원으로서 처신하는 것이 참 조심스럽습니다. 찾아오는 학부모님들에게는 "제가 전교조 조합원입니다"라고 자신 있게 말은 하고 있지만, 돌아서면서 '잘났어, 정말' 이런 말을 듣고 있는 것은 아닌지 다시 한 번 현재의 제 모습을 돌아봅니다.

교무실에서 문 열고 밖을 나서면 눈이 시리도록 따뜻한 햇살을 받는 요즘입니다. 토요일은 동료 교사들과 함께 북한산에 가볼 생각입니다. 산행이 목적이 아니라 세상 사람들에 의해 이리저리 채여 조각난 전교조의 흩어진 글자를 다시 맞춰볼 생각입니다. 내려오면서 4·19 국립묘지를 둘러보고 참배도 할 계획입니다. 2003년에 다시 맞이하는 4·19 혁명은 지금을 사는 니에게 무엇인가도 생각해볼 것입니다. 나흘 후가 되었습니다.

2003년 4월 15일

학교는 교장만의 학교가 아닙니다

김대중 정권과 노무현 정권을 거치면서 학교는 많이 바뀌었다. 김대중 정권 당시 이해찬 교육부 장관은 교사의 정년을 65세에서 62세로 낮췄다. 전격적으로 결행한 연령 단축으로 수구적인 교장들이 대거리 제대로 한번 못 하고 졸지에 학교를 떠나야 했다. 교사들에게는 늘 군림하면서도 정권의 충실한 하수인 역할을 했던 권위주의적인 교장들이 퇴진함으로써 갑작스럽게 교장이 된 사람도 많았다. 학교 관리자의 대폭적인 물갈이가 이뤄진 것이다. 한 번 교장은 정년퇴임 때까지 교장이었던 것도 4년 중임제로 바뀌어 8년으로 임기가 정해진 것도 큰 변화였다. 이해찬 교육부 장관 시대에 한 줄로만 세워 대학에 들어가는 방법을 다양화하겠다고 했던 정책은 결국 실패로 끝났지만, 정년을 3년 앞당긴 것은 획기적인 학교 변화였음이 틀림없다. 그러나 교장의 독선적인 학교 운영은 여전했다.

직원회의에서 하지 못한 발언을 글로 대신 전합니다

잠실고등학교에 부임한 이후 어제 직원회의처럼 가슴 아린 경우는 처음이었습니다. 특히 흔들리는 우리 교육을 걱정하시는 교장 선생님 말씀에 대해서는 전적으로 공감했습니다. 또 후배 교사에게 교사로서 지켜야 할 금도襟度를 전하는 고언苦言에 대해서는 가감 없이 고맙게 받아들이겠습니다.

어제 직원회의에서 교장 선생님이 전하는 말씀을 듣고 난 뒤 몇 번을 일어나려다 참았습니다. 교장 선생님 말씀 중에 참으로 듣기 민망했던 부분에 대해서 분명히 말씀드리는 것이 도리라는 생각을 했기 때문입니다. 그러나 발언을 하지 못했던 것은 빨리 끝나기를 바라는 회의 분위기 때문이었습니다. 또 교장 선생님의 말씀에 대해 말꼬리 잡고, 기다렸다는 듯이 대드는 것 같아 발언 신청을 하지 않았습니다. 그런 심정이 어디 저뿐이었겠습니까? 직원회의에서 교장 선생님이 교직원을 대상으로 하실 말씀이 있다면 당연히 해야 할 것으로 생각합니다. 또 학교 관리책임자로서 교장 선생님의 말씀은 존중되어야 하고 정당한 지시는 실행되어야 마땅하다고 생각합니다. 이는 교장 선생님에게 부여된 권한이며 권위라고 생각되기 때문입니다.

그러나 어제 직원회의에서 '무능력한 교사는 교직을 떠나라'는 말씀은 저에게는 큰 충격이었습니다. 그리고 '나이스(저는 별로 쓰고 싶지 않은 용어이지만 학교에서 공식적으로 사용하기 때문에 명칭을 그대로 사용합니다)'를 반대하는 특정 교원단체(이 단체가 전교조라는 사실을 모를 사람은 없을 것입니다) 때문에 학교의 분란이 계속되고 있다는 말씀은 전교조 활동에 대한 왜곡과 비난으로 생각되었습니다.

교장 선생님. 누가 무능력한 교사인가를 논할 생각은 없습니다. 저 자신도 늘 만족한 수업을 하는 것은 아니기 때문에 무능력한 교사의 범주에서 자유롭지 못하다고 생각합니다. 특히 학생들에게 만족스러운 수업을 하지 못하고 교실을 나올 때는 많은 자괴감을 느끼고 있습니다. 그러나 학생들을 가르치기 위해 수업 준비에 소홀함이 없도록 최선을 다하려 노력은 하고 있습니다. 저 역시 학생을 가르치는 교사로서 학생들에게 존경받고 동료 교사들에게 신뢰받는 교사가 되고 싶습니다. 학생들에게 존경받는 교사든 학생들이 실망하는 교사든 대부분의 선생님은 자신의 위치에서 최선을 다하려 노력하는 모습을 늘 보이고 있습니다.

학교에서 맡은 일이 크든, 작든 자신이 맡은 교과에 대해 최선을 다하려 노력하고 있는 선생님들입니다. '우리 모두 열심히 잘해보자'라는 뜻으로 말씀하신 것치고는 과한 발언이었습니다. 교육을 책임지고 있는 우리 모두가 자성의 계기로 삼자는 말이었겠지만 이는 불특정한 다수를 향한 언어폭력이었습니다. 교사의 사기를 저하시키는 것은 물론 교사의 권위와 자존심을 훼손하는 발언이었습니다.

교장 선생님께서 걱정하시는 말씀은 수업 시간에 참여하지 않는 학생들을 방치하지 말라는 뜻으로 이해는 합니다. 그러나 수업 운영 방식은 교과마다 그리고 교사마다 똑같을 수는 없을 것입니다. 또 교장 선생님이 걱정하고 우려하는 대로, 교수敎授활동에 문제가 있는 교사가 있다면 교장실에 불러서 그 상황에 대해 알아보고 지도하는 것이 교장 선생님의 역할이자 책임으로 생각합니다. '교사의 자존심을 상하게 할 수도 있는 일을 어떻게 말을 할 수 있는가?'라고 말씀하시기보다는 교장 선생님의 교육 경험과 경륜으로 지도해주십시오. 만일 제가 교과교사로서 그리고 담임교사로서 교과 운영과 학급 운영에 지도를 받을 부분이 있다면 기꺼이 받아들이겠습니다. 교장 선생님으로부터 지도를 받았다고 해서 자존심 상할 이유는 전혀 없습니다. 오히려 교사로 거듭날 수 있는 계기로 삼겠습니다.

전교조에 대해 불편한 심기를 갖고 있다는 것은 평소에도 많이 느끼고 있습니다. 교장 선생님이 전교조에 대해 어떤 생각을 갖든 그것은 어느 누구도 간섭할 일은 아닙니다. 다만 공식 석상에서 전교조에 대한 왜곡과 폄하하는 발언은 자제되어야 할 것입니다. 교장 선생님 말씀대로 전교조가 지침 하나에 일사불란하게 움직이는 조직으로 평가하는 것은 전교조에 대한 대단한 왜곡입니다. 전교조를 전체주의적인 집단으로 폄하貶下하고 있는 것입니다. 전교조의 지침을 따르는 것 여부는 조합원 각자가 선택할 일입니다. 잘못된 지침이라면 얼마든지 동의하지 않을 권리가 있고 비판할 수 있습니다. 지금 잠실고등학교 조합원 중에 네이스를 인증한 분도 있습니다. 인증을 하고 안 하고는 전적으로 본인의 자유의사에 따르는 것입니다. 다만 그 지침이 정당하고 합리적이었는가에 따라 분회 단위에서 결의하고 단일한 행동을 취할 수는 있다고 생각합니다.

전교조 창립 이후 13년이 되었습니다. 온갖 탄압과 왜곡 선전 속에서도 굳건히 13년을 버텨왔고 전교조의 뜻에 동참한 숫자도 이제 10만에 이르고 있습니다. 전교조의 외적 성장으로 전교조 활동의 정당성이 입증되는 것은 아닐 것입니다. 또 교육 문제를 해결하는 데 모든 결정권을 전교조가 갖겠다면 이것처럼 오만한 것은 없다고 생각합니다. 다만 전교조는 교육을 교육답게 해보자는 것이 목적의 시작이요, 끝입니다. 인간에 대한 깊은 사랑을 교육 내용 속에 담기를 바라는 것이 선교조의 성신입니다. 교사가 가르치는 일에 자긍심을 가질 수 있는 학교가 되었으면 하는 것이 전교조의 바람입니다. 그런 학교가 바로 우리 잠실고등학교이기를 바랍니다.

현재 네이스를 둘러싸고 벌어지는 교육 혼란에 대해서 누구나 똑같은 심정으로 걱정하고 있습니다. 어제 직원회의에 참석하신 모든 선생님들은 참으로 답답했을 것입니다. 결정을 하기 위해 모인 자리였음에도 어떤 결정을 내릴 수 없는 상황이 그러했을 것입니다. 최상급 관청에서 졸속으로 추진하는 정책이 학교현장을 얼마나 곤혹스럽게 하는가를 보여주는 자리였습니다. 그러니 정보 시대에 정보 인권에 대해 본질적으로 다시 생각해보는 계기로 삼았으면 좋겠습니다. 지금까지 별로 관심을 기울이지 못한 것에 대한 값비싼 대가를 치르고 있다는 생각이 듭니다.

그래도 교실은 교사가 지킵니다. 그렇게 생각하는 선생님들을 믿어주십시오.

2003년 6월 18일

*이 글은 6월 16일 직원회의가 끝난 후 작성한 것입니다. 글을 쓰고 난 뒤 많은 고민을 했습니다. 전교조 잠실고등학교 분회장과 상의하여 전교조의 공식 입장으로 전달하는 것이 좋겠다는 판단에

따라 교장 선생님께 교사 무능력 발언 및 전교조 폄하 발언에 대한
공식 사과를 요청하기 위해 먼저 전달합니다.

"도와주십시오."

2003년도 말에는 전교조 잠실고 분회장을 맡게 되었다. 전교조 조직
의 최일선에 있는 핵심적인 활동가 역할을 맡고 있는 사람들이 단위학
교의 분회장이다. 분회장들은 비합법화 시기에는 비밀 조합원들로부터
조합비를 걷고, 해직교사들을 위해 후원금을 모금했으며, 전교조신문을
은밀하게 돌리면서 관리자들의 온갖 감시를 피해가며 활동했다. 마음씨
좋은 교장을 만나면 수고한다는 위로의 말을 듣는 경우도 있었으나 그
러한 교장은 한두 명 있었을 뿐 대부분은 눈에 불을 켜고 전교조 활등
을 감시했던 관리자들이었다. 권력에 충실하지 않으면 교장·교감이 될
수 없는 시대에 전교조 때문에 불이익을 당할 수 없다고 생각하는 걸
이해하지 못할 바는 아니었지만 전교조 탄압에 앞장섰던 행위는 일제강
점기 완장 찬 사람들과 별반 다르지 않았다. 그러한 교장·교감과 맞서
부당한 지시나 비교육적인 행태에 대해서는 맨 앞에서 문제 제기를 해
야 했고, 불이익은 가장 먼저 당해야 했던 사람들이 당시의 분회장이었
다. 투쟁의 현장에서도 분회장은 늘 앞장서야 했다.

그렇게 분회장이 되고 싶었던 것은 아닙니다. 어제 저는 분회장
을 하고 싶어 안달이 난 사람처럼 초조했습니다. 과연 오늘 조합원
과반수를 넘게 참석시키는 것이 가능할지 걱정스러웠습니다. 그리
고 16시 40분에는 분회 총회를 정말 시작하고 싶었습니다. 10여 분
늦게 시작된 분회 총회. 정말 빨리 끝내고 싶었습니다. 자리를 끝까

지 지켜주신 조합원 선생님, 정말 고마웠습니다.

어제 분회 총회를 성사시켜내기 위해 부지런을 떤 것 말고는 분회장 인사말도 준비 못하고 총회에 참석했습니다. 총회를 끝내고 뒤풀이 참석도 못했습니다. 아내가 다른 일로 집을 비우는 바람에 쌍둥이 아들과 딸이 기다리고 있기에 우선 집으로 달려갔습니다. 오늘 아침 출근하면서 아내에게 보고(?)를 했습니다. "그렇게 권력이 좋으냐?"는 핀잔을 들었습니다. 분회장을 한다고 해서 집에서 할 일이 줄어들 리는 없습니다. 그럼에도 저는 전교조 잠실고 분회장 자리를 흔쾌하게 맡았습니다. 분회장을 맡은 이유는 우리가 정한 규칙을 편의적으로 어겨서는 안 되겠다는 생각이 들었기 때문입니다. 또 학생들에게 손해 볼 수도 있는 쪽에 설 수 있는 용기를 갖고 살라고 말한 것에 대한 책임을 지기 위해서였습니다.

전교조가 창립된 것이 1989년. 이제 14년이 되었습니다. 창립 당시 온갖 탄압 속에서도 전교조 활동의 정당성과 도덕성은 국민들로부터 전폭적인 지지를 받았습니다. 그 후 10년, 1999년에 노동조합으로서 법적 지위를 획득하여 합법화되었습니다. 합법화된 지 4년이 지나고 있습니다. 전교조가 합법화되면 교육을 변화시키는 데 많은 역할을 할 것으로 기대를 했습니다. 저도 그렇게 생각했습니다. 그러나 기대했던 것에 많은 역할은 못한 것 같습니다. 1만여 조합원에서 10만 명으로 양적인 확대를 가져왔지만 모자란 부분이 많다는 생각을 합니다. 거대한 조직으로 바뀐 상태에서 조직 운영의 미숙함도 있었습니다.

선생님, 전교조는 친목단체가 아닙니다. 법적으로 보호받는 교사들의 자주적인 조직입니다. 제약을 가하는 사람이 오히려 부당노동행위로 처벌을 받을 수가 있습니다. 그럼에도 전교조 활동을 한다는 것은 대단한 결단이 필요한 것 같습니다. 그럴 리야 없겠지만 혹시 "그래 어디 보자", "그럼 그렇지." 하고 전교조에 대해 냉소적이고 비아냥거리기보다는 정확한 비판을 하여주십시오.

지금 잠실고에는 전교조를 떠난 분도 계시고 새로이 가입하신 분도 있으며 아직도 더 지켜보겠다는 분도 있습니다. 작금의 전교조 활동을 보시면서 더 이상의 기대를 아예 접어버린 분도 있을 것입니다. 전교조에 대한 이해가 부족한 분들에게는 아직도 전교조 가입은 대단한 결단이 필요한 것 같습니다. 전교조 조합원이 된다는 것은 더 많은 도덕성을 요구받고 있습니다. 비록 전교조에 가입하지 않았어도 전교조에 교육의 희망을 거는 사람들이 많습니다. 이런 점을 생각할 때 우리가 곧 전교조라는 생각을 합니다.

작년 한 해 참 힘든 조건 속에서 분회장 1년을 보내신 정정기 선생님. 사무장 이수열 선생님. 참 힘든 한 해를 보내셨습니다. 시기만 좋았다면 더 많은 일들을 할 수 있었을 정정기 선생님과 이수열 선생님의 능력이 사장된 채 1년을 끝낸 것이 너무도 아쉽게 생각됩니다. 조합원 동지들이 가깝게 느끼는 전교조 분회를 만드는 데 노력하겠습니다. 도와주십시오.

2003년 12월 9일

"지금 저는 거리에 있을 것입니다."

노동조합은 경제적 이익을 위해 만든 조직이다. 또 조합원의 단결된 힘으로 사용자와 대등한 관계로 마주하기 위해 만든 것이 노동조합이다. 그런데 전교조는 조합원의 경제적 이익이 아니라 우리 교육이 안고 있는 구조적인 문제를 해결하기 위해 투쟁해왔다. 전교조가 이익집단으로 변질되고 있다며 비판을 받았던 교원평가조차도 교사 자신의 개인적

이해 때문에 거부했던 것은 결코 아니었다. 2003년부터 전교조 내부적으로도 많은 갈등을 야기했던 네이스 투쟁 또한 전교조 교사들의 이익과는 전혀 관계없는 투쟁이었다. 지식 정보화 시대를 맞아 개인 정보가 유출됨에 따라 인권 침해를 당할 소지가 있는 문제를 교육적 담론으로 제기했던 것이 네이스 투쟁이었다. 그것을 막을 수 있는 힘이 현실적으로 전교조에는 없었다. 노동조합에서 최고 수위의 투쟁은 파업인데, 그 단체 행동권을 법적으로 보호받지 못하고 있는 상태였다. 해서 법의 틀 내에서 할 수 있는 최고 수위의 투쟁으로 제안된 것이 연가 투쟁이었다. 학생들에게 학습 결손이 생기지 않도록 시간표를 조정하고 어쩔 수 없을 때는 동료에게 보강을 부탁하고 나올 수밖에 없었다. 그러니 동료 교사에게 어찌 미안하지 않겠는가. 연가 투쟁에 나서면서 동료 교사에게 마음을 전하는 편지를 썼다.

2학년 13반 담임 맡고 있는 국어 교사 유기창입니다. 작년 잠실고등학교로 전근 와서 1년이 지났습니다. 처음 왔을 때, 모든 것이 낯설었던 것이 지금은 오랫동안 근무했던 학교처럼 편안하고 즐겁게 생활하고 있습니다. 이렇게 즐겁고 편안하게 근무할 수 있는 것은 존경하는 교장, 교감 선생님과 선배, 동료, 후배 선생님들의 따뜻한 배려와 격려로 생각하고 늘 감사하게 생각하고 있습니다.

이 글을 읽고 계실 때쯤이면 저는 거리에 있을 것입니다. 오늘 전국교직원노동조합에서 개최하는 네이스(학교교육행정 정보 시스템) 반대 투쟁에 참여하기 위해서입니다. 교육부는 작년 9월부터 네이스를 추진하려다 많은 문제가 발생하자 올 3월까지 시행을 연기한 바 있습니다. 시행 초기 학생과 학부모의 정보를 200가지 정도 입력하게 하여 인권 침해 소지가 있다는 지적을 받고 학부모와 관련된 정보를 대폭 줄였습니다. 그러나 아직도 학생들의 교무, 학사, 보건에 관한 내용을 인터넷에 탑재하여 교육청과 교육부에서 관리하겠다는 입장에는 전혀 후퇴하지 않고 있습니다. 생활기록부에 있는 모든 내용을 그대로 교육청과 교육부로 이관해서 50년 동안 보관한다고 할 때 시행 10년이 지나면 전 국민의 반이 훨씬 넘는 사람들의 정보가 교육부에 축적될 것입니다. 학생들의 인적 사항과 성적, 행동발달상황, 상담 내용 그리고 질병으로 인해 양호실에서 약을 타 먹은 내용까지 기록되어 인터넷에 탑재시키겠다는 것입니다.

저는 이처럼 학생들의 개인 정보를 담임교사 임의로 작성하여 교육부 인터넷에 집적하고 탑재하는 것을 받아들일 수 없습니다. 전교조의 지침이기 때문에 거부하는 것이 아니라 저의 교육적 신념과 양심에 비춰 볼 때 받아들일 수가 없습니다. 현재 학생들의 생활기록부는 학교장이 관리하도록 되어 있는 교육법에도 어긋나는 일입니다.

어제 저는 이러한 뜻을 교감 선생님에게 전달하고 전교조가 주최하는 네이스 반대 투쟁에 참여하기 위해 연가를 신청했습니다. 그러나 연가를 허락받는 데 실패했습니다. 연가 신청에 대해 교감 선생님이 결재를 하지 않았습니다. 비록 결재를 받는 데 실패했어도 결재를 하지 않은 교감 선생님의 고충을 충분히 헤아릴 수 있습니다. 연가 신청을 냈음에도 불구하고 연가 허락을 받지 못한 저는 결국 무단결근하게 되었습니다. 아무리 교육적 신념에 따라 행동하더라도 무단결근하는 것은 분명 잘못된 일임을 부정하지 않습니다. 그로 인해 생길 수 있는 불이익이 있다면 제가 감수할 몫으로 생각합니다. 저 한 사람이 결의대회에 참가하여 잘못된 정책이 수정되고 폐기된다면 그 불이익은 흔쾌히 받아들이겠습니다.

그럼에도 함께 생활하는 잠실 교정에서 저로 인해 심적 고통을 겪게 될 많은 선생님께 송구스러운 마음을 떨칠 수 없습니다. 교무실 시간표에 '유기창 무단결근'이라는 이름이 적힐 것을 상상할 때 저는 부끄러움을 느낄 것입니다. 저로 인해 수업의 부담을 안게 될 선생님에게는 더욱 미안합니다. 오늘과 같은 날이 오늘 하루로 끝나기를 정말 기원합니다. 오늘 거리에 있으면서 잠실 교정에 핀 목련과 진달래, 그리고 2학년 13반 학생들과 117명의 선생님 한 분 한 분을 떠올릴 것입니다. 금요일 뵙겠습니다. 안녕히 계십시오. 하던 일을 멈추고 새벽 2시에 씁니다.

2003년 잠실고등학교 교사 유기창 올림

어떻게 지내시는지요?

이 세상에 유일하게 그 '한 사람'으로 존재하는 것이 사람이다. 그런 점에서 현대 사회에서 개인의 자유와 자주성이 존중되는 것은 지극히 마땅하다. 그러함에도 불구하고 그 사회가 유지되기 위해서는 지켜야 할 공동의 선은 어디서나 존재할 것이다. 그 바탕에서 우리가 속해 있는 사회의 공동체의 발전이 가능할 것이고 역사가 만들어지기도 한다. 교사 집단이라고 해서 다르지 않다. 비록 공동의 선에 대한 가치가 같다고 해서 방법까지 같은 것은 아니다. 갈라지는 이유이다. 갈라지는 것은 다양한 의견의 분출이다. 그것을 통합해내는 기술이 리더십이다. 참교육이라는 공동의 가치에 뜻을 같이하는 전교조도 경우에 따라서는 입장이 다르고 그 다른 입장이 노선 투쟁으로 비화되는 경우도 있었다.

노동조합은 본인의 의사에 따라 가입과 탈퇴를 자유롭게 할 수 있으나 정해진 기간 동안 근무해야 하는 학교는 또 다르다. 학교 공간에서 늘 마주하는 동료 교사가 학생을 대하는 방식이 다를 때 함께 근무하는 것이 힘들고 대화는 겉돌게 된다. 교사 개인의 교육관은 존중되어야 하지만 상식의 궤를 벗어날 때 그것은 교육의 이탈이다. 동료 교사와 교육관의 차이로 인해 때로는 상대방을 무시하는 방식으로 불만과 갈등이 표출될 때도 있다. 교육관과 가치관 그리고 학생관이 다를 때 얼굴을 마주하고 함께 근무하는 것은 곤혹스러운 일이다. 결국 똑같은 사안을 두고 해석하고 문제를 해결하는 방식이 다를 경우 피해는 학생에게 돌아갈 수밖에 없다. 세계관과 교육관의 차이로 인해 교육하는 방법은 달라도 학생을 대하는 공감대가 넓을수록 교사집단은 건강할 것이다.

저는 지금 고등학교 3학년 어문계열 담임을 맡고 있습니다. 학교에서 의도적으로 우열반 편성을 한 것은 아니지만 어문계열을 지원한 학생들은 다른 계열 학생들에 비해 학습의 관심과 집중도가 매우 뒤져 있는 상태입니다. 교과 선생님 중에는 말이 인문계이지 실업계와 다를 바 없다고 말씀하시는 분도 계십니다. 뿐만 아니라 생활면(특히 용의 복장)에서도 눈에 거슬리는 학생들이 참 많다고 걱정해주시는 교과 선생님들의 말씀도 전해 듣고 있습니다. 그리고 빼놓지 않고 "고생하십니다"라는 위안을 받고 지내고 있습니다. 학생지도에 아직도 확실한 정답을 찾지 못하고 있는 저는 규제하기보다는 관망을 할 때가 많습니다. 그러다 보니 다른 반에 비해 두발 상태가 다소 불량하게 보일 때가 많습니다.

어제 우리 반 학생 한 명이 등교하는 중에 두발 상태가 불량해서 교문 지도하시는 선생님께 적발된 모양입니다. 학교에서 정한 규정에 맞게 깎으라고 학생부 선생님이 지도를 했던 것 같습니다. 이미 머리가 길고 복장도 불량한데 태도까지 공손하지 않아 선생님의 감정이 상했던 것 같습니다. 뺨을 엄청나게 얻어맞았습니다. 오늘은 복장이 불량하여 또 적발되었고, 지도 과정에서 태도가 불손하여 같은 선생님께 또 심한 폭행을 당했던 것 같습니다. 교무실에 불려가 옆에 있는 의자로도 얻어맞고 컵이 날아가는 험악한 상황까지 발생했던 것 같습니다. 상상하기 힘든 일이 벌어졌습니다. 잘못한 것에 비해 지나친 벌로 생각했던 학생은, 억울했던지 집으로 가서 부모님께 말씀드렸고 이틀에 걸쳐 얻어맞고 집으로 돌아온 자식을 본 아버지는 화를 억제하지 못하고 학교로 찾아왔습니다. 학교에서 정한 규정대로 머리를 깎고(거의 삭발에 가까운), 학생과 함께 학교를 찾은 학생의 아버지와 어머니는 학생부로 직접 찾아가 학생부를 발칵 뒤집어놓은 모양입니다. 병색이 완연한 어머니까지 학교를 찾아와 폭력(?)을 가한 선생님께 거친 항의를 하셨다고 합니다.

연락을 받고 학생부로 갔을 때는 한참 시간이 지났던지 상황은 이미 끝나 있었습니다. 부모님을 모시고 제가 있는 교무실로 와서 자리에 마주 앉았습니다. 자리에 앉자마자 부모님은 담임교사에게 소란을 피워 미안하게 되었다는 사과부터 하셨습니다. 부모님께 사과를 받고 싶어 모시고 온 것은 아니었는데도 말입니다. 학교에 보내고 있는 학부모님은 담임교사 앞에서는 무조건 약자가 되어야 하는 것인지. 대화를 하는 중에 교사의 고충을 말하고 동료 교사의 입장을 두둔할 때는 왜 그렇게 제가 얄팍하게 느껴지던지. 학생 인권, 아직도 멀게만 느껴집니다. 점심시간에 봉변(?)을 당했던 선생님과 식당에서 자리를 같이했습니다. 저보다 서너 살 연하인 선생님은 그 학생의 불손한 태도에 대해 아직도 분을 삭이지 못한 것 같았습니다. 그 학생은 계속 '그 자식', '그놈 새끼'였습니다. "부모가 학교에 자식을 맡겼으면 학교를 믿어야 한다"는 주장에 대해 저는 그저 고개만 끄덕거렸습니다.

중학교 때부터 학습 결손이 누적되어 성적 나쁜 학생들은 성적이 최고인 인문계 고등학교에서 늘 좌절하고 실망하면서 살아갑니다. 고등학교 3학년 올라와서 하지 않던 공부를 한다고 성적이 금방 올라갈 리 없는데. 1, 2학년 때에 비해 학습하는 양은 많은데 학교에서 보는 시험, 모의고사 성적의 변화는 없고. 성적 향상이 없는 학생들은 늘 패배하며 살아갑니다. 요즘 학생들의 삶의 한 부분입니다. 생각의 차이. 각자의 생각을 허물지 않고 살면서 세계관을 좁히는 것은 참 쉽지 않습니다. 늘 대화하는 것도 아니고 그렇다고 함께하는 시간이 많은 것도 아니고. 그 선생님이 조합원 아니라는 것에 만족해야 하는지? 그러면서 전교조 활동한다고 주제넘게 여기저기 모임에 쫓아다니고 있습니다. 동료 교사와 생각의 차이를 좁혀가는 것이 '어떻게 가능할까?' 요즘 이렇게 살아가고 있습니다. 그러면서 전교조의 현주소를 생각합니다. 어떻게 지내시는지요? 얼굴 뵙고 싶습니다.

2004년 10월 7일

전교조 선거(1)

비합법적인 시기였던 1990년 3차 대의원대회에서 전교조 정책 방향을 놓고 격돌한 이후 전교조 내에서 생각이 비슷한 사람들이 함께하는 모임들이 생겼다. 이를 전교조 정파(운동 방향과 투쟁 방식의 차이에 따라 조직을 운영하는 입장이 같거나 비슷한 집단을 지칭하는 말)의 출현으로 볼 수 있을 것이다. 비합법적인 시기에는 정권의 혹독한 탄압을 받고 있어서 정파 간의 격렬한 대립은 수면 아래 잠복되어 있었다. 어느 조직이든 조직의 정책과 방향을 만들어가는 데 모두가 동일한 입장을 갖는 것은 현실적으로 어려운 일이다. 그런 점에서 전교조 내 정파의 출현은 장기적 관점에서 보면 지극히 자연스러운 일이었다. 정파가 전교조 권력투쟁에 집착할 때는 조직에 해악을 끼치는 부정적 측면이 있겠으나, 입장이 다른 집행부에 대해 비판하고 견제하는 역할을 맡게 되면 조직의 건강성을 유지하는 데 절대적으로 필요한 역할을 할 수 있다. 물론 정파가 첨예하게 대립할 때는 조직의 위해를 가져올 수도 있다는 점을 늘 경계해야 할 것이다.

1999년 전교조 합법화 이후 최초의 위원장 선거는 3파전으로 치러졌다. 러닝메이트였던 이부영·김은형 선생님이 전교조 합법 1기 위원장과 수석부위원장으로 당선되었다. 이후 전교조 위원장 선거는 전교조 투쟁 방식을 놓고 입장이 갈리면서 당선된 위원장의 성향에 따라 전교조 운영 방식이 달라졌다. 무엇보다도 전교조 선거가 긍정적이었던 것은 공정 선거가 이뤄졌음은 물론이고, 정파마다 후보를 내부 경선으로 선출하는 등 전교조 활동을 풍성하게 만드는 계기가 되었다. 그러나 위원장 선거를 거듭할수록 선거는 과열되었고 위원장이 바뀌어도 크게 달라지지 않는 것에 실망한 조합원들의 선거에 대한 관심이 많이 줄어들기도 했다. 그래도 조합원들이 민주주의를 직접 경험하고 훈련하는 장으로서 전교조 선거는 의미가 있었다. 합법 2기 위원장 선거에서는 원영만·장혜옥 후보가 위원장·수석부위원장으로 당선되었다. 노무현 정권 출범과 동시에 네이스 투쟁에 전력하면서 얻은 것 없이 탈퇴 조합원 숫자만 늘어난 투쟁이 되고 말았다. 네이스 투쟁을 바라보는 관점에 따라 입장이 달라지겠지만 남는 것이 별로 없는 투쟁이었다. 물론 이에 대한 나의 주관적인 평가일 뿐이다.

당시 집행부와 입장을 달리했던 나는 서울에 있는 주요 활동가들과 함께 2004년 위원장 선거를 대비하기 위한 모임에 참여했다. 2004년 합법 3기 전교조 8대 위원장·서울지부장 선거에서 서울지역 선거대책본부장을 맡았다. 그 당시 전교조 위원장 선거에서 후보 진영 간에 첨예하게 격돌했던 것은 교원평가 투쟁이었다. 양 진영 모두 교원평가를 수용할 수 없다는 점은 같았으나, 투쟁 방식에서 입장 차이가 있었다. 선거 결과 이수일·박경화 선생님이 위원장과 수석부위원장에 당선되었고, 정진화·방대곤 선생님이 서울지부장과 수석부지부장으로 각각 당선되었다. 전국적으로도 같은 입장을 가진 지부장이 다수 당선되었다.

교원 평가 반대, 연가 투쟁

노무현 정권 2년이 지나면서 교사들 사이에서 교원평가를 수용하자는 의견도 제기되었고, 전교조에 우호적이었던 시민단체까지도 '교사는 철밥통인가?'라며 전교조를 향한 시선은 곱지 않았다. 당시에도 교원평가가 없었던 게 아님에도 교육부 장관은 여론을 호도했다. 교육부의 교원평가가 교사의 질을 향상시킬 수 있는 것도 아닌데도 교육 문제를 해결할 수 있는 만병통치약처럼 선전했다. 그러자 2005년 전교조 여름 임시 대의원대회에서는 노무현 정권의 교원평가 강행 추진에 제동을 걸기 위해 조합원 총투표로 연가 투쟁을 결정했다.

전교조 교사들의 교원평가 반대 연가 투쟁에 대해 학생들을 볼모로 학교를 파행으로 이끌어간다는 비난 여론이 악화되어, 전교조는 고립되는 상황으로 내몰렸다. 네이스 투쟁으로 홍역을 치렀던 전교조가 교원평가로 다시 여론이 악화되자 조합원들도 동요했다. 당시 위원장단은 정부종합청사 앞에서 노숙 단식 투쟁을 펼치고 있었다. 쏟아지는 비난을 피하고 국면을 전환하기 위한 방안을 고민한 끝에 소나기를 잠시 피해간다는 생각으로 선택한 것이 위원장의 연가 투쟁 유보 결단이었다. 현직 서울부지부장을 맡으면서 위기감을 피부로 느끼고 있었던 나도 농성 중인 위원장을 찾아가 연가 투쟁 유보 결단에 힘을 실었다.

그러나 연가 투쟁 유보 결단은 여론의 비난을 바꿔놓는 데는 성공했지만, 전교조 내의 민주주의를 위배한 것에 대한 비판을 벗어날 수는 없었다. 대의원대회와 조합원 총투표 결과를 위원장의 결단으로 뒤집은 것은 조직 내 민주주의 근간을 훼손했다는 비판으로부터 자유로울 수가 없었다. 돌이켜 보면 사회적 비난보다 우선해야 할 것은 조합원들의 결정이었다. 비록 틀린 결정이었다고 하더라도 집행부는 조직의 통합과 단결을 위해 총투표에서 내린 결정을 집행해야 했다. 여론의 비난으로 연가 투쟁이 실패할지라도 향후 사업 평가를 통해 그것을 교훈으로 삼으면 될 일이었다. 그 점에서 나는 오판을 했다. 위원장이 결단한 일이지만 연가 투쟁 유보에 의견을 보탠 것에 대한 책임에서 벗어날 수가 없었다.

고립과 위기의 전교조

전교조의 가장 큰 우군 세력이었던 학부모조차 등을 돌린 상황이었다. 교원평가 반대가 지극히 정당하다 할지라도, 전교조는 그 당시까지 학부모와 전교조 지지 세력에게 그에 대한 강한 동의를 구하지 못했다. 학부모의 절대적인 지지와 여론을 등에 업은 교육부와 정부는 전교조의 목줄을 잡고 있는 상황이었다. 보수 언론과 교육부 등 조직 외부로부터 불어오는 공격에 '전교조가 그렇게 쉽게 무너질 조직인가?'라는 주장을 전적으로 부정할 생각은 없었다. 그러나 얻을 것보다 잃을 것이 많은데 기계적인 연가 투쟁을 강행하는 것은 비겁한 선택일 수도 있다고 생각했다.

결국 외부로부터 오는 불길을 막아내는 것이 무엇보다 급하다는 판단에 따라 위원장은 11월 11일 연가 투쟁 연기 결정 기자회견을 하게 되었다. 그 결단은 예상했던 대로 전교조를 향한 공격을 잠재울 수 있었다. 반전의 효과를 가져왔고 교원평가 투쟁을 새로운 국면으로 바꿔놓는 데 성공한 것은 사실이었다. 위원장은 자신의 몸을 던져 조직을 보위하는 데 성공했지만, 조직 내 총의를 집행하지 않은 책임은 남게 되었다. 위원장의 결단은 전교조 16년 역사에서 가장 비굴하고 자존심 상하게 한 결단이라는 혹독한 비난과 비판을 받았다. 그로 인한 후유증은 컸다. 절차적 민주주의가 생략된 위원장의 결정이 조직 내에 얼마나 큰 혼란을 가져오는가를 직접 확인한 것은 값비싼 교훈이었다. 또 활동가들의 투쟁 의욕 상실과 조직의 위기를 증폭시킨다는 사실도 확인하였다. 지도부가 정책을 입안하고 집행하는 데 얼마나 많은 고민을 담아내야 하는지에 대해서도 꼭 필요한 경험을 했다. 이후 대의원대회가 소집되었고 위원장 불신임에 대한 격한 논쟁이 이어졌다. 얼마 전에 있었던 민주노총 대의원대회에서는 입장이 다른 대의원들이 의장석에 소화기를 뿌리고 폭력이 난무해서 사회적 비난을 받았다. 그럴 리는 없겠지만 걱정이 되었다. 그 걱정되는 마음을 전교조 조합원 홈페이지 게시판에 올렸다.

민주주의의 산실, 전교조 대의원대회

(전략) 위원장의 진퇴를 포함한 교원평가 투쟁 기조 결정은 이제 대의원대회로 넘어갔습니다. 위원장께서도 여러 차례 '연가 투쟁 연기 결정'에 대한 대의원 동지들의 심판을 받겠다는 입장을 밝힌 바 있습니다. 위원장의 결단이 조직 내 민주주의 훼손에 대한 비판과 공격만 있을 뿐 결단을 할 당시의 상황은 배제되고 있습니다. 활동가의 뜻만 있고 조합원 다수의 뜻이 배제된 대의원 결정은 또 다른 조직의 위기를 불러올 수 있습니다. 위원장의 '연가 투쟁 연기 결정'이 조직의 존폐를 넘어서는 과도한 잘못이었는가에 대한 판단은 이제 전적으로 대의원 동지의 결정에 달려 있습니다.

내일로 다가온 대의원대회를 지켜보면서 참 답답합니다. 대의원대회가 있기 전까지 문제를 제기하고 의견을 표출하는 과정은 많은 조합원들에게 또 다른 전교조 위기에 대한 극도의 불안감을 증폭시켜왔습니다. 현재 전교조 내에서 전개되고 있는 위원장의 '연가투쟁 연기 결단'에 대한 비판 논의도 위험한 수준을 넘어선 상황입니다. 내일(11월 26일, 토)로 예정되어 있는 임시 대의원대회가 원만하게 진행될 수 있겠는가를 오래전부터 걱정하는 동지들이 많이 있습니다. 대의원대회를 걱정하고 우려하는 동지들은 폭력과 난장판으로 얼룩졌던 만신창이가 된 민주노총 대의원대회를 떠올리고 있습니다. 대의원대회에서 있을 불상사의 충격을 미리부터 마음먹고 있어야 하는 것은 참으로 불행한 일입니다. 어느 세력이 전교조 역사에 오점을 남기는가를 부릅뜬 눈으로 지켜보는 것도 마음 불편한 일입니다.

정말 기우이기를 바랄 뿐입니다. 대의원대회가 있기 전까지 홈페이지상에서 거친 말들이 오갔던 것을 잠재우고 성숙한 토론으로 대의원대회가 진행되기를 바랄 뿐입니다. 또 대의원대회에서 토론 결과로 결정된 사항에 대해 입장을 떠나 깨끗이 승복하는 모습을 보고 싶은 것이 솔직한 심정입니다. 가장 무서운 것은 동지에 대한 불타는 증오심과 적개심만 쌓아갈 때 운동에 대한 희망을 잃고 운동을 포기하는 것입니다. 대의원대회를 지켜보는 조합원 동지와 함께 마음을 한곳으로 모으고 싶습니다.

2005년 11월 25일
잠실고등학교에서 서울지부 조합원 유기창 올림

많은 걱정에도 불구하고, 전교조 대의원대회를 걱정했던 것은 기우였다. '왜 전교조인가?'를 보여주는 성숙한 민주주의의 전교조 대의원대회였고, 많은 것을 생각하게 하는 전교조 대의원대회였다. 조직이 처한 위기를 극복하는 것은 편법이 아니라 원칙에 충실해야 한다는 것이 결과적으로 맞았다. 지금 당장 눈앞에 닥친 위기를 관리하는 능력은 지도부가 져야 할 몫이다. 이수일 위원장은 대의원대회에서 신임 여부를 묻는 결단을 내렸고, 단 한 표 차이로 불신임을 당해 위원장에서 물러났다. 참 안타까운 일이었다. 전교조를 이끌 만한 충분한 실력을 갖췄음에도 불구하고 역량을 발휘하지 못하고 중도 사퇴한 것은 전교조에 큰 손실이었다. 이수일 위원장을 볼 때마다 드는 미안함을 떨칠 수가 없었다. 이 일로 해서 나도 서울지부 부지부장을 자진 사퇴했다. 하지만 전교조가 그러한 희생 속에서 민주주의 원칙을 확고하게 쌓아갈 수 있는 계기를 얻은 것도 사실이다.

전교조 선거(2)

이수일 위원장이 대의원대회에서 불신임을 당한 후 3월에 치러진 보궐선거에서 '혁신과 단결' 후보로 김민곤 선생님이 위원장 후보로 나섰다. 나는 다시 서울지역선대본부장을 맡았으나 패배했다. '교육노동의 전망을 찾는 사람들(약칭, 교찾사)'의 후보로 나선 장혜옥 선생님이 위원장으로 당선되었다. 보궐선거가 치러진 직후 선거 평가를 통해 나는 조합원들로부터 불신을 받은 '혁신과 단결'을 해산하고 새로운 정파 조직을 건설하자는 주장을 제기했다. 전교조 운동 발전에 기여하기 위해서는 조합원의 요구를 철저하게 반영하는 대중조직으로서의 전교조 정파 조직이 되어야 한다는 점을 강조했다. 그렇게 해서 새로운 전국 정파 조직으로 만든 것이 '참교육실천연대(약칭, 참실련)'였다. 그해 12월에 치러진 위원장 선거에서 참실련은 내부 경선으로 정진화·정진후 선생님을 위원장·수석부위원장 후보로 선출했다. 나는 다시 서울선거대책본부장을 맡았다. 그러나 전교조 내 위원장 선거는 갈수록 조합원의 관심에서 멀어져갔다.

요즘 사람들을 만나면서 자주 듣는 말이 있습니다. "아직도 전교조 해?", "전교조 왜 그래?" 그러면서 어떤 친구들은 빈정거림과 조소 섞인 말로 "왜 그렇게 사냐?"라고 묻습니다. 저는 그렇게 살아왔습니다. 30대 중반에서 시작하여 50대 중반에 접어들기까지 조직 내에서 크고 작은 역할을 맡으며, 지금은 잠실고 분회에서 교선부장으로 활동하고 있습니다. 인생의 가장 소중한 시기를 전교조 역사와 함께해왔습니다. 어디 저뿐이겠습니까?

참으로 안타까운 것은 교원평가 투쟁 국면에서 우리들의 학생은 보이지 않습니다. 잘못된 교원평가가 법제화되고 제도화되는 것은 마땅히 저지해야 합니다. 그렇다고 교원평가가 시행되지 않는다고 우리 교육이 좋아질 것 같지 않습니다. 개인적 소신과 작은 실천만으로 이뤄지고 있는 참교육이 조직화되고 집단화되는 데는 늘 실패하고 있습니다. 시간이 갈수록 입시체제는 더욱 강고해지고, 교사는 그러한 체제에 익숙해져가고 있습니다. 교육을 통해서 미래에 대한 전망과 희망을 말하는 것이 갈수록 힘들어집니다. 입시체제의 강화로 인한 피해는 온전히 학생들에게 돌아가고 학생들을 더욱 피폐화시키고 있습니다. 학생들의 성정은 거칠어지고 자포자기하는 학생들은 늘어만 가고 있습니다. 전교조는 교사들의 권익만을 위해 싸운다는 비판을 받는 것이 어쩌면 당연합니다. 우리는 우리들의 문제로 학생들의 아픔을 방치하고 있습니다.

선거 국면을 통해서 느끼는 생각입니다. 우리가 원하든 원치 않든 전교조는 이미 대단한 권력 집단이 되었습니다. 권력이 있다는 것을 꼭 부정적으로 볼 일은 아닙니다. 전교조 권력을 잡아 위기에 처한 우리 교육을 바로잡기 위해서라면 참으로 바람직한 일입니다. 횡포에 가까운 교육부의 정책을 바로잡기 위해서 전교조는 이제 없어서는 안 될 조직이 되었습니다.

그러나 지금 선거 양상은 내부 권력을 다투는 양상에 가깝습니다. 동질적 집단이며 동지적 관점으로 조직된 전교조였습니다. 해서 넘어서서는 안 될 금도가 있습니다. 그러나 승리하기 위해서는 뻔뻔한 거짓도 있고 위선도 보입니다. 골 깊은 불신으로 동지적 애정은 보이지 않습니다. 당당한 승리를 위해 최선을 다하는 아름다움보다는 전교조 권력을 쟁취하기 위해 편법과 불법에 대해 깊은 고민 없는 모습이 부끄럽습니다. 정도의 차이가 있을 뿐입니다. 진정 조직을 생각한다면 넘고 싶은 유혹을 자제하고 우리가 정한 원칙을 지켜주기를 기대합니다.

선거운동을 위해 학교를 방문했을 때 많은 격려를 받기도 했습니다. 그러나 마음 한구석 저며 오는 것은 조합원들이 보인 선거에 대한 냉소적 반응과 주요 활동가들에 대한 불신 섞인 비판입니다. 선거에 대해 환멸을 느끼고 전교조에 대한 애정은 갈수록 옅어져 가는데 서로 잘났다고 하는 사람들. 그 사람들이 이끌어가고 있는 전교조에 대해 희망을 접고 더 이상의 기대를 하지 않겠다고 하는 조합원도 있었습니다. 마땅히 함께해야 할 동지들로부터 듣는 뼈아픈 지적이 무척 마음 아팠습니다.

동지를 향한 날선 비판과 흠집 내기 선거는 조합원들에게 참으로 민망한 일입니다. 전교조 선거에 후보로 나선 동지들은 참으로 귀한 존재입니다. 선거에서 당선되든 실패하든 후보로 나선 동지들은 결코 패배자가 아니라 전교조의 살아 있는 소중한 인적 자산으로 남게 될 것입니다. 전교조 선거가 정책 선거로 진행되어야 할 중요한 이유입니다. 전교조 선거에서 흑색선전과, 음해와 인격 모독에 가까운 비방은 조직을 파괴하는 해악입니다. 선거 막판에 접어들면서 자신의 후보를 당선시키기 위해 최선을 다하는 것은 보기 좋은 일입니다. 그러나 상대 후보로 나선 동지들을 파렴치하고 부도덕한 사람으로 폄훼하는 유인물이 나돌고 있다는 말은 소문이기를 바랍니다. 원칙도 없이 오직 자기 진영의 승리만을 위해 집착하는 모습은 전교조를 부정하는 것이지요. 많은 동지들의 비명에 가까운 비판은 전교조에 대한 애정으로 생각합니다. 아직도 전교조에 희망이 있다는 것이겠지요.

2006년 12월 2일

선거 결과는 예상했던 것보다 큰 표차로 정진화·정진후 후보가 위원장·수석부위원장으로 당선되었다. 서울지부는 상대 진영의 후보였던 송원재·이영주 후보가 지부장·수석지부장으로 당선되었다.

참 억울한 일입니다

2007년 새해가 되었다. 2006년 3월, 영어 교사였던 아내를 따라 문화적 체험을 하러 캐나다로 갔던 아이들을 만나기 위해 밴쿠버로 가 있었을 때였다. 캐나다에서 지내는 중에 전교조 서울지부 전·현직 통일위원장이 구속되었다는 기사를 보았다. 국가보안법은 박물관에 보내져야 할 유물이라고 했던 노무현 정권 때인데도, 전교조를 이적 단체로 몰아가기 위한 수구 세력의 공세는 여전했다. 전교조 서울지부 강동송파지회를 창립할 때부터 늘 옆에서 함께했던 후배 교사 최화섭 선생님이었다. 그의 교육에 대한 열정을 누구보다 잘 알고 있었던 나였다. 인터넷 기사를 통해 후배 교사의 구속 소식을 접한 그날 밤잠을 이룰 수가 없었다.

40대 중반의 현직 교사 두 명이 2007년 1월 18일, 사법 경찰에 의해 체포당했습니다. 경찰 발표에 의하면 전교조 홈페이지 등에 북한의 선군정치 관련 자료를 올려 국가보안법상 이적 표현물 제작·반포 혐의로 체포하여 조사 중에 있다고 합니다. 또 그들은 전교조 조합원이고 전교조 서울지부 전·현직 통일위원장이라고 밝혔습니다.

경찰 발표만을 보면 전교조 교사가 대단한 이적 행위를 했고, 북의 체제를 고무 찬양하여 우리 사회에 큰 해악을 끼쳐 긴급 체포된 것으로 생각할 것입니다. 전교조 간부의 국가보안법 위반 체포 사실은 국민들로 하여금 전교조를 더욱 불온한 교원단체로 생각하게 할 것입니다. 그렇지 않아도 집단 이기주의 상징처럼 덧칠된 전교조에 대한 비판적인 시선은 더욱 강화될 것입니다. 이런 상황에서 사실을 모르는 사람들은 북을 추종하는 세력이 우리 교육계와 전교조에 잠입하여 활약한 간첩으로까지 상상할 것입니다.

긴급 체포된 두 분이 통일 교육에 앞장서왔던 것은 사실입니다. 그 결과로 한 분은 통일부장관 상을 수상하기도 했습니다. 전교조 서울지부 통일위원장을 맡기에 손색이 없는 분들이었습니다. 그들은 분단의 역사를 극복하기 위한 방법으로 북을 이해하는 교육을 했을망정 북의 입장을 선전하지 않았습니다. 갈라진 조국을 하나 되게 하려고 그들이 끊임없이 공부한 것은 사실이지만, 북의 체제를 우월하게 생각하거나 그렇게 이야기하지 않았습니다. 주변 동료 교사들로부터 두터운 신망을 받고 있는 것도 누구보다 균형감각을 갖고 교육 활동을 해왔기 때문입니다.

교사는 교과서의 내용을 충실하게 가르치는 것 말고도 시대정신을 이야기할 수 있어야 합니다. 시대정신과 역사의식이 없는 교사는 단순한 지식을 전달하는 기능적인 교사일 뿐입니다. 물론 성장 과정에 있는 학생들에게 어느 시기에 어떤 내용과 가치를 가르칠 것인가에 대해서는 신중해야 할 것입니다. 잘못된 가치 교육은 학생들을 혼란에 빠뜨릴 수도 있을 것입니다. 가치 판단이 미숙한 학생들에게 교사의 주관적 신념을 강요하는 것은 참으로 위험한 일입니다. 그러나 성장 과정에서 세상을 바라보는 눈을 올바르게 갖도록 하는 것은 교과서를 넘어서야 할 것입니다. 그것을 누구보다 강조해온 분들입니다.

천만 관객을 넘어섰던 영화 〈웰컴 투 동막골〉에서는, 총부리를 겨눴던 남북 군인들이 이념과 사상을 뛰어넘어 서로 이해하고 화해해 가는 과정을 그리고 있습니다. 독재정권 시절이었다면 영화감독은 국가보안법으로 중형을 받았을 것입니다. 공산주의자는 뿔 달린 빨갱이로 둔갑시킨 것만을 배워왔던 사람들에게 그런 영화는 문화 충격일 수도 있었습니다. 그러나 이제 그러한 것이 전혀 생소하게 느껴지지 않고 있는 세상에 우리는 살고 있습니다.

국가보안법을 금과옥조처럼 생각하는 사람들에게는 어쩌면 참으로 불안한 세상일 수 있습니다. 인공기가 거침없이 휘날리고, 인민복을 입은 인민군을 그렇게 감성적이고 인간적인 면모를 지닌 '사람'으로 그려놓은 〈웰컴 투 동막골〉을 보고 이미 우리 사회를 반쯤은 공산화된 사회로 생각하고 있을지도 모릅니다. 그런 사람들이 득실거리는 사회가 돼도 아무런 문제가 되지 않는 우리 사회에 대해 참으로 큰일 날 세상으로 생각하고 있을 것입니다. 쥐도 새도 모르게 잡아다가 온갖 고문을 해도 문제가 될 것이 없던 시절을 살았을 그들은 지금을 안보 불감증의 사회로 생각할 것입니다. 해서 그들은 과거를 회상하면서 그렇게 해도 문제가 없던 그때를 '좋았던 시절'로 그리워하고 있을지도 모르겠습니다.

정말 이해가 안 되는 부분이 있습니다. 세상이 많이 바뀌었는데도 그런 분단 체제가 유지되는 것을 안정으로 생각하는 그들을 이해할 수가 없습니다. 분단의 벽만을 두껍게 쌓고 지내왔던 반세기를 후대에까지 이어가도 좋다는 생각을 하는 사람들의 생각을 이해할 수가 없습니다. 독재정권 시절 한때는 민주주의의 투사였으나 군부세력과 야합했던 김영삼 전직 대통령조차도 어떠한 이념도 민족보다 우선할 수 없다고 하지 않았습니까. 그 벽을 조금씩 내려놓자고 남북 지도자들이 합의했던 것이 6·15 남북공동선언 아니었습니까? 적어도 6·15 남북공동선언은 한반도에서 남쪽이나 북쪽에 의해서 전쟁이 일어날 가능성을 반감시킨 것이 사실입니다.

6·15 남북공동선언은 새로운 남북 시대를 열어보자는 이 시대 민족 구성원의 열망을 담은 선언이었습니다. 대립보다는 화해와 상생의 지평을 넓혀가기 위한 선언이었습니다. 그것은 바로 상대방에 대한 이해로부터 시작되는 것이었습니다. 상대방에 대한 이해는 서로 알기 위한 노력을 하는 데서 가능한 일입니다. 체포된 교사는 바로 분단 극복을 위한 통일 교육을 다른 교사보다 앞장서서 했을 뿐입니다. 그것을 공안 기관에서는 이미 사문화된 국가보안법으로 올가미를 덮어씌우려 하고 있습니다.

현직 교사라고 치외법권적인 지위를 가질 수는 없습니다. 또 특별한 지위를 인정받을 수도 없고 그런 대접을 받지도 못했습니다. 그러나 현직 교사가 이미 없어졌어야 할 법에 의해 그리고 사문화된 법에 의해 범법자로 규정받을 수는 없습니다. 만약 그럴 경우 더 많은 교사들을 범법자로 양산하게 될 것입니다. 더 이상 양심을 국가에 저당 잡히며 살고 싶지 않기 때문입니다.

사실만 있고 진실이 거세당하는 사회를 아름다운 사회로 말할 수 없습니다. 사실을 왜곡하고 그것만을 강조하는 교육을 요구받고서는 교사는 자긍심을 가질 수 없습니다. 죽은 법으로 진실을 가둬두려는 사회는 희망이 없습니다. 교사에게 가르칠 수 있는 용기와

희망을 돌려주어야 합니다. 체포된 교사들을 즉시 가정으로 학교
로 돌아가게 해야 합니다.

2007년 1월 19일

결국 다른 교사들보다 통일에 대한 소망이 강렬했고 서울지부에서 중
책을 맡았던 것이 죄 아닌 죄였음이 법원에서 판명되었다. 아무 죄도 없
는 교사를 국가보안법 위반죄로 그를 법정에 세웠던 것이다. 1심에서 무
죄를 받았음에도 불구하고 당시 검찰은 끝까지 항고와 상고를 통해 전
교조 서울지부 전·현직 통일위원장 최화섭·김맹규 선생님을 괴롭혔다.
전교조 교사가 국가보안법을 위반해서 구속되었다는 기사만 크게 보도
되었을 뿐, 1, 2심 판결은 물론 대법원에서까지 무죄를 선고받은 사실
은 거의 보도되지 않았다. 대법원에서 최종 무죄 판결을 받은 두 교사
는 모두 복직하였다. 최화섭 선생님은 혁신학교인 강명중학교에서 근무
하다 2017년 서울의 국사봉중학교 내부형 공모제 교장에 공모하여 최
종 후보로 선발되었고 2018년 3월 1일 자로 교상으로 발령받았다. 전교
조 해직 당시 해직교사의 생계비를 지원하기 위한 굴비 판매 사업의 총
책임을 맡고, 남들이 하기 싫은 궂은일만 골라 했던 김맹규 선생님 역시
지금은 학교현장에서 누구보다 열심히 학생들을 만나고 있다.

"너, 전교조지!"

10년 전, 둔촌고등학교(2007년 3월~2012년 2월)

잠실고등학교에서 5년 근무를 마치고 둔촌고등학교로 발령을 받았다. 잠실고등학교를 떠나면서 3학년 담임을 다시는 맡지 않겠다는 결심을 했다. 잠실고등학교에서 3학년 문과반 담임교사를 맡으면서 힘들었던 기억 때문이었다. 또 3학년 담임교사를 두고 더 좋은 학급을 맡고 싶은 욕심으로 얼굴을 붉혔던 부끄러운 기억도 있었다. 다른 교사보다 더 잘할 수 있으리라는 쓸데없는 고집에 담임 타령을 했던 것이다. 학생들이 진학과 진로를 결정하는 데 가장 중요한 역할을 하는 시기라는 점에 3학년 담임을 선호하기도 했다. 그래서 굳이 내가 맡지 않아도 될 일이었다.

그런데 둔촌고등학교에서 3학년 부장을 맡게 된 변형민(2015년 오금고에서 정년퇴임) 선생님으로부터 도와달라는 전화를 받고 외면하기가 힘들었다. 3학년 담임교사는 다시는 맡지 않겠다고 결심한 것이 흔들렸다. 그분과 함께 근무한 적은 없었지만 많은 후배 교사들의 존경을 받는 참 겸손하고 후덕한 선배 교사라는 사실은 알고 있었다. 더 잘할 능력이 있어서 3학년 담임을 맡은 것은 결코 아니었다. 잘난 것도 없으면서 맡아달라는 요청을 계속 뿌리칠 수만은 없었다. 그렇게 해서 다시 3학년 담임교사를 맡았고 그것이 마지막 3학년 담임교사였다. 그 이후로 정년퇴임할 때까지 3학년 담임은 아예 신청하지도 않았고 또 시켜주지도 않았다. 둔촌고등학교에서 마지막으로 3학년 담임교사를 맡았던 그해 어느 날 학생 어머니가 찾아오셨다.

담임교사에게 잘못 보이면 하는 마음에…

시험 끝나고 담임교사를 찾아 주신 것에 먼저 감사드립니다. 어머님의 말씀을 들으면서 자식의 소중함을 다시 느낍니다. 성적이 좋든, 저조하든 자식은 부모님에게 참으로 소중하고 귀한 존재입니다. 그런 생각으로 우리 반 학생들을 만나려 노력하고 있습니다.

한국에서 고등학교 3학년. 인생의 한 고비를 맞는 시기입니다. 대학에 들어갈 가능성이 있는 학생들에게는 그것 자체가 희망입니다. 공부를 열심히 해도 성적이 오르지 않는 학생들은 공부를 하면서도 불안해합니다. 그 점에서 ○무는 다른 학생에 비해 눈에 띄게 성적이 향상되고 있습니다. 친구들과의 관계도 원만합니다. 무엇보다 ○무의 큰 장점은 낙천성에 있습니다. 대학 입시를 목전에 두고 있는 고등학교 3학년 학생에게 볼 수 없는 여유를 ○무에게서 봅니다. 어쩌면 자신감의 다른 표현일 수도 있습니다. 조바심 내지 않고 불안해하지 않으면서 학교생활 하는 것만으로도 ○무는 세상을 행복하게 살아가고 있습니다. 비록 그렇다 할지라도 ○무 역시 성적으로부터 자유로울 수는 없을 것입니다. 성적이 좋은 학생은 좋은 대로, 저조한 학생은 그 나름대로 성적에 대한 스트레스를 받아가며 살아가고 있는 것이 현실입니다.

담임교사로서 학생들에게 좋은 성적을 내게 하는 것이 중요하다는 사실을 잊지 않고 있습니다. 그뿐만 아니라 최선을 다하는 생활 태도의 습관을 갖도록 지도하고 있습니다. 결국 같은 말이 되겠지만 최선을 다하다 보면 성적도 좋아질 것이라는 기대를 하고 있습니다. 그러나 그것이 또 다른 맹목이 아닌가를 늘 경계하고 있습니다. 학교에서 그리고 가정에서 할 수 있는 것은 공부를 하는 학생들이 최선을 다할 수 있도록 환경을 만들어주는 것이 아닐까 생각합니다. 최선을 다했음에도 그 이상의 결과를 요구하는 것은 학생들에게 성적을 훔치라는 것과 마찬가지입니다.

부모님들의 자식이 다른 학생들보다 더 좋은 성적이 나오기를 기대하는 것 이상으로 담임을 맡고 있는 교사들의 경우도 다른 반 학생보다는 우리 반 학생이 더 공부 잘하기를 기대하고 있습니다. 학급 분위기가 나쁘다는 말을 들으면 그것이 담임교사의 책임으로 느끼는 것이 우리 교사들의 마음입니다. 학교에서 보는 시험이든, 외부에서 실시하는 모의고사이든 은근히 다른 반과 성적을 비교해보며 우리 반의 수준을 측정하기도 합니다. 우리 반 학생이 칭찬 받을 때는 담임교사가 뿌듯하고, 우리 반 학생 중 잘못해서 교무실에 불려올 때는 담임교사가 죄를 진 것 같은 생각을 갖기도 합니다. 성적을 뛰어넘는 모습으로 학생을 만나겠다는 생각을 하는 저도 그 범주에서 벗어날 수 없습니다. 교과 점수가 한 학생에 대한 총체적 평가가 될 수 없음에도, 교과 점수가 곧 그 학생의 실력으로 평가받는 세상입니다.

한국 사회에서 대학을 간다는 게 매우 중요하다는 것은 잘 알고 있습니다. 자기가 원하는 대학에 입학한다는 것은 인생의 출발점에서 이미 반은 성공하는 것입니다. 대단한 자신감을 갖게 될 것입니다. 절대적인 것은 아니지만, 어느 대학을 나오는가에 따라 자신의 운명이 바뀔 것이라는 강한 믿음도 있는 것 같습니다. 많은 학생들이 맹목적으로 공부하는 이유도 거기에 있을 것입니다. 정말로 그렇게 해서라도 학생들의 삶이 풍부해지고 행복해졌으면 좋겠습니다. 그러나 교사로서 이런 생각을 할 때가 많습니다. 제가 가르친 학생들 중에, 하나라도 더 많은 것을 알고 있는 사람들이 강자로 군림하는 것이 아니라 약자를 배려하며 살아갔으면. 공부를 잘하는 학생들이 안고 갈 몫이길 바라고 있습니다.

어머님이 다녀가신 뒤, 결례의 말씀을 드린 것 같아 글을 쓰게 되었습니다. 어머니께서 어렵게 내놓으신 봉투를 거둬들이실 때, 불편한 마음이 혹시 있었다면 용서해주십시오. 어머님의 마음을 받아들이는 것보다는 학생들과의 약속이 제게는 더 중요했습니다. 그것이 교사의 바른 모습이라는 생각이 들었기 때문입니다.

어머님과 대화를 나누는 중에 담임교사로서 정제되지 못한 표현도 있었다는 생각도 들었습니다. 말씀을 들으며 속상하지 않으셨는지요? 한국에서 자식을 학교에 맡겨둔 부모는 누구나 할 것 없이 약자라는 생각이 들 때가 있습니다. 담임교사에게 잘못 보이면 자식에게 누가 되고, 불이익을 받지는 않을까 걱정스러워하는 것을 잘 알고 있습니다. 교사에게, 학교에 하고 싶은 말씀도 못하고 마음속으로만 담고 끝내 돌아서는 경우도 있다는 말을 들은 적이 있습니다. 교사가 되돌아봐야 할 대목입니다. 교사의 교육 경험이 많을수록 자신의 성만 쌓아가는 경우가 있습니다. 교육에 대한 자신의 생각을 최고로 생각하는 경우도 종종 있습니다. 다른 교사의 이야기가 아니라 바로 제 자신에게도 똑같이 적용되는 부분입니다.

조만간 학부모님을 모시고 2개월 동안 담임교사로서 지켜본 학생들의 모습에 대해 대화를 나누는 자리를 만들어볼 생각입니다. 그때 꼭 참석해주십시오.

2007년

편법을 가르치는 입시 교육

2007년 4월, 고등학교 3학년 '작문' 교과를 가르칠 때 일이다. 어쩌면 '작문'보다는 '글쓰기'가 더 적절한 표현일 것 같다. '작문'이든 '글쓰기'든 고등학교에서 더 이상 교과서를 갖고 공부하지는 않게 되었을 때다. 글 쓰는 것이 어려운 것이 아님을 직접 경험하는 것처럼 좋은 것은 없다. 글 속에 우리의 얼굴이 있고, 우리의 생각이 있고, 우리의 마음을 담을 수도 있다. 그런데도 고등학교 3학년 학생들에게 '작문'은 참 쓸모없는 과목이었다.

글을 써보는 연습과 훈련은 글쓰기의 시작이다. 친구에게 편지를 써보는 것도, 어버이날에 부모님께 편지를 써보는 것도, 또 스승의 날에 기억나는 선생님께 편지를 써보는 것도 좋은 일이다. 고등학생 눈으로 세상을 바라보면서 느낀 점을 써보고, 우리가 살고 있는 세상을 보다 행복하게 만들기 위한 작은 몸부림을 글로 담아보는 것도 참 좋은 일이다. 먼 훗날 고등학교 시절을 되돌아볼 때, 색이 바랜 종이의 글을 읽으면서 자신의 모습을 반추해보는 것도 아름다운 추억이 되지 않겠는가? 그러고 보면 우리는 그놈의 '대학' 때문에 많은 것을 놓치면서 살고 있다. 대학이 삶을 행복하게 해줄 것이라는 환상으로 우리는 많은 것을 반납하고 포기하며 살고 있다. 왜 학교는 그러한 행복을 쓸모없는 것으로 생각하게 했는가?

고등학교 작문 수업 시간에 그런 글쓰기 한번 못 하고 끝났다. 살면서 느낀 생각을, 문제의식을 그리고 세상을 바꿔보는 작은 꿈들은 아예 꿔보지도 못하고 오직 대학 입시와 관계되는 '수능 시험에 어떻게 도움이 되는가?'만을 가르치고 배웠을 뿐이다. 그놈의 '대학', '작문' 아닌 '작문'을 가르치면서 속상했다. '작문'을 '작문'답게 가르치지 못한 것도 속상했고, 수업 시간에 잠자는 학생들을 깨우는 것도 속상한 일이었다. 잠자는 학생을 깨워놓고 얼마 안 가서 또 엎어지는 학생을 바라보는 것은 괴로운 일이었다. 그러나 교사의 입장을 생각해서 차마 엎드리지는 못하고 고개를 숙인 채 잠자는 학생들만큼 괴로움이 클 리는 없을 것이다. 그런 학생을 깨우는 게 비인간적인 것처럼 생각될 때도 많았다. 천근만근 내리누르는 눈썹을 치뜨며 잠을 쫓으려는 학생들의 모습이 깨달음을 얻기 위해 고행하는 구도자의 모습처럼 느껴졌다.

두 달 동안, 학생들의 이름을 부르는 것으로 시작한 수업이었기에 학생들의 이름은 이제 익숙해졌다. 잠에서 깨어나게 하려고 이름을 부르기도 했고, 발표를 시키기 위해 부른 이름이기도 했다. 그럴 때마다 학생들의 얼굴만큼이나 대답하는 표정도 참 다양했다. 씩씩하게 대답해주는 것만으로도 고마움을 느낄 때도 있었다. 대답하는 것조차 귀찮다는 듯이 얼굴을 찡그리는 학생들을 볼 때는 안타까웠다. 그렇게도 고달픈 인생. 괴로운 생활일까? 대답을 똑바로 하는 것조차 그렇게도 힘들고 고통스러울까? 세상에서 가장 활기차고 패기 넘칠 청소년에게서 삶의 끝을 사는 것 같은 모습을 본다. 나보다 30년도 훨씬 젊은 학생들에게서 늙은이의 모습을 본다는 것은 답답한 일이다.

수업 진행 중에 딴짓을 하는 학생들을 볼 때는 참 밉살스럽다. 수업 진행에 방해되는 행동을 하는 학생들을 매번 야단칠 수는 없는 노릇이다. 가르치는 교사의 입장에서 견디기 힘든 것은 자신의 잘못을 부정할 때이다. "왜 나만 떠들었습니까?", "하필, 왜 나입니까?" 잘못을 하고도 반성하는 모습보다 튕겨져 나오는 반응을 보일 때, 학생들의 비굴함을 보게 된다. 실수는 누구나 한다. 살면서 잘못이 왜 없겠는가? 잘못을 인정하는 것은 용기 있는 행동이다. 그런 면에서 잘못을 솔직히 인정하고 반성하는 학생에게는 차라리 격려를 해주고 싶은 것이 대부분의 교사 마음이 아닐까?

어찌 학생 탓만 할 수 있을까? 가르쳐야 할 것을 대충 가르친다면 나는 학생들에게 죄를 짓고 있는 것이다. 인문계 고등학교 3학년이라고 교육부에서 편성한 교육과정에서 예외가 될 수는 없다. 작문은 고등학교 교육과정에 편성되어 있는 과목이다. 고등학교에서 1년 동안 배워야 할 내용으로 구성되어 있다. 그러나 고등학교 3학년 학생들을 데리고 여유로운 글쓰기 지도만을 하고 있다면 정신 나간 사람으로 취급받기 십상이다. 대학 입시가 없어지지 않는 한, 제도적으로 교사를 그렇게 살아가게 하고 있다.

언제까지 교사는 이렇게 살아가야 하나? '작문' 과목을 가르친 교사로서 부끄럽다.

2007년 4월 26일

발언권을 봉쇄하지 마십시오

'문민정부'와 '국민의 정부' 그리고 '참여정부'를 거치면서 우리 사회의 정치적 민주주의는 성큼 앞으로 나가는 것처럼 보였으나 한 개인이 속한 집단으로 돌아가면 아직도 초보적인 수준에 머물러 있었다. 그 집단의 대표가 권위주의적인 리더십으로 운영할 때는 더욱 그러했다. 학교라고 다르지 않았다. 형식적으로는 민주주의의 근간을 형성하는 제도까지 갖췄으나 그 조직을 운영하는 관리자가 독선적인 방식으로 학교를 이끌어갈 때는 교사와 갈등만을 유발하고 그 문제를 해결하는 데 늘 미숙했다. 교사들의 다양한 의견을 수렴해 학사 운영에 반영해야 함에도 교사의 근무 조건과 관련한 요구 사항이 직원회의에서 묵살되는 것은 예사였다.

(전략) 발언하는 사람이라고 왜 바쁘지 않겠습니까? 직원회의에서 발언하는 사람의 쫓기는 듯한 심정을 교장 선생님은 알고 계십니까? 직원회의 때 교사 발언은 그만큼 절박한 마음에서 비롯되는 것입니다. 적어도 교사의 그런 마음을 조금이라도 이해하고 있다면 교장 선생님은 귀담아들으려는 노력이 먼저 선행되어야 하지 않겠습니까? '학생을 놔두고 교사가 이럴 수가 있느냐?'라고 교사를 힐난하는 것은 교장 선생님이 하실 말씀은 아니었습니다. 교장 선생님보다 더 학생들을 생각하는 것이 바로 담임교사요, 교과교사입니다. 교실현장에서 학생을 만나는 것은 교사입니다. 교장, 교감 선생님이야 교장실로, 교무실로 가서 감독만 할 뿐이지, 화장실도 들르지 못하고 우선 교실로 바삐 들어가는 것은 교사입니다. 교장 선생님의 윽박지르는 말씀으로 교육이 이뤄지는 것은 결코 아닙니다.

지난 토요일 직원회의에서 한○숙 선생님의 발언이 저지당하는 것을 보면서 교사가 직원회의 시간에 발언하기 위해서는 자존심이 손상당할 각오를 하지 않고는 발언하기 힘들겠다는 생각을 했습니다. 적어도 이런 모습의 직원회의가 되어서는 안 되겠다는 생각으로 공개편지를 띄우게 되었습니다. 교사의 자주적 발언권을 봉쇄하지 마십시오. 교사의 자주적 발언권은 보장되어야 합니다. 결례의 글이 되었다면 용서해주십시오.

2007년 10월 22일

"나쁜 사람 만드네."

가르치는 학생들로부터 존경받고 신뢰받을 수 있는 교사만큼 행복한 일은 없다. 교사라면 누구나 가능한 일이지만 아무나 그런 교사가 되는 것은 아니다. 그렇게 되려면 변화하는 시대를 읽어낼 수 있는 통찰력을 갖추어야 한다. 과거를 통해 현재를 살아가고 있는 교사가 새로운 세대를 가르치는 것은 희열일 수 있으나 새로운 학생들과 교감을 나누지 못한다면 그것은 고통이다. 지금 만나고 있는 학생들은 교사들이 살았던 시대와는 다른 세상에서 삶을 시작하는 아이들이다. 교사가 세상을 보는 시선이 바뀌지 않고서는 결코 이해할 수 없을 것이다. 학생들을 이해하지 못함으로써 교사의 교육 활동은 힘들어지고 학생들과 갈등하고 대립하게 된다. 바뀐 세상에서 태어난 학생들이지만, 지금의 학생들도 대학 입시를 준비하는 점에서는 옛날 학생들과 조금도 다르지 않다. 학생들에게 대학 입시는 눈앞에 닥친 현실이다. 그러나 동서고금을 놓고 교육에서 놓칠 수 없는 것은 '사람이 먼저 돼야 한다'는 점이다. 말이야 쉽지, 어디 쉬운 일인가? 나부터도 '과연 나는 사람이 되었는가?' 되뇌며 늘 부족하고 모자라게 살아가고 있는 인생이다.

학생들이 잘되기를 바라는 마음은 교사나 부모나 같다. 정말 그런가? 정말 그렇다. 그것이 교사의 마음이다. 특히 문제가 있는 학생이 태도가 달라졌을 때 교사는 감격한다. 늘 지각을 하던 학생이 어느 날 일찍 왔을 때, 잠만 자던 학생이 책을 펴고 공부를 하고 있을 때 교사는 감격한다. 어떻게 해서든지 도움을 주고 격려를 해주고 싶은 것이 교사의 마음이다. 그러나 그런 학생이 다시 잘못했을 때 실망한다. 조급증이다. 교사의 좌절, 그럴 때마다 깊은 고민에 빠진다. 왜 용서가 안 되는 것일까? 학생이 밉게 보이는 이유는 무엇일까?

권 군이 2학기 들어서 분명 달라졌다. 달라진 태도 중에 하나는 수업 시간 중에 잠을 자지 않는 것이다. 한 시간 동안 자기가 공부할 양을 정해놓고 집중해서 공부하는 모습을 보게 되면 1학기 때

와 전혀 다른 학생이다. 교사를 대하는 태도가 공손해졌음은 물론
이고 배우려는 모습이 표정 속에 묻어 있었다. 열심히 공부하는 모
습을 보면서 격려도 해주었다. 대학 입시에서 성공하기를 바라면서
도 설혹 실패한다 할지라도 긴 인생을 놓고 본다면 이미 그는 성공
하고 있는 것이다. 지금 상황에서 대학이 가장 중요하고 절박한 큰
문제이지만 긴 인생을 놓고 본다면 불과 1~2년에 지나지 않는다. 물
론 이 짧은 시간이 평생을 좌우하는 경우도 있지만 인생에서 성공
이라는 것이 어디 물량으로 계산할 수 있겠는가?

그러던 권 군이 오늘은 태도가 달랐다. 화장실에 다녀오겠다고
교사에게 통보하듯이 말을 했다. 안 된다고 했다. 왜 안 되느냐고
대들듯이 말을 했다. 이미 다른 학생이 화장실에 갔기 때문에 그
학생이 들어온 후에 가라고 했다. 꼭 그렇게 해야만 되느냐고 또 따
지듯이 물었다. 정색을 하고 허락받기 위해 나온 것 아니냐고 물었
다. 그렇다면 들어가서 기다리라고 했다. 이미 화장실 가기는 글렀
다고 생각한 학생의 표정은 일그러졌고, 교사의 말투 또한 까칠해
졌다. 교사와 학생의 기싸움이 시작된 것이다. 결국 권 군은 자리로
돌아갔다. 그러나 곱게 들어가지는 않았다.

"나쁜 사람 만드네." 교사에게 들으란 듯이 하는 말이었고 협박
하는 듯한 말투였다. 듣지 말았어야 할 말을 들었다. 마음잡고 열심
히 공부하겠다는 학생이 교사 때문에 그러지 못한다는 말처럼 들
렸다. 못 들은 척하는 것이 교육은 아니라는 생각이 들었다. 들어
가는 학생을 다시 나오게 했다. 할 테면 해보라는 태도였고, 잘못
한 것이 조금도 없다는 당당한 태도였다. 눈 하나 깜빡하지 않았다.
시간은 거의 끝나가고 있었다. 종이 울리면서 교무실로 올라오라고
했다. 권 군은 계속 왜 교무실로 가야 하느냐며 혼낼 것이 있으면
여기서 혼나게 해달라고 했다. 따라 나오면서도 똑같은 말이 반복

되었다. 복도로 나와서는 목소리까지 높았다. 학생의 목소리가 커지면서 교사의 말도 커져갔다. 어쩔 수 없었는지 투덜거리면서 권 군은 결국 따라왔다.

즉흥적인 행위가 상대방에게 어떤 불쾌감을 주는가를 정말 모르는지, 알면서도 그러는 건지 구분하는 것이 참 힘들 때가 있었다. 권 군에게 말했다. 하고 싶은 말을 다 하고 살 수는 없다고. 상황에 따라서는 하고 싶어도 해서는 안 될 말이 있고, 하고 싶지 않은 말도 해야 할 때가 있다. 나이가 든다는 것은 사람이 되어가는 것이 아니냐고, 사람이 되어가는 것엔 판단 능력도 따라야 하는 것 아니냐고 물었다. 얼굴 표정만으로는 알겠다는 것인지 아니면 알면서도 모른 척하는 것인지 알 수가 없었다.

입시가 보름 약간 넘게 남은 고3 학생을 붙들고 내가 왜 이러는지 후회도 되었다. 어쩌면 교사인 내가 가장 잘못한 것은 화장실을 가겠다고 했을 때, 좀 더 친절하게 말하지 못한 점이 아니었을까? 학생들의 마음을 아직도 제대로 읽지 못하고 있는 것일까? 학생에게 좀 더 친절히 말하지 못한 것을 사과했다. 돌아서는 권 군은 어떤 마음을 갖고 교실로 갔을까?

2007년 10월 30일

진보 교육감의 당선

무엇보다 이 무렵 서울 교육에 대한 기대감을 한껏 높였던 것은 진보 교육감의 등장이었다. 2010년 지방자치 선거에서 경기도에 이어 서울과 강원 그리고 광주에서 진보 교육감이 당선되었다. 이전까지 서울시교육감은 학교 위에 군림하는 존재였을 뿐 교사와는 너무도 멀리 있는 존재였다. 현장 교사들이 '우리 교육감'이라며 친근감을 드러낼 정도로 진보 교육감의 당선은 많은 기대감을 갖게 했다. 보수 교육감 시대와는 다르게 획기적인 변화가 올 것이라는 기대감에 들떴다. 불필요한 잡무에서 벗어날 것을 기대했으며, 교사의 자율적이고 자주적인 교육 활동이 가능해질 것이라는 기대감이었다. 교사로서 교육 활동에 전념할 수 있을 것이라는 기대감이었다.

그러한 기대는 오래가지 않았다. 초등학교 교사의 체벌 사건으로 학교는 폭력이 난무한 곳으로 매도되었다. 국가인권위 사무총장 출신이었던 '진보 교육감'은 '인권 교육감'이 되겠다며 학교에서 체벌을 추방하겠다는 선언을 했다. 틀린 말은 아니지만 준비할 틈도 없이 교사들은 무장 해제를 당한 느낌이었다. 이후 학생들은 교사에게 체벌을 당하면 112로 신고했고, 신고를 받은 경찰이 학교로 출동하는 일이 잦아졌다. 학생들의 인권 의식은 높아졌으나 교사들은 혼란스러웠다. 선의로 학생을 지도하려 했던 교사가 경찰서에 가서 수사를 받아야 했던 일은 충격적이었다. 학교의 변화였다. 새로운 세태였다.

곽노현 서울시교육감에게 드리는 공개편지

지난 6월 2일은 지방자치 선거 날이었습니다. 투표를 마치고 개표 방송을 초조한 마음으로 지켜봤습니다. 10% 교사 퇴출을 공약한 후보의 당선이 두렵기 때문은 결코 아니었습니다. 밤을 꼬박 새우고 나서야 그 초조감은 환희로 바뀌었습니다.

성적 말고는 중요할 것이 없는 학교의 모습이 바뀔 것이라는 벅찬 기대감이 들었기 때문입니다. 인간의 존엄한 가치마저 성적으로 매겨지는 살벌한 점수 경쟁에서 숨통이 트일 것 같다는 생각이 들었기 때문입니다. 성적 올리는 것만이 교육의 전부라고 생각했던 전임 교육감의 천박한 교육철학은 '사람'은 없고 오직 '점수'로 모든 것을 평가했습니다. 초등학교에서 사라졌던 일제고사가 부활되었고, 일제고사의 비교육적인 면을 지적한 교사는 학교에서 쫓겨나기도 했습니다. '성적'만을 교육으로 생각하는 사람들은 인간의 존엄한 가치를 중시하는 교육감의 등장을 경계하고 있습니다. 그러나 교육감의 권위를 내려놓은 수평적 리더십의 파격적인 행보를 보며, 내가 선택한 후보의 당선이 틀리지 않았음을 확인했습니다. 교육감의 취임식 소식은 진보의 가치를 주장하는 사람들이 왜 교육감이 되어야 하는가를 상징적으로 보여주는 사건이기도 했습니다.

우리 교육감이라는 말이 전혀 어색하지 않았습니다. 그러나 아쉽게도 그러한 기대는 교육감 취임 100일을 넘지 못했습니다. 지금은 오히려 실망과 걱정으로 바뀌고 있습니다. 물론 4년의 교육 행정을 하면서 왜 그런 실망이 없겠습니까? 눈여겨보면 많은 부분에서 학교가 눈에 띄게 달라지고 있는 것을 확연히 느낄 수가 있습니다. 그러나 열 가지를 잘해도 하나의 큰 실수가, 잘한 열을 순간적으로 사라지게 합니다.

지금 '체벌 없는 평화로운 학교' 규정을 제정하라는 교육청 공문에 학교는 많이 휘둘리고 있습니다. 교육은 아파트 재건축하는 것과는 분명 다른 일입니다. 학생 인권을 존중하는 교육감의 교육철학에 전적으로 공감하면서도 지금과 같이 일방적으로 추진하는 방식에는 동의하지 않습니다. 교육청의 지침과 공문에 의해 규정을 제정하고 바꾸는 것은 가능하겠지만 그 과정 속에서 내면화될 민주적 가치는 사라지기 때문입니다. 절차와 과정이 생략된 채 추진되고 있는 일은 성과주의, 업적주의에 지나지 않습니다.

또 토론회를 하면서 체벌에 대한 찬반 논쟁을 하지 말라고 지침을 내리는 것도 옳지 않습니다. 문제가 있음에도 문제 제기를 하지 말라는 것은 침묵하라는 것에 다름 아닙니다. 이미 정한 방향으로 일방적 추진은 행정편의주의적 발상으로 독재정권 때에나 있었던 일들입니다. 더구나 토론 한 번으로 드러난 모든 문제를 해결될 것으로 판단한다면 지금 추진하고 있는 토론회는 요식행위에 그칠 수밖에 없습니다. 그렇게 서두르는 것은 단기적 성과를 내기 위한 집착으로 생각됩니다. 집착이 강할수록 실패할 확률은 높습니다. 밥이야 압력 밥솥이 있어 속성으로 되겠지만 교육의 압력 밥솥은 없습니다. 민주주의나 교육은 속성이 아님을 누구보다 잘 알고 계실 교육감입니다.

학교에서 교사의 체벌은 오랫동안의 관행이었습니다. 또 '체벌 속에도 교육이 있다'라는 생각을 갖고 있는 교사도 많이 있습니다. 교육청의 공문으로 교사의 신념이 그렇게 쉽게 바뀌는 것은 아닐 것입니다. '체벌 없는 평화로운 학교'는 단순히 규정을 바꾸는 것이 아니라 학교 문화를 바꾸는 것입니다. 군사독재정권하에서도 바뀌지 않는 것이 문화가 아닙니까? 관행적으로 이뤄져 왔던 체벌을 근절시키기 위해서는 교육 주체들의 깊은 성찰부터 이뤄져야 했습니다.

정말 걱정되는 것은 교육감의 한마디로 학교가 하루아침에 바뀔 수 있다는 것이 두렵습니다. 그럴 리 없겠지만 4년 후에 '체벌은 교육 방법의 하나다'라는 교육감이 당선된다면 똑같은 방식으로 학교는 휘둘릴 것입니다. 지금과 같은 방식으로 체벌을 근절시킬 수 있다는 발상 자체가 위험하게 생각되는 이유입니다. 지금 대부분의 학교는 교육청의 공문과 지침을 충실하게 따르고 있습니다. 지시와 명령에 익숙해 있기 때문입니다. 교육청의 지시에 맹목적으로 충실한 학교는, 정반대의 지시에도 충실할 것입니다. 틀린 것에 대해 문제 제기를 하면 손해 볼 수 있다는 생각 때문이겠지요. 늦더라도 정확하게 가야 할 이유가 여기에 있습니다. 숫자만으로 나타나는 성과는 거짓입니다.

'체벌 없는 평화로운 학교'가 안착하기 위해서는 교육이 필요하고, 토론의 과정이 필요합니다. 날짜를 정해놓고 추진할 일이 아닙니다. 이러한 이유로 '체벌 없는 평화로운 학교' 추진에 대해 냉소적 반응을 보이고 있는 것도 사실입니다. 그럼에도 불구하고 교육감의 강력한 체벌 단절 선언은 폭력에 가까운 체벌을 멈추게 한 것 또한 사실입니다. 종전에 체벌 논란을 잠재울 수 있게 된 것은 그나마 다행한 일로 생각됩니다.

그러나 지금부터입니다. 교육 방법의 하나로 생각했던 교사들도 이제 들었던 '매'를 내려놓을 것입니다. 체벌로 교사의 권위를 유지하려는 교사는 그리 많지 않습니다. 세상의 변화에 그렇게 둔감한 교사는 아닐 것입니다. 학생을 지도하는 마지막 수단이 '체벌'이었다면 이제 교사는 가르치는 수단 하나를 잃게 되었습니다. 교사의 자존감을 무너뜨리는 교육 환경을 바꿔내는 것에 대한 책임은 이제 교육 당국에 있습니다.

'체벌의 교육적 효과를 아무리 강조해도, 없는 체벌보다 나을 리 없다'는 교육감의 인권 의식을 존중합니다. '학생 인권 보호보다 우선하는 교육정책은 없다'는 교육감의 교육철학에 공감합니다. 그러나 교육정책은 한 사람의 신념을 관철시키는 것이 되어서는 안 될 것입니다. 다툼의 소지가 있고 견해차가 큰 정책일수록 풍부한 논의 과정이 있어야 할 것입니다. 한 마디를 하기 위해 열 마디를 듣겠다는 생각을 할 때 독선에서 벗어날 수 있을 것입니다. 문득 2010년을 살아가고 있는 우리 학생들의 자존감과 행복을 빼앗고 있는 것은 무엇인가를 생각해봅니다. 반복되는 학습으로 '수면권'을 보장받지 못하고 있는 것은 아닐는지요. 성적이 나쁘다는 것만으로 무기력함과 좌절감에 빠져 있는 학생들에게는 체벌보다 더 무서운 일이 아닐는지요. 문제가 있음에도 방관하고 있다면 우리 교사들은 학생들에게 죄를 짓고 있는 것이겠지요.

정말로 성공하는 교육감이 되기를 기원합니다.

2010년 10월 20일, 『오마이뉴스』에 기고했던 글

진보 교육감의 좌절

학교에서 체벌 금지에 대한 여진이 전혀 없는 것은 아니지만, 멀리 보면 곽노현 교육감의 최대 업적은 학교현장에서 체벌을 추방한 것으로 평가받을 것이다. 하지만 체벌 금지 발표 당시에는 최악의 결과로 교사들의 원성을 샀었다. 아이러니하게도 학교현장에서 체벌은 거의 사라지고 있지만 사교육 기관에서는 오히려 체벌이 전혀 문제가 되지 않고 있다고 한다. 학교에서 교사에게 당하는 체벌은 참을 수 없어도 사교육 기관인 학원에서 이뤄지는 체벌은 아무 저항 없이 받아들이고 있다는 것이다. 학원은 본인이 선택한 것이기 때문이기도 하고 학원 선생님의 말씀이 설득력이 있다는 말도 학생들은 자연스럽게 하고 있다.

체벌 금지와 같은 우여곡절이 있었지만 서울 교육개혁에 대한 의지가 강했던 곽노현 교육감이었다. 그러나 곽노현 교육감의 실패는 임기도 채우지 못하고 낙마한 것이었다. 그것은 곽노현 교육감의 실패가 아니라 이명박 정권의 집요하고 야비한 공작 정치의 성공이었다. 서울 교육개혁에 대한 강력한 추진은 늘 이명박 정권에 의해 제동이 걸렸고, 또 진보 교육감의 도덕성을 훼손하려는 정치 공작은 집요했다.

둔촌고등학교로 발령받은 그해, 대통령 선거에서 이명박 정권이 집권했다. '국민의 정부' 김대중 정권과 '참여정부' 노무현 정권을 통해 한 단계 성숙한 민주주의를 발전시킨 공적은 결코 적지 않았다. 그럼에도 불구하고 진보 정권이라고 하기에는 함량 미달이었다는 평가를 받았었다.

돌아보면 참으로 인색한 평가였다. 그렇지만 민주개혁 세력이라는 점에서 이전의 정권과 성격을 달리했으나 다시 보수 정권으로 바뀐 것은 노무현 정권에 대한 국민의 심판이었다. 정권 교체는 이전 정치 세력에게 주었던 믿음을 거둬들인 것이다.

시국선언

'부자 되세요'로 국민의 환심을 산 이명박 정권은 매우 교활했다. 이명박 정권 당시 국가정보원이 전국교직원노동조합 소속 교사들의 탈퇴를 유도하는 공작을 했다는 사실이 2017년 10월 12일 언론에 보도되었다. 전교조 교사로 위장해 전교조가 반국가·반체제 조직이라고 폭로하는 소위 '양심선언'을 통해 탈퇴를 유도하는 글을 인터넷에 올렸던 것이다. 전교조를 와해시키려 없는 사실까지 가공해 비열한 공작 정치를 펼친 것은 어떤 변명으로도 실명될 수 없는 파렴치한 짓이다. 부도덕한 징권일수록 전교조를 눈엣가시처럼 생각했던 것이다.

2009년 5월 23일, 전직 대통령이 자살하는 충격적인 사건이 일어났다. 대통령 후보 이전부터 '바보' 노무현으로 불렸던 원칙에 충실했던 그였다. 반칙과 특권이 지배하던 시대를 묻고 원칙과 상식에 기초한 새로운 시대를 열고자 했던 대통령이었다. 그러나 당시 야당으로부터 임기 내내 악의적인 조롱과 비난을 받으면서 수모를 당했던 불운한 대통령이기도 했다. 자신을 지지했던 민주세력으로부터도 지원을 받지 못하고 비난에서 자유롭지 못한 대통령이었다. 나 역시 그를 좌회전 깜빡이를 켜고 우회전했던 정권이라며 비난하는 쪽에 섰을 정도로 대통령 임기를 힘들게 보낸 노무현 대통령이었다.

그는 구시대의 정치와 절연하는 마지막 대통령이기를, 그리고 새로운 시대를 여는 첫 대통령이기를 희망했으나 현실 정치의 높은 벽을 넘지 못하고 많은 과제를 남기고 임기를 마쳤다. 그는 권력과 권위를 내려놓음으로써 오히려 권위가 존중받는다는 사실을 알게 한 참 소박한 대통령이었다. 임기를 마치고 귀향하여 범부처럼 살아가는 소박하고 소탈한 삶이 언론에 보도되면서 그를 찾는 사람들이 늘어났다. 대통령의 직에서 벗어나고서야 오히려 더 국민의 사랑을 받았던 노무현 대통령은 이명박 정권으로부터 파렴치한 인물이라는 여론몰이를 당하고 결국 자살로 삶을 마감했다. 시국은 다시 한 번 요동쳤다. 교사들의 시국선언이 다시 발표되었다. 이후에 벌집을 쑤셔놓은 듯 학교 관리자는 숨이 넘어갈 듯이 바빴다.

교감으로부터 전화가 왔다. 10년 가까이 차이가 나는 젊은 교감이었다. 방학 중에 전화를 해서 안부를 물어볼 정도로 정겹게 지낸 사이는 아니었다. 원로교사에게 방학 중 안부를 묻는 전화라고는 아예 생각하지 않았다. 전화 목소리는 꽤나 정중했지만, 전화를 한 이유는 금방 드러났다. 시국선언에 참여했는가를 확인하는 전화였다. 정년퇴임이 5년 좀 넘게 남은 나이 든 교사에게 젊은 교감은 시국선언에 참여했는가를 물었다.

벌써 20년이 훨씬 지난 1980년대 군사독재정권 시절에도 있었던 일이었다. 학교는 보충수업과 자율학습으로 학생을 가두었다. 이름뿐인 보충수업이지 학교 수업의 연장이었다. 입시를 최고의 가치로 두는 상황은 예나 지금이나 다르지 않았다. 학교 입장에서 자율학습이지 학생들이 필요에 따라 선택할 수 있는 사항은 아니었다. 참 좋은 말들이 도용당하고 오염되었던 때였다. 교사 또한 교장, 교감의 지시에 충실했다. 교육 아닌 것에 대해서도 부정하지 못하고 침묵했다. 교사의 양심상 견디다 못해 강제적인 보충수업과 자율학습 폐지를 요구하는 '교육민주화 선언'을 발표했다. 23년 전인 1986년의 일이다. 역사는 그때를 군사독재정권으로 기술하고 있다.

그때도 그랬다. '교육민주화 선언' 직후 학교엔 난리가 났다. 요즘처럼 누구나 핸드폰이 있을 때도 아니었다. 교육청에서 통보받은 명단을 갖고 교감은 사실 여부를 확인하기 위해 해당 교사의 집을 방문했다. 다음 날 학교에서 확인할 수도 있는 일을 일과가 끝난 이후에 가정방문까지 한 것이다. 그랬다. 교사에게는 제왕적 권위로 군림하던 교장, 교감이었으나 상급 관청의 명령 한마디에는 호들갑을 떨었다. 늘 교육 가족을 이야기하던 평소와 다르게 시국선언 참여 교사를 학교의 천덕꾸러기 취급을 했다. 혹시 불똥이 자신에게 튀지는 않을까 전전긍긍했고, 사실 여부를 확인하여 처벌하기 위한 수순에 가장 앞장섰던 사람들이 그 당시 교장, 교감이었다. 교육적인 문제를 제기했음에도 당시 군사독재정권과 교육 당국은 전에 없던 교사들의 집단 행위에 화들짝 놀랐다. 교사는 시키는 것에 충실할 것으로만 믿었던 또 그래야만 하는 것으로 생각했던 정권이었고 교육 당국이었다. 교사들에게 군림했고, 교사 존재를 그들의 촉수처럼 생각했다. 어디 감히 교사가 지시와 명령을 부정한다는 말인가. 그렇게 살아왔던 그들에게 정권에 저항하는 교사의 '시국선언'은 상상할 수도 없는 사건이었다.

2009년의 시작은 '용산 참사'로 시작되었다. 국민의 생명과 재산을 지켜줘야 할 공권력에 의해 오히려 시민이 죽은 사건 아니었는가? '쌍용자동차 파업 노동자.' 한 치 두 치 건너면 바로 그분들은 우리들의 학부모 아닌가? 어디 그뿐인가? 퇴행적인 정치 현장. 민주주의의 후퇴. 반교육적인 방과후학교. 자율형 사립고등학교. 고교선택제 등으로 교과서 지식에 학생을 가둬두는 것이 교육의 전부라고 생각하는 교육부였다.

학생들이라고 세상에 대해 눈을 감고 사는 사람들이 아니다. 학생 중에는 용산 참사로 희생당한 분을 아버지로 형으로 그리고 아저씨로 둔 아이들이 있을 것이다. 시민을 지켜줘야 할 경찰에 의해 처참한 죽음을 당한 것을 그들에게 어떻게 설명해야 하나? 교사는 학생들에게 늘 정의롭게 살라고 가르치고 있지 않았나? 당당하고 떳떳하게 살라고 가르치고 있지 않았나? 우리 사회의 미래에 대해 책임을 지고 있는 교사로서 당당하게 살겠다는 의지를 표명한 것이 바로 시국선언 아니었던가. 학교 담장 밖에서 벌어지는 일들은 교과서 지식과는 관계없는 딴 세상으로 눈을 감는 것이 교육인가. 교육부에서 말하는 교육과 학교현장에서 말하는 교육의 개념이 그렇게 다른 것인가. 정의와 인간의 존엄성 그리고 민주주의를 존중하며 살아가고 싶어 하는 교사들의 외침이 징계를 받아야 할 정도로 중대한 범죄인가? 위협이고 협박이다. 교사는 우리 사회에 대해 눈 감고 입 다물고 있으라는 것 아닌가? 또다시 교사에게 비굴하고 굴종적인 모습으로 살도록 하겠다는 것이 교육부의 의도 아닌가? 그렇다면 그것은 부정되어야 한다.

이미 교육부는 시국선언에 참여한 교사들을 징계하겠다는 입장을 밝혔다. 주도한 사람 중에 전교조 주요 간부 전부를 중징계하고, 단순 가담자의 경우는 주의 경고 조치를 하겠다고 했다. 학교에서 매일 얼굴을 맞대는 동료 교사가 시국선언에 참여했는가의 여부를 확인하고, 교감은 징계 조치 절차를 밟기 위하여 동원되고 있었던 것이다. 동료 교사를 감찰하는 위치에 있는 관리자의 현재 상황이 참 고약하고 딱딱하다. 시국선언의 내용이 그렇게 불경스러웠던 것인가. 교사가 해서는 안 될 말을 했단 말인가. 교사가 학교 밖의 문제를 걱정하지 않을 정도로 정치를 하지 못했는가는 왜 되돌아보지 못하는가? 교육부는 교사들에게 신뢰받는 행정기관으로 자리 잡고 있는가? 또 권위를 인정받고 있는가?

거꾸로 가고 있지 않은가? 시국선언을 하지 않으면 안 되는 이유를 교육부 스스로 입증하고 있는 그런 시대에 우리는 살고 있지 않은가? 정권이 바뀌면서 다시 20년 전으로 후퇴하고 있는 것은 민주주의의 퇴행 아닌가? 참으로 유치한 교육 당국의 유아적 태도가 아닐 수 없다. 교육부는 성숙하지 못한 반교육적인 교사 징계를 스스로 철회해야 마땅하다. 그것이 교단의 갈등을 최소화하는 길이다.

2009년

"너, 전교조지!"

전교조를 무력화시키려는 이명박 정권의 공세는 집요했다. 틈만 나면 전교조를 과격한 집단으로 몰아갔고 일부 언론은 이명박 정권의 하수인 역할을 자처했다. 당시 여권의 일부 정치인은 국회를 이용해서 취득한 조합원 명단을 자신의 홈페이지에 게재했다. 결국 조합원 명단을 게시한 것은 위법한 것으로 판결이 났고 해당 국회의원은 재산을 압류당해야 했다. 전교조는 국회의원이 배상한 돈을 전액 장학금으로 조성하여 불우한 학생들을 위해 운영하고 있다.

그렇습니다. 저는 전교조 조합원입니다. 더 정확히 저는 둔촌고등학교 교사로 근무하고 있는 국어과 교사 유기창입니다. 저는 교사이기 때문에 전교조에 가입할 수 있었고, 교사의 권익을 보호받을 수 있는 교원 단체이기에 전교조에 가입했습니다.

교사를 처음 시작한 것이 81년입니다. 지금으로부터 30년 전입니다. 지금처럼 교직을 꿈의 직장으로 생각했던 것은 아니었습니다. 능력이 있다고 하는 사람들은 근무 조건이 더 좋은 곳으로 많이 이직을 했지요. 선배들은 하나같이 교직은 희망이 없다고 했습니다. 교장, 교감 되지 못한 것을 교육자로서 실패한 것처럼 말을 했습니다. 또 교장, 교감되기 위해서는 당시 떠도는 말로 '감 오백(교감은 500만 원)', '장 천(교장은 1,000만 원)'이란 말이 공공연하게 떠돌기도 했습니다. 교직을 평생 직장으로 결심하게 된 계기였습니다. 교장, 교감에 대한 생각은 처음부터 접고 시작한 교직 생활이었습니다. 평교사로 정년퇴임하는 것을 자랑스럽게 생각하겠다는 결심으로 교직 생활을 시작했습니다.

교사의 권익을 보호받기 위해 전교조에 가입했지만 오히려 탄압을 받으면서 보낸 20년의 교직 생활입니다. 1989년 전교조 창립 당시 이름을 얹어놨기에 파면까지 당했었지요. 어느 권력이나 전교조에 대한 시선은 참 곱지 못했습니다. 특히 부도덕한 정권일수록 그 강도는 심했지요. 1999년 전교조 합법화로 10년 만에 불법의 딱지를 떼었지만, 현 정부 들어서서 다시 10년 전으로 회귀한 기분입니다.

전교조. 왜 잘못이 없었겠습니까? 그러나 비난받아 마땅한 일에 대해 늘 겸손해지려고 했던 전교조였습니다. 활동의 정당성을 인정받지 못하고서는 단 한순간도 떳떳할 수 없는 것이 전교조입니다. 전교조를 향한 비판이 다른 어느 집단보다 더 매섭고 무거웠던 것은 전교조의 도덕성 때문이라는 사실을 누구보다 잘 알고 있습니다. 교사의 권익을 보호받기 위해 전교조를 만들었지만 오히려 그 권익을 반납하며 활동한 20년입니다. 늘 약자와 소수자와 함께하려 했고 고통 받고 힘들어하는 사람들 쪽에 서 있으려고 노력했던 것이 전교조였습니다. 그러한 전교조의 가치를 존중하고 양심적이고 정의로운 자주적인 교원단체로서 전교조를 자랑스럽게 생각하며 살아왔습니다.

19일 한나라당 조○혁 의원은 법원의 판결을 부정하면서까지 전교조 명단을 공개했습니다. 국회의원으로서 의정활동을 하는 것에 대해 시비를 걸 생각은 아예 없습니다. 또 이름이 밝혀진다고 해서 두려워할 일도 아니고 부끄러울 일은 더더욱 아니라고 생각합니다. 다만 법원의 결정까지 무시하면서 그렇게 밝히지 않으면 안 될 급한 일인가를 묻지 않을 수 없습니다. 전교조 교사 명단을 밝힘으로 해서 전교조에 타격을 주기 위한 것이라면, 그 또한 치졸하기 짝이 없습니다. 전교조를 범죄집단 대하는 듯한 현 정부의 태도를 보면 민주주의에 대한 이해의 폭이 이렇게도 좁을 수 있는가 걱정이 앞섭니다. 민주주의에 대한 지적 수준도 천박하기 짝이 없습니다. '민주주의 발전에 대한 기대를 아예 접고 이 정권이 끝나기를 바라야 할까?'라는 참으로 기가 막힌 생각까지 하게 됩니다.

19일은 '4·19 혁명', 50주년입니다. 학생들 앞에서 '오늘'에 대한 생각조차 전하지 못할 정도로 학교는 정신없이 바쁘게 돌아갑니다. 성적이 곧 교육일 수 없음에도 성적 향상을 곧 교육의 전부로 생각하는 것은 참으로 슬픈 현실입니다. 모든 학생이 성적 우수자일 수가 없습니다. 오히려 더 많은 학생들이 성적 때문에 위축되어 살아갑니다. 성적에 주눅 들고 있는 학생들에게도 어떻게 세상과 당당하게 맞서게 할 것인가를 고민합니다. 왜냐하면 그것이 교육이기 때문입니다. 그런 교육의 가치를 지향하는 것이 전교조입니다.

아시겠습니까? 조○혁 의원님.

2010년 4월 20일, 『오마이뉴스』에 기고했던 글

담임교사는?

한 학급을 책임지는 담임을 맡았을 때 비로소 '교사'라는 생각을 한

적이 있었다. 그러나 언제부턴가 고등학교까지 담임교사가 꼭 필요한지 의문이 들었다. 초등학교에서는 학교라는 제도를 안내하고 또 적응해나가는 시기라는 점에서 담임교사가 중요하다. 또 사회화의 과정에 있는 아이들이기 때문에 보호받는 것은 당연하다. 뿐만 아니라 사회 구성원으로서 지켜야 할 기본 소양 교육을 받는 시기이므로 담임교사가 절대적으로 필요할 것이다. 그러나 상급 학년으로 올라갈수록 학생들의 자율적 능력을 신장시키는 것이 중요하다. 학생 스스로 생각하고 판단하고 선택할 수 있는 능력을 신장시킬 수 있는 것이 청소년 시기이다. 달리 보면 중·고등학교에서 담임교사 제도가 학생들이 자주적으로 성장하고 경험하고 훈련할 수 있는 기회를 오히려 거세시키고 있는 것은 아닐까? 학생들을 담임교사라는 제도 안에 과보호하는 것이 현재 우리 교육의 현주소는 아닐까?

더구나 담임교사와 학생의 관계가 원만하지 않을 때 매일 담임교사를 봐야 하는 건 학생 입장에서는 괴로운 일이다. 담임교사 또한 마찬가지다. 책임질 수 없는 학생들을 학급이라는 공간에 묶어두고 매일 대하는 것은 곤혹스러운 일이다. 학생들은 교육을 통해서 성장하는 게 맞지만, 교사의 관리와 감독으로 성장하는 것은 아니다. 담임교사의 역량에 따라 학생들이 감화받기도 하지만, 아이들은 친구를 롤모델로 삼아 성장하기도 한다. 스스로 문제에 부딪쳐보고 그 문제를 해결할 수 있는 자율적 능력을 키우는 것이 중요하다면, 고등학교 담임교사 제도에 대해 필요성 여부를 진지하게 검토해볼 수는 없을까?

담임교사를 맡고 못 맡는 것에 따라 교사의 능력을 평가받던 때가 있었다. 담임교사의 임명권은 교장의 절대 권력의 상징 중 하나였다. 제왕적 교장 시절에 담임교사를 맡지 못하는 교사는 무능 교사였거나 아니면 불온한 교사였다. 교장의 명령에 고분고분하지 않은 교사는 담임교사에서 철저히 배제된 시절도 있었다. 특히 3학년 담임교사는 교장의 절대 신임을 받는 사람이어야만 가능했고 실력 있고 유능한 교사의 보증수표였다. 그러다가 언제부턴가 담임교사를 기피하는 현상이 나타났다. 학교마다 다를 수도 있겠지만 담임교사를 맡지 않는 것이 오히려 특혜가 되었다. 담임교사의 역할이 학생 상담과 생활지도 이상으로 늘어났기 때문이다. 교육 행정의 전산화 작업으로 인해 입력해야 할 것이 갈수록 늘어나고 있다. 학기 초와 학기 말에는 담임교사가 컴퓨터 앞에 늘 매달려 있어야 한다. 담임교사를 단순한 행정요원으로 전락시키는데, 보람도 없는 그 일을 누가 하고 싶어 하겠는가?

　교사 경력 30년이 되고 만 55세면 원로 교사가 된다. 원로 수당이라고 해서 50,000원을 추가로 받는다. 교직 경력 31년째, 올해로 만 57세가 되었다. 정년이 62세니, 이제 꼭 5년 남았다. 그러나 나는 원로 교사가 아니다. 전교조 해직 기간 4년 6개월은 빼야 한다. 전교조에 가입하고 해직된 사람들은 김대중 정권 때 민주화 운동 법률에 의거하여 교육민주화 운동 유공사로 인정을 받았다. 그러나 지금까지도 해직된 4년 6개월에 대해 어떤 보상도 받지 못했다. 호봉 산정도 되지 않아 정년퇴임 때까지 그만큼의 불이익을 받으면서 교사 생활을 끝낼 수도 있을 것이다. 그럼에도 불구하고 동료 교사들의 각별한 배려 속에 이미 2년 전부터 원로 교사로 과분한 대접을 받고 있다. 수업 시간도 줄었다. 감당하기 힘든 담임교사에서도 빠지도록 했다.

　서로가 기피하는 담임교사. 오늘 1학기를 준비하기 위한 임시 직원회의에서 담임 배정 발표가 있었다. 같은 국어과 교사 중에 도저히 담임을 못하겠다는 후배가 있었다. 20년 동안 한 번도 쉬지 않고 담임을 맡았던 후배 교사다. 후배 교사들에게 짐이 되는 것 같아 가슴이 아팠다. 모른 척하면 1년이 편하겠으나 마음이 무거웠다. 무모한 용기를 내어 대신 담임교사를 맡겠다고 했다. 후배 교사가 미안해하는 것이 더 미안했다. 원로 교사를 반납하는 기분으로 흔쾌히 맡았다. 정년퇴임하고 나서 '왜 그때 더 열심히 학생들과 만나지 못했을까' 후회할 것 같아 미련 없이 맡겠다고 결심했다. 젊은 후배 교사들에 비해 느리고 더딜 것이다. 젊은 학생들과 교감도 떨어지겠지만 그래도 오늘 결심이 흔들리지 않고 1년을 갈 것이다.

2011년 2월 19일

내가 원해서 선택한 일이었지만 괜히 담임교사를 맡았다는 후회가 들 때가 있었다. 괜히 교사가 되었다는 회한까지 들 때도 있었다. 모든 학생들이 다 착한 것이 아니었고, 모든 학생들이 다 나쁜 것은 더욱 아니었다. 학생들에게 당당하게 세상과 맞서야 한다고 말했으면서도 학생들이 당당하게 교사에게 자기주장을 할 때는 미울 때가 있었다. 더구나 교사에게 대드는 학생들은 예의 없는 학생으로 단정하기도 했다. 나 역시 내 말을 잘 듣는 학생이 곧 성실한 학생이라고 규정하기도 했다.

그는 머리부터 불량스럽게 느껴졌다. 키도 그렇게 크지 않은 학생이었다. 교사를 쳐다보는 시선 또한 그리 곱지 않다. 수업 시간 중에는 듣지 않고 엎드려 있는 때가 훨씬 많았다. 교과 수업 시간 중에는 잘 때 말고는, 옆에 있는 학생과 떠들다 자주 지적을 당하곤 했었다.

종례 시간, 다른 날보다 늦게 교실로 들어갔다. 학부모 자원봉사단에 참여하고 있는 어머니 두 분의 활동에 대한 고충을 듣다가 예상보다 길어졌다. 학부모의 자원봉사 활동은 대부분 점심시간 중에 이뤄지고 있다고 한다. 교사의 눈에 미치지 않는 학생들을 지도하기 위한 순수한 자원봉사 활동에 학부모가 참여하고 있는 것이다.

집에서 자식들로부터 전해 듣고 있는 학생들의 실상을 눈으로 확인하는 것은 학생들을 이해하는 데도 도움이 될 것 같다는 생각도 들었다. 그러나 학부모 자원봉사 활동에 참여하고 있는 학부모에게는 감당하기 벅찬 일들도 자주 발생한다는 말씀을 들었다. 교실을 순회하면서 담배 피우는 학생을 적발하고 지도할 때 거북한 말을 듣는 수모도 당하는 모양이었다. 어떻게 처리해야 할지 마음에 담고 있었던 많은 생각을 토로했다. 금방 끝날 것 같던 대화는 길어졌다. 종례 시간이 늦어진 이유였다.

특별히 전달할 내용도 없었기에 학급회장에게 종례 없이 귀가하도록 전화를 하려다가 '그래도' 하는 생각에 교실로 올라갔다. 이미 종례를 마친 다른 반 학생들이 교실 복도에서 친구들을 기다리고 있었다. 교실 문을 열고 들어서는 순간 복도에 있던 학생 하나가 입에 담기 거북한 욕을 하는 걸 들었다. 듣고 모른 척하기에는 소리가 너무 컸다. 바로 양○혁이었다. 열었던 교실 문 바로 앞에서 ○혁이를 불렀다. 오라고 불렀으나 ○혁이로부터 돌아온 대답은 "왜 가요?"였다. "조금 전에 욕을 하지 않았는가?"라고 잘못을 지적했지만 '그래서 어쩌라고요?' 그런 태도였다. 그러면서 선생님한테 욕한 것이 아니라고 했다.

물론 나한테 욕을 했기 때문에 잘못을 지적한 것은 아니라고 했다. 그렇다면 선생님한테 갈 이유가 없다고 하며, 선생님은 욕을 한 적 없느냐고 조롱 섞인 표정으로 따졌다. 학생의 말투는 시비조였고 손을 주머니에 찔러 넣고 쳐다보는 태도는 교사에게 조금도 밀리지 않겠다는 모습이었다. 학생의 소리는 컸고 교사의 목소리는 오히려 작았다. 교실 주변에 몰려 있던 학생들은 그 상황이 어떻게 전개될 것인가를 관심 있게 지켜보았다. 분위기가 역전되었다. 교사가 굉장히 잘못한 것 같은 분위기로 바뀌었다. 종례를 기다리는 학생들도 교실 복도에서 벌어지는 상황이 어떻게 전개될지 주목하는 것 같았다. 학생과 길게 실랑이를 벌일 수가 없었다. 복도에서 기다리고 있으라고 했다.

학생과의 실랑이를 접고 교실에 들어갔는데 평소 교실 모습이 아니었다. 학생과 다투는 모습을 지켜봤던 우리 반 학생들은 찬물을 끼얹은 듯 참으로 조용했다. 담임교사의 다음 행동을 주목할 뿐 빨리 끝내달라고 재촉하는 학생도 없었다. 교사는 말 한마디 하지 않았다. 할 말이 없었던 것이 아니라 말하는 것을 잊었다. 마음이 진정이 되지 않았다. 종례는 간단히 끝났다. 분위기 파악 못하고 핸드폰 문자 메시지를 보내던 ○재가 핸드폰을 빼앗긴 것 말고, 청소 당번만 확인했을 뿐 다른 말을 하지 않고 종례를 끝낸 것이다.

다시 복도로 나왔을 때 ○혁이는 그대로 서 있었다. 다시 그 학생에게 잘못한 사실을 모르겠는가를 물었다. "없어요"라고 천연덕스럽게 말하는 ○혁이는 조금도 물러설 기색이 없었다. 잘못한 사실을 인정하면 조심하라고 간단히 끝냈을 일이었다. 하고 싶은 말은 많았으나 말이 나오지 않았다. 계속 복도에 서서 다툴 수만도 없는 노릇이었다. 교무실로 따라오라고 했다. 그러나 왜 가야 하느냐고 거칠게 대들면서, 아무런 잘못이 없는데 왜 따라가느냐고 이죽거렸다.

종례 시간에 핸드폰 문자를 보내다 걸려서 핸드폰을 빼앗긴 우리 반 ○재만이 조용히 따라왔다. 어디서 꼬인 것일까? 어떻게 지도를 해야 하나? '체벌 없는 학교' 이후 벌어진 한 장면이었다.

2009년

수업 포기 이유

어느 덧 나도 50대 중반의 중년 교사가 되었다. 해직 시절을 포함해서 교직 경력이 30년이 되었다. 풍부한 교육 경험은 경륜으로 나타날 수도 있었으나 꼭 그러하지는 못했던 같다. 학생과 다투는 일도 많아졌고 그로 인해 마음 상하는 일도 많았다. 수업 시간에 엎드려 자는 학생이 많았던 것은 수업을 흥미 있게 이끌지 못한 교사의 능력이 부족함도 있었다. 세월이 흘렀고 바뀐 세상을 탓하기도 했으나 결국은 교사의 능력 문제일 수도 있었다. 그러나 교사를 무능력하게 만들고 있는 것이 교사 자신의 불성실에서 기인한 것만은 결코 아니었다. 초등학교 저학년의 학습 능력을 지닌 학생과 고등학교 교과 능력을 이해하는 학생을 한 교실에서 배우게 하는 방식으로는 교사가 버거울 수밖에 없다. 그렇다고 우열반 편성이 곧 답이라고 말하는 것은 아니다. 학교 붕괴와 교실 붕괴 현상은 교사의 불성실에서 온 것이 결코 아니다. 교육정책의 실패를 거듭 주장하는 이유이다.

지난 국어 시간 수업을 중도에 포기했다. 왜 그랬는가를 모르지는 않을 것이다. 수업 시간 중에 참 못됐다고 생각하는 학생들이 그날따라 왜 그렇게 많이 눈에 띄던지. 그러지 말았어야 함에도 불구하고 결국 학생 7명을 데리고 교무실로 갔다. 수업 중간에 나갔으니 교실은 난장판이 되었다. 교실을 떠나는 책임 때문에 남아 있는 학생들에게는 손을 들라고 했다. 아무 잘못을 하지 않은 학생까지 애꿎은 벌을 받아야 했다. 물론 종이 울릴 때까지 손을 들고 있을 것이라고는 생각지 않았다.

문제가 있다고 생각하는 학생들을 데리고 교무실로 가면서 참 착잡했다. 공부를 하고 싶어 하는 학생까지 결국 피해를 보게 되었으니까. 공부를 하고자 하는 학생보다 공부를 하지 않으려는 학생들이 다른 반에 비해서 유독 많은 ○○반이다. 왜 그럴까? 수업 시간에 집중하지 못하고 떠드는 학생을 볼 때마다, 장난치는 학생들을 볼 때마다, 멍하니 그저 앉아 있는 학생들을 볼 때마다 나는 무력감을 느꼈다. 물론 학생들의 수준 차이는 분명히 있을 것이다. 똑같이 배운 것을 갖고 시험을 봐도 어떤 학생은 100점에 가까운 점수를 받는 학생이 있고, 재수가 좋아 20점을 받는 학생도 같은 교실에서 똑같은 내용을 배우고 있으니 들어도 모르는 학생들의 경우 수업 시간 50분이 왜 지겹지 않겠는가? (중략)

지금 당장은 성적으로 순서가 매겨지고 있을지 몰라도 그 성적으로 매겨진 순서는 인생을 살면서 언제든지 뒤바뀔 수 있을 것이다. 고등학교 시절 성적으로 매겨진 순서는 긴 인생을 살면서 뒤바뀌어질 수 있다는 믿음 없이 희망은 없다. 자신을 함부로 버리지 마라. 세상에 자기가 하고 싶은 것만 하고 살 수는 없다. 마찬가지로 자기가 하고 싶지 않아도 어쩔 수 없이 하면서 사는 것이 우리들의 인생이다. 다만 그 일을 함에 있어 즐겁고 행복한가가 문제이다. 스스로 행복을 만들고 찾아내는 노력을 통해서 인생은 바뀔 것이다. 그 시작은 잘 듣는 것에서 가능하다. 듣는다는 것은 지혜를 배우는 것이다. 가르치는 내용에 지식만 있고 지혜는 없다는 말도 있다. 아픈 말이다. 들려야 들을 수 있겠지만 들으려고 할 때 들린다. 경청할 때 가능하다.

수업 시간에 아예 듣지 않으려는 학생들을 볼 때마다 나의 마음도 무너진다. 교사를 무시하는 태도에서 비롯된 것은 아니겠지만 무시당하고 있다는 생각도 들 때가 있다. 그렇다, 습관이다. 노력하지 않고 저절로 만들어지는 좋은 습관은 없다. 듣는 연습, 중요하다. 다른 사람의 말을 잘 듣는다는 것이 '순종'이 아님은 물론이다.

학생에게만 적용될 말은 아니다. 교사인 나에게도 똑같이 해당되는 말임을 나도 잊지 않을 것이다.

2009년 5월 30일 토요일

나는 너희들에게 무엇인가?

고등학교 3학년, 작은 시간도 놓치지 않고 공부만 하는 학생들을 보는 것만큼 애처로운 일도 없다. 공부에 지쳐 좁은 책상에 불편한 모습으로 엎어져 있는 학생들을 볼 때는 처절한 아픔을 느낀다. 쉬는 시간뿐만 아니라 수업 시간까지도 잠이 모자란 학생들을 '가르쳐야 한다'면서 깨울 용기가 없다. 긴 인생을 생각하면 고등학교 3학년의 '1년'은 결코 긴 시간이 아닐 것이다. 그러나 고등학교 3학년의 시기를 어떻게 보내는가에 따라 불과 몇 개월 후면 학생들을 대하는 사람들의 태도가 달라질 것이다. 특히 한국 사회에서는 어느 대학을 들어가는가에 따라 사람의 급이 달라진다. 고등학교 3학년을 어떻게 보내는가에 따라 성공과 좌절의 갈림길에 서게 된다. 어떤 출발점에 서야 하는가를 누구보다 잘 알고 있는 학생들이다.

한국의 고등학교 학생들이 밤잠을 설쳐가면서 죽어라 공부하는 이유도 거기에 있을 것이다. 대학에 먹고사는 문제가 있고, 대학에 장밋빛 인생이 있고, 대학에 자기 신분을 그리고 계급을 바꿀 희망이 있기 때문이다. 시간을 아껴가면서 공부하는 이유는 명백하다. '독서' 시간에 다른 공부를 하는 것도 그런 이유 때문이다. '독서' 시간에 가르치는 '시' 공부보다는 혼자서 영어 단어 외우는 것이 대학 입시에는 더 효과적이라고 생각하는 학생들이다. 효율적으로 시간 관리하며 하루를 보내는 학생들이다. 이미 계산을 끝내고 다른 공부를 하는 학생들에게 "너,

그럼 안 돼"라고 말하는 것은 전혀 설득력이 없다. 2010년, 고등학교 '독서' 교과를 가르칠 때 일이다. '독서' 시간에 '영어' 공부를 하고, '수학' 공부를 하는 학생들에게 "너는 왜 독서 시간에 다른 공부를 하느냐?"고 꾸짖기가 힘들었다. 그래서 편지를 썼다.

　너희들은 나를 '선생님'으로 부른다. 그렇다. 나는 너희들을 가르치는 '교사'이다. 그러나 나는 교사의 역할을 다하고 있는가? 그렇지 못하고 있다. 참으로 부끄럽다.

　그랬다. 교실에 들어서는 순간부터 나는 늘 무기력했다. 너희들이 부르는 '선생님'은 그저 의례적인 단순한 '호칭'일 뿐, 교사에 대한 예의나 존중감이 무너진 지 오래다. 나 또한 '교사의 권위적인 태도가 교육에서 꼭 필요한 것인가?'에 대한 물음에 아직까지도 확신을 갖지 못함에 따라 늘 어정쩡한 태도를 취해왔다. 교사의 지위만으로 교사의 권위가 존중받던 시대는 다시 오지 않을 것이다. 지금은 '가르치는 것'조차 학생들에게 별 볼 일 없게 생각되고 있는 상황이다.

　그것이 늘 고민스럽다. 또 괴롭다. 잠자는 학생들을 보면 깨우지도 못한다. 기대와 다르게 충족되지 않는 '독서' 시간으로 판단하고 다른 공부를 하는 학생들을 보면 씁쓸하다. 공부를 하려는 학생들조차 교사를 생각해서 마지못해 들어주는 것 같은 표정을 보면서 나는 교사로서의 존재감을 상실하고 있다. 어떻게 가르치면 학생들이 만족하는가를 모르는 것은 아니다. 단순 명쾌하게 전달하는 것보다 효과적인 것은 없다. 필요한 부분만 콕콕 찍어서 가르치는 것이 학생들에게 더욱 필요한 것일 수도 있다. '그것이 전부가 아닌데, 그것이 전부가 아닌데…'라고 되뇌어보아도 혼자만의 독백일 뿐이다. 지금과 같은 방식의 수업을 들어봤자 수능에도 별로 도움이 되는 것 같지 않고, 내신에도 별로 도움이 될 것 같지 않다는 학생들 앞에 서 있는 나는 초라하다.

오늘 '한 시간', 나는 가르치는 것을 놓아버렸다. "각자 자습하라" 라고 말한 나의 느닷없는 말에, "왜 저래?" 하는 너희들의 마음을 눈빛과 표정으로 읽었다. 그러나 수업을 진행하기가 너무 힘들었다. 앞으로도 지금과 같은 수업 분위기라면 나는 더욱 비참해질 것 같다. 나의 자존감은 형편없이 무너지고 있다. 올해로 가르치며 살아온 교직, 30년이다. 모든 사람에게 만족시킬 수 없었지만 그래도 가르치는 것에서 그렇게 비난받으면서 살아오지 않았다. 왜 부족함이 없겠는가? 늘 부족함을 느끼며 살아간다. 그러나 가르치기 위한 준비를 게을리하며 살아오지는 않았다.

잠자는 학생들에게 하는 부탁이다. 성적이 중요하지만 성적 말고도 중요한 것이 있음을 잊지 마라. 지금 당장은 성적이 많은 것들을 결정할 것이다. 앞선 세대에서는 더욱 그랬다. 그러나 너희들이 살아가는 세상에서 성적은 숫자 이상의 의미를 갖지 않을 것이다. 그런 세상은 더욱 빨리 올지도 모른다. 지금 가장 뒤에 있는 사람들이 앞에 있을 수도 있을 것이다. 늘 지금에 머물러 있는 것이 우리들의 인생은 아니다. 인생 역전은 언제나 가능하다. 다만 노력하지 않고 가능한 일은 아니다. 잠자는 학생들아. 한 시간 내내 책상에 머리 박고 있지 마라. 책상조차 힘겹게 느낄 것이다. 그 짓누르는 몸을 버티기에 괴로워하는 책상의 신음소리를 들어라.

공부를 잘하는 학생들에게서 지금을 성실하게 살아가는 모습을 본다. '공부도 잘하고 사람도 됐다'는 말을 듣는다면 그는 지금 성공하며 살고 있는 것이다. '공부 말고 나무랄 데가 없다'라면 잘 살고 있는 것이다. '공부만 잘하고 사람이 못됐다'는 말을 듣는다면 반은 실패하고 사는 것이다. 공부도 못 하고 사람에 대한 평판도 안 좋다면 말해 무엇 하랴. 그러나 그 사람조차도 늘 지금에 머물고 있지는 않을 것이다. 공부를 성적만 말하는 것이 아님은 물론이다. 그렇다면 지금 너는?

2010년 5월 27일 목요일

*수능 시험을 한 달 앞둔 고등학교 3학년 학생은 초조하다. 대학 입시가 학생들을 제정신으로 살 수 없게 만들고 있는 것이 현실이다. 마음이 바쁜 학생들이다. 대학 입시에 관계없는 과목을 학생들에게 들으라고 강요할 수도 없는 노릇이다. 해서 고등학교 3학년 2학기 10월부터는 아예 수업을 진행할 수가 없다. 그런데 1학기부터 그런 현상이 나타날 때가 있다. 대학 입시와 관계없는 과목을 가르치는 교사는 그 시간이 오히려 고문이다.

교육정책이 실패하면 학교교육이 실패한다

서울에서 고등학교 입시 제도에 변화를 가져온 것이 1974년의 고교평준화 정책이었다. 고등학교에는 일류가 있었고, 삼류가 있었다. 고등학교 서열화 정책이 폐지된 배경에는 여러 가지 설이 있지만 고교평준화 정책은 박정희 정권이 가장 잘한 정책 중 하나였다. 그러나 서울의 고교평준화 제도는 언제부턴가 무늬만 평준화였다. 특수목적고 형태로 과학고가 생겼고, 외국어고가 신흥 일류 학교로 주목을 받게 되었다. 거기에 자립형 사립고까지 등장하면서 주요 도시의 고교평준화 정책은 완전히 무너져버렸다. 무늬만 평준화를 유지한 채 1부 리그와 2부 리그 그리고 3부 리그로 형태를 달리할 뿐이었다. 일부 학부모를 만족시킬 수는 있었을는지 모르지만 왜곡된 고교입시제도는 학생, 학부모, 교사 모두를 피해

자로 만들었다.

2011년 서울시교육청에서 주최하고 CNM 케이블TV에서 주관하는 고교선택제 토론회에 패널로 참석했다. 서울의 고교평준화의 틀은 깨진 지 오래다. 국제고, 과고, 외국어고, 자사고 이름만 다를 뿐 대학입시를 중심에 두고 운영되고 있는 것이 지금의 고교 현실이다. 단지 성적만이 우수한 집단으로 분류되고, 대학에 들어가는 것이 유리한 그들만의 1부 리그. 그리하여 후기 인문계고등학교는 교육의 사각지대로 바뀌고 있다. 교육은 가르치는 것이 반이고 지켜보고 기다리는 것이 반이라고 하지만 갈수록 그 희망을 포기하는 교사들이 많아진다. 가르치는 것이 조롱받고 배움이 내팽개쳐진 교실, 교육을 그리고 학교를 다시 고민한다.

교실이 무너지고 있다

불쾌해서 수업을 진행할 수가 없다. 수업에 참여하기보다는 숙제를 하는 학생이 다수다. 눈앞에서 수학 숙제를 하는 학생들, 전혀 미안해하는 표정도 없다. '그래, 나 수학 숙제한다. 어쩔래.' 하는 표정이다. 한두 명이 아니다. 속 뒤집어진다. 화를 내면, 하는 소리. "왜 나만 갖고 그래요?" 오히려 눈을 부라린다. 눈을 치뜨고 대드는 모습은 내가 참기 힘들 것 같아 아예 피해버린다. 10분을 남겨놓고 수업을 끝냈다. 이것이 무슨 교육인가? 교육은 기다리는 것이 반이요, 지켜보는 것이 반이라고 했지만 그 속에는 오히려 한숨과 포기하고 싶은 교사의 마음이 반이다.

2011년 8월 00일, 일기에서

교실에 누가 수면제를 뿌렸는가? 대부분의 학생들이 엎어졌다. 깨어 있는 학생들은 떠들거나 장난치고 있을 뿐이다. 깨어 있는 학생 중에 책을 열심히 보고 있는 학생도 있으나 보고 있는 책은 만화책이고 판타지 소설이다. 눈치도 보지 않고 책에 빠져 있다. 핸드폰을 갖고 게임을 하는 학생도 마찬가지다. 학생회 임원이라는 학생도 다르지 않다. 자긍심도 없어 보인다. 지적하면 "왜요?"다. 방금 전 설명한 내용을 다시 물어봐도 대답은 "몰라요"이다. 체격은 고등학교 2학년이지만 생각하는 수준은 중학교 학생에도 미치지 못한다. 주의를 주고 나서 1분도 되지 않아 똑같은 행동을 반복한다. 엎드려 자고 있는 학생들을 깨우는 것도 힘든 일이다. 무너진 학생들을 어떻게 할 것인가? 그런 학생에 대한 미움만이 가득 생긴다. 학생들이 밉다. 미움 속에 교육은 없다. 어떻게 하나? 학생들을 데리고 있을 뿐, 가르칠 것이 거의 없는 시간을 보내고 있다. 괴로운 일이다.

2011년 9월 00일, 목요일 일기에서

학교선택제, 수업이 왜곡되고 있다

비선호 학교 교사들의 불만은 폭발 직전이다. 수업이 안 된다. 물론 수업 형태를 어떻게 하는가에 따라 다르다. 그러나 대부분의 교사가 학생들을 지도하는 것에 한계를 느끼고 있다. 수업이 안 되는 교실에서 교사는 무력감을 느낄 수밖에 없다. 오히려 모멸감을 느끼기도 한다. 기초 학력이 부족한 학생들이 집단적으로 모여 있는 교실에서 교사는 늘 참담한 상황을 맞이한다. 그것이 교사의 무능이고 불성실에서 기인하는 것인가? 물론 어떤 학교에서 근무하는가에 따라 다를 것이다. 그러나 후기 인문계 고등학교에서 나타나는 일반적 현상이다. 교육이 사라졌다. 가르치는 것이 조롱당하는 상황에서 교육이 있겠는가? 많은 것을 참고 견딘다. 교육이란 가르치는 것이 반이고 기다려주고 지켜보는 것이 반이다. 갈수록 기다림과 지켜보는 것에 한계를 느낀다. 가르치는 것을 포기하고 싶은 것이 일반계 고등학교 교사들의 지금 심정이다.

비선호 학교의 많은 학생들이 공부에 관심이 없다. 학교에서 보게 되는 시험의 경우, 시험에서 선지형의 문제는 1번이 끝까지 답인 학생이 있고, 어느 학생에게는 2번이 모두가 정답인 학생이 있다. 깊게 고민하지 않고도 25%의 정답에 자기 인생을 걸고 있다. 행운을 걸고 있다. 25%의 행운에 모든 것을 걸고 있는 학생들에게 교과 내용은 아무런 의미도 없다. 40여 명 중 거의 25%에 해당하는 학생들이 25%의 삶을 살고 있고, 또 다른 25%는 학습에 무관심하다. 나머지 50% 중에 25%만이 고등학교 수업을 이해하고 있을 뿐이다. 물론 학교 차이, 남녀 차이, 계열 차이는 있을 것이다. 그러나 대부분 후기 인문계 일반 고등학교, 지금의 비선호 학교의 교실 풍속도이다. 가르치는 것이 조롱당하고 있다. 배움이 실종되고 있다.

교육정책 실패의 폐해는?

아직도 서울의 고등학교에 평준화가 유지되고 있다고 생각하는 사람들이 있다. 고교평준화라고 말을 하지만 평준화의 틀은 깨진 지 오래다. 특히 이명박 정부가 들어서면서 자율형 사립고의 확대(27개교, 서울의 자립형 사립고 1개교)로 인해 고교평준화의 틀은 급속하게 무너졌다. 현재 고교 입학 방식은 전기 고등학교와, 후기 고등학교로 나뉜다. 전기 고등학교는 대부분 선발권이 있고, 후기 인문계 고등학교는 대부분 배정된다. 전기 고등학교에는 특목고가 있고, 특성화 학교, 자율형 사립학교가 있다. 후기 인문계 고등학교는 '학교선택제'라는 새로운 방식으로 선지원, 후배정으로 학생들이 입학한다. 지난 2년 동안 그런 방식으로 시행되어왔다.

공립에는 국제고가 있고 3개의 과학고가 있다. 성적이 최상위층에 속하는 우수한 학생들이 입학한다. 사립에는 외국어고등학교가 있다. 학교 선발권이 있다. 당연히 성적이 좋은 학생들이 입학한다. 다시 자율형 사립학교가 있다. 중학교 내신 성적 50% 안에 들어가는 학생들만 선발한다. 일반계 고등학교의 경우, 성적 편차는 강남인가 강북인가에 따라 다르다. 부모의 경제력에 따라 학생들의 성적이 또한 다르다. 학교 명칭만 보면 참 다양한 고등학교가 존재하고 있다. 학교교육 계획서를 보면 학교 명칭뿐만 아니라 교육 과정 또한 학교 특성이 살아 있다. 그러나 실제로 학교 운영 실태를 들여다보면 약간의 차이가 있을 뿐, 오직 대학 입시를 중심에 둔 학교를 운영하고 있을 뿐이다. 외국어고등학교도 그렇고 특성화 학교 또한 다르지 않다. 공립에 국제고가 설립되었지만 학생들과 학부모들은 대학 입시에 상대적으로 유리한 신흥 일류 학교로 생각하고 있을 뿐이다.

돌아보면 교육정책의 실패는 교육의 실패로 나타난다. 교육의 실패는 곧 학교의 실패다. 학교의 실패는 교사의 무능함과 불성실로 비판의 화살이 늘 학교와 교사에게로 돌아왔다. 교사들이 무능하고 불성실하기 때문에 교육은 실패했다고 말한다. 교사들의 질적 수준을 높이기 위해 교원평가를 실시한다고 한다. 학부모도 평가에 참여하고, 학생도 평가자로 참여한다. 동료 교사들 간에도 평가를 하라고 한다. 당면한 교육 문제를 해결하는 데 교원평가가 만능인 것처럼 또 정책을 내놓고 있다. 정말 그럴까?

지금과 같은 교실 상황에서 학생들이 하는 교사평가는 과연 타당하고 적절할 것인가? 그리하여 교사들의 교육력을 높일 수 있다고 생각하는가? 지금과 같은 교원평가로는 결코 교사의 교육의 질을 향상시킬 수도 없다. 오히려 교사의 자존감과 자존심만 훼손되고 있을 뿐이다. 모멸과 수모감을 느끼면서 학생들에게 헤픈 웃음을 파는 교사가 되라고 하는 것은 교사를 두 번 죽이는 일이다. 학교에서 얼마나 학생들의 입시 지도를 열심히 했는가 여부로 학교를 평가하는 것이 현실이기 때문이다. 좋은 대학교 많이 들어가는 학교가 명문 학교가 된 것은 어제오늘만의 일은 아니다. 서울에 있는 대부분의 학교가 오직 입시를 중시하는 이유가 거기에 있다. 어디 서울뿐이겠는가. 더 많은 학생들을 좋은 대학에 보내기 위해 학교에서 할 수 있는 일은 뻔하다. 평준화 이전 비선호 학교였던 학교가 명문(?) 학교로 바뀌게 되기까지 학교를 어떻게 운영했는가는 다 알고 있는 사실이다. 좋은 대학을 가기 위해서라면 인간의 기본적 권리마저 포기를 요구받던 때도 있었다. 강제 보충수업과 이름만 자율이었던 강제 타율학습을 했을 때의 일이다.

선호 학교와 비선호 학교를 대학 입시 성적으로 잣대를 삼는 것은 매우 비교육적이고 위험한 일이다. 교육이라는 것이 결코 입시 성적으로만 평가할 일이 아니기 때문이다. 두뇌를 리모델링하는 시기에 있는 학생들에게 오직 성적의 노예로 살아가게 하는 것은 죄악을 짓는 행위이다. 감수성이 가장 풍부한 시기, 세상에 대해 숱한 호기심을 잃고 살아가게 하는 것은 학생들의 행복을 빼앗는 것이나 다름없다. 성적 말고는 중요할 것이 없게 생각하는 지금의 학교는 학생들을 불행으로 몰아넣고 있는 구조이다. 실수와 실패를 경험하지 못하고 청소년 시기를 살아간다는 것은 학생이나 학부모 모두가 불행한 일이다. 학교 명칭만 서로 다를 뿐 서울에는 획일화된 하나의 학교만 있을 뿐이다. 학교 특성을 살릴 프로그램도 없고 그런 생각을 할 수 없는 것이 지금의 학교다. 물론 교사 개인적으로 노력하는 교사가 있음은 물론이다. 그러나 참 소모적이다. 학교가 불행한 이유이다.

2011년 9월 29일, 서울시교육청 주관 고교선택제 개선에 대한 토론 발제문

언제나 지금에 머물고 있을 너희들은 아니다

둔촌고등학교에서 근무한 지 2년째. 교직에 처음 나왔을 때부터 꼭 맡고 싶었던 부서가 있었다. 28년 전부터 맡고 싶었던 학생자치 담당 교사. 처음으로 학생자치 담당 교사가 되었다. 그럴 리는 없었겠지만 내가 학생회를 맡으면 학생들을 의식화시킬 것이라는 학교 관리자의 지레짐작 때문에 학생회만큼은 맡을 수가 없었다. 그해에도 부서 배정을 희망하는 지원서를 습관대로 썼었는데, 덜컥 맡게 되었다. '50대 중반의 교사가 학생들과 교감을 이뤄낼 수 있을까?'라는 생각부터 들었다. 더럭 겁도 났다.

개학 첫날부터 일이 시작되었다. 2월 19일 운영위원회에서 통과된 학생회칙 규정을 다시 정리하는 것부터 시작했다. 운영위에 제안된 안건 자체가 모호해서 전해 받은 특별활동부로 정리하는 일을 위임했다는 것이었다. 결정된 내용이 원안 내용 가운데 상충되는 부분도 있었고, 학급회장 자격이 지나치게 강화되어 있었다. 그렇다고 운영위에서 결정된 것을 넘어서는 정리를 할 수는 없었다. 개정된 학생회칙을 교장에게 결재를 받고 학급회장과 학생회 정·부회장 선거 날짜까지 확정했다. 정리한 내용에 별 문제가 없었던지 결재가 났다.

학생회 정·부회장을 뽑는 선거이기 때문에 학생들이 주체가 되어 선거 업무를 해야 한다. 그러나 선거관리위원으로 선출된 학생들을 제외한 집행부 학생들은 이미 특정 선거운동원 지원이 약속되어 있었다. 선거 실무 작업까지 학생자치 담당 교사의 몫으로 고스란히 남게 되었다. 선관위원들은 고3 학급회장들이 맡았으나 입시에 정신없는 학생들이다. 선거 계획부터 실무 작업까지 전체 일정을 조율해가면서 선거가 진행될 수 있도록 했다. 주요 결정은 선관위원들이 하고 실무 작업 진행은 학생자치 담당 교사인 내가 맡았다. 선거 실무 작업을 하면서 주요 결정 사항은 학생들이 결정하도록 했다. 다만 학생들이 결정하기 힘든 부분에 대해서는 조언을 했다. 또 학생들이 미처 생각하지 못한 사항이나 교사의 자문을 필요로 하는 경우에 의견을 제기했다. 그러나 강요하지는 않았다.

합동토론회까지 성공리에 끝났다. 그것이 학생들에게 어떤 교육적인 의미를 줄지 모르겠지만 시청각실에서 진행한 것은 매우 성공적이었다. 학생회 선거에 관심이 있었던 많은 선생님들이 찬사에 가까운 평을 해 주셨다. 그렇게 선거는 끝났다. 회장에 당선된 신임 학생회장과 자리를 함께했다. 월요일 임명장을 받고 난 뒤 당선 인사를 통해 신임 학생회장으로서 포부를 밝히는 연설을 준비하라고 이야기했다. 학생 대표가 학생들 앞에 설 수 있는 기회를 많이 만들고 싶었다. 학생들은 무슨 말이냐, 작년에도 없던 일을 왜 하느냐고 했다. 학생들이 싫어한다고, 차라리 그 시간이면 교실에 들어가서 공부하는 것이 낫다고 했다. 학생회장에 출마했을 때의 그 기백은 어디로 갔는가 싶어 실망스럽다고 말했더니, 학생들이 오히려 서운해했다. 학생들은 자신의 생각에 갇혀 있었다. 주어진 기회를 만들고 최선을 다하는 것에 아름다움이 있다고 했지만, 그것은 교사의 생각일 뿐이었다. 결국 교사가 기대했던 연설 준비는 무산되었다.

그날, 늦은 시간까지 교무실에 남아 일을 마치고 교무실을 나서기 전에 당선된 학생회장에게 전화를 했다. 전혀 준비가 안 된 상황에서 무리한 요구를 한 것 같아 미안하다는 말을 전했다. 학생회장은 선생님의 뜻에 부응하지 못해 죄송하다고 했다. 예절 바르고 진심이 묻어나온 말이었다. 내가 만나고 있는 학생들이 고등학교 2학년이란 사실을 잊고 있었던 것은 아닐까? 끝까지 내 고집을 부리지 않았던 게 정말 다행스럽게 느껴졌다. 정년퇴임하기 8년 전의 일이었다.

이제 3학년이다. 둔촌고등학교의 최고 학년이다. 오직 성적을 높이는 것만이 가장 중요한 삶을 살게 될 것이다. 1년 후면 보통 교육을 끝내고 세상과 맞서며 살아갈 많은 것들을 생각하고 자신의 삶의 내면을 더욱 충실해야 할 나이지만 그러나 많은 것들을 접어두고 오직 성적과 점수에 일희일비하는 삶을 살게 될 것이다. 슬픈 현실이지만 피할 수 없는 현실이다. 대한민국의 고등학교 3학년이면 모두가 겪는 통과의례이기도 하다.

이제 2학년 4반 교실을 나서면 다시는 이 교실에서 너희들을 만날 일은 없을 것이다. 1년 동안 우리는 이 교실에서 많은 일들을 겪었다. 2학년 4반이라는 1년의 생활 속에서 늘 즐거움만 있었던 것도 아니고 또 그렇다고 늘 괴로움만 가득했던 것은 아니었을 것이다. 다만 담임교사로서 2학년 4반 1년을 통해서 성적에 주눅 들지 않고 자신이 존귀한 존재임을 자각하며 살아가기를 기대했다. 뿐만 아니라 남으로부터 인정받고 더욱 존중받는 사람으로 살되 맹목적 성실을 뛰어넘어 자신의 목표를 분명히 하는 삶을 살도록 말해왔다. 나와 함께 우리를 이루고 있는 사람들에 대한 관심과 예의를 갖추고 살아가되 부당한 것에 대해서는 저항할 수 있는 사람으로 틀린 것에 대해서는 아니라고 말할 수 있는 용기를 갖고 살아가기를 말해왔다. 그런 말들이 때로는 공허하고 우리들의 생활에서 비껴가기도 하지만 그래도 한 번 더 생각하기를 기대했다.

지금 당장은 성적으로 매겨진 순서가 있지만 긴 인생을 살다 보면 지금 가장 앞선 사람이 뒤에 있을 수도 있을 것이고, 가장 뒤에 있던 사람이 가장 앞에 서 있을 수도 있다. 불확실한 미래지만 고등학교 시절이 인생의 전부가 될 수 없음은 물론이다. 결정된 것은 아직 아무것도 없는데 아예 시작도 하지 않고 "나는 안 돼"라고 포기하지 않았으면 좋겠다. 세상을 살아간다는 것이 그렇게 만만하지도 않겠지만 주눅 들지 않고 당당하게 살아갔으면 좋겠다. 실패에 도전할 수 있는 용기를 가지고 있는 한 젊은이다. 그 젊음에는 비겁함이 없다. 물론 아무리 노력해도 이룰 수 없는 것도 있을 것이다. 물이 나오지 않는 곳에서 샘을 파는 것은 어리석은 일이다. 무모한 도전은 실패를 예고한다. 비록 실패할지라도 긴 인생에서는 자산이다. 주저하지 말고 도전하라.

늘 부족하게 살아가는 삶이다. 지난 1년을 되돌아보면서 늘 그러했다. 그럼에도 불구하고 많은 시간 학생들을 만났다. 나와 만남의 시간이 길었다면 그만큼 많은 교감을 나눴을 것이고, 나와 만남의 시간이 적고 짧았던 학생들은 내 방식과 기준에 의하면 참 똑바로 살아가고 있는 것이다. 너희들이 그래도 괜찮았다고 생각하는 1년이었다면 나는 그것만으로도 너희들에게 충분히 고마울 뿐이다. 정말 수고했다.

먹을 만큼만

5년 전, 잠신고등학교(2012년 3월~2017년 2월)

　교직 생활의 마지막 학교, 둔촌고등학교에서 5년 동안 함께 근무했던 김명근, 이은영 선생님이 잠신고등학교로 같이 발령을 받았다. 10년을 같은 학교에서 근무하게 된 것이다. 발령을 받은 날, 함께 차를 타고 이동했다. 잠신고등학교로 가는 도중 행정실에서 받은 인사 관련 서류를 둔촌고등학교에 두고 왔다는 사실을 뒤늦게 확인하고 되돌아가는 해프닝도 있었다. 김명근 선생님은 둔촌고등학교에서 근무하기 전부터 알고 지냈던 동료 교사였을 뿐만 아니라 결혼식 이벤트를 만들어준 인연이 많은 교육 동지였다. 이은영 선생님은 같은 국어과 교사로 부임하던 해에 국어과 환영 행사 때부터 신세를 졌고 그 이후도 대화가 잘 통했던 마음이 넉넉한 후배 교사였다.

　2012년 새 학기를 준비하던 2월 23일에 반가운 소식 하나가 들려왔다. 10년을 학교 밖에서 살던 후배 교사 박정훈 선생님이 복직을 하게 되었다. 사학 비리를 고발해서 쫓겨났던 조연희 선생님의 동반 복직은 덤의 기쁨이었다. 곽노현 교육감이 당선되면서 당연히 복직될 것이라 생각했는데 늦어도 많이 늦었다. 박정훈, 조연희 선생님을 알고 있는 사람들은 모두 자기 일처럼 반가워했고 축하를 했다. 그것도 곽노현 교육감으로부터 직접 발령장을 받았으니 그 기쁨은 배로 컸을 것이다. 그러나 기쁨은 오래가지 않았다. 복직 결정이 알려지면서 이명박 정권의 교육부는 두 사람의 복직을 직권 취소했다. 학교로 돌아가는 마지막 문턱을 넘어섰다고 생각하는 순간에 다시 문전으로 내쫓긴 것이다. 참 고약한 교육부였다.

교육부의 직권 취소로 다시 거리로 쫓겨난 두 해직교사

10년 만에 학교로 돌아오는 후배 교사를 환영하는 자리에 참석했습니다. 그는 6년 만에 학교로 돌아오는 비슷한 처지의 후배 교사와 함께 지난 2월 23일 서울시교육감으로부터 발령장을 받았습니다. 3월 1일 자로 한 명은 세현고등학교 교사가 되었고, 다른 한 명은 청담고등학교 교사가 되었습니다. 한 명은 이적 표현물 한 건을 소지했다는 것으로 그 무시무시한 국가보안법을 위반한 것이 학교를 쫓겨난 이유였습니다. 다른 한 명은 부정과 비리로 얼룩진 학교 행정을 바로잡겠다는 생각으로 학교 재단을 고발한 것이 해직 사유였습니다.

현재의 정치적 상황을 놓고 본다면 구속 사유가 될 수 없는 사안이었고 지극히 경미한 사건이기도 했습니다. 국가보안법으로 구속되었던 그를 불구속 상태에서 재판을 받게 한 것은 바로 그가 가르친 학생들의 구명 운동으로 가능했습니다. 공권력에 의해 그가 강제 구속되었을 때 학생들은 그의 무죄를 입증하는 시위를 벌였고, 그를 석방시키기 위해 장기간 구명 운동을 벌이기도 했습니다. 재단의 부정과 비리를 고발해서 학교에서 쫓겨난 선생님은 가르치는 것을 멈추지 못하고 골목 수업을 진행했던 선생님입니다. 학교에서 만날 수 없어 골목 '천막 수업'으로 당시 언론에서 주목받기도 했던 선생님이었지요. 누가 봐도 그들은 하나같이 학생들에게 신뢰받고 존경받는 훌륭한 교사였습니다.

복직을 환영하는 자리에서 그들은 말했습니다. 10년의 세월이 바로 어제 같다고 했습니다. 떠날 때 학교로 반드시 돌아오겠다는 학생들과의 약속을 단 한 번도 잊은 적이 없다고 했습니다. 10년의 세월을 회고할 때 왜 눈물이 나오지 않았겠습니까. 떠날 때는 어찌 10년을 상상이라도 했겠습니까. 대한민국의 자랑스러운 교사로 다시 돌아오기 위해 금전적인 유혹도 뿌리치고 민중들이 살아가는 삶의 애환을 직접 느껴보겠다고 택시 운전기사까지 했던 그였습니다. 모진 10년의 삶을 회고할 때는 그의 아픔이 참석했던 모두에게 똑같이 전달되었고, 그의 목소리는 떨렸으며 듣고 있는 모두 훌쩍거렸습니다.

한 개인에게는 참으로 지긋지긋한 통한의 10년 세월이었지요. 어찌 그 한 사람만이 당한 고통이었겠습니까. 통한의 10년 해직교사를 마감하고 지난 2월 23일 서울시교육감으로부터 발령장을 받고 교사로 다시 설 수 있다는 설렘에 교재 공부 열심히 하겠노라 굳게 약속을 했습니다. 세태가 바뀌어 담임교사를 기피하는 상황에서 1학년 2반 학급 담임 맡아 정말 멋진 교사 되어보겠다고 가슴 부푼 꿈을 이야기했던 그들의 이름은 이화여자외국어고등학교에서 해직되었다가 세현고등학교로 복직한 교사 박정훈 선생님, 동일여자고등학교에서 해직되었다가 청담고등학교로 복직한 교사 조연희 선생님입니다.

특별 채용은 바로 그들과 같은 사람을 위해 마련된 제도였습니다. 특혜라니요. 특혜라는 말이 갖는 부도덕함을 부정하고 거부하면서 살았던 두 사람입니다. 그들의 복직은 정당한 권리 회복이었습니다. 두 사람 모두 서울시교육감의 특별 채용 조건에 어긋나지 않은 방식으로 채용되었음에도 불구하고 교육부 장관의 횡포에 가까운 직권 취소로 학교 문턱을 밟지도 못하고 다시 내팽개쳐졌습니다.

두 교사 모두 3월 1일 자로 서울시교육감 발령을 받았고, 두 교사 모두 3월 2일 자로 교육부 장관의 직권 취소로 학교를 다시 쫓겨나게 되었습니다. 바로 오늘 교육부 장관은 그렇게 교단에 다시 서고 싶었던 그들을 다시 쫓아내는 명령을 내렸습니다. 그들의 교단 복귀의 꿈은 산산조각이 났습니다. 자랑스러운 나의 조국, 대한민국의 교육정책을 입안하고 책임지는 교육부가 교사를 생각하고 판단하는 수준이 그 정도밖에 되지 않는 것이 참으로 부끄럽습니다. 정말 부끄럽습니다.

2012년 3월 2일

박정훈 선생님은 오금고등학교 기간제 교사로 근무하다가 2012년 3월 1일 자로 서울시교육청으로부터 세현고등학교에 정식 발령을 받았으나 교육부의 직권 취소로 다시 쫓겨났다. 조연희 선생님도 2012년 3월 1일 자로 청담고등학교로 발령이 났으나 2012년 3월 2일 자로 다시 쫓겨났다. 이후 2013년 문용린 교육감 시절에 부당한 해직에 항의하며 교육청 앞에서 열흘 동안 단식을 했고, 많은 동료 교사들이 함께 항의를 하여 2014년 3월 1일 자로 박정훈 선생님은 덕수고등학교로 정식 발령을 받았다. 이후에 신서고등학교에서 생활지도부장으로 학교 대안교실을 맡았고, 2018년에는 3학년 담임교사를 맡아 교육 활동에 헌신하고 있다. 조연희 선생님은 같은해 가재울고등학교로 발령받아 고등학교 3학년 담임교사를 맡았고, 교육시민단체인 교육희망네트워크에서도 주목할 만한 활동을 하고 있다.

전교조 서울지부장, 이병우

2012년 5월 5일이었다. 그날이 어린이날이라서 정확히 기억할 수 있었다. 어린아이들에게는 손꼽아 기다린 날이었으나 나에게는 슬픈 날이었다. 전교조 서울지부장이었던 이병우 선생님이 쓰러졌다는 연락을 뒤늦게 받고 전교조 강동·송파중등지회에서 오랫동안 함께 활동하면서 형제만큼이나 가까웠던 최화섭, 박희승, 이광석 선생님과 늦은 시간 병원으로 달려갔다. 침대에 누워 있는 이병우 동지는 의식이 없었다. 몸에 부착된 의료 기기들은 이병우 동지의 생명줄이었다. 비록 의식은 없었지만 회복에 대한 가능성을 사모님으로부터 전해 들었다. 사람들과 어울리는 것을 참 좋아했던 후배 교사였다.

투병 20일째 이병우 전교조 서울지부장에게

전교조 서울지부장, 이병우 동지. 그렇게 힘들었으면 좀 더 쉬었어야 할 일 아니었는가? 주변의 많은 사람들이 건강한 몸으로 복귀하라고 부탁하지 않았는가? 지부장으로 복귀하는 것이 그렇게 서둘 일이 아니었지 않았는가? 올해는 유독 겨울 같은 3월 아니었던가? 혹한 추위 못지않은 3월 추위 아니었던가? 후배 교사의 복직을 위해 자기 몸 돌보지 않고 교육부 앞에서 한 달을 넘게 맨몸으로 찬바람 맞으며 한 달을 버텼으니 어디 몸이 성할 리가 있겠는가?

그놈의 몹쓸 국가보안법에 낙인찍혀 학교를 떠나 있던 후배 교사와 부정과 비리로 얼룩진 학교 재단을 고발한 것이 죄가 되어 쫓겨난 후배 교사가 있지. 30대 후반에서 학교를 쫓겨나 40대 후반이 되면서 오직 학교로 돌아가기를 희망했던 후배 아니었던가. 젊음, 인생의 반을 거리의 교사가 되어 살아가는 후배의 삶을 지켜보는 것을 지부장은 자신의 일처럼 괴로워했지. 2010년 진보 교육감이 당선되었을 때, 두 후배를 알고 있는 많은 사람들은 이제 학교로 돌아갈 수 있을 것이라는 기대감으로 들떴었지. 2010년 9월 복직이 눈앞으로 다가온 현실에 그동안 택시 운전대를 잡았던 후배는 학교로 돌아갈 준비를 하지 않았는가.

금방 학교로 돌아갈 것이라고 기대했던 해직교사의 복직은 2011년 3월로 6개월을 미뤄야 했지. 그러나 곡절은 그것으로 끝나지 않았었고. 교육자적 양심에 따라 행동했고, 시대정신에 투철했던 두 사람이었지. 다른 선택을 했더라도 그만한 능력과 성품이라면 더 좋은 직업을 선택할 수도 있었던 후배들이 학교로 돌아오기를 누구보다 바랐던 지부장 아니었던가. 그런 후배들의 복직이 늦어지는 것에 대해 많은 사람들이 '무엇이 진보 교육감인가' 회의가 일기도 했었지. 그럴 때도 균형감각을 잃지 않고 지부장은 후배들의 복직의 희망을 놓지 않았었지. 복직을 위해 힘이 될 수 있는 사람들을 찾아가 복직의 당위성에 대해 설득을 했고. 누가 봐도 교사였던 두 후배가 학교를 떠나 있는 것을 우리 교육의 손실로 생각하며 해직교사의 복직을 위해 혼신의 노력을 다했던 서울지부장이었지.

해직교사를 복직 하루 만에 다시 해직시킨 교육부에 맞선 그대

다시 2011년 새로운 학기 3월이면 확실한 복직에 대한 답을 얻어냈던 것도 지부장이었고 그 약속이 깨졌을 때 가장 마음 아파했고 책임을 느꼈던 것도 지부장이었지. 그러나 완전한 복직은 2012년 2월 23일 서울교육청에서 인사 발령장을 받고서야 한숨을 돌릴 수가 있었지. 지난했던 복직 투쟁, 2년의 시간이 지나서야 실마리가 풀렸고 3월 1일 자로 복직 인사 발령이 났을 때 당사자만큼이나 기뻐하지 않았는가. 복직하는 후배 교사들을 위해 만든 조촐한 복직 환영회에 참가했던 동지 모두 함께 흘린 기쁨의 눈물. 하나

같이 이병우 지부장의 뚝심과 헌신적인 노력의 결과였음에도 그 찬사에서 한발 물러서 있었던 서울지부장 당신 아니었는가.

그러나 교육부의 가당치 않은 직권 취소. 3월 1일 자로 교사가 된 그들에게 3월 2일 자로 인사 발령을 취소시킨 교육부. 교사의 한 인생을 만신창이로 만들고 짓밟는 반교육적이고 비인간적인 사람들. 그 파렴치한 사람이 교육부 수장이라는 것에 당사자보다 더 허탈해했고 가슴 아파했지. 그 분노로 밤잠을 이루지 못했고 괴로워했었지. 서울지부장 당신이 할 수 있는 것은 다 해봤지만 끝내 이 정권의 하수인 노릇 하는 교육부의 벽은 넘을 수 없었지. 결국 전교조 서울지부장이 교육부 앞에서 꽃샘추위에 자기 몸을 던지는 것 말고는 할 수 있는 것은 없다고 무력감을 토로하지 않았는가.

감당하기 힘든 충격과 허탈감이 심신을 지치게 하여 끝내 지난 4월 중순에 병원에 입원했었지. 말조차 하기 힘들어하는 당신의 그러한 모습을 보는 것은 함께 활동하면서 처음이었네. 그렇게라도 병원에 입원하지 않으면 쉴 수 없을 것 같아 오히려 입원해 있는 것을 다행스럽게 생각했지. 병원에 있을 때, 병원에서 주는 밥보다는 진한 '도가니탕'을 사 들고 다시 병원에 찾아가야지 하던 중에 시골로 요양을 떠났다는 말을 듣고 더 일찍 서두르지 못한 것을 후회했네. 시골로 요양을 떠나면서도 서울지부 전임자들에 책임을 떠넘기는 것 같아 마음 아파했지. 아픈 중에도 오히려 다른 사람을 먼저 생각하는 것이 당신의 마음이었지. 서울지부 전임자를 고생시키는 것이 미안해서 선배들에게 문자를 보내 격려 방문을 부탁할 정도로 섬세한 성격의 당신 아니었는가.

서울지부장으로 복귀했다는 말을 듣고 반가웠네. 타고난 건강한 체질 아니었던가. 그래서 그렇게만 알고 있었네. 그러다가 들은 소식, "병우가 쓰러졌다"는 문자를 받았지. 쓰러졌다는 소식을 듣고 놀랐고, 의식을 잃고 응급실에 있다는 소식을 듣고 도저히 잠을 이룰 수가 없었네. 5월 5일 밤이었지. 시계는 날짜를 바꿔버린 한밤중이었고. 당신이 누워 있는 보라매병원 응급실로 찾아갔지. 응급실 한구석에서 온몸에 온갖 호스를 연결해놓고 심장박동을 의미하는 그래프가 끊임없이 작동하는 것을 그저 보고 있었지. 지쳐 쓰러진 당신을 지켜보면서 평소 내가 알고 있는 이병우가 맞는지 전혀 실감이 나지 않았네.

쉬지 못하던 당신, 푹 쉬고 빨리 일어나게

오늘로 벌써 20일. 어제 눈을 떴고 자기 호흡을 하고 있다는 소식을 듣고 그동안 흘리지 않았던 눈물이 나더구먼. 뇌에 큰 손상이 없다는 것도 반가운 소식이었네. 많은 능력을 지닌 당신 아닌가. 할 일 많은 당신 아니던가. 언제나 부드러우면서도 강했던 당신 아니었는가. 평상심을 놓지 않고, 진보적 가치에 대한 항상심을 갖고 마음 공부도 게을리하지 않았던 당신 아닌가. 깨어 있는 순간이면 늘 책을 옆에 두고 있던 당신.

그렇게라도 쉬지 않으면 할 수 없는 일. 늦더라도 좋으니 완전한 몸으로 일어나게. 일 속에 묻혀 쉬지 못했던 그 시간만큼 지금 당신이 쉬고 있는 것이라 믿고 있네. '이병우' 당신 이름 석 자를 알고 있는 것만으로 나에게는 정말 자랑스러운 후배이네. 아니 선배 같은 후배로 늘 동지였지.

가까운 병원에 입원했을 때 '도가니탕'을 가져가서 먹게 하지 못한 것이 아직도 마음에 걸리네. 다시 일어나면 괜찮은 '도가니탕' 꼭 사 들고 가겠네. 먹고 싶지 않은가. 빨리 일어나게나.

2012년 5월 25일, 『민중의 소리』

세태

해가 거듭할수록 학교도 많이 바뀌었다. 변화는 긍정적 신호일 수 있 겠으나 그 변화의 역기능적인 측면도 같이 오고 있어 걱정스러운 것도 사실이다. 담임교사를 맡는 것이 곧 교사의 능력으로 인정받는 때가 있 었다. 더구나 고등학교 3학년 담임교사는 아무나 할 수 있는 것이 아니 었다. 학생들을 가르칠 수 있는 능력이 있어야 함은 물론이고 입시를 지 도할 수 있는 능력도 탁월해야 했다. 그러한 담임교사를 이제는 서로 기 피하는 상황이 되어버렸다. 학생들과 상담하고 생활을 지도하는 것 말 고 해야 할 일이 갈수록 늘어만 가고 있기 때문이다. 그렇게 열심히 한 다고 가르치는 교사의 보람이 많아지는 것도 아니다. 부장교사 또한 마 찬가지였다. 부장교사가 된다는 것은 교감, 교장으로 가기 위해 거치지 않으면 안 되는 '자리'였다. 교장·교감 되는 것이 승진이고 교사의 성공 이라는 신화가 깨지고 있다. 그 담임교사와 부장교사를 임명하는 권한 이 교장에게 있다. 담임교사와 부장교사 되기 위해서 임명권자인 교장, 교감에게 찾아가 인사를 해야 하는 때도 있었다. 인사라는 것이 그저 꾸벅 인사하는 것이 아님은 물론이다.

전교조에 가입한 교사가 부장이 되는 경우는 상상할 수 없었다. 전교 조가 합법화된 이후에도 마찬가지였다. 부장이 되는 건 전교조를 탈퇴 한 이후에나 가능했다. 그런 사람만을 시켜야만 교장은 안심이 되었던 모양이다. 박근혜 정권에서 전교조가 법외노조가 되었음에도 불구하고 전교조를 탈퇴해야만 부장을 임명하는 교장은 이제 찾아볼 수가 없다. 전교조 출신이 교장이 되는 경우도 있었고, 전교조 조합원이 하지 않으 면 부장을 임명할 수 없는 세상으로 바뀌었다. 학교현장은 그렇게 바뀌 었다. 부장교사를 기피하고, 담임교사 맡는 것을 회피하는 분위기다. 이 것은 강북 다르고 강남 다른 것이 아니라 대부분의 학교에서 나타나고 있는 현상이다. 또 다른 학교의 풍속도가 되었다.

"뭐 하는 겁니까?"

제왕적이었던 교장에게 학교 운영의 민주적인 리더십을 요구하게 된 것은 큰 변화였다. 전교조가 합법화되면서 학교를 변화시킨 공적 중 하나라는 점은 부정할 수 없다. 민주적인 방식으로 학교가 운영되어야 함은 거스를 수 없는 대세였다. 그렇다고 학교를 운영하는 관리자들의 뱃속 깊이 스며든 의식까지 변한 것은 아니었다. 모든 교장이 그런 것은 아니었지만 교사들에게 고압적인 태도는 여전했다.

교육을 하는 사람은 교사이고 교육은 교실에서 이루어진다. 교사를 어떻게 지원할 것인가를 가장 먼저 고민하는 것이 학교 관리자의 역할일 것이다. 교육은 학교장의 입으로 되는 것이 아님을 아직도 깨닫지 못한 교장은 여전히 '왜, 내 말 안 들어?'라는 생각에서 한 발도 앞으로 나가지 못하고 있다. 오히려 교사들의 교육 활동을 방해하고 교사들의 사기를 꺾으며 교사들을 추궁하는 경우도 많았다.

유기창입니다. 지난 금요일 오후, 교무부장으로부터 '쿨 메신저' 쪽지를 받았습니다. 직원회의에 참가하지 않은 교사들은 6월 4일 (월) 교장실에서 개별 연수를 받기로 했으나 교무부장의 요청에 의하여 이번에는 쪽지로 대신하겠다는 내용이었습니다. 아침에 학년부장을 통해서 전해 들었을 때만 해도 농담이려니 생각했습니다. 웃어넘기려 했지요. 그러나 교무부장이 전하는 쿨 메신저를 받으면서 보니 사실이었습니다. 황당하기도 했지만 시간이 흐를수록 불쾌했습니다.

직원회의에 참석하지 못한 것이 무슨 자랑할 일은 아니지요? 참석하지 못한 것을 당당하게 생각한다거나 잘못이 없다고 우길 생각도 전혀 없습니다. 직원회의가 학교에서 매우 필요한 회의라는 것도 부정하지 않습니다. 교사 연수를 위한 자리이기도 하고 정보를 공유하는 자리이기도 하고 100여 명이 함께 근무하면서 얼굴을 맞댈 수 있는 귀한 시간이기도 하지요. 뿐만 아니라 주요한 사항에 대해서는 교사 전체 의사를 반영해낼 수 있는 유일한 공간이기 때문에 더욱 그렇습니다. 물론 중요한 것을 교사가 결정할 기회를 직접 참여해본 적은 기억에 없습니다. 다만 각부 부장이 나와서 유인물에 나와 있는 것을 읽는 것으로 그치고 있을 뿐이지요.

　직원회의를 열심히 참여한다고 해서 학교 일이 잘 돌아가고, 직원회의에 참여하지 않는다고 해서 추진되지 않는 경우도 없었습니다. 컴퓨터를 켜면 해야 할 일이 '알리미'를 통해서 전달되기 때문에 처리해야 할 일을 모르는 경우는 없습니다. 메신저와 직원회의의 내용이 반복되고 있기 때문에 직원회의에 참석하지 않았다고 해서 학교 일을 모르는 것도 아닙니다. 듣지 못한 것이야 주변 동료 교사를 통해서 전달받을 수도 있는 것이요, 받아야 할 자료가 있다면 전달받으면 그뿐입니다. 직원회의 참석을 아예 참여하지 않겠다고 결심한 것도 아니요, 일의 경중과 선후를 모를 정도로 어리석은 교사는 아닙니다. 하여 매주 빠지지 않고 하는 금요 직원회의가 참 번거롭다는 생각을 하면서도 참석은 했습니다.

　아침 직원회의에 참석하는 것으로 교사의 근무 태도를 평가하는 것이라면 그에 대해서는 동의하지 않습니다. 더구나 참석하지 않은 교사들에게 교장실에서 개별 연수를 시키겠다는 발상에 심한 모멸감을 느낍니다. 교사는 내려오라면 가고 하는 정도밖에 안 되는 '장기판의 졸'과 같은 존재는 아닙니다. 교사의 자율성과 자주성을 무시하고 교사의 맹목적 성실을 요구하는 학교장의 리더십을 그리 높게 평가하고 싶은 마음이 없습니다. 교사를 학생 취급하는 정도로밖에 생각지 못하는 교장을 존경할 수 없습니다.

정당한 절차와 합리적으로 결정한 학교 일이라면 교사가 그것을 거부할 명분은 없습니다. 금요일 직원회의. 참석하라면 참석해야지요. 그러나 대부분의 교사는 금요일 아침을 늘 쫓기면서 시작합니다. 교사에게는 누구나 아침 시간 10분은 금쪽같은 시간입니다. 직원회의가 끝나고 돌아서는 발길이 '전달 사항 받으러 왔나'라는 생각으로 흔쾌하지 않을 때가 많습니다. '알리미'와 '쿨 메신저'로 전달할 수 없는 것이라면 직원회의 해야지요.

학교는 결코 교장 선생님의 지시와 명령으로만 돌아가는 것이 아닙니다. 물론 빈 구석을 찾아내고 채워내는 역할은 교장, 교감의 몫입니다. 교육은 교실현장에서 이뤄집니다. 교실을 바꿔내겠다는 교사들의 의지와 열정 없이는 교육은 늘 그 자리에서 한 치도 움직여지지 않습니다. '교사를 교사로 거듭나게 하는 것' 그것이 학교 관리자의 몫일 겁니다. 그러나 그것은 직원회의를 통해서는 결코 만들어지지 않을 것입니다. 교사를 불쾌하게 만들지 마십시오. 그러지 않아도 자존심에 상처받고 살아가는 교사들입니다. 교육감이 부를 리도 없겠지만 교육감이 부른다고 쪼르르 달려갈 사람도 아니거니와 가더라도 교실을 먼저 생각하는 것이 담임교사입니다.

저는 그렇게 겸손한 사람이 아닙니다. 교사의 자주성과 자율성을 확대시키는 쪽에서 늘 활동의 중심을 삼고 살아왔습니다. 물론 교사로서의 교육 활동에 문제가 있다면 그에 대해 비판받는 것을 두려워하지 않았습니다. 그렇게 살아왔고 앞으로도 그렇게 살아갈 것입니다. 교무부장으로부터 전달받은 내용에 답하는 글입니다. 교무부장 역시 교장 선생님의 말씀을 전한 책임 말고는 없습니다. 드려야 할 내용의 대부분은 교장 선생님께 드리고 싶은 말씀입니다. 이 글이 교장 선생님께 직접 전달되기를 바랍니다. 처음에는 모든 교사에게 쿨 메신저로 저의 뜻을 전하려다 교장 선생님께 결례가 될 것 같은 생각에 메신저를 보내신 교무부장님께 먼저 답신으로 전합니다. 만약 전달되지 않았을 경우 교장 선생님께 직접 찾아뵙고 이 글을 전달할 것입니다.

아직도 분이 삭여지지 않습니다. 연휴 동안 계속 생각을 버리고 싶었지만 쉽게 잊히지 않습니다. 특히 지금까지 만나왔던 어느 교장 선생님보다 '정말 좋은 교장 선생님'으로 생각했던 제 입장에서는 많이 실망스럽습니다. 교장 선생님의 뜻이 아니었기를 바라는 마음뿐입니다.

2012년 6월 4일
교사 유기창 올림

참고로 드리는 말씀입니다. 아버지를 모시고 삽니다. 그날(6월 4일)이 여든 여섯 되신 아버지 생신이었습니다. 보통 때보다 일찍 일어나 생신상을 차리기 위해 서둘렀지만 아버지 생신상만 차려드리고 아침 식사도 하지 못하고 출근했습니다. 7시 50분까지 도착하는 것이 불가능하다고 생각되는 순간, 학생들에게 미안했습니다. 직원회의가 있다는 사실은 아예 잊었습니다. 교실부터 올라갔지요. 출결 점검을 해야 하는 8시까지 늦지 않기 위해서였습니다. 교실을 돌아서서 내려오는 순간 직원회의가 있다는 사실을 깨달았습니다. 참 구차한 변명입니다.

2007년 '부자 되세요'라는 말에 현혹되어 당선시켰던 이명박 정권. 당시 많은 사람들이 부자 되는 것을 소망했으나 생활 살림은 별로 달라지지 않은 5년이었다. 기대와는 달리 20세기형 토건 사업으로 경제를 살린다면서 운하 건설 계획을 세웠다가 국민적 저항을 받고 철회했고, 광우병 파동으로 휘청했던 정권이었다. 산적한 문제를 풀어가는 것은 어설펐고 공작 정치로 정권을 유지하려는 것은 유치했다. 정부를 이끌어갈 만한 실력도 없는 정권이었고 국민들의 실망만 안긴 참으로 길었던 이명박 정권 5년이었다. 틈만 나면 전교조를 공격했고 법으로 보장된 단체교섭마저 차단한 참 옹졸하고 졸렬한 정권이었다. 많은 국민들도 아예 기대하지 않고 보냈던 정권이었다. 다시 정권 교체에 대한 기대감은 컸으나 민주개혁 세력은 또 졌다. 세대 투표로 이뤄진 대통령 선거가 끝나고 나는 그때의 심정을 이렇게 적었다.

이 시대를 살아가는 나의 50대가 참 부끄럽다. 50대를 훌쩍 건너뛰는 시기에 와 있음으로 하여 이제 눈앞에 닥친 60대라는 숫자가 두렵기까지 하다. 박정희 정권하에서 초등학교(옛날에는 국민학교였다) 시절부터 '혁명공약'을 외우면서 이데올로기 교육을 받았던 세대. 중학교에 올라와서는 '국민교육헌장'을 외워야 했다. 왜곡된 역사를 사실로 배웠고, 교과서 밖에서 오히려 진실을 찾아야 했던 시대를 살기도 했다. 뿐만 아니라 대한뉴스를 통해서 늘 대한민국 국민임을 자랑스럽게 생각하지 않으면 안 되는 시대를 살아야 하기도 했다.

이제 다시 정론을 기대했던 언론의 기사회생은 물 건너갔고, 피 흘리며 사람 사는 세상을 기대했던 사람들의 마음은 추운 날씨에 더욱 얼어붙었다. 5년 동안 철저하게 무시당했던 전교조와 교육부의 파트너십 또한 달라질 것이 없으며 오히려 5년 동안 더 시달리는 세월을 보내게 될지도 모르겠다. 그러함에도 불구하고 절망할 수 없는 이유가 있다. 그것은 젊은 사람들에 대한 예의가 아니기 때문이다. 비록 50대의 끝에 있을지라도 생각은 이 시대를 건강하게 살아가려는 젊은 세대와 함께할 것이다. 깨어 있는 지식인으로 살아가기 위해 더 노력할 일이다.

2012년 12월 21일

박근혜 정권이 출범했다. 비록 내가 선택한 대통령이 아니었지만 이명박 정권을 반면교사 삼아 살할 것이라 기대했다. 역사는 부침하면서 느리게 진보한다는 믿음으로 성공하기를 기대했다. 그러나 참 순진한 기대였다. 국정원이 선거에 개입한 부정 선거로 당선된 대통령이었다. 오래전에 물러났어야 했다. 비극적인 '세월호' 사건이 터졌다. 2014년 4월 16일이었다. 수학여행을 가기 위해 '세월호'를 탔던 학생들은 물속으로 잠기는 배에 갇힌 채 살기 위해 몸부림쳤으나, 정권은 죽어가는 학생들을 그저 지켜보기만 했다. 한국 사회가 총체적으로 부실한 사회였음은 물론 지도자가 무능할 때 국민 모두가 언제든지 희생될 수 있음을 여과 없이 드러낸 참사였다. 대통령은 국민의 생명과 안전을 책임지는 최고책임자로서 자격도 없었고, 무능했다.

그래도 역시 민주주의입니다

세월호 참사로 인해 대부분의 학교에서는 외부 행사가 취소되었다. 수학여행을 가기로 예정했던 대부분의 학교에서는 수학여행 추진에 제동이 걸렸다. 그런데 수학여행 중단 또는 유보 결정 과정은 민주적이지 못했다. 대부분의 학교에서는 교육 당국의 지침이 곧 명령이 되었고 학교는 충실하게 따르는 방식이었다. 학생들이 스스로 토론하고 결정할 수 있는 훈련 과정은 또 생략되었다. 여행을 가는 당사자의 의견은 언제나 반영되지 못했다.

　아무리 바른 소리라도 상대방에게 불쾌감과 자존감을 상하게 했다면 잘못한 일이겠지요. 더구나 동료 교사 집단에서는 더욱 그러할 것입니다. 그런 점에서 수학여행 건과 관련한 제 의견과 주장이 실무책임자였던 2학년 부장께 불쾌감을 준 점에 대해 정중히 사과드립니다. 다른 한편 제가 제기한 주장과 의견은 특정 인물을 지칭해서 공박하고자 했던 글도 아니었음을 해명하고자 합니다.

　어제 교육부에서는 1학기 동안 초중등 학교의 모든 수학여행을 중단하는 지시를 내렸다고 보도되었습니다. 교육부의 지시와 명령의 타당성 여부를 떠나 수학여행을 '가'고 '안 가'는 것조차 교육부가 판단할 문제인가에 대해서는 과도한 지시고 명령이라 생각합니다. 적어도 교육부는 가이드라인만을 정하고 학교의 자율적 결정을 존중하는 것이 옳다 생각합니다. 교육부의 결정은 또 다른 과도한 학교 간섭입니다.

　늘 그래왔습니다. 한국 교육이 실패하고 있다면 이는 교육정책의 실패였지, 학교의 무능이나 교사의 불성실은 아니었습니다. 그럼에도 불구하고 책임은 늘 학교가 모든 책임을 떠안고 왔던 것이 우리 교육의 실정입니다. 자율적 역량을 거세당한 학교는 불만과 불평이 있어도 지시와 명령에 익숙했고 문제의식에 무감각해진 지 오래되었습니다.

　그래서 드린 의견이었습니다. 학교마다 편차는 있겠으나 학교에는 직원회의가 있지만 회의는 존재하지 않은 지 오래입니다. 잠신고등학교라고 예외는 아닙니다. 아무리 생각해도 현재 진행되는 직원회의는 일방적으로 전달받는 체계이지 의견을 제기하거나 토론을 하는 구조는 아닌 것으로 생각됩니다. 제 아둔한 생각인지 모르겠지만 회의의 효율성을 놓고 볼 때는 참 아까운 시간입니다.

정작 필요할 때 직원회의는 없었습니다. 수학여행을 '가'고 '안 가'는 것은 학사 일정 변경을 요구하는 매우 중요한 문제입니다. 학사 일정의 변경은 교사 모두에게 해당되는 문제이기도 하고요. 똑같은 결론과 결과였을지라도 구성원들의 의견이 '반영되고, 안 되고'에는 결정의 힘에 상당한 차이가 있을 것입니다. 학교에서 교사와 학생의 의견을 종합한 결과로 학교 입장을 정하는 것이 옳았을 것으로 생각합니다. 교사 의견과 학생 의견이 다르게 나왔을 때 의견을 조정하고 설득하는 과정이 살아 있는 민주주의 교육일 것입니다.

저의 주장이 지나쳤다면 아마도 그러한 민주적 원리로 작동하기에는 너무 촉박했다는 점을 간과한 측면이 있습니다. 그렇다고 결코 시간이 없었던 것은 아니었지요. 위기를 관리하는 능력이 바로 리더십 아닐까요? 그것은 이번 수학여행을 주관하는 2학년 부장님 권한 밖의 일로 생각합니다.

민주주의라는 것이 달리 보면 참 귀찮은 일입니다. 또 불편한 일들도 있지요. 일 진행이 늦어지기도 합니다. 그러나 다양한 의견을 수렴해서 내린 결정은 소수가 내린 결정보다 힘이 있습니다. 제기될 수 있는 불평과 불만을 잠재울 수 있기도 하고요. 우리는 바로 그것을 소통이라고 하지 않습니까? 아직까지는 우리 사회가 이러한 민주주의 체제를 대신할 수 없으므로 우리는 민주주의를 신봉하고 생활 속에서 실천하려 노력하고 있습니다.

국가적 재난에 가까운 충격적 사건으로 한국 사회가 슬픔에 빠져 있습니다. 세월호의 침몰 사건. 선장의 어처구니없는 행동으로 물속에 갇혀 수백 명이 죽음을 고스란히 받아들여야 했던 사건. 배가 옆으로 기울어지고 난 이후, 2시간 동안 구조 작동이 사라진 대한민국의 재난 구조 시스템. 승객의 안전과 생명을 최우선으로 지켰어야 할 선장은 아무런 조치도 취하지 않았고, 어이없이 반복되는 방송만을 믿으며 두려움과 불안을 참고 기다려야 했던 교사와 학생. 어둠의 공포와 고통 속에서 살려달라고 울부짖으면 차가운 바닷속에서 서서히 죽어가는 것을 아무런 손도 쓰지 못하고 지켜봐야 하는 대한민국. 국민의 생명과 재산을 지켜줘야 할 국가는 어디에 있었는가? 모두가 공분하는 이유일 겁니다.

제 의견과 주장으로 하여 실무책임자였던 2학년 부장께 불쾌감을 준 점에 대해 거듭 정중히 사과드립니다. 또한 잠신고등학교 교직원 모두에게 생각의 차이로 해서 불편함을 드렸다면 아울러 사과드립니다. 그러나 합리적인 의사결정 과정이 필요하고 그것은 민주적인 방식으로 운영되어야 한다는 점은 한 치도 양보하고 싶지 않습니다. 참 고집이 세지요.

2014년 4월 22일

우리 교육감이 되어주십시오

교육시민단체가 중심이 되어 내부 경선을 통해 진보 교육감 후보로 조희연 성공회대 교수를 선출했다. 교사 출신이 선출되기를 기대했지만 당선 가능성을 염두에 둔 선출 같았다. 언제부턴가 서울시교육감은 진보와 보수 후보가 대결하는 양상이 되었으나 진보 교육감 후보는 늘 수세였다. 선거 과정에서 당선 가능성이 높았던 보수 후보의 가정사가 드러나면서 큰 상처를 입었고, 상대적으로 조희연 후보가 선전을 했다. 밤 늦게까지 개표 중계를 보는 동안 간발의 차로 앞섰으나 불안했다. 최종 개표 결과 가까스로 조희연 후보가 당선되었다. 그렇다 할지라도 획기적인 서울 교육의 변화를 기대할 일은 아니었다. 그래도 보수 교육감이 당선되는 것보다는 학교 변화의 가능성은 훨씬 클 것이고, 적어도 학교가 민주적으로 운영되는 것을 강력히 지원할 수 있는 교육철학을 지닌 교육감의 당선이라 생각되었다.

초조했던 시간은 지났습니다. 4년 전, 곽노현 후보가 당선됐을 때의 감격을 똑같이 느낀 6월 4일 수요일, 밤이었습니다. 4년 전, 곽노현 후보가 당선됐을 때, 많은 교사들은 하나같이 우리 교육감이라고 기뻐했습니다. 그만큼 기대가 컸었지요. 그러나 그 '기대'가 '걱정'으로 바뀌기 시작한 것은 그리 오래 걸리지 않았습니다.

'체벌 없는 학교' 선언. 교육감의 명령 한마디로 학교는 폭탄 맞은 분위기였습니다. 사전 논의조차 없었고 어떤 예비 장치도 만들어놓지 않은 상태에서 교육감의 일방적 선언은 교사들을 당혹스럽게 만들었습니다. 민주 후보 곽노현 후보를 찍어달라고 했던 전교조 교사들은 주변 교사들에게 변명하는 것이 참 구차했지요. 조희연 후보의 당선. 곽노현 교육감의 실패를 넘어설 수 있는 서울 교육의 변화를 다시 기대하게 하고 있습니다. '배움'과 '가르침'이 있는 학교가 되어야 할 것이고, 교사와 학생이 함께 행복할 수 있고 학부모가 만족하고 또 믿음을 줄 수 있는 서울 교육, 대한민국 교육으로 바뀌기를 기대하고 있습니다. 학교교육 성공의 전제는 교실입니다. 교실에서 이뤄지는 교육이 성공하기 위해서는 교사가 바로 서야 합니다. 가르치는 교사가 신명이 나지 않고서 교육의 성과를 기대할 수 없지요. 열정과 보람이 빠져버린 교육에 사랑이 깃들 수가 없습니다. 교사의 자존감과 자긍심이 상실된 교실에는 교육이라는 형식만 있을 뿐입니다.

교사에게 가르칠 수 있는 자신감과 용기를 갖게 하는 것이 관리자의 제일 덕목이 되어야 할 것입니다. 가르치는 것에 유능한 서울 교사들입니다. 세계 어느 나라 교사와 비교해도 가르치는 능력에서는 부족함이 없는 서울 교사들일 것입니다. 관리자의 지시나 명령으로 교육을, 교실을 바꿀 수 있다고 생각하는 것은 대단한 착각입니다. 교사들에 대한 믿음이 먼저입니다. 그리하여 교사들의 신망을 얻는 것이 성공하는 교육감의 시작일 것입니다.

취임 전까지라도 학교현장을 방문하여 교육의 실상을 체감하는 것이 우선되어야 할 것입니다. 예고된 방문보다는 불시에 방문해야 학교의 속살을 들여다볼 수 있을 것입니다. 교장실보다는 교무실을 먼저 찾고 교사들로부터 이야기를 들어보십시오. 그것이 교장 선생님께 결례가 되는 것이 아닐 것입니다. 그 결과를 갖고 서울 교육행정을 펼치시고 기자회견도 하십시오. 시간이 흐를수록 당선의 기쁨보다는 당면한 문제로 고민이 깊어질 것입니다. 당선을 위해 선거운동에 앞장섰던 사람이 정말 동지였나 싶을 정도로 서운한 마음이 들 때도 많아질 것입니다. 마음을 다스리지 않고서는 스트레스와 괴로움의 연속일 것입니다. 무엇보다도 뜻을 같이했던 사람들 간에 날 선 대립을 조정하는 것이 더 큰 부딪침으로 다가올 수도 있을 것입니다.

그럴 때 흔들리지 마십시오. 후보 시절에 당선되기 위해 혼신의 힘을 다했던 시간으로 돌아가십시오. 교육감 당선자가 흔들리면 서울 교육이 흔들리는 것입니다. 작은 일에 쉽게 흔들릴 인간 조희연이 아닐 것이라는 믿음은 가지고 있습니다. 정말 성공하는 교육감 되시기를 기원합니다. 거듭 당선 축하 인사드립니다. 서울 교육감 당선을 진심으로 축하드립니다. 밤이 깊어갑니다.

2014년 6월 10일 화요일

일반고 전성시대는 아직도 요원하기만 하다. 그런 시대를 맞이하지 못한 가운데 나는 정년퇴임을 했다. 조희연 교육감은 성실한 교육감이었고 민주의식이 매우 강한 교육감이었지만 초·중·고 경험이 없는 교육감으로 학교현장을 이해하는 데 많은 시간이 걸렸다. 학교현장 교사들이 원하는 교육감에게 거는 기대를 충족시켜주는 데 많이 부족했다. 왜 초·중·고 현장 출신의 교사가 교육감이 되어야만 하는가를 다시 일깨워주기도 했다. 경찰이 경찰청장을 하고, 검사 출신이 검찰총장을 하는 것을 지극히 당연하게 받아들이면서 초·중·고의 보통 교육을 책임지는 서울 교육의 수장은 교사 출신이 되어야 하는 것이 당연한데도 언제부턴가 교수 출신이 교육감을 차지하게 되었다. 교사 출신이 교육감 되는 것이 결코 실력이 없어서는 아닐 것이다. 이미 다른 시·도에서는 전교조 조합원이면서 교사 출신으로 교육감에 당선되어 교육 행정을 이끌고 있는 경우도 많다. 재선까지 한 교육감도 한두 명이 아니다. 교수 출신이 하면 더 잘할 것이라는 막연한 기대 심리가 교사 출신 교육감을 가로막고 있다. 물론 교수 출신 조희연 교육감에게는 지난 4년의 경험은 소중한 자산이 되었다. 4년 전에 약속했던 일반고 전성시대를 열겠다는 야심찬 공약을 실현할 수 있는 실력도 갖췄을 것으로 믿고 싶다. 학생들에게는 학교 가는 것이 즐겁고 배우는 것이 기쁜 일이고, 교사에게는 가르치는 것이 보람으로 느낄 수 있는 그런 행복한 학교를 만드는 데 마지막 기대를 해본다.

마지막 담임교사 이야기

성장기에 있는 학생들에게 많은 감화를 줄 수 있는 담임교사는 행복하다. 민주적 리더십으로 학급 운영을 하는 담임교사는 학생들로부터 신망을 받는다. 하지만 행정이 담임교사의 행복을 빼앗아 가고 있다. 담임교사를 기피하는 이유일 것이다.

학교에서 '원로 교사'가 되면 후배 교사들로부터 과분한 대접을 받는다. 담임에서 배제되고 적은 수업 시간을 배정받기도 한다. 그 일은 젊은 후배 교사들의 몫으로 돌아간다. 좋은 후배 교사들을 만났을 때 그렇다는 것이다. 그런 점에서 나는 후배 교사들로부터 과분한 대접을 받으며 교사 생활을 마쳤다. '원로 교사'라고 해서 담임교사를 맡지 않아도 된다는 원칙은 없다. 다만 나이가 들면서 행정 업무에 착오를 일으킬 때가 많았다. 젊은 사람들이 일 처리하는 속도를 따라가지 못하는 경우도 있었다. 후배 교사들에게 부담을 주는 일이었다. 담임교사를 맡고 싶어도 맡을 수 없는 이유였다.

담임교사는 신학기를 준비하기 위한 직원회의에서 발표한다. 신학기를 준비하기 위한 직원회의는 학교마다 약간의 차이가 있지만 늘 2월 중순경에 개최한다. 지금은 대부분의 학교에 인사자문위원회가 있어서 담임 희망과 업무 배정 원칙을 정하고 그 원칙에 따라 인사를 한다. 그러한 절차를 밟아 최종적으로 교장이 확정하고 확정된 결과를 신학기를 준비하기 위한 직원회의에서 발표한다. 담임교사 배정을 끝내고 직원회의에서 발표된 것을 번복하는 경우는 흔치 않은 일이었다.

2015년이었다. 정년퇴임 2년을 남겨둔 때였다. 후배 교사 중에 담임교사를 맡을 수 없어 사전에 학교장에게 사유를 밝혔으나 담임교사 자원이 부족하여 임명한 것이 사단이 났다. 결국 병가 휴직을 냄에 따라 담임교사를 교체할 수밖에 없었다. 이미 담임 발표가 끝난 상황에서 다시 담임교사를 찾는 것이 쉬운 일이 아니었다. 대부분의 후배 교사들이 눈치만을 보고 있는 상황이었다. 담임교사를 맡을 수 없는 충분한 이유도 있었다.

눈 한 번 감으면 1년이 편해진다는 말은 학교사회에서 정설이 되었다.

그러나 비겁하다는 생각이 들었다. 깊게 고민할 필요가 없었다. 그렇게 해서 담임교사를 다시 맡게 되었다. 교직 생활에서 마지막 담임교사가 될 것 같았다. 이왕 맡은 담임교사, 정말 잘하고 싶었다. 아니 잘해야 했다. 학생들과의 소통 방식도 옛날과 많이 달라졌다. 카톡방을 만들었다. 학생들뿐만 아니라 학생들의 어머니가 참여하는 카톡방도 만들었다. 그 결과물이 일기가 되었다.

마지막 담임교사

인사자문위원 유기창입니다. 지난 2월 13일(금), 25일(수) 2015학년도 담임교사 및 업무분장에 대한 자문 활동에 참여했습니다. 선생님들께서 신청하신 대로 인사 자문을 하지 못한 점에 대해 먼저 사과드립니다. 특히 새로 오신 분께 과중한 업무를 맡기는 인사 자문을 할 수밖에 없었던 것은 참 송구스러운 일이었습니다. 새 학교에 적응하는 것도 쉽지 않을 일인데 원치 않은 업무를 배정한 것은 관례화된 악습으로 생각합니다.

이번 인사 자문 과정에서 드러난 문제가 있었습니다. 과거 부장과 담임교사를 선호할 당시 배정 원칙을 적용하다 보니 현실성이 떨어지는 원칙이었음을 확인하였습니다. 교사의 업무 경감이 되고 있다고는 하나 지금보다 획기적으로 바뀔 가능성은 크지 않을 것으로 예측됩니다. 그에 따라 부장 인선 원칙과 담임 배정 및 업무분장에 대한 원칙 개정이 필요할 것 같습니다. 그에 대한 선생님의 의견을 차후에 구하고자 합니다.

아울러 드리는 말씀입니다. 뜻하지 않게 담임교사를 맡게 되었습니다. 많은 분들이 걱정하시고 미안해하시기도 합니다. 미안해하지 마셔요. 또 저로 인하여 불편하게 생각하지 않으셔도 됩니다. 후배들이 힘들어할 때 눈감아버리고 외면하는 것이 선배는 아니라고 생각하며 살아왔습니다. 흔쾌하게 자진해서 선택한 일입니다. 일에 대한 집중도가 떨어지고, 행정 업무의 실수로 후배 교사들에게 걸림돌이 되는 것 같아 담임교사를 신청하지 않았을 뿐입니다. 제가 선택한 일, 잘할 수 있을지는 모르겠으나 열심히는 하겠습니다. 행복한 학교, 행복한 교실을 꿈꾸고 있습니다.

2015년 2월 20일

일주일

3월의 일주일이 종종걸음으로 왔다가 성큼성큼 멀어져간다.

2015년 3월 12일 목요일

먹을 만큼만

2015년 3월 11일, 학력평가고사를 보는 날이었다. 칠판에 "시험 보는 그대, 불안한가? 불안해하지 마라"라고 썼다. 시험 보는 학생들에게 격려하는 말로서는 뭔가 부족했다. 7교시 마지막 시간, 담임교사가 감독으로 들어갔다. 학생들이 많이 지칠 만한 시간이었다. 학생들의 피곤함을 덜어주기 위해 견과류 과자를 들고 교실에 갔다. 칠판에 '먹을 만큼만'이라고 적었다. 정말로 학생들은 '먹을 만큼만' 집었다. 과자를 집는 학생들의 마음이 예뻤다.

학급회의 시간에 '급훈'을 '먹을 만큼만'으로 결정했다. 작년 교실 급훈으로 걸렸던 '한우 갈비'를 2주 만에 떼어냈다. '먹을 만큼만', 식탐을 자제하겠다는 것만이 전부이겠는가. 분수를 지키겠다는 의미를 더했다. 어디 그뿐이겠는가. 절제의 미학과 나눔 그리고 배려의 따뜻한 마음이 그 속에 담겨 있다. 그리고 아름다운 말, 생명력 넘치는 언어로 우리들이 살아가는 삶 속에서 마음 깊이 새겨둘 수 있는 말이 될 것 같다. 내 삶의 좌우명으로 삼게 되었고, 책의 제목으로도 괜찮다는 생각을 했다. 평생 잊지 못할 급훈이 될 것 같았다. 그러나 그렇게 살아간다는 것이 결코 쉬운 일이 아닐 것이다.

2015년 3월 13일

아이들은 격려가 필요합니다

지난주 금요일, 학생들에게 세 가지 자료를 전달했습니다. 3월 11일 전국연합평가 결과 성적 통지서가 하나이고요, 3월 13일 실시한 인성검사와 적성검사 결과입니다. 성적표는 현재 학생들의 교과 실력에 대한 결과입니다. 전교 상위권에 있는 학생들에게 성적표는 만족스럽고 기분 좋은 일입니다. 축하하고 격려 받아 마땅한 일입니다. 그러나 성적이 떨어지는 것에 대한 조바심을 갖고 살아갑니다. 그 성적을 유지하기 위해서는 끊임없이 노력하지 않으면 안 되기 때문입니다.

상대적으로 성적이 저조한 학생들이라고 다르지 않습니다. 성적으로부터 초연할 수 있는 학생은 없습니다. 성적이 좋은 학생들과 똑같은 스트레스나 조바심을 갖고 살아갑니다. 더 좋은 성적을 받고 싶어 하는 마음은 성적이 좋은 학생이나 저조한 학생이나 다르지 않습니다. 가장 안타까운 것은 노력을 했음에도 성적이 별로 오르지 않는 학생들입니다. 그러나 모의고사 성적은 중간고사나 기말고사와 달리 반짝 공부를 해서 오르지는 않습니다.

모의고사 성적은 평소 학습의 누적된 결과입니다. 해서 모의고사 성적과 학교에서 실시하는 내신의 결과는 꼭 일치하지 않습니다. 그럼에도 불구하고 학습에 대한 총체적 결과가 모의고사로 나타나기 때문에 내신 성적과 전혀 무관하지는 않습니다. 상대적이기는 하지만 내신 성적과 모의고사 성적이 일치하는 경우가 많습니다. 요즘 대학 입시에서 수시 입학률이 다소 둔화되었지만 아직도 많은 대학에서 수시로 학생 선발을 선호하는 것은 평소 학습 습관과 태도를 반영하려는 이유일 것입니다.

부모님께 드리고 싶은 말씀은 공부를 열심히 해도 성적이 오르지 않는 학생의 경우, "왜 너는 성적이 오르지 않느냐?"고 윽박지르지 마십시오. 학교에서 보는 학생들은 지금 최선을 다해서 좋은 성적을 받기 위해 고군분투하고 있습니다. 아이들을 의심하지 마십시오. 부모님 마음이야 답답하고 속상하실 수도 있지만 아이들은 그런 결과에 더욱 속상하고 스트레스를 받습니다. 학습은 좋은 성적을 받기 위한 노력의 과정이지만 아이들에게 주어진 하나의 과업을 이뤄가는 과정이기도 합니다. 좋은 성적을 받는 것으로 하여 대학 입학을 결정짓기도 하지만 학습을 통해 자신의 삶 속에 바른 가치관과 습관을 만들어가는 또 다른 과정이기도 합니다. 성적 이면에 담기는 것은 성적이라는 수치로 계산되지 않습니다. 어쩌면 우리가 살아가는 과정에서 더 중요한 것일 수 있습니다. 눈에 보이는 것만이 전부가 아니라는 것을 잊지 않았으면 좋겠습니다.

열심히 하고 있는 아이들에게 "공부하는 데 힘든 것은 없냐? 도와줄 것은 없냐?"고 물어봐주십시오. 일주일의 시작이지만 3월이 꼬리를 감추고 있습니다. 생동하는 봄입니다.

2015년 3월 30일 월요일

누구나 그 시기를 거쳐 갑니다

이성에 관심 많을 때입니다. 며칠 전 우리 반 남학생이 여학생 전화번호를 알려달라고 부탁을 했습니다. 많은 고민을 했습니다. 뒤늦게 알려줄 수 없다고 했습니다. 학생은 담임교사가 오해하고 있는 것이라며 서운한 듯 다시 알려달라고 문자를 보냈습니다. 상대방이 동의하지 않는 전화번호를 담임교사가 알려주는 것은 원칙에 어긋난다고 했습니다. 다시 문자가 오지 않았지만 서운했을 학생의 마음이 읽혔습니다. 월요일 전화번호를 공유하는 것에 대한 학생들의 의견을 물었습니다. 학생들은 쿨했습니다. 어제 우리 학급 학생들의 전화번호를 복사하여 학생들에게 배부했습니다.

청소년 시기, 말은 하지 않아도 이성에 예민한 시기입니다. 교복 입은 학생들이 다정하게 손을 잡고 가는 것은 예사로운 일이 되었습니다. 물론 모든 학생이 그런 것은 아니지요. 내 아들과 내 딸이 아니기를 바라며 가슴을 쓸어내리는 것이 부모입니다. 그러나 아이들의 마음속까지 들여다볼 수 없는 일입니다. 그 시기에 그러한 이성에 관심을 갖는 것은 지극히 당연할 때입니다. 그러한 광경을 봤을 때 충격을 받고 놀랄 것이 아니라 우리 딸과 아들이 어른이 되어가는 과정으로 받아들였으면 좋겠습니다. 이성에 대한 배려와 예절을 가르칠 수 있는 좋은 계기로 받아들일 때 아이들은 건강하게 그 시기를 건너게 될 것입니다. 그러한 시기를 겪지 않고 지나가는 것이 오히려 이상한 일 아니겠습니까.

저 역시 그런 시절을 보내며 한 시기를 지나왔습니다. 다만 표현하지 못했을 뿐이지요. 드러내놓고 사랑을 고백할 용기가 없었던 젊은 시절의 부끄러웠던 모습입니다. 그때는 그럴 수밖에 없기도 했습니다. 지금의 아이들은 전보다 성이 노출된 세상에서 살아가고 있습니다. 새로운 풍속도입니다. 늘 경계해야 할 것은 비행과 범죄로 발전하지 않도록 어른들은 우리 아이들을 안내할 책임이 있습니다. 이성에 관심을 보이는 아이들에게 부모님이 먼저 긴장하지는 마십시오. 건강하고 믿을 만한 학생들입니다. 저도 많이 지켜보겠습니다. 생각이 많은 아침입니다. 글이 난삽합니다.

2015년 4월 9일 목요일

날씨

음울한 날씨. 비가 뿌렸다. 지각하는 학생이 많을 것 같은 날씨. 괜히 심사가 뒤틀리는 듯하다. 교실은 여전히 시끄럽다. 듬성듬성한 빈자리. 7시 50분, 여전히 많은 학생들이 오지 않았다. ○빈이는 오늘 일찍 올까. ○빈이와 ○휘 그리고 ○기가 가까스로 교실에 들어왔다. 시끄러운 교실, 살아 있는 교실일까? ○늬가 울고 있는 것을 뒤늦게 보다. ○진이의 주번 활동이 눈에 띄게 활발하다. ○윤이 또한 열심히 했다는 친구들의 전언이다. ○진이가 주번을 계속 맡았으면 좋겠다는 생각이 들 정도로 다른 학생들과 비교가 된다. 아침 시간에 ○늬의 울음. 지극히 개인적인 일이었다. 난감하다.

2015년 4월 14일 화요일

아이들은 오늘도 열심히 살아갑니다

시험은 학생들에게 스트레스입니다. 그러나 피해 갈 수 없는 일이지요. 어제는 자율학습 감독을 했습니다. 시험이 가까이 있고 보니 도서관의 열기는 뜨겁습니다. 공부하는 학생들 중에서 우리 반 학생들에게 더 눈이 가는 것은 어쩔 수 없는 일입니다. 비록 자율학습을 신청하지 않은 학생들은 학원에서, 독서실에서 그리고 집에서 멈추지 않고 공부를 하고 있을 것입니다. 아침 학교 오는 시간이 가장 늦고 또 시끄러운 반이 우리 반입니다. 하지만 어려운 문제를 친구에게 묻고 설명해주는 모습은 다른 반에서 볼 수 없는 모습입니다. 아이들은 '이렇게 열심히 해도 성적이 안 나오면 어떻게 하지?' 그런 조바심을 누르면서 하루하루를 보내고 있습니다.

어쩌면 아이들은 '시험'이라는 무대에 오를 준비를 하고 있습니다. 무대에 오르는 아이들 중에는 멋진 연기를 하는 아이들도 있을 것이고, 서툰 연기로 어색해하는 아이들도 있을 것입니다. 무대에 오른다는 것은 설렘이 반이고 부끄러움도 반입니다. 무대에 오르기 위한 준비를 아이들은 각자의 방식대로 최선을 다하며 지금의 시간을 보내고 있습니다. 무대에 오르기 전의 격려는 아이들에게 큰 힘이 될 것입니다. "너 그래가지고 제대로 할 수 있겠어?" 윽박지르는 것은 무대에 오를 아이들을 잡아끄는 것이 아닐는지요? 시험을 보고 나면 점수로 환산되어 성적이 나오겠지요. 연극이 끝나고 무대에서 아이들이 내려왔을 때, 연극이 서툴렀다고 면박을 주면 그 아이들은 다시 무대에 서지 못할 것입니다. 아이들을 끌어안아줄 정도의 격려가 오히려 아이들에게 용기를 줄 것입니다.

며칠째 생각했던 것을 말씀드립니다. 부모님께서 아이들에게 격려가 될 말씀을 개인 카톡 또는 메시지 문자로 보내주십시오. 평소 아이들에게 전하고 싶었던 부모님의 진짜 마음을 보내주시면 내일 종례 시간에 학생들에게 보여줄 생각입니다. PPT로 작성해서 우리 반 학생들과 함께 볼 것입니다. 부모님의 신분은 밝히지 않도록 할 것입니다. 가급적이면 부모님이 함께 만들어보십시오. 쉽지 않은 일이기에 생각을 거듭했습니다. 부모님의 마음을 아이들이 볼 수 있도록 하려는 것입니다. 훌륭한 글을 원하는 것이 아니라 부모님의 진솔한 마음을 원합니다. 느닷없는 담임교사의 부탁, 왜 부담이 되지 않겠습니까. 가능하시다면 내일 밤까지 부탁드립니다. 글의 분량에는 제한을 두지 않겠습니다. 다만 저처럼 길게 쓰지 않으셔도 됩니다.

2015년 4월 23일 목요일

성장통

어제 시험이 끝난 뒤 학부모회 대의원 세 분께서 학교를 찾아주셨습니다. 담소를 나누면서, 시험 전(4월 24일, 금)에 부모님께서 보내주신 편지에 대한 이야기도 있었습니다. 편지를 보여준 그날, 학생들의 태도가 달라졌었으나, 3일도 안 돼 평소 모습으로 돌아갔다는 말씀을 들으면서 함께 웃기도 했습니다. 또 가정에서 보는 아이들의 모습과 학교에서 듣는 아이들의 모습이 이중적인 것 같아 실망스럽다는 말씀도 들었습니다. 담임교사가 보는 아이들의 모습은 학급 전체로 볼 때 전혀 문제가 없습니다. 우리 학급에 들어오시는 선생님들로부터 듣는 우리 학급에 대한 평도 다르지 않습니다. 다른 학급과 비교되지 않을 정도로 학습에 적극 참여하고 있다는 말을 듣고 있습니다.

중간고사를 준비하는 학생들의 공부하는 모습은 참 진지했습니다. 학생 개인마다 학습 능력의 편차가 없는 것은 아니겠으나 자신의 실력을 평가받기 위해 최선을 다하는 모습이었습니다. 성적의 결과와 관계없이 아이들의 그러한 태도는 높게 평가받아 마땅합니다.

현재 아이들은 자신의 정체성에 대해서도 많은 고민을 하고 있는 시기입니다. 또 그렇게 열심히 공부했음에도 불구하고 기대했던 것보다 성적이 나오지 않아서 스스로에게 실망하기도 합니다. 교과 성적이 대학 입학하는 데 결정적으로 작용하기 때문에 아이들은 성적에 목숨을 걸다시피 합니다. 해서 아이들은 깊은 고민에 빠져들기도 합니다. 현실의 벽에 좌절감을 맛보기도 합니다. 그러면서 아이들은 성장을 합니다. 아이들의 실수와 시행착오가 중요한 이유도 거기에 있습니다. 부모님들이 그런 시기를 지나온 것처럼 우리 아이들도 그렇게 그 시기를 맞고 있는 것이겠지요. 그 시기는 뛰어넘을 수 없는, 인생에서 누구나 겪는 통과의례입니다.

그런 점에서 아이들을 이해해야 되고 질책과 비난보다는 격려가 필요합니다. 먼 훗날 자신이 깊은 성장통을 겪을 때 기성세대가 자신들에게 어떤 방식으로 감화를 주었는가는 평생 잊지 못할 교훈이 될 것입니다. 부모로서 자식들로부터 존경받는 것만큼 큰 성공은 없을 것입니다. 대부분의 아이들은 부모를 존경할 마음의 준비를 하고 있습니다. 그러나 부모님이 오히려 존경받기를 거절하고 있는 것은 아닌지 생각해봤으면 좋겠습니다. 학생들이 세상을 살아가면서 간직해야 할 덕목에는 교과 성적은 없습니다.

긴 연휴입니다. 아이들이 집에만 있다 보면 부딪히는 일이 많을 것입니다. 잔소리를 할 수밖에 없지요. 그러나 잔소리로 아이들은 변화하지 않는다는 사실을 먼저 생각해주십시오. 잘못을 했을 때 죄송한 마음 때문에 괴로워하는 아이들입니다. 착하지 않습니까.

2015년 5월 1일 금요일

왜 수석교사인가?

오늘 오후부터 진행된 '한울림' 합창제는 막을 내렸다. 학생들의 열띤 참여로 대단히 성공적인 행사였다. 음악 교과였기 때문에 가능한 행사이기도 했지만 기획력이 뛰어났기 때문에 성공할 수 있었던 행사였다. 교과교사 한 사람이 학교를 들썩거리게 했다. 학교를 살아 있게 만들고 있는 것을 본다. 김명식 수석교사(현 성수고), 학생들로부터 전폭적인 신뢰를 받고 있다. 음악 수업인데도 매우 역동적으로 진행하고 있다. 아이들이 즐거워한다. 한 시간의 수업을 위해 늘 고민하는 교사이다. 고민의 결과로 수업을 살아 있게 만든다. 교사 한 개인의 역량으로 그러한 행사를 추진하는 것이 놀랍다. 많은 것을 생각하게 하는 교사다. 부럽다.

2015년 5월 22일

거짓말

교문을 들어설 때 ○영이가 생활지도부 선생님으로부터 지적받는 모습을 봤다. 앞서 걸어가는 ○영이와 ○현이에게 다가섰다. 왜 걸렸는가를 물었다. 그리고 무엇을 걸렸는가를 물었다. 선생님을 좋아하는 마음을 걸렸다고 했다. 깜찍하고 재치 있는 ○영이의 농담에 아침 출근이 가볍다. 오늘도 또 다른 ○영이는 아침이 힘들었는가 보다. 교실에서 ○영이만이 엎어져 자고 있었다.

2015년 6월 16일 화요일

한 학기가 끝납니다

오랜만에 소식 전합니다. 기말고사 이후 학교는 구기대회 열기로 들썩거렸습니다. 학생들은 학업으로 주눅 들며 보냈던 생활로부터 해방을 느끼며 보낸 2주일이었습니다. 학급의 명예를 위해 모든 것을 내던지며 보냈던 시간들이었습니다. 우승팀에게 주어지는 물질적 보상이라고는 15만 원의 상품권이 전부입니다. 그것도 한 사람에게 주어지는 것이 아니라 학급에게 주어지는 것이지요. 탈락한 팀에게는 아무것도 없습니다. 젊기 때문에 아름답기도 하지만 현실적 계산을 하지 않는 순수한 영혼을 지닌 시기이기에 더 아름다울 것입니다.

그러나 인문계 고등학교에서 2주 동안 이어지는 구기대회를 불안한 마음으로 바라보는 학부모님도 계셨을 겁니다. 다른 학교에서는 공부하고 있을 것을 상상하면 부모님 입장에서는 속이 터질 일이었을 겁니다. 왜 그렇지 않겠습니까? 부모님께서는 안타까운 시간이었지만 아이들에게는 행복한 시간이었을 겁니다. 대한민국 고등학생으로서 한 학기 동안 누려볼 수 있는 행복한 시간이 과연 얼마나 되겠습니까. 학급을 대표해서 구기대회에 참여했던 아이들에게는 잊을 수 없는 참 소중했던 시간이 되었을 것입니다. 이제 구기대회는 끝났습니다. 2학년 9반 남학생들은 준결승에서 승부차기로 패배했고, 여학생들은 피구에서 전패를 했습니다. 구기대회만 끝난 것이 아니라 2015학년도 한 학기도 내일, 방학식으로 끝이 납니다.

끝은 새로운 시작의 다른 말일 것입니다. 한 학기 동안 학생들에게 무엇을 남겼는가를 생각합니다. 여전히 교육은 무엇인가를 고민합니다. 가르치는 것이 반이라면 지켜봐주고 기다려주는 것이 교육에서 차지해야 할 다른 반으로 생각합니다. 고등학교 3년이 중요한 것은 현실적인 대학 입시 때문입니다. 그러나 10년, 20년 뒤에 우리 아이들이 어떤 사람으로 살아가게 할 것인가를 생각하는 것도 똑같이 중요한 문제로 생각합니다. 대학 입시라는 거대한 벽 앞에서 한없이 작아지는 자신의 존재를 넘어설 수 있도록 그리하여 세상과 당당하게 맞설 수 있는 자신감을 갖게 해주는 것, 스스로 판단하고 선택하여 자주적인 삶을 살 수 있도록 학생들을 안내하기 위해 담임교사도 생각이 참 많았던 한 학기였습니다. 담임교사의 잔소리로 움직이는 것이 아니라 스스로 결심하도록 했습니다. 결심 전과 결심 후가 달라지도록 요구하기도 했습니다.

돌아보면 아쉬움이 더 많은 한 학기이기도 했습니다. 학교는 7시 50분부터 시작되었습니다. 담임교사의 강압에 의해 일찍 오는 것이 아니라 아이들의 결심으로 늦지 않기를 바랐습니다. 강요는 아이들을 움직이게 할 수는 있으나 그것이 좋은 습관으로 만들어질 리는 없습니다. 다른 반은 한두 명만 지각을 할 때 2학년 9반은 10명 정도만 늦지 않게 왔습니다. 한 학기 계속된 일이었습니다. 학생들이 말을 듣지 않을 때 담임교사는 무수한 유혹을 받습니다. 그러나 학생들과 한 약속을 교사가 지키지 않을 때 학생들은 교사를 신뢰하지 않습니다. 믿음이 가지 않는 교사의 말을 학생들이 들을 리 없지요. 해서 강조는 했으나 강요는 하지 않았습니다.

2학기 때는 1학기와 다른 방식으로 아침을 시작하게 될 것입니다. 교육에 대한 본질적 목표는 가슴에 품고 가되 대학 입시라는 현실적인 목표를 갖고 학생들과 만날 것입니다. 3학년을 준비하는 시간이 되도록 할 생각입니다. 담임교사만이 그런 생각을 하는 것이 아니라 학생들도 벌써부터 고민하고 있습니다. 부모님이 생각할 때 늘 어린 자식처럼 보이지만 아이들은 끊임없이 성장하고 있습니다. 우리가 그러한 시기를 보냈던 것처럼 부모님의 기준으로 보면 늘 자식은 부족한 존재입니다. 그러나 아이들은 '청소년'이라는 껍질을 벗기 위해 몸부림치며 그 시기를 보내고 있습니다. '왜 너는 그밖에 못 하느냐?'고 핀잔할 것이 아니라 오히려 격려가 필요할 것입니다. 지켜봐주고 기다려주는 것에 인색하지 마십시오.

얼마 전 주례를 서면서 신랑, 신부에게 했던 말이 기억납니다. 자식들로부터 사랑과 존경을 받는 것보다 큰 부모의 성공은 없습니다. 자식들은 아버지, 어머니를 존경하고 사랑하려 노력하고 있습니다. 그러한 자식의 노력을 뿌리치지 마십시오. 저도 지금보다 더 노력하는 담임교사가 되겠습니다. 한 학기 동안 수고 많이 하셨습니다. 한 학기를 끝내는 인사를 드립니다.

2015년 7월 16일 목요일

처벌

교칙을 어긴 학생들에게 주는 벌인 교내 봉사 활동 프로그램은 교육적 효과가 있는 것일까? 교내 봉사 기간을 통해서 학생들에게 무엇을 변화시키도록 할 것인가? 또 그것은 가능할까? 어떤 것으로 가능할까? 형식적인 반성문 쓰기, 집단 상담, 진로 상담, 상담교사 면담, 교장 면담, 그렇게 뻔한 것 말고. 벌도 분명 교육이다. 그러나 몸을 고달프게 하는 것만으로는 벌의 교육적 효과는 없다. 주어진 시간만 때우면 될 뿐이다. 학생들을 귀찮게 하는 것만으로도 벌의 효과가 있다고 생각하고 있는 것은 아닐까?

아이들은 보이지 않게 성장합니다

아이들은 오늘도 자라고 있습니다. 교과 수업을 통해서만 성장하는 것이 아니라 자기들끼리 부대끼면서 아이들은 자라고 있습니다. 학교는 가르치는 곳이지만, 아이들은 가르쳐서 성장하는 것만이 아니라는 생각을 합니다. 말을 잘 듣는 것만이 제대로 크는 것이 아니라는 것을 우리 아이들을 보면서 느낍니다. 반듯하게만 자라는 것이 아니라, 뒤틀리기도 하고, 비뚤거리면서도 아이들은 쉼 없이 스스로 커가는 것을 봅니다.

아직도 이런 고민에 빠져 있습니다. 아침 7시 50분까지 아이들을 학교에 오도록 하고 있습니다. 피곤한 얼굴이고 지친 얼굴입니다. 웃는 얼굴이 아니라 굳은 얼굴입니다. 대한민국에서 살아가는 우리 아이들의 모습입니다. 그러나 지켜보는 부모님의 생각은, 대학을 들어가지 못할 것 같은 마음에 속이 타 들어갑니다. "그렇게 하다가 대학이나 들어가겠느냐?"라는 말은 속 타는 어머니들의 마음의 표현일 것입니다. 아이들이라고 마음 편한 것이 아닙니다. 속이 타는 것은 아이들도 마찬가지입니다. 그러다가 담배를 피우게 되고 인생의 쓴맛을 느끼면서 술도 마시는 경우도 생깁니다. 그러고 싶지만 아이들은 잘 참고 있습니다. 그러면 안 된다는 것을 알기 때문에 견디고 있지요.

2015년 11월 16일 월요일

괜찮은가

밤을 새워 공부를 하고 있을 너희들에게 방해는 되지 않을까. 그런 생각으로 망설였다. 내일이 2학년 2학기 기말고사. 충분히 공부를 했어도 여전히 불안한 것이 수험생이다. 그러나 누군가 대신해줄 수 있는 일도 아니다. 욕심 부리지 않고 하면 마음은 편할 것이다. 공부는 적게 하고 좋은 성적을 받겠다는 생각보다 공부한 만큼 성적을 받으면 된다. 아무리 공부를 많이 했어도 시험 시간에 늦으면 소용없는 일이 된다. 내일 학교 오는 시간 7시 50분. 잊지 마라. 몇 명은 여전히 불안하다, 내가 시험 보는 것이 아닌데도. 그러나 어쩌겠는가? 일찍 일어나서 빨리 오기를 기대할 뿐.

12월 7일 자로 우리 반에 새로운 학생이 온다. 많은 아픔이 있는 학생이다. 많은 것이 낯설 것이다. 불편할 수도 있을 것이다. 우리의 불편함보다는 오는 친구가 더 불편하고 낯설 것이다. 편견을 갖지 않고 맞이해주기를 부탁한다. 모두가 바쁜 내일 아침이 될 것이다. 우리 교실에서 처음 만나게 될 '○찬'이에게 한마디씩 반가운 말을 건넸으면 좋겠다. 어떤 말을 건넬 때 '○찬'이의 주름진 마음이 펴질 수 있을까? 그렇다면 '나는, 어떤 말을 건넬 것인가?'

배탈로 식사를 제대로 하지 못하고 조퇴를 했던 '○제'는 괜찮은지? 운동으로 지친 몸을 이끌고 오는 '○진'이는? 늘 잠이 모자라는 '○식'이와 '○석'이는 내일 늦지 않을지? '○영'이는? 그리고 '○기'는, '○찬'이는?

2015년 12월 6일 일요일

걱정되시지요?

2015년의 한 해가 끝나갑니다. 2학년은 끝이지만 3학년의 시작입니다. 시간이 거듭될수록 눈앞에 닥친 대학 입시가 이제 현실이 되어가고 있습니다. '우리 자식은 과연 대학을 갈 수 있을까?'라는 것보다 더 큰 관심사는 없습니다. 성적표를 보면서 드는 불안감도 그렇고 "걱정하지 말라"는 자식의 말이 오히려 초조감만 커지게 합니다. 대학을 나와도 걱정이고 대학을 못 들어가도 걱정입니다. 대학 입학은 잠시 대학 입시 대열에서 낙오되지 않았다는 위안이 될 뿐, 대학을 졸업한 후가 더 걱정이 되는 요즘입니다.

아이들이라고 왜 불안하지 않겠습니까? 좋은 성적을 받고 싶어 하는 마음은 부모님보다 결코 적지 않을 것입니다. 좋은 성적을 받고 보란 듯이 부모님께 자랑하고 싶은 아이들입니다. 공부하는 시간의 양과 비례해서 성적이 오른다면 얼마나 좋겠습니까? 노력을 해도 성적이 오르지 않을 때 아이들은 얼마나 속상하겠습니까? 그렇게 공부를 했음에도 불구하고 받아본 성적표는 전과 별로 다르지 않을 때 '공부를 해, 말아'를 다시 고민하게 되지요. 그러면서도 포기하지 않고 다시 책상 앞으로 가는 아이들, 피를 말리는 일입니다.

2학년 학기말 고사 3일째입니다. 포기하지 않고 다시 책상 앞으로 다가가는 자식들을 격려해주십시오. 그럴 리는 없겠지만 공부하는 태도가 마땅하지 않을 때는 부모님 속이 뒤집어지는 경우도 있겠지요. 그러면서 나오는 말, "그래 가지고 대학 가겠니?", "그렇게 공부해서 성적이 오르겠니?", "너는 누구를 닮아 그러냐?", "그렇게 공부하는데도 왜 너는 성적이 오르지 않느냐?", "그렇게 공부할 거면 집어치워라" 등 이렇게 말씀하실 리는 없을 것입니다. 아이들에게 상처가 될 수 있는 말은 가슴속에 묻어두십시오.

2학기 시작하면서 오늘보다는 더 빠른 시간에 학급 학부모 총회를 하고 싶었습니다. 아이들과도 2학기 학급 행사를 하고 싶었습니다. 마음뿐이었습니다. 학급 행사를 통해서 아이들은 성장합니다. 면담 시간보다는 학원 가는 것이 바쁜 아이들입니다. 학급 학부모 총회를 통해서 아이들의 성장을 함께 고민해보고 싶었습니다. 2학년을 정리하는 모임으로 우리 학급 학부모 총회를 갖고자 다음과 같이 안내합니다. 12월 18일(금), 15시부터 17시까지, 2학년 9반 교실에서 '3학년이 되는 우리 아이들을 어떻게 만날 것인가?'

2015년 12월 9일 수요일

고생 많았다

오늘로서 고등학교 2학년 생활은 거의 끝났다. 내일은 방학이다. 모레부터는 학교에 일찍 올 걱정을 하지 않아도 될 것이다. 담임교사와도 특별한 일이 없는 한 만날 일이 없을 것이다. 담임교사를 만나지 않아도 됨에 따라 잔소리 또한 듣지 않는 자유로움을 느끼게 될 것이다. 방학을 함으로 하여 학교로부터 규제를 받는 일은 없을 것이다. 자유다. 저절로 신명나지 않는가? 생각할수록 즐거운 일이다. 정말 그럴까?

오늘 수업을 마치고 마련한 학급 쫑파티. 내일 방학식, 2월 개학 후 학교를 나오기는 하겠지만 그저 며칠일 뿐이다. 2015년의 2학년 9반 생활은 오늘로 끝났다. 1학기 때 '밤샘 도서관'과 같은 우리 학급만의 2학기 학급 문화 행사를 고민했지만 결국 무위로 끝났다. 아쉽다. 학급 행사를 통해서 우리는 자치 역량을 키울 수 있다. 그러나 이제는 어쩔 수 없는 일이 되었다.

오늘을 위해 학급운영비를 사용하지 않았다. 쫑파티를 하면서 들여다본 1년 동안의 영상. 그 속에 자신의 모습을 봤을 것이다. 이제는 개인의 역사가 되었다. 다시 그 시간으로 돌아갈 수도 없거니와 그 역사를 다시 쓸 수도 없게 되었다. 2015년 잠신고등학교 2학년의 모습은 그 자체로만 우리들의 기억으로 남게 되었다. 10년이 지나고, 20년이 지났을 때도 기억할 수 있다면 영상과 사진 속의 모습은 그대로 남아 있게 될 것이다.

오늘이 지남으로써 어쩌면 3학년이다. '겨울방학을 맞이하는 나의 결의'에는 각자의 다짐이 있었다. 자신에게 거는 약속이고 친구들이 지켜보는 약속이 될 것이다. 더 많은 친구들의 모습을 담지 못한 아쉬움이 남는다. 그러나 결의는 크게 다르지 않을 것이다. 스스로 한 결심이다. 결심을 했을 때는 결심 전과 후는 분명히 달라져야 할 것이다. 어떻게 달라질 것인가? 그 결심으로 하여 대학을 갈 수도 있고, 흔들림으로 하여 실패할 수도 있을 것이다. 대학을 진학하든 실패를 했든 결심대로 한 1년은 자신의 삶의 밑천이 될 것이다. '정말 그럴까?'에 대한 답이다.

2015년의 1년, 고생 많았다. 너희들을 만난 나는 즐거운 시간이었다. 끝까지 어느 누구도 미워하지 않으려 노력했으나 흔들릴 때도 있었다. 그러나 지금은 아니다. 이제 담임교사로 학생들을 만나는 일은 더 이상 없을 것이다. 너희들이 나에게는 담임교사로서 만난 마지막 학생들이 될 것이다. 내년이면 나의 교직 생활은 끝나기 때문이다. 정년퇴임을 하는 것이다. 그래서 더 많이 애를 썼던 2015년이었다.

2015년 12월 23일 수요일

너희들을 응원한다

2월 29일로 2015학년도 학사 일정이 모두 끝남에 따라, 잠신고등학교에서 2015학년도의 2학년 9반은 더 이상 존재하지 않게 되었다. 이제 너희들의 머릿속에서 강렬했던 기억만이 하나의 잔상으로 남아 추억하게 될 것이다.

귀중한 만남이었고 좋은 인연이었다. 다시 하면 잘할 것 같은 생각이 없는 것도 아니지만 그러나 과욕이다. 2016학년도로 36년의 교직 생활을 마감한다. 너희들은 내가 담임교사로서 만난 마지막 학생들이다. 돌이켜 보면 많은 것이 부족했다. 어떻게 하는 것이 잘 가르치는 것인가에 대해서도 늘 흔들리며 살아왔다. 다만 교육 속에 담겨야 할 시대정신이 무엇인가를 늘 고민하며 너희들을 만나왔다. 지금은 각박하고 여유도 없는 너희들이지만 지금에 충실하되 '지금' 다음에 있는 너희들의 세계를 더 깊게 고민하며 만나려고 노력했다.

우리들은 끊임없이 성장하고 있다는 강한 믿음을 간직한다면 어떤 상황에서도 실망할 필요는 없다. 성적만이 최고의 가치로 생각하고 있는 지금이지만 학교를 떠난 이후에는 성적만으로 세상을 사는 것이 결코 아니다. 성적표에 점수로 환산될 수 없는 가치들이 자신의 큰 자산이 될 것이다.

대학 입시라는 현실 속에 살아갈 너희들이다. 대한민국 사회에서 인문계 고등학생이면 누구나 거치는 통과의례이다. 고통스러운 일이겠으나 극복하지 못할 정도로 힘든 일은 아닐 것이다. 혼자만 겪는 일이 아니기 때문이다. 그 속에서 마음속 깊이 간직한 꿈들이 도사리고 있을 것이다. 그 소중한 꿈이 이뤄지기를 너희들과 똑같은 심정으로 기원할 것이다.

2015학년도의 2학년 9반의 카톡방도 이제 마감할 것이다. 마음 편히 떠나라. 일주일 정도 있다가 이 카톡방을 폐쇄할 것이다. 그동안 수고 많았다. 지금 이 밤도 조용히 공부하고 있을 너희들을 응원한다.

밤이 깊어간다. 설레는 또 다른 내일일 것이다. 내일 교실에서 보자. 내일 하고 싶은 말을 오늘 문자로 전한다.

2016년 3월 1일

문과반 수업을 마치고

인문계 고등학교 2학년 문과반 남학생들은 언제부턴가 학교에서 천덕 꾸러기 집단으로 생각되었다. 성적이 저조한 학생들이 몰린 집단이고 문제가 많은 학생들의 집단이 되었다. 학생들 스스로도 공부하는 것을 포기했고, 학생들 스스로 '나는 안 돼.' 하는 자조하는 분위기가 되었다. 서울의 경우 강북 지역이 그러했고 강남의 학교라고 다르지 않았다. 갈수록 수업하기 힘든 학급이 되었다. 통제가 안 되는 학급이었고 수업을 포기하는 학급이 되었다. 교사들 또한 수업하기 힘든 반이었고 담임교사 맡기를 꺼려 하는 학급이 되었다. 천덕꾸러기의 상징처럼 문과반 남학생 학급은 통제 밖의 학교가 되었다. 그러다 보니 문과적 소양이 강한 학생들조차 이과반을 선택하는 경향이 강해졌다.

여학생들은 쉬는 시간만 되면 화장하는 것이 유행처럼 되었다. 어떤 때는 수업 시작종이 울리고 나서도 화장하는 모습은 계속 이어진다. 수업이 끝나면 다시 화장품을 꺼내는 아이들의 손이 바빠진다. 미모 지상주의로 이끌어가고 있는 사회가 교실을 통해서 그대로 투영되고 있는 모습이다. 학급에 따라 숫자가 많고 적음의 차이가 있을 뿐 성적이 좋은 학생이라고 다르지 않다. 여학생들의 화장 문화는 고등학교 교실에서 쉽게 볼 수 있는 풍경이 되었다. 세상이 아이들을 그렇게 만들어버렸다. 아이들만을 탓할 일이 아니다. 2016년의 풍속일 뿐 어찌 영원할 것이겠는가. 언젠가는 새로운 풍속이 대신할 것이고 교실에서 여학생이 과도한 화장을 하는 풍경은 하나의 유행으로 지나갈 것이다. 정년퇴임하기 전 학교를 떠나기 전까지의 학교 모습이다.

어떤 하루

학생들에 대한 편견을 갖지 않고 만나겠다는 것은 지극히 당연한 명제이다. 성적이 좋고 나쁨으로 학생들을 평가할 생각은 아예 없이 학생들을 만나고 있다. 그러나 수업 시작부터 엎어져 있는 학생들을 보는 것은 괴로운 일이다. 엎어져 있는 학생들마다 이유가 있고 사정도 있음을 모르는 바는 아니지만 모든 것을 포기하고, 자신을 내팽개치고 있는 학생들을 방관하는 것도 무책임한 일이다. 엎어져 있는 학생을 깨우는 이유도 어쩌면 거기에 있다.

그날도 놈들은 전과 다르지 않았다. 그 전 시간에도 듣지 않고 엎어져 있는 시간이 많았던 놈들이었다. 물론 놈들 말고도 몇 명의 학생들이 힘들어 엎어져 있었다. 자리에서 일어나게 했다. 그대로였다. 만사가 귀찮다는 듯한 모습이었다. 결국 놈은 자리에서 일어났다. 잠이 덜 깬 모습이었고 깨우는 교사에게 못 마땅한 표정을 짓고 있었을 뿐만 아니라 교사를 쳐다보는 모습은 공손하지 않았다. 일어나면서 오만 가지 인상을 쓰던 놈은 '에이 ××'을 내뱉었다. 놈은 해서는 안 될 말을 했고 나는 들어서는 안 될 말을 듣고 말았다. 서 있는 두 학생을 앞으로 나오게 했다. 먼저 한 놈에게 물었다. 수업 시간에 엎드려 자고 있는 학생을 불러일으켜 세우는 것이 잘못인가? 아니라고 대답했다. 엎드려 자고 있는 학생을 깨운 내가 너한테 그런 말을 들을 정도로 잘못한 것인가? 잠결에 자신도 모르게 나온 말이었다고 했다. 책임지지 못할 일을 하고서도 아무런 죄책감을 느끼지도 못하고 살아가는 놈들, 어떻게 해야 하나. 슬픈 하루다.

마지막 시간

오늘로서 '문학' 시간은 끝났다. 고등학교 2학년 시절이 다시는 돌아오지 않는 것과 마찬가지로 문학 시간을 통해서 나를 만나는 것도 오늘이 끝이다. 어떤 사람에게는 시원할 수도 있을 것이고, 어떤 사람에게는 아쉽게 생각하는 경우도 있을 것이다. 또 어떤 사람에게는 문학이란 언어를 만나면 나를 생각하는 사람도 있을 것이다. 아니 한 명도 없을 수도 있을 것이다. 그렇다면 슬픈 일이다. 그러나 그것은 어쩔 수 없는 일이기도 하다. 나 역시 세월이 흘러감에도 오랫동안 잊지 못할 학생들이 있다. 잠신고등학교를 생각할 때면 나는 그 학생들을 기억하게 될 것이다. 그 학생들로 하여 문학 시간이 기다려지는 경우도 있었고, 그 학생들로 하여 가르쳐야 하는 것에 힘을 얻기도 했고, 그 학생들로 하여 교사의 삶에 희열을 느끼기도 했다. 그래서는 안 되지만 정말 미운 학생도 있었다. 청소년 시기 이유 없이 반항하고 싶은 시절을 살고 있는 학생들을 이해해야 된다고 하면서도 참으로 괘씸한 놈들이 있었다.

실망, 그러나

정작 학교에서 배워야 할 것은 지식만이 아님에도 값싼 지식만을 배우려는 놈들에게는 실망도 컸다. 그러나 좋은 성적을 받으려고 노력하는 놈들이야 세상을 현실적으로 읽고 있으니 그것은 이해될 만도 했다. 정말 힘들었던 것은 아직도 새파랗게 젊은 놈이 세상을 다 산 것처럼 행동하는 놈들이었다. 젊은이의 패기조차 내팽개쳤고, 인생을 아직 시작도 하지 않았음에도 인생을 다 아는 것처럼 살아가는 놈들을 볼 때는 안타깝고 애처롭게 느껴지기도 했다. 고등학교 2학년. 다른 사람에 대한 배려 없이 세상을 자기중심에 놓고 살아가는 버르장머리 없는 놈들을 볼 때는 희망을 놓아버린 경우도 있었다. 선생님이라고 부르지만 선생을 대하는 눈길은 곱지 않았고, 선생님이라 불렀지만 말 속에는 불손이 가득했다. 선생님이라고 부르면서도 배움은 없고 알지도 못하면서 다 아는 것처럼 오만했다. 그렇다. 그것조차도 고등학교 2학년 시절을 살아가는 젊은 놈들의 몸짓이다. 결코 지금의 모습만으로 살아갈 것은 아닐 것이다.

젊은이

성적으로 주눅 들며 살아가는 것이 지금이라면 성적을 뛰어넘어 세상과 맞설 수 있는 자신을 발견할 때가 그리 멀지 않은 시기에 있을 것이다. 실패에 도전할 수 있는 용기를 잃지 않는 한 그는 젊은이다. 현재의 자기 모습만으로 미래를 예단하는 것만큼 어리석은 일은 없다. 모든 불행이 자기에게만 가득 차 있다고 생각하는 한 자신은 더 초라할 것이다.

만남

'문학' 시간을 통해서 우리는 많은 것을 만나려고 노력했다. 만나는 것이 사람일 수도 있었고 사물일 수도 있었다. 눈에 보이는 것도 있었고, 상상으로 만나는 것도 있었다. 그렇다. 교육은 만남이다. 교사와 학생의 만남. 문학 교과의 만남. 만남을 통해서 우리는 성장한다. 만남의 광장에서 왜곡된 만남도 있었고, 굴절된 만남도 있었다. 문학을 통해서 우리가 만나려고 했던 것은 무엇이었을까? 문학을 통해서 우리가 배우려고 했던 것은 무엇이었을까? 그렇다면 문학을 통해서 배운 것은 무엇일까? '문학 작품'을 통해서 우리는 당대의 시대를 만나기도 했다. 밝은 시대보다는 어두운 시대가 많았고, 행복한 사람들보다는 현실 속에서 몸부림치는 사람들을 더 만났다. 진지하게 살아가는 사람도 있었고 비난받아 마땅한 사람들도 있었다. 왜 작가는 어둡고, 불행한 사람들에게 관심이 갔을까?

사람

결국 사람이다. 지금 우리가 살고 있는 세상이 살 만한 세상이라면 이 세상을 만들어낸 것도 결국 사람이다. 인류 역사가 그렇다. 인류 역사는 결국 인간 역사이다. 한 사람의 생각이 세상을 바꾼 경우도 있었지만 여러 사람이 함께 있음으로 하여 세상은 유지되고 발전되었다. 누구랄 것도 없이 사람은 존귀하다. 지위가 높고 낮음으로 인간 존재의 존귀함이 훼손될 수는 없다. 많은 것을 배운 사람과 그렇지 않은 것만으로 사람을 차별해서도 안 되는 일이다. 다만 존귀한 인간으로 대접받아야 하는 것처럼 다른 사람을 존중할 수 있어야 한다. 그렇다. 우리가 세상을 살아가는 것은 만남의 연속이다. 세상을 멋지게 살아가기 위해 우리는 숱한 것을 만난다. 때로는 희망을 보기도 하고, 좌절하기도 하고, 절망할 때도 있을 것이다. 인생에서 실패만 늘 있는 것이 아니라 성공도 바로 이웃하고 있음을 우리 스스로 놓치고 가는 경우도 있다. 결국 우리는 더 많은 위대한 만남을 위해 끊임없이 지금을 열심히 살고 있는 것이다.

돌이킬 수 없는 시간

그러나 위대한 만남, 소중한 만남을 기대했지만 많은 학생에게는 아까운 시간의 만남으로 폄훼되었다. 누구를 탓하겠는가? 또 원망할 일도 아니다. 나의 한계였을 것이다. 그것이 1년 동안 만난 학생들 모두에게 가장 미안했던 일이다. 여기까지이다. 한 학기 동안 수고 많았다.

2016년 7월

살아 있는 학교

　교실에서 잠만 자던 학생들이 많은 것은 사실이지만 교실 밖을 나서는 순간 학생들은 살아 있다. 잠신고등학교에서 1학기말 고사가 끝난 후 개최되는 '구기대회'와 음악 시간에 이뤄지는 '뮤지컬 발표 수업'은 살아 있는 학교의 모습이 어떠한가를 보여주었다. 이 시간에 학교는 늘 들썩이고 학생들의 마음은 들떠 있다. 흔히 말하는 면학 분위기가 흐트러지는 시간이었다. 교과 수업이 중요하지 않다는 뜻이 아님은 물론 면학 분위기를 조성하는 것이 중요하지 않다고 생각해본 적은 없다. 그러나 구기대회는 연례적으로 진행해왔던 학생들의 행사였다. 잠신고등학교의 학생문화로 정착될 수 있는 행사이기도 했다. 하지만 학교는 늘 학부모를 의식한다. 그렇게 해서 우리 자식 대학교 못 가는 것 아니냐고 항변하는 전화가 교장, 교감에게 하루에 몇 번씩 온다고 했다.

　학생들에게는 명칭이 '구기대회'이지만 그것의 다른 이름은 또 하나의 '축제'입니다. 물론 그러한 행사에는 항시 명암이 있기 마련입니다. 그러한 행사로 인해 면학 분위기가 깨진다는 우려는 지당한 말씀입니다. 그러나 축제라는 것은 면학 분위기가 깨지는 것이 맞습니다. 늘 면학 분위기로 억눌려왔던 학생들 아닙니까? 억눌려왔던 것으로부터 분출하는 것에서 학생들은 카타르시스를 느끼고 새로운 삶을 시작하게 됩니다. 학교가 들썩거리는 것을 시끄럽다고 생각하는 속에서는 '축제는 필요 없다'는 것으로 읽힙니다. 학생들이 꿈틀대는 것을 싫어하는 사람에게는 학생들의 역동적인 삶을 부정하는 것입니다.

　학생회에서 학생들이 결의한 내용을 보고 우리 아이들이 죽어간다는 생각을 했습니다. 학생들을 살아 있게 만드는 것이 교육이라고 생각합니다. 완벽한 인간은 없습니다. 다만 그렇게 살아가려고 노력할 뿐입니다. 교사라고 다르지 않습니다. 저 역시 늘 서툰 모습으로 살아가지요. 또 흔들리면서 살아가는 삶이기도 합니다. 배우고 있는 학생들은 더욱 그렇습니다. 숱한 시행착오를 범하면서 학생들은 성장합니다. 마땅히 겪는 실수이고 실패일 수 있습니다. 그러한 실수를 용인해주고, 실패에 대해 다시 일어날 수 있도록 격려해주고 삶의 지혜를 건네주는 것이 교사의 역할 아니겠습니까? "내 말만 잘 들어라." 그것은 오만입니다. 그것만이 학교의 역할은 아닐 것입니다.

학생회에서 결의한 내용을 보면 눈물겹습니다. 그렇게 하지 않으면 '구기대회'를 할 수 없다는 압박의 결과로 읽힙니다. 어떻게 하든지 구기대회를 성사시켜내기 위한 학생들의 고육책으로 읽힙니다. 학생회가 오죽했으면 그러한 결의를 했을까를 생각하면 이는 어른들의 횡포로 생각되기도 합니다. 면학 분위기 조성을 위한 어른들의 횡포 말입니다. 수업 시간에 경기 관람을 가자고 교과 선생을 조르는 반, 유리창에 매달려 경기를 관람하는 반은 탈락. 선생님들께서 조른 반을 창체부에 알려주면 탈락. 이것은 협박(?)받지 않고는 학생회가 스스로 이런 결의를 한 것으로 믿어지지 않습니다.

'구기대회'나 '뮤지컬 발표 수업' 등에는 교과 지식보다 더 소중한 교육적 가치가 담겨 있습니다. 학생들에게 교육 공동체를 통해서 협동심과 단결심, 책임감, 멤버십과 리더십 등은 교육에서 놓쳐서는 안 될 소중한 가치입니다. 우리나라 교육법에 나와 있는 민주시민 육성에도 부합되는 것이기도 함은 물론이고요. 이것은 교과 지식을 통해서도 배우기도 하지만 학생들이 직접적인 체험을 통해서만 가능한 것들입니다. 경기를 통해 규칙의 중요성을 일깨워줄 수 있고 학생들 스스로가 규칙으로 이뤄지는 것의 중요성을 깨닫게 하는 것은 직접 경험을 통해서 느낄 수 있기 때문에 더욱 그렇습니다. 학급 구성원들이 함께 역할을 맡아 공동의 목표를 쟁취하기 위해 구기대회나 뮤지컬 발표 수업보다 더 좋은 것이 없을 것으로 생각합니다. 교과 학습에서 주눅 들었던 학생들에게는 구기대회를 통해 자신감을 갖게 할 수 있는 공간이기도 했습니다. 학교가 대학 입시라는 것을 최고의 가치로 생각하고 있는 곳으로 생각하다 보니 성적 말고는 중요한 것이 없는 것처럼 되었습니다. 그러면서 인성 교육을 강조하는 것은 참 아이러니합니다.

학기말 고사가 끝나고 난 이후 교과마다 수업 계획이 있을 것입니다. 기말고사가 끝난 후 2주 동안 교과 특성에 따라 수업을 진행하지 않으면 안 되는 교과가 있을 것입니다. 운동장 밖에서 들려오는 시끄러움으로 인해 수업을 진행하는 데 어려움이 있을 것입니다. 그러나 그것은 학생들과 함께 고민해서 해결할 과제입니다. 저역시 수업을 진행해야 할 부분이 있습니다. 그렇다고 학생들이 결의한 방식대로 하는 것에 대해서는 동의하기 힘들군요.

"당신 가르치기 싫어서 그렇지?"

앗! 제 속마음을 들켜버렸군요. 죄송합니다.

그러나 비판이 거세된 교육은, 교육이 아닙니다. 저는 그렇게 생각합니다.

2016년 7월 4일

문제 있습니다

학교에서는 늘 메신저로 전하는 온갖 공지사항이 하루 종일 오르내린다. 사적인 메시지뿐만 아니라 매우 중요한 공지사항까지 넘쳐난다. 컴퓨터를 켜지 않고 하루를 보냈을 때 중요한 내용들이 묻혀 지나가는 경우도 있다. 교사들은 메시지의 제목만 보고 중요도를 판단할 때도 있으니 메시지는 또 하나의 공해로 생각될 때가 있다. 메신저는 학교를 운영하는 과정에서 행정편의적인 방식으로 사용될 때가 있다. '지문인식기' 도입과정이 그러했다. 아무리 효율적인 기기라 할지라도 그것을 도입할 때는 구성원의 의사를 물어봐야 하는 것이 타당하다. 그러나 관리자 입장에서 효율성을 생각하면 모든 것이 신이라는 생각만 할 뿐 구성원의 의사를 무시하는 경우가 아직도 사라지지 않고 있다. 교사와 학교 관리자가 늘 대립하고 갈등하는 이유이다. 학교는 교장만의 학교가 아닌데도 말이다. 학교 관리자에게 문제 제기를 하거나 비판하는 교사는 교장의 입장에서는 늘 불편하다. 더구나 잘하는 것 없이 그럴 때는 얼마나 밉겠는가? 그렇다고 모른 척할 수 없는 노릇이다. 그렇게 사는 것에 우리는 익숙했고 그것이 쌓여 적폐가 되었던 것이다. 그런 점에서 민주주의는 늘 살아 있어야 한다. 깨어 있지 않은 민주 의식은 언젠가 한 방에 훅 갈 수가 있기 때문이다. 서울시교육청에서는 토론이 있는 직원회의를 강조하지만 그 직원회의가 안 되는 것도 어쩌면 우리가 귀찮다고 눈을 감고 있어서 그런 것은 아닌지 곱씹어 생각해볼 일이다.

'지문인식기 도입 결정' 통보를 받으면서 참 마음이 불편합니다. 문맥으로 보아 내년 2월까지만 수기를 병행하고 이후부터는 '지문인식기'만으로 운용하겠다는 것으로 추정됩니다. 의견 수렴 결과였다고 했습니다. 전체 교직원 가운데 소수(5명)만이 반대했기 때문이라고 했습니다. 소수의 반대를 곧 다수의 찬성이라고 해석하는 것은 논리의 대단한 비약입니다.

지난번 '지문인식기 도입'과 관련한 의견을 수렴한다는 공지가 있었던 것은 분명한 사실입니다. 그러나 그 메시지에 대해 몇몇 선생님이 강력한 반대 의사를 밝혔습니다. 특별 사안에 대해 그렇게 신속하게 반대 입장을 밝힌 경우는 이례적이었습니다. 갑작스럽게 지문인식기를 도입하겠다는 사실에 대해 많은 교사들은 참 뜬금없다는 생각을 했습니다. 정도의 차이는 있었지만 대단히 분노하는 교사도 있었습니다. 홍○봉 선생님은 지문인식기 도입과 관련한 법률적 내용을 제시하기도 했습니다. 신체 정보에 관한 매우 민감한 사항으로 본인의 동의를 구하지 않고서는 함부로 강요할 수 없다는 사실까지 반대 논거로 제시했습니다. 그 정도로 확고한 의견이 개진된 것이라면 더 이상 추진하지 않을 것으로 생각했습니다. 의견 수렴 과정에서 반대만 있었을 뿐이지 찬성한다는 의견은 없었기 때문입니다.

그럼에도 불구하고 오늘 메시지를 다시 보면서 참 당혹스럽습니다. 반대 의사 표시를 소수로 판단하고, 입장을 밝히지 않은 분들은 다수의 찬성 의사표시로 확대 해석한 결과이기 때문입니다. 이것은 의견 수렴 결과에 대한 왜곡이고 자의적 해석입니다. 또 실무 담당자는 의견 수렴의 결과를 학교 관리 책임자에게 보고할 책임을 지는 것이지 바로 결정할 책임까지 있는 것은 아닙니다. 만약에 지문인식기 도입과 관련해서 의견 수렴 절차와 결정 권한을 학교 관리 최고 책임자가 위임한 것이라면 학교장과 행정실장은 직무를 유기한 것이고, 관리 최고 책임자가 위임하지 않은 것을 실무 담당자가 임의로 결정하고 집행한다면 권한 남용에 해당할 것입니다.

따라서 교장 선생님과 행정실장님께 드리는 제안입니다. 저는 지문인식기 도입에 강력한 반대 의사를 거듭 밝히면서 철회하거나 아니면 지문인식기 도입에 대해 교직원 전체의 찬반 투표로 결정할 것을 요청합니다. 물론 찬반 투표로 결정하기 전에 지문인식기 도입과 관련한 전체 직원회의에서 찬반 토론이 있고 난 후 투표로 결정해주십시오. 직원회의 개최가 한 사람만의 제안으로 불가능하다면 직원회의 소집에 필요한 소정의 절차를 밟도록 하겠습니다. 그렇게 해서 내려진 결정이라면 흔쾌하게 따르겠습니다.

행정실에서 지문인식기를 도입하려는 취지를 왜 모르겠습니까? 그러나 지문인식기를 도입하는 취지가 손으로 쓰는 번거로움을 덜어주기 위해 추진하는 것이라면 정중하게 사양하겠습니다. 애를 쓰는 것만큼 별로 교사에게 큰 도움이 되지 않기 때문입니다. 편한 것이 꼭 좋은 것만도 아니기 때문입니다. 그럴 리는 없겠지만 '당신들이 손으로 쓴 것은 믿음이 가지 않는다'는 생각이 지문인식기를 도입하는 계기가 되었을 것이라고는 믿고 싶지 않습니다. 그것은 대단한 불신이기 때문입니다.

늘 교사의 교육 활동을 지원하기 위해 애를 쓰고 있는 행정실입니다. 학교라는 곳에서 민원창구 역할을 맡고 있는 것이 행정실입니다. 교육 활동이 학교에서는 가장 중요할 수밖에 없고 보니 교사 중심으로 학교가 운영될 수밖에 없지요. 그 고마움을 어찌 모르겠습니까? 그러나 행정실은 교사의 교육 활동을 감시하고 통제하는 곳이 아닙니다.

동료 교직원에게 입장을 갖고 드리는 말씀은 참 조심스럽습니다. 무척 고민스러웠습니다. 그럼에도 불구하고 전체 쿨 메신저를 이용한 것은 사적인 문제가 아니기 때문입니다. 공론화하는 것이 맞는다는 판단에서 올리게 되었음을 이해해주십시오. 더구나 표현상 정제되지 못한 부분이 있을 것입니다. 정중히 사과드립니다.

2015년 11월 20일

전교조 선거(3)

　도덕성과 정당성은 민주주의 가치와 함께 전교조의 가장 위대한 자산이다. 전교조의 관행으로 이어져왔던 일이라고, 그래서 '문제될 것이 없다'는 생각 속에서 전교조는 안일한 조직으로 전락할 수밖에 없다. 전교조의 생명을 갉아먹는 것이 바로 편법이고 안일함이다. 잠시 고통스럽더라도 그 진정성을 지켜내는 것이 전교조를 만들었을 때 우리의 정신이었다. 전교조 조합원으로서 가졌던 자존감과 자긍심이었다. 그 하나로 전교조를 자랑스러워하며 온갖 불이익을 감수하고 어두운 시대를 이를 악물며 견뎌왔다. 전교조 운동의 생명을 살아 있게 만드는 원천이었다.

　그런 점에서 2012년 위원장 선거는 전교조 역사에서 오점을 남겼다. 부정 선거 시비가 불거진 선거였다. 그에 대해 부정 선거 시비를 일으킨 진영에 대한 조합원의 심판은 준열했다. 전교조가 위기에 처할 때마다 전교조를 지켜낸 것은 조합원이었다. 어찌 보면 지극히 사소한 문제였지만 작은 부정 선거조차 용납하지 않은 전교조 선거였고, 왜 전교조인가를 다시 깨닫게 한 선거였다. 선거가 끝난 후 선거 결과를 보고 들었던 생각을 일기에 썼다.

　전교조 선거가 끝났다. 전교조 선거에서 한발 물러나 있겠다고 결심했다가 고민 끝에 한 쪽 진영의 서울지역 선거대책본부장을 또 맡았다. 뜻하지 않은 우리 진영 선거운동원의 실수가 전교조 선거 과정에서 부정 선거 논란으로 불거져 보수 언론으로부터 같잖은 충고(?)를 받는 수모를 당하기도 했다.

　그럼에도 불구하고 전교조가 왜 전교조인가를 다시 한 번 깨닫게 한 선거였다. 전교조의 도덕성에 흠집을 낸 실수에 대해 조합원이 준열하게 심판한 선거였다. 전교조 조합원의 건강성과 도덕성을 확인하는 선거였다. 상대 진영의 승리였지만 조합원이 승리한 선거였다. 비록 내가 지지했던 후보가 패배했지만 결과에 대해 승복하면서 조합원이 선택한 상대 후보에게 당선을 축하한다. 전교조 23년. 전교조는 지도부 또는 집행부만의 전교조가 아님을 확인시켜주었다. 어느 집단보다도 절차적 민주주의를 중요하게 생각하고 있는 전교조다. 어디 절차적 민주주의뿐인가? 지적인 교육 못지않게 사람을 가장 중요하게 생각하며 교육을 해왔던 전교조 아닌가? 그런 모습으로 국민들로부터 신뢰받았던 전교조다. 지식도 중요하지만 사람을 중요하게 생각하는 교사들이 모여 있는 집단이 전교조 아닌가.

부도덕했던 정권이 늘 전교조를 두려워하는 이유도 바로 여기에 있을 것이다. 가혹한 탄압을 받으면서도 정의로운 교육으로 답해왔던 전교조다.

2012년 12월 12일

다시 법외노조

그랬다. 4·19 혁명을 통해 교사들의 자기반성을 시작으로 만들어진 것이 1960년대의 대한교원노조였다. 교사들의 정치적 중립 선언과 자주적 단체를 결성한 최초의 역사적 사건이었으나 박정희 5·16 군사 쿠데타 세력은 당시 노동조합을 결성한 지도부를 국가보안법으로 구속시켰음은 물론이고 노조를 이적단체로 몰아 강제 해산시켰다. 이후 박정희 18년 정권에서는 교사의 노동조합은 아예 꺼낼 수 없는 불온한 단어가 되었다. 1989년 전교조의 창립은 실로 박정희 독재 권력 시대에 묻혔던 선배 교사들의 정신을 되살려놓은 것이다.

김대중 정권에서 합법화를 인정받은 전교조는 아이러니하게도 박정희의 딸 박근혜 대통령 시절이었던 2014년 10월 23일에 '노동조합이 아닌' 것으로 통보하여 법 밖의 단체로 쫓아냈다. 그 아버지와 그의 딸은 전교조와 무슨 깊은 악연의 뿌리가 있었던지 늘 불화하며 동시대를 살아가야 했다. 그러나 그 아버지는 가장 충직한 부하에게 총격을 받고 죽어서 권좌에서 물러났고, 그의 딸은 국민의 마음을 제대로 읽지도 못했을 뿐만 아니라 무능한 대통령으로 국회에서 탄핵을 당했고, 촛불 혁명으로 대통령 직위에서 쫓겨났다. 촛불 혁명으로 집권한 문재인 정권은 아직도 전교조를 교육의 파트너로 인정하지 못하고 보수 세력의 눈치를 보며 전교조 합법화를 유보하고 있는 상태다. 그런데 지금 국면에서 합법화보다 더 중요한 것은 무엇인가. 전교조 본부는 합법화 이후 학교에서 '전교조를 어떻게 뿌리내리게 할 것인가?', '시대정신에 부합하는 전교조 활동은 무엇인가?'에 대해 조합원들에게 답을 내놓아야 할 것이다.

새로운 노조가 답은 아닙니다

해고 조합원이 조합에 중요 간부를 맡은 것을 문제 삼아 박근혜 정권의 고용노동부는 규약 개정을 요구했다. 전교조는 조합원 총투표를 통해 정권의 요구를 거부했다. 전교조의 투쟁 과정에서 내린 결정에 따라 해고된 동지의 조합원 자격을 박탈하는 규약 개정을 받아들일 수는 없다고 결정했다. 합법화를 인정받았던 전교조가 불법은 아니지만 다시 법의 보호를 받지 못하는 조직으로 바뀌었다. 전교조가 법 밖으로 밀려나면서 불편함은 있었지만 받아들이기 힘든 일은 아니었다. 그러나 합법 노조를 통해 노동조합 활동을 해야 한다는 입장이, 조직 내에서 기존 집행부의 투쟁 방향과 입장을 달리하는 집단이 등장했다. 전교조가 안고 있는 당면 과제를 어떻게 해결할 것인가에 대한 입장 차이가 드러난 것이다. 조직이 발전하는 과정에서 분화되는 것은 자연스러운 현상이나 그것을 바라보는 시선은 사람마다 달랐다. 지금과 같은 방식으로 전교조의 역동성을 다시 살리는 것은 불가능하다는 판단에 따른 것이다. 기존의 전교조의 한계를 극복하고 시대 변화에 따라 새로운 노조를 만들어야 한다는 사람들의 주장이었다. 함께하자는 제안을 받고 나는 그에 대한 나의 입장을 밝혔다.

세상을 바꾸고 시대를 이끄는 것은, 역사의 진보를 꿈꾸는 사람들의 몫입니다. 흔들리지 않는 믿음과 확신으로 무장된 사람들의 자기희생과 도전이 있음으로 하여 역사는 바뀌었습니다. 전교조가 만들어진 것도 그러한 동지들이 헌신한 결과의 산물이었습니다.

어제 잠자리에 들기 전, 어느 동지가 보낸 문자를 받았습니다. '고민하는 문제가 있어 메일 보냈다는 내용으로 진지하게 검토해달라'는 메시지였습니다. 늦은 시간이기도 했지만 바로 쓰러질 정도로 피곤하지 않았기에 껐던 컴퓨터를 다시 켰습니다. 동지가 보낸 글 속에는 전교조 창립선언문의 일부가 담겨 있었습니다. 그 전교조 창립선언문의 일부만을 보면서도, 뜨거웠던 1989년 5월 그리고 당시 30대의 젊은 교사 시절의 가슴 뭉클했던 순간을 그대로 느끼게 했습니다. 34년의 교직 생활 가운데 우여곡절도 많았지만 창립 당시 전교조와 함께했던 것은 평생 마음속 깊이 간직할 수 있는 가슴 벅찬 행복한 시간이었습니다. 그로부터 25년의 세월이 흘렀습니다. 새 노조를 만들기 위해 '노둣돌'을 놓겠다는 동지들의 글을 읽으면서 평소 제가 느꼈던 문제의식이기에 많은 부분에 대해서 공감을 했습니다. 현재 전교조가 처한 상황에 대한 진단과 처방이라는 면에서도 지금 시기 충분히 생각해볼 만한 문제 제기로 받아들여졌습니다.

새로운 교육노동운동의 '노둣돌'을 놓고자 하는 동지들의 결단은 전교조 역사를 새롭게 쓰기 위한 고민의 결과였을 것입니다. 비합법화 시기 전교조 10년과 합법화 이후 전교조 15년의 역사 속에는 우리 교육에 대한 공과功過가 함께 있었음을 누구도 부인하지 못할 것입니다. 전교조의 교육운동은 학교를 변화시켰을 뿐만 아니라 우리 전체 운동에 기여한 바도 적지 않습니다. 이명박 정권과 박근혜 정권으로부터 감당하기 힘든 탄압을 받을 때마다 전교조의 후원 세력은 넘쳐났습니다. 우리보다 열악한 환경에서 탄압받는 노동조합에 비하면 전교조는 늘 과분한 대접을 우리 사회로부터 받았습니다. 그것은 전교조에 대한 기대가 컸기 때문일 겁니다.

지난 6·4 지방선거에서는 전교조 출신의 교육감을 8명이나 배출하지 않았습니까? 이러한 전교조가 조금씩 무너져가는 것을 지켜볼 수 없다는 충정에서 전교조를 혁신하겠다는 절박함 속에서 나온 결과로 생각합니다. 전교조를 다른 방식으로 사랑하는 결과로 생각합니다. 그래서 지속가능을 위한 전교조 재편을 말하고 있는 것 아니겠습니까? 새 노조를 만들겠다는 동지들이 전교조를 거듭나게 하기 위한 충정에서 비롯되었다고 하는 그 결단이 어느 날 갑자기 내린 조급한 결정이 아닐 것입니다. 많은 고민 끝에 내린 결단이기에 정당하지 않더라도 이미 내린 결단을 쉽게 거둬들이지도 않을 것입니다. 전교조 내에서 언제고 지금의 문제와 한계를 극복하기 위해 제기될 과정이라면 피할 도리가 없는 일이 된 것 같습니다.

그러나 아무리 합리적인 판단일지라도 제 기준에는 새 노조 결성에 대한 정당성을 찾을 수 없습니다. 정당하지 못함은 운동의 윤리에 어긋난 것이지요. 부당한 것과 싸운 결과로 전교조를 세운 우리들입니다. 합리적인 판단과 피할 수 없는 결단이라는 것으로 그

부당함을 넘어설 수는 없습니다. 물론 역사를 돌아보면 정당한 것이 꼭 승리를 보장하는 것도 아니었습니다. 패배가 예견되는 경우에도 패배를 안고 갈 때 역사에 맡긴다는 말을 합니다. 그러나 지금은 역사에 맡기는 싸움이 아니라 현재를 다투는 노선 투쟁이 되고 있습니다. 아니 노선 투쟁도 아니지요. 정당성 여부를 다투는 지엽적 논쟁으로 갈 수도 있습니다. 새 노조를 만들겠다는 동지들이 내린 판단이 비록 합리적일지라도 정당한 선택은 아닙니다. 시대를 통찰하지 못한 어리석은 자라는 말을 들을지라도 저는 정당한 쪽에 있을 것이고 그들을 응원할 것입니다. 그것이 전교조가 아직도 부족한 우리 사회의 민주주의 역사를 바로잡을 수 있을 것이기 때문입니다.

2014년 11월 3일

벗들에게

전교조 창립부터 시작해 크고 작은 단위에서 활동을 해왔던 교육운동이었다. 세월의 흐름 속에서 선배라는 지위로 떠밀려 여기까지 왔다. 뜻을 같이하는 동지들과 함께 활동하면서 희열도 있었지만 의견 충돌로 얼굴 붉히는 일도 있었다. 내 생각과 주장에 집착하면서 상대방이 틀렸음을 비난하기도 했다. 그러지는 말아야지 하면서도 마음이 많이 흔들린 적도 있고, 운동의 기본 정신은 평등임에도 선배의 지위를 누리고 싶은 마음이 자꾸 일어날 때도 있었다. 가장 경계해야 할 일이었지만 후배들에게 충고하는 말이 많아졌다. 조언이 무시당할 때는 서운한 마음이 일어났고, 때로는 노여운 마음도 들었다. 그러한 것을 경계하면서 살아왔음에도 알게 모르게 하나의 습관이 되었던 것이다. 떠나야 할 때가 되었다는 생각을 했다.

　2014년을 끝으로 전교조 활동가의 역할을 정리합니다. 전교조 조직 내 집행부에서 더 이상 역할을 맡지 않음은 물론 집행부 단위의 공식적인 모임에 참석하는 일도 더 이상 없을 것입니다. 오랫동안 생각을 거듭하며 내린 결심입니다. 2014년 12월 17일 전교조 활동가 모임을 준비하면서 거기까지가 제 역할로 한정했었고, 그 이후는 후배들의 몫으로 생각을 했습니다. 지회 집행부에서 벗들과 함께했던 많은 시간이었지만 너무 오랫동안 머문 시간이기도 했습니다. 2년 후면 전교조 활동뿐만 아니라 교사로서 정년을 맞이하게 됩니다. 그 시간을 2년 앞당겼을 뿐입니다.

　해직 시절 본부와 지회에서 활동을 했고, 합법화 이후에도 서울지부와 지회에서 크고 작은 역할을 맡으면서 활동을 지속해왔습니다. 능력도 많이 부족했고, 지혜도 모자랐으나 그래도 도움을 요청받았을 때는 모질게 거절하지 못했습니다. 우유부단한 성격 탓도 있었지만 후배들과 함께 활동하는 것에 대한 즐거움 때문이기도 했습니다. 그렇다고 전교조 활동에 대한 관심조차 내려놓지는 않을 것입니다. 한발 떨어져서 객관적으로 전교조를 들여다볼 수 있는 기회를 갖도록 할 것입니다.

　그동안 전교조 조합원으로서 함께 활동하며 동지들을 만난 것은 행운이었고 소중한 만남이었습니다. 제 삶의 많은 부분에서 행복했던 순간이었고 아름다운 추억으로 잊지 않고 오랫동안 남을 것입니다. 많이 고마웠습니다.

2015년 1월 15일 목요일 06시 45분

익숙한 곳에서 떠남으로 하여 서운한 마음이 없었던 것은 아니지만 홀가분했다. 교사로 있으면서 늘 가르치는 일과 담임교사의 역할 그리고 전교조 활동가로 살아왔던 시간이었다. 어느 것 하나 소홀히 할 수 없었지만 어느 것 하나 집중하지 못하고 많은 일들을 걸쳐놓고 살아왔다. 능력 밖의 일을 맡으면서 늘 욕심을 내려놓지 못하고 살았던 시간이었다. 교사로서 학생들을 만나는 마지막 해인 2016년이 되었다. 정년 1년을 남겨두고서 가르치는 일에 집중하기에는 시간이 너무 늦었지만, 그래도 유종의 미가 무엇인지를 생각하며 살겠다는 결심을 했다.

너에게 학교는?

학교가 수업 시간에 잠만 자다가 집으로 돌아가는 학생들을 방치하는 것은 무책임하다는 생각을 늘 해왔었으나 어떻게 손을 써볼 수 없었다. 마지막 남은 1년 '학교 내 대안학급'을 만들어 운영하고 싶었다. 1년 동안의 활동 결과로 성과를 낼 수 있는 일이 아니었다. 그러나 시작은 문제를 해결하기 위한 시발점이 될 수 있으리라는 기대감도 있었다. 이미 많은 학교에서 좋은 사례가 있었다. 실패하면 그것을 토대로 다시 도전하면 되고, 1년 뒤 다른 사람이 맡아 할 때는 더 나아질 것이라는 기대감도 있었다. 서울시 교육청에 학급 내 대안교실 계획서를 제출했고 1년 예산도 나왔다. 그렇게 해서 시작한 학교 내 대안학급은 예상했던 대로 큰 성과 없이 끝났다. 그러나 실망할 일은 아니었다. 더 실망스러운 일은 1년의 활동 결과만 놓고 실패한 것이라 단정하고 '학교 내 대안학급'을 폐기한 것이었다.

올해 처음으로 우리 학교에서도 '학교 내 대안교실'을 만들었습니다. 교실에 앉아는 있지만 50분이 힘든 학생들이 꽤나 많습니다. 어쩌면 교사의 생각이 그러할 수도 있습니다. 쉬는 시간 10분마저 잠만 자는 학생들도 있습니다. 1교시부터 7교시까지 잠만 자고 가는 학생들입니다. 물론 모두가 그런 것은 아니지요. 앉아는 있되 수업에 참여하지 못하는 학생들도 있습니다. 학습 결손이 누적되어 들어도 무슨 말인지 들리지 않는 학생들에게 50분은 고통스러운 시간일 것입니다. 영어 시간이라 그런 것이 아닙니다. 국어 시간이라도 다르지 않습니다. 들어도 들리지 않는 수업은, 휴식 시간 10분을 위해 50분을 참는 학생들의 눈물겨운 투쟁입니다.

그래도 그들은 학년을 달리하면서 그러한 교육과정을 마치고 졸업을 합니다. 학교는 또 그런 학생에게도 졸업장을 주고 있습니다. 그들에게 학교는 무엇인가를 생각합니다. 대학 입시가 가장 중요한 가치가 돼버린 인문계 고등학교에서 학습 결손이 누적된 학생들은 그저 학교만 다닐 뿐입니다. 학교에서 사각지대에 묻혀 지내는 학생들입니다. 어쩌면 교육이 가장 필요한 학생들이 오히려 교육에서 소외되고 있는 것은 대단한 역설입니다. 마땅히 교육시켜야 할 학생들을 방치한 책임이 큽니다. 우리 사회가 져야 할 책임이고, 교육부가 져야 할 책임이며, 학교가 져야 할 책임입니다. 어느 누구도 그 책임에서 자유롭지 못합니다.

오래전부터 많은 교사들이 고민했던 일입니다. '학교 내 대안교실'을 만든 이유가 바로 여기에 있을 것입니다. 일부 학교에서는 좋은 사례를 만들어내기도 했습니다. 작년부터는 '학교 내 대안교실'에 대한 지원이 확대되었고 올해는 '학교 내 대안교실'을 만든 학교 수도 폭발적으로 늘어나고 있는 것 같습니다. 근본적인 대책이 될수는 없지만 이곳을 찾는 학생들에게는 숨통이 트일 수 있는 곳이기도 합니다.

첫날 대안교실에 참여하는 학생들을 데리고 교실 밖으로 나갔습니다. 4월 첫째 주 월요일, 다행히도 밖은 춥지 않았습니다. 걸어서 10분도 안 걸리는 한강이 옆에 있습니다. 벚꽃이 흐드러지게 피었지만 그것조차 눈에 들어오지 않는 학생들이었습니다. 흐르는 한강물이 바로 눈앞에 펼쳐지고 있는 가까운 곳의 계단에 앉았습니다. 그냥 한강물을 바라보고만 있었습니다. 꽤 많은 시간이 흐르고 난 뒤 학생들에게 물었습니다.

"기분이 어떤가?"

"살 것 같아요."

"해방감을 느껴요."

"참 좋아요."

배우는 것이 꼭 교실이라는 공간에서만 이뤄지는 것이 아닐 것입니다. 교실을 넘나드는 교육을 해볼 생각입니다. 그들에게도 꿈과 희망이 있을 테니까요. 그러나 지금은 많은 시행착오를 겪고 있습니다. 교육이 무엇인가를 다시 곱씹어 생각해봅니다. 전교조를 함께했던 많은 선배 선생님들이 생각납니다. 어떻게 살아야 하는가를 몸소 보여주신 선배 선생님들입니다. 오늘이 스승의 날이라고 하는데 나는 과연 선생이었는가? 또 선생인가? 많이 부끄럽지요.

2016년 5월 15일

저는 전교조 조합원으로 끝까지 남을 것입니다

정년퇴임 한 학기를 남겨두고 언론에서 전교조 분열 가능성에 대한 기사를 우연히 보았다. 2016년 8월 29일 교육노동운동 재편 모임을 준비하는 사람들의 명의로 보도자료가 발표되면서 전교조 분열은 가시화

되었다. 언젠가는 다가올 수도 있을 일이 현실이 되었다. 당시 집행부의 적절하지 못한 판단도 교육노동운동 재편 모임을 준비하던 동지들을 자극시키는 데 한몫했다. 전교조 조직의 근간을 흔들리게 할 수 있는 중차대한 규약 개정안이었음에도 조합원들에게 공지를 하지 않고 대의원대회에 안건을 상정했다. 편법이었고 행정편의적인 발상으로 전교조 조직에 위해를 가져오는 반민주적인 방식으로 처리한 것이 조직의 또 다른 분란을 초래한 것이다. 그렇다고 교육노동운동 재편 모임을 준비하는 동지들의 판단이 다 옳다는 생각도 들지 않았다. 젊은 후배들이 기존 전교조의 조직 운영 방식과 활동에 더 이상 전망이 없다고 나섰다면 나는 그 후배들의 생각을 존중했을 것이다. 그러나 유감스럽게도 전교조를 창립할 당시 선배 그룹이 중심이 되어 교육노동운동 재편 모임을 주도하고 있었다. 그 충정을 이해하지 못할 바는 아니었으나 선뜻 동의가 되지 않았다.

저는 지금의 전교조 조합원으로 끝까지 남을 것입니다. 현재의 전교조 활동 방향과 내용에 많은 문제의식을 갖고 교원노조 재편 모임을 모색하는 그분들의 주장이 터무니없는 것으로 생각하지는 않습니다. 교원노조 재편 모임을 준비하는 분들은 전교조를 창립하는 데 가장 앞장섰던 동지들이었습니다. 전교조 27년의 역사 속에 그들이 흘린 땀과 눈물이 속속들이 담겨 있는 것을 누구보다 잘 알고 있습니다. 비합법적인 시기 정권의 비열하고 가혹한 탄압 속에서도 뜻을 굽히지 않고 고난의 삶을 선택했던 저의 동지들이었습니다. 투쟁의 현장에서 '참교육의 함성으로'를 함께 불렀고, '동지가'와 '함께 가자 이 길을' 불렀던 동지들이기도 했습니다.

그럼에도 불구하고 그분들이 함께하자는 제안을 받았을 때 단호히 거절했습니다. 이 정권으로부터 전교조 규약 개정 요구를 받앉을 때 조합원 총투표를 통해서 조합원의 의사를 확인했던 사항입니다. 총투표가 있기 전, 저 역시 전교조의 산적한 현안 문제를 해결하는 데 합법적 지위를 유지하는 것이 유리하다는 생각을 했고 대법원 판결을 번복하는 것이 쉽지 않다는 판단을 했습니다. 그러나 지금의 정권하에서는 전교조를 교육의 파트너로 인정하지 않은 상태에서 합법 노조라 할지라도 할 수 있는 것이 그리 많지 않습니다. 그렇다고 현재의 전교조가 문제가 없다는 생각을 하고 있지는 않습니다. 현재 전교조 조직의 한계일 수도 있고 현 집행부의 역량에 문제일 수도 있습니다. 무엇보다도 젊은 교사의 가입이 저조하다는 사실입니다. 조합원의 고령화 현상으로 전교조의 역동성이 사라지고 있습니다. 가장 심각한 것은 현장 조직의 침체입니다.

전교조의 분열에 왜 걱정이 없겠습니까. 그동안 전교조는 많은 국민들로부터 분에 넘치는 대접을 받았습니다. 또 전교조에 많은 기대를 갖게 했습니다. 지난번 교육감 선거에서 13명의 진보 교육감이 당선되었습니다. 그중에는 8명이 전교조 조합원 출신이었습니다. 분열하는 전교조를 보면서 "그것이 전교조의 참 모습인가?"라는 비판에 답변하기가 참 군색해졌습니다. 그러나 무조건 비관적으로 볼 일은 아닙니다. 새로운 교원노조의 출현은 교육운동의 독점적 지위를 누려왔던 현 전교조에게는 선의의 경쟁적 관계로 발전할 수도 있을 것입니다. 정말 그렇게 되기를 기대합니다. 현재의 전교조가 아직 희망이 있는가에 대한 답은 남아 있는 사람의 몫이 되었습니다.

정년퇴임 한 학기를 남겨둔 서로서 할 일이 많지는 않겠지요. 그러나 찾아볼 생각입니다. 정년퇴임을 하는 그날까지 현재의 전교조 조합원으로 남아 무엇을 할 것인지를 더 깊게 고민해볼 생각입니다. 그렇다고 전교조에 희망이 없다고 떠나는 벗들을 향한 원망은 하지 않을 것입니다.

2016년 9월 6일

2016년 8월 27일에 있었던 전교조 대의원대회에서 조직의 근간을 흔들 수 있는 규약 개정안이 통과되었다. 조합원의 의사를 수렴하지 않은 반민주적이고, 반조직적인 일이었다. 전교조 분열에 대한 논란으로 비화되었다. 그 사태를 접하면서 당혹스러웠다. 하지만 돌이킬 수 없는 현실이 되었다. 조합원과 소통이 부족한 결과로 초래된 전교조 역사의 또 하나의 사건이 되었다. 누구를 탓하고 원망할 일은 아니었지만, 교육운동을 풍부하게 만들어가기 위한 과정이라면 비관적으로 볼 일은 아니었다. 분열이라기보다는 오히려 분화로 보는 것이 적절한 표현일지도 모른다. 그러나 마음은 편치 않다. 정말로 절망적인 것은 바로 대한민국이었다.

"이게 나라냐?"

그 물음에 나라꼴을 이렇게 만든 당사자로서 대답한 것이 박근혜 대통령의 2차 담화문일 것이다. 대통령이 밤잠을 이룰 수 없다는 말에 아마도 그럴 것 같다는 생각이 들었다. 담화문 속에 담긴 대통령이 참담하다는 심정을 그대로 받아들일 수 있을 것 같았다. '필요하다면'이란 단서를 달았지만 조사를 받겠다는 말도 위기를 모면하기 위한 수사修辭적 표현은 아닐 것으로 받아들이고 싶었다. 그러나 어떤 경우에도 헌정이 중단되는 일이 있어서 안 된다는 말은 듣기에 참 거북스럽다.

대통령이 부재한 것으로 해서 헌정이 중단되는 것은 아니다. 대통령이 퇴진한다고 해서 헌정이 중단되지도 않을뿐더러 설혹 헌정이 중단된다 할지라도 대통령이 퇴진하는 것이 오히려 헌정 중단을 단축할 수 있는 길이다. 위기일 수도 있겠으나 충분히 극복할 수 있는 국민적 역량을 갖추고 있다. 그 혼란을 최소화시키기 위한 것은 대통령이 스스로 퇴진하겠다는 결심을 하는 것이다. 그것만이 국민들에게 할 수 있는 최소한의 예의로 생각한다. 대통령이 굳이 이 나라를 더 이상 걱정하지 않아도 된다. 나라를 걱정하는 것은 이제 국민의 몫이 되어버렸다. 국민들의 마음속에는 지금의 상황이 두렵고 불안하고 걱정되는 것이 아니라 새로운 나라를 기대하고 비로소 이 나라에 희망을 갖기 시작했다.

다소 혼란을 기대하고 폭력 시위로 발전하기를 은근히 기대하는 세력이 있었겠으나 어제 20만 대오의 시위는 대한민국 국민의 저력을 보여주었다. 나라꼴을 형편없이 떨어트린 것은 대통령이었지만 시민이 국가의 품격을 보여주었다. 헌정 질서를 문란하고 국가의 위기를 불러온 것은 대통령이었고, 국정을 이끌 만한 역량을 갖추지 못한 사람을 과대 포장한 세력이었고, 그러한 활동을 방조한 언론이었지 국민은 아니었다. 어느 나라보다 수준 높은 정치의식을 보여준 위대한 국민이었음을 지난 4·13 총선거를 통해서 입증한 바 있다. 그러한 국민을 우습게 생각하지 마시라.

'박근혜 정권 퇴진'은 정권 초기부터 터져 나왔다. 국가 정보기관이 조직적으로 선거에 개입한 정황이 있었고 끊임없이 부정 선거 시비로 정권의 정통성이 의심받았다. 부정 선거 시비를 가리기 위한 당시 검찰 수뇌부가 거세당하는 것을 보면서 디욱 미심쩍었으나 시퍼렇게 날선 살아 있는 권력은 위압적으로 사건의 실체를 덮어버렸다. 그때도 '박근혜 정권 퇴진' 주장이 나왔지만 어색했고 공허했다. 진실이 왜곡된 상황에서 많은 국민은 확신을 갖지 못했다. 그러나 어제 20만 시위대의 '박근혜 정권 퇴진' 함성은 확신과 결의에 가득 찼다. 막연한 분노만의 표출이 아니라 새로운 세상을 만들겠다는 강렬한 외침이었다. 하여 이 나라를 더 이상 걱정하지 마시라. 대통령이 이 나라를 걱정하는 것이 깊어질수록 오히려 불안하다. 현재의 상황에 대하여 국민은 혼란으로 보고 있지 않다. 대통령이 TV에 나와서 국민에게 용서를 구하는 담화문을 발표하는 모습을 더 이상 보고 싶지 않을 뿐이다. 그것은 지금의 상황을 해결하는 답이 될 수 없다. 정확한 답은 모든 책임을 지고 퇴진하는 것이다.

지금과 같은 상황에서 대통령이라고 퇴진에 대한 고민을 하지 않을 리 있겠는가. 퇴진을 결심했다가도 다시 권력에 대한 집착이 생기고 특히 주변에서 부추기는 세력의 그럴싸한 말에 현혹되기도 할 것이다. 국무총리로 내정된 후보도 답답하기는 마찬가지이다. 기자 회견하는 모습에서 국가를 위한 충정임을 드러내고자 눈물 흘리는 모습은 연기치고는 참 서툴렀다. 또 여당 대표 또한 다르지 않다. 국정을 이렇게 이끄는 데 한 축을 담당했던 청와대 참모 아니었는가. 현실을 파악하는 통찰력이 부족한 사람들의 말을 더 이상 믿지 마시라. 회복 불능 상태가 되어버린 대통령의 통치 능력을 반전시킬 카드는 없다. 정권을 연장시키기 위한 온갖 술수를 고민하는 것은 국민을 또 한 번 기만하는 행위일 뿐이다. 퇴진에 대한 결심이 섰다면 흔들리지 마시라. 그것만이 비정상적인 지금의 상황을 정상적으로 회복시킬 수 있는 지름길이다. 그러면서 또 묻는다.

내가 속한 집단 속에서 우리들의 민주주의는 안녕하고 건강한가?

2016년 11월 5일

훈장 포기 사유

해직된 4년 6개월을 빼고 교직 경력 31년 6개월. 교직 경력 30년 이상이 되는 사람들에게는 국가에서 훈장을 준다고 한다. 정년퇴직이 2017년 2월이니 대통령 임기가 한참 남은 상태에서 대통령 박근혜 이름으로 훈장을 받는 것은 치욕스러웠다. 훈장 포기 각서를 썼다. 2016년 11월이었다.

오늘 월요일 출근하면서 갑작스럽게 퇴직 교원에게 수여하는 훈장을 포상하기 위한 공적 조서를 써서 오늘까지 제출해야 한다는 말을 전해 들었습니다. 또 훈장을 받지 않을 경우, 훈장 포기 각서를 제출해야 한다는 요청을 받았습니다. 국가가 수여하는 훈장이 단순한 쇳조각이 아닐진대 국가가 주는 훈장을 받게 될 대상자로서 하루 만에 공적 조서를 써서 훈장을 받겠다는 것은 염치없는 일입니다. '과연 훈장을 받을 자격이 있는가?'에 대해 생각할 시간조차 주지 않고 행정편의적인 발상으로 일을 처리하는 방식도 흔쾌하지 않은 일입니다. 더구나 훈장을 받지 않겠다면 그만이지 훈장 포기 각서를 쓰라는 것 또한 탐탁한 일이 아닙니다. 포기 각서 사유를 기재하는 난이 있지만 그 사유를 충실하게 기술하기에는 턱없이 부족하다는 생각을 했습니다. 따라서 별첨의 내용으로 훈장 포기 각서 사유를 다음과 같이 서술하고자 합니다.

사유 1. 자랑스럽지 않은 훈장입니다.

국민으로부터 이미 탄핵을 받고 있는 박근혜 정부로부터 훈장을 받을 마음이 전혀 없습니다. 국민으로부터 권력의 정통성을 부여받은 대통령이 불행하게도 범죄 혐의를 받고 있는 상황입니다. 범죄

협의를 받고 있는 것에 대해 대통령은 '순수한 선의'라고 강변하고 있지만, 밝혀진 사실만 보더라도 이는 국민이 부여한 대통령의 권한을 정당하게 행사한 것으로 볼 수 없습니다. 대통령이 말하고 있는 '순수한 선의'는 오히려 무능과 무책임으로 읽히고, 국민에게 사과하고 약속한 것조차 내팽개치는 것을 보면서 대통령에 대한 작은 믿음마저 거둬들이고 있는 상황입니다. 대통령의 권위와 신뢰가 무너지고 오히려 국정을 혼란에 빠뜨린 박근혜 정부입니다. 그럼에도 불구하고 그에 대해 책임지는 자세보다는 대통령의 권력을 유지하려는 추한 모습을 보고 그러한 대통령의 이름이 들어가는 훈장을 받는 것은 결코 자랑스러운 일이 아니기 때문입니다.

사유 2. 결코 훌륭한 교사가 아닙니다.

또 저는 국가로부터 훈장을 받을 만큼 훌륭한 교사는 아니었습니다. 36년 동안 학생들을 만나오면서 많은 학생들로부터 교사로서 존경받는 삶을 살지 못했습니다. 물론 교사로서 최선을 다하기 위해 노력하지 않은 것은 아니었지만 때로는 자신의 한계를 넘어서지 못한, 많은 것이 부족했던 교사였습니다. 어느 때는 교육이라는 이름으로 학생들을 윽박지르기도 했고 폭력으로 학생들에게 순종을 강요하는 교사이기도 했습니다. 또한 교육이 물건을 만들어내는 생산품이 아닐진대 교육의 결과를 점수와 성적으로 평가하는 교육 환경에 순응하며 교사 생활을 했습니다. 뿐만 아니라 인생을 살면서 누구나 한 번씩 겪는 통과의례의 청소년기를 거쳐 가는 학생들을 사랑으로 대하지 못한 잘못도 큽니다. 이런 교사로서 살아온 제가 정년퇴임을 한다는 것만으로 훈장을 받는 대상이 된다는 것도 부끄러운 일입니다.

사유 3. 다른 측면에서 실패한 교사입니다.

'교육입국'을 말하고 '교육은 백년지대계'라고 말을 하면서도 학교와 학생들은 교육의 실험 대상이 되는 경우도 많았습니다. 또 초등학교부터 고등학교까지 오직 입시가 최고의 가치로 학교를 지배하고 있습니다. 민주시민 양성과 창의적 인재 육성이 교육법에 명시된 주요한 교육 목표는 박제화되었을 뿐, 학교는 점수와 성적으로 순서를 매기는 교육을 아직도 벗어나지 못하고 있습니다. 입시 교육에서 낙오된 학생들은 무기력함에 빠졌고, 그 학생들은 방치되고 있습니다. 오히려 교육이 절대적으로 필요한 학생들임에도 그들은 입시 교육이 지배하는 학교에서 철저히 희생되고 있을 뿐입니다. 교육에 대한 문제의식을 많이 느끼며 교직 생활을 했음에도 불구하고 교육 환경은 별로 나아지지 않았습니다. 힘의 한계를 많이 느끼기도 했습니다. 어쩌면 또 다르게 교사로 실패한 삶이었습니다.

사유 4. 악법에 저항한, 실정법을 위반한 교사였습니다.

한때, 비민주적인 학교 운영에 비판적인 교사는 감시의 대상이 되었고 학교장은 상급 관청에 교사의 동향을 보고하는 경우도 있었습니다. 불신 사회를 조장하는 부당한 현실을 알면서도 부당한 명령에 순응하던 시절이었습니다. 학교는 그 어디보다 수평적 관계로 이뤄진 곳이어야 함에도 상, 하 관계로 서열이 매겨져 있었습니다. 극히 비정상적인 교육 환경을 바로잡기 위해서는 교사 한 개인의 성실성만으로 바뀔 수 없다는 것을 느끼며 교사 단체의 필요성을 절감하고 교사협의회를 만드는 데 앞장서기도 했습니다. 임의단체인 교사협의회의 한계를 깨닫고 가장 강력한 전국교직원노동조합을 만드는 데 일조하다 학교에서 해직을 당하기도 했습니다.

사유 5. 신념대로 행동하지 못한 약한 교사였습니다.

교사 되겠다는 생각 없이 교사가 되었습니다. 그러다가 학생들을 만나면서 교육을 다시 생각했습니다. 무엇보다도 교육 선배들이 교장, 교감 못 된 것을 교육의 실패자로 자조하는 말을 들으면서 또 배경 없이는 교장, 교감될 수 없는 승진구조에 비관하는 선배 교사를 보면서 저는 평교사로 정년퇴임하겠다는 결심을 했습니다. 그러나 교육법에 명시된 교육 목적은 사문화되었을 뿐, 학교는 민주 사회를 지향하고 있음에도 불구하고 수직적 관계로 운영되었습니다. 저 또한 군림하는 제왕적 교장에게 상급 관청의 공문 하나로 학교는 철저히 복무해야 했고, 정권 수호를 홍보하는 하수인으로 충실했던 교사였으며, 상명하복을 요구하는 관리자에게 끝까지 저항하지 못한 약한 교사였습니다.

사유 6. 먼저 정년퇴임을 한 분 중에도 훈장을 받지 못한 많은 사람이 있습니다.

어디 그뿐이겠습니까? 훈장을 받기 위해 공적 조서를 쓴다고 모두 훈장을 주지 않는다는 것은 이미 앞서 정년퇴임한 분들을 보면서 알고 있습니다. 국정교과서 제작에 반대 서명을 했다고 해서 탈락했고, 시국선언에 참여했다고 해서 탈락했다는 분의 이야기도 들었습니다. 박근혜 정부가 하는 일에 조금이라도 저항했다면 훈장을 주지 않겠다는 치졸한 훈장 수여 정책을 보면서, 훈장 받겠다고 공적 조서를 쓰고 싶은 마음이 추호도 들지 않았습니다. 거듭 밝히지만 국민으로부터 신뢰를 잃은 박근혜 정부하에서 주는 훈장을 받지 못한다 하여 조금도 서운한 마음은 없기에 훈장 포기 각서를 제출합니다.

다만, 훗날 국민들로부터 권력을 새롭게 위임받은 정통성 있는 정권이 들어서서 교육운동 언저리에서 활동한 것이 새롭게 평가되어 훈장을 수여하겠다는 연락이 온다면 그때는 다시 한 번 생각해볼 것입니다.

2016년 11월 23일

결국 박근혜 대통령은 임기를 채우지 못하고 탄핵되어 파면되었다. 2017년 3월 10일, 오전 11시였다. 전임 이명박 대통령이라고 다르지 않았다. 보수 정권 10년의 결과를 놓고 보면 한 명은 교활했고, 다른 한 명은 무능했다. 대통령이 되어서는 안 될 사람이 대통령에 당선되었다. 촛불 혁명의 결과가 준 역사적 교훈이다. 그렇다면 나는?

부끄러운 이야기

저만 몰랐던 일이었습니다

정년퇴임 한 학기를 앞두었던 2016년 6월에 있었던 일이다. 오래전에 같은 학교에서 함께 근무한 친구였던 교장은 할 말이 있다고 조용히 나를 교장실로 불렀다. 교과교사를 교체해달라는 학생들의 요구가 있었다는 말을 교장으로부터 전해 들었다. 당혹스러웠음은 물론 수치스럽고 수모에 가까운 말이었다. 좀 더 젊었더라면 그 말을 듣는 순간 사표를 썼을 것이었다. 1989년 전교조를 탈퇴하지 않아 해직되었다가 1994년 복직하면서 한 결심이 있었다. 학생들로부터 신뢰받지 못하는 교사라면 떠밀려서 나오는 것이 아니라 스스로 걸어서 나오겠다고 굳게 다짐했었다. 그러나 젊었을 때나 가능했을 말이 되었다. 나이가 들면서 세상을 살아가는 데 선택의 폭은 좁아졌다. 어느새 현실적 삶을 고민해야 하는 소시민이 되었다. 비굴하게 느껴지기도 했다. 전교조 교사라는 것이 부끄러웠다.

불쾌하고 부끄러운 일인 것은 사실이었지만 혼자서 마음속으로 묻어 두고 갈 일은 아니라고 생각했다. 교장으로부터 그러한 이야기를 전해 듣고 국어과 동료 교사들과 함께 논의하는 것이 순서라는 생각이 들었다. 불쾌하고 치욕스러운 일이었지만 해당 교과교사의 동의를 구하지 않고 학생들만의 의사를 받아들이는 것에 동의할 수가 없었다. 같은 교과 선생님들이 내린 결정이라면 받아들이겠다는 뜻을 교장에게 전했다. 그리고 공식적으로 국어과 협의회 개최를 요청했다. 정년퇴임 한 학기를 남겨 놓고 학생들로부터 그런 교체 요구를 받고 불명예스럽게 떠나고 싶지 않았다. 그리고 국어과 동료 교사들에게 논의를 부탁하기 위해 글을 썼다.

어찌 보면 저만 몰랐던 일이었습니다. 그리고 묻힐 뻔한 일이기도 했습니다. 교과교사 교체에 대한 학생들의 요구가 있었다는 말을 교장으로부터 전해 들었습니다. 그러한 문제 제기를 받은 교장 입장은 참 곤혹스러웠을 것입니다. 그것을 당사자에게 전하는 것 또한 쉬운 일이 아님은 물론입니다. 그렇다고 아무 일도 없는 것처럼 넘어갈 수도 없는 일입니다. 교사라면 누구에게나 겪을 수 있는 문제이기도 했습니다. 문제를 해결하기 위한 방식을 고민했습니다. 국어과 협의를 공식적으로 요청하게 된 이유입니다.

그 중심에 제가 있습니다. 선배 교사로서 물의의 한복판에 있는 것에 대해 부끄러움이 왜 없겠습니까. 아픔이 왜 없겠습니까. 가르치는 능력에 대해 학생들로부터 불신을 받은 것에 대해 후배 교사들에게 참 부끄럽습니다. 그러나 부정할 수 없는 현실입니다. 그러나 그 아픔은 숨김으로써 치유되는 것이 아니라고 생각했습니다.

불만

학생들이 교과교사 교체를 요구한 이유는 수업 시간 중에 설명하는 내용을 이해할 수 없었다는 것입니다. 발음이 명료하지 않아 알아들을 수가 없었다는 것입니다. 수업 준비 또한 불성실했다는 것입니다. 또 유인물에 대해 답도 알려주지 않고 시험을 보게 했다는 것입니다. 수행평가에서 교사의 평가가 공정하지 않았다는 것입니다.

일부는 사실이고 일부는 학생들의 피해의식에서 빚어진 일로 생각합니다. 교장이 전하는 학생들의 이야기 중 사실에 해당하는 것은 저에게는 뼈아픈 지적입니다. 불명확한 발음이 교사로서 치명적인 결함이라는 것을 저 역시 백번 공감합니다. 그 점에 대해서는 학생들의 지적에 대해 십분 이해할 수 있고 늘 미안하게 생각하고 있습니다. 다만 그러한 것을 의식해서 더 노력했던 것도 사실입니다.

변명

인정할 수 없는 것은, 수업 준비가 부실하다는 지적입니다. 교사로서 그렇게 살아오지 않았습니다. 그럼에도 불구하고 학생들에게 오해를 받을 만큼 그렇게 비쳐졌다면 그것은 제가 반성할 일이고, 부족했다면 그 또한 교과교사였던 제가 져야 할 책임입니다. 유인물에 대해 답을 알려주지 않았다는 것에 대해서는 일부는 맞고 일부는 인정할 수 없습니다. 수업 시간 중에 빈칸을 채우는 방식의 단편적인 유인물에 대해 답을 불러주는 것만이 교과 교육의 전부는 아니라고 생각했기 때문입니다. 학생들이 스스로 찾아보고 답을 쓸 수 있는 문제였습니다. 학생들에게 공부하는 방식을 안내해주는 것으로 충분하다고 생각했습니다. 교과서를 읽으면 충분히 답을 찾아 쓸 수 있는 것이기 때문이기도 했습니다. 다만 학생들에게 답을 찾는 과정에서 잘 이해가 안 가는 것이 있다면 언제든지 질문해도 좋다고 했습니다. 또 질문 받은 내용에 대해서는 충실한 답변을 했습니다. 물론 제 자족적인 생각일 수도 있습니다. 빈칸을 채우는 문제에 대해 또 학생 질문에 대해 답을 하지 못했을 경우 잘 모르겠다고 솔직히 인정했습니다. 그리고 다음 시간에 찾아서 답을 전해주겠다고 했습니다. 그렇게 했습니다. 몇 가지 단편적인 지식을 알고 모르는 것으로 교사의 교과 수업의 능력 여부를 판단하는 것은 대단한 오해라고 생각합니다.

　수행평가의 태도 점수에서 형평성에 어긋난 감점이 있다는 지적을 받았습니다. 맞을 수도 있습니다. 한 학생이 문제 제기를 해 왔습니다. 성적도 좋은 학생입니다. 그러나 문학 시간에 보여준 태도는 납득할 수 없었습니다. 수업 시간에 보란 듯이 수학 문제를 푸는 학생입니다. 불러서 그러한 태도에 대해 교사의 생각을 전달한 적이 있었습니다. 그러지 않겠다는 약속도 받았으나 그 학생의 태도는 달라지지 않았습니다. 수행평가 점수가 공개되고 학생이 찾아왔습니다. 태도 점수에 이의 제기를 일부 받아들여 자신이 납득할 수 있는 점수를 말하기에 그 학생이 요구한 점수를 부여했습니다. 그냥 준 것이 아니라 태도의 변화를 읽을 수 있었기 때문이었습니다. 또 이의를 받는 기간이었기 때문에 합당한 이유가 있으면 고쳐주는 것도 맞는다는 판단에 따라 점수를 줬습니다. 그 학생에게만 특별히 점수를 부여했던 것은 아니나 더 찾아오는 학생은 없었습니다. 비록 훌륭한 교사라고 생각은 하지 않지만 노력하는 교사로 살아왔습니다.

생각

　학생들의 교과교사에 대한 불만으로 야기된 교과교사 교체 요구가 있다는 사실을 모르고 저는 일주일 전에 교무부장에게 학급 교체에 대한 의견을 제시한 바 있습니다. 강사 선생님이 맡고 있는 문과반 남학생 4반, 5반은 수업하기 힘든 학급이라는 것은 다 알고 있는 사실입니다. 1학기 동안 수업하기 힘든 반을 강사 선생님께 맡긴 것에 대한 마음의 불편함이 있었습니다. 2학기에는 교과목이 바뀜에 따라 자연스럽게 교과교사의 학급 교체가 가능할 것 같다는 판단이 들었습니다. 담당 선생님께도 조심스럽게 말씀을 드렸고 동의를 구했습니다. 학생들에게는 학기말 마지막 시간에 양해를 구하고 동의를 구할 생각이었습니다.

그러나 학교장으로부터 학생들의 교과교사 교체 요구가 있었다는 말을 듣고 학급 교체에 대한 생각을 철회합니다. 교직 인생, 마지막 한 학기를 남겨두고 학생들에게 쫓기듯이 몰려서 교과교사 교체를 받아들이는 것은 저에게는 불명예스러운 일입니다. 또 학생과 학부모의 요구가 정당한가의 문제입니다. 학습권 못지않게 중요한 것은 교사의 교육권도 있습니다. 교사의 일탈적 행위로 사회적 물의를 일으켰다면 학교에서 추방되어 마땅합니다. 하지만 교사의 수업에 대한 성실성과 교수 능력을 들어 교체하는 것은 학교 스스로 학교의 권위를 내려놓는 것으로밖에 볼 수 없습니다. 뿐만 아니라 교사에게는 치명적인 권위 손상입니다.

소회

일부 학생들로부터 곱지 않은 시선을 받고 있는 것은 알고는 있었습니다. 수행평가 점수와 주관식 서술형 답안지 채점을 확인하는 과정에서 학생들의 태도를 보며 느꼈습니다. 학생들의 당돌하고 불손한 태도에 대해 교사로서 너무 솔직한 감정을 드러낸 것도 불만을 사게 된 원인 중의 하나일 수 있습니다.

지금의 일을 피하고 싶은 생각은 없습니다. 교직 인생 한 학기를 남겨두고 불명예스러운 모습으로 떠나고 싶지는 않습니다. 이번 사건의 결정적 원인은 교사와 학생의 관계를 제대로 형성하지 못했기 때문입니다. 그 바탕에는 가르치는 능력에 대한 불신이 자리 잡고 있습니다. 그렇다고 학생들에게 쫓겨나듯이 학급 교체를 당하는 것은 받아들일 수 없습니다. 어떻게 극복할 것인가는 결국 당사자인 제가 해결할 문제입니다. 어떻게 해결할 것인가? 아직 답은 없습니다. 답은 만들어갈 수밖에 없습니다. 다만 최선을 다해 노력해볼 일입니다. 그렇게 해도 결과가 달라지지 않는다면 그것은 능력의 한계로 인정할 수밖에 없습니다. 다만 교육이란 행위는 기다려주는 것이고 지켜봐주는 것으로 생각합니다. 교육에 대한 결과는 당장 눈앞에 내놓을 수 있는 것이 아니기 때문입니다.

학생들에 대해 괘씸하게 생각되는 마음이 왜 없겠습니까? 그러나 그것은 교사가 염두에 둬서는 안 될 일입니다. '미움'이나 '노여움'으로 교육이 이뤄지는 것은 아니기 때문입니다. 그 정도의 양식은 있는 교사입니다.

2016년 5월 31일

부끄러움의 역설

위기 없이 사는 세상살이가 어디 있겠는가? 아무런 풍파 없이 사는 인생은 없겠지만 정년퇴임 한 학기를 남겨두고 교과교사 교체 요구를 당한 일은 참 곤혹스러웠다. 교사라고 위기가 왜 없겠는가? 만나고 있는 학생들이 싫어질 때 그리고 미워질 때가 교사의 위기이다. 교사의 위기는 교육의 위기이다. 위기의 간극이 깊어질 때 교사는 실패한다. 교사의 실패는 교사의 좌절과 자신감의 상실로 나타난다. 어떻게 극복하는가는 교사마다 개인차가 있을 것이다. 자기 성찰만큼 좋은 방법은 없을 것이다. 그러나 교사의 자존감이 훼손되었을 때는 결코 성찰만으로 극복되지 않는다. 더 좋은 것은 공론화하는 것이다. 집단적 지성을 통해 합리적 결론을 만들어낼 수 있기 때문이다. 그것은 교사를 부끄럽게 하는 경우도 있지만 궁극적으로 교사를 성장시키는 원동력이 되기도 한다. 쉬운 일은 아니겠지만 그러한 문화를 만드는 것이 중요하다.

2016년 6월 3일, 국어과 교과협의회가 개최되었다. 협의회를 시작하면서 신상 발언을 했다. 동료 교사들에게 괴로움을 안겨드린 것 같아 참 미안하다는 말을 했다. 다만 교과협의회에서 충분히 토론하여 내린 결정이라면 그대로 받아들이겠다는 약속을 하고 물러 나왔다. 장시간 논의한 결과를 교과협의회 대표로부터 전해 들었다. 학교 관리자가 이미 내린 결론을 번복한다는 것은 동료 교사들로서도 넘기 힘든 벽이었던 것 같았다. 결과를 통보받고 친구인 교장에게 학교 통신망으로 간단한 메시지를 전했다.

교장, 친구로서 얼마나 곤혹스러웠겠는가? 또 고민이 깊었겠는가? 원만한 해결을 위해 애를 써준 것에 고마웠네. 내 자신에게는 고약하고 치욕스러운 일이었지만 그것을 감출 일은 아니었네. 국어과에서 불거진 문제였기에 국어과 동료 교사와 함께 논의하는 것이 맞다고 생각했네. 또 그렇게 하는 것이 문제를 해결하는 민주적인 방식으로 판단해서 국어과 협의회 개최를 요구한 것이었네. 그 과정이 또한 배움이 아니겠는가. 국어과 동료 교사들이 모여서 내린 결정을 통보받았네. 내 뜻이 관철되지 않은 결과이기에 진한 아쉬움이 남네. 그러나 논의하기 전에 당사자로서 모두 발언을 통해 동료 교사들이 내린 결정을 받아들이겠다는 뜻을 밝힌 바 있었네. 다수가 깊은 고민의 결과로 내린 결정을 존중하고 동료 교사들이 내린 결정을 받아들인다는 것이 옳기 때문이네. 서운한 마음이 왜 없겠는가? 그러나 내 의견만을 고집하는 것은 독선이고 내 주장만 옳다고 한다면 아집이겠지. 내 문제를 갖고 함께 고민해준 국어과 후배 교사들에게는 참 고마운 일이었네. 그리고 친구의 입장을 생각해서 끝까지 상의해서 처리해준 것에 대해 고맙네. 잊지 못할 걸세.

2016년 6월 3일

그래도 정년퇴임 전, 나의 경험은 참 고약한 일이었다. 특히 동료 교사들에게 참 미안했다. 학생들에게도 미안하기는 마찬가지였다. 좋은 교사는 학생들과 관계를 잘 만드는 것으로부터 가능하다. 좋은 관계를 형성하기 위해서는 신뢰가 전제되어야 할 것이다. 학생들과의 좋은 관계를 만드는 데 가장 중요한 것은 실력보다 우선하는 것은 학생들에 대한 이해이다. 교사가 최선을 다했는데도 돌아오는 것이 조롱과 비난이라면 그것만큼 견디기 힘든 것은 없다. 그러나 교육은 가르치는 것이 반이라면 끝까지 기다려주고 지켜봐주는 것이 반이다. 아이들은 끊임없이 성장하기 때문이다. 교사와 학생 관계를 파괴하는 것은 교사의 실력이 있고 없는 데 있지 않다. 무엇보다도 입시 위주의 교육이 지배하고 있는 학교에서 늘 '교사는 무엇을 가르쳐야 하는가?'를 고민하지 않을 수 없다. 학생들의 지적 성장뿐만 아니라 인격 성장을 위해 교사의 역할에 대해 끊임없이 고민해야 한다.

무엇이 교육인가?

4차 산업혁명은 다가올 미래의 이야기가 아니라 눈앞에 닥친 현실이라고 미래학자들은 말한다. 그 시대를 살아가게 될 학생들을 어떻게 만날 것인가. 아직도 3차 산업혁명 시대를 살아가고 있는 모습으로 학생들을 만날 때 우리는 도태의 길로 가는 것은 아닐까? 하지만 아무리 4차 산업혁명 시대라고 하지만 놓칠 수 없는 것은 인간에 대한 관심이다. '사람'이 빠져 있는 4차 산업혁명은 인간 소외를 더욱 심화시킬 수 있기 때문이다. 4차 산업혁명을 지배하는 것도 결국은 사람일 것이다. 그 '사람'이 인간애와 인류애가 없는 사람일 때 인류는 곧 파멸로 가는 지름길을 재촉할 뿐이다. 그 '사람다움'은 초등학교 때부터 고등학교 때까지 형성된 인격을 통해서 가능할 것이다.

학교뿐만 아니라 가정과 사회도 마찬가지다. 청소년 시기에 있는 학생들을 어떻게 사람답게 살아가도록 환경을 만들 것인가? 그런 점에서 생각해야 할 것은 바로 이 시대 교사는 누구이며, 그 교사는 어떻게 학생들을 만나야 할 것인가이다. 그것은 교사 자신이 해결해야 할 몫이기도 하지만 교사를 양성하는 교육부에서 더 고민할 문제이다. 왜냐하면 교육은 교사의 질을 뛰어넘을 수 없기 때문이다. 가르치는 기술자를 양산한다면 우리 교육은 더욱 황폐해질 것이다. 지향하는 가치가 빠져 있을 때 교육은 더 이상 설 자리가 없어질 것이다. 문제는 사회가 교사들로 하여금 가르치는 것에서 자유로울 수 있게 하는가이다. 이 시대 교사가 갖춰야 할 가장 중요한 덕목은 가르치는 교사의 실력이다. 그 실력에 담겨야 할 중요한 것은 우리가 살아가는 세상을 읽어낼 수 있는 통찰력이다. 교사에게 어떻게 통찰력을 갖게 할 것인가? 그것은 교사의 자주적 교육 활동과 자율적 활동을 보장함으로써 가능할 것이다. 그러한 것만이 교사의 실력의 전부가 될 수 없음은 물론이다. 그 실력을 교실현장에서 발현할 수 있는 가르치는 능력도 있어야 할 것이다. 그렇지만 교사의 마음을 학생들에게 전달할 수 있는 것만큼 중요한 것은 없다. 학생들을 진정으로 존중하고 이해하는가?

기다림

교육은 속도만으로 이뤄지는 것이 아니다. 사람을 먼저 생각하는 교육이라면 더욱 그러하다. 교과 지식이야 측정이 가능하지만 아이들의 사람됨은 수치로 나타낼 수 있는 게 아니기 때문이다. 따라서 사람을 중시하는 교육이 되려면 좀 더 기다릴 수 있어야 하고 한발 물러서서 지켜볼 수 있는 여유도 있어야 한다. 그러나 입시가 중시되는 교육에서는 사람은 없고 성적만 남는다. 그러다 보니 사람을 지켜보고 기다리는 것에는 너무 인색하기만 하다.

아이들이 태어나서 두 발로 서기까지에는 숱한 실패를 거듭한다. 건너뛸 수 없는 과정이다. 숱한 실패를 거듭할 때 어른들은 아이들을 윽박지르지 않는다. 왜 제대로 서지 못하느냐고 꾸짖지도 않는다. 사람들은 누구나 그러한 과정을 거쳐 어른으로 성장한다는 사실을 알기 때문이다. 아이들이 건강하게 성장하기 위해서는 많은 시간이 필요할 뿐만 아니라 기다려야 한다는 사실도 알고 있다. 그 많은 시간을 어른들은 기다려주고 지켜보면서 아이들을 통해 행복감을 느낀다.

제2의 성장기에 접어드는 것이 청소년 시기이다. 육체적으로도 정신적으로도 성장의 극점에 있는 시기이다. 이때 사고 능력과 정서적 감성 그리고 지적 능력이 가장 왕성하게 성장한다. 때로는 현실을 부정하고 삶을 회의하고 이유 없이 반항하기도 한다. 사랑의 열병을 앓다가 좌절하면서 정신적으로 숱한 방황을 하는 시기이기도 하다. 그러면서 아이들은 분노를 조절하는 능력을 배우고 감정을 통제할 수 있는 경험도 한다. 일상적인 삶에서 일탈하기도 하고 이탈하고 싶은 충동을 느끼면서 절제할 수 있는 힘도 키워진다. 그 시기를 겪지 않고 어른이 되는 경우는 없다. 지극히 정상적인 아이들에게서 나타나는 청소년기 특성인 것이다.

운명과 희망

바로 청소년기 극점에 있을 때 이 학생들을 만나는 사람이 중·고등학교 교사이다. 그런데 학교는 교육이라는 이름으로 학생들을 윽박지르고 있다. 교칙이라는 이름으로 학생들을 구속하고 통제한다. 질서라는 이름으로 학생들을 규제한다. 학생들은 자유롭고 싶어 하나 대학 입시의 볼모가 되어 불만을 안으로 삭인다. 폭탄 하나씩을 가슴에 안고 살아가는 아이들이다. 그러면서 학교는 학생들에게 끊임없이 공부하라고 강요한다. 모두가 자신이 원하는 대학을 갈 수 있는 것도 아닌데 말이다. 학교는 숨 막히는 공간이 되어버렸다.

한국 사회에서 대부분의 아이들에게 대학 입시라는 통로 말고는 다른 탈출구가 없다. 오직 한쪽으로만 나 있는 길을 통과하도록 강요받고 있다. 아이들은 대학 입시라는 대열에 맹목적으로 따라간다. 왜 가는 줄도 모르고 어른들이 떠미는 대로 가고 있을 뿐이다. 오늘도 그렇게 아이들은 살아간다. 상급 학교로 올라갈수록 실패하는 학생들과 낙오하는 학생들은 늘어난다. 낙오한 학생들에게 학교는 어떤 대책을 내놓지 못하고 있다. 다양성이 없는 실패는 아이들을 좌절시킬 뿐 성장은 기대할 수 없다.

대학 입시에 가능성이 없는 학생들에게 학교는 놀러 가는 곳이다. 또래 친구들을 만나러 가는 곳일 뿐 배우는 곳이 아니다. '배움'이 있어야 하는 곳이 학교임에도 그들에게는 배울 것이 없는 학교가 되었다. 공부를 해도 성적이 오르지 않을 때 아이들은 포기를 한다. "결코 포기하지 말라", "하면 된다"라는 말은 교사의 개인적 경험에서나 찾아볼 수 있는 결과일 뿐이다. 그러니 교사의 설득이나 훈화가 거짓말이라는 사실을 아이들도 안다. 그 말은 학교에서 요구하는 것에 순응하며 살라는 것임을 아이들은 이미 깨닫고 있다. 욕구불만으로 가득 찬 학생들에게는 두려울 것이 없다. "왜요?"라는 말이 입에 붙었다. 어른들은 버르장머리가 없다고 억누른다. 가만있으라고 한다. 그러나 아이들은 가만있으면 안된다는 것을 알기 시작했다. 믿음을 주지 못했다.

2017년 부산에서 강릉에서 그리고 인천에서 여중생의 끔찍한 폭행 사건이 일어났다. 더 깊숙이 들여다보면 세 지역에서만 그러했겠는가? 또 어디 여학생뿐이겠는가? 2018년이라고 다르지 않을 것이다. 새 학기가 시작된 학교는 희망이 넘쳐나겠지만 시간이 지나면서 그 꿈은 교실에서 사라지고 좌절과 상실감으로 고개를 떨구는 학생들이 또 늘어갈 것이다. 누가 학생들을 그렇게 만들었는가? 학교를 향한 시선이 곱지 않다.

그러나 변하지 않는 세상은 없다. 더디지만 세상은 끊임없이 변화를 거듭한다. 역사도 부침을 거듭하며 진보한다. 어둠 속에 있을 때는 좌절하고 절망한다. 그렇다고 그러한 역사조차 멈춰 있는 경우는 없다. 희망이 없을 때, 대책이 없을 때는 그저 살아간다. 어쩌면 포기하지 말라는 것은 그때를 기다리기 위해서일지 모른다. 시간이 많이 걸리는 것처럼 보이지만 역사의 시간으로 보면 그렇게 긴 시간이 아니다. 한 인생을 놓고 봐도 마찬가지이다. 그런데도 아이들을 대하는 어른들의 태도는 그렇지만 않다. 기다리는 것에 인색한 것이 어른이다. 어른들도 그러한 시기를 거쳐 왔는데도 말이다. 나라고 다르지 않다. 나 역시 지켜보고 기다리는 것에 인색하기는 마찬가지였다. 그렇게 말은 했으면서도 아이들을 윽박질렀고, 일관성이 없었다. 어떤 때는 그것을 '교육'이라고 나를 합리화시키는 억지를 부리기도 했다. "나는 선생님이 싫어요." 역시 기다리지 못한 결과로 나타난 학생들의 반발이고 저항이었다. 교사가 살아온 경험의 잣대로 학생들을 보기 때문이었다. 교사가 실패하는 이유이다.

계절 따라 피는 꽃도 기다려야 하기는 마찬가지이다. 모진 비바람으로 쓰러질 듯 다시 일어서는 것이 들판의 야생화이다. 때로는 꺾여 쓰러지는 경우가 왜 없겠는가? 자연의 횡포로 꺾이기도 하지만 자연의 힘으로 꽃을 피우고 결실을 맺는다. 자연이 인간에게 주는 교훈이다.

마지막 수업

정년퇴임 전 마지막 학기는 결국 학급을 달리하여 수업을 들어갔다.

'독서' 교과 시간이었다. 남은 한 학기 동안의 수업계획안을 짰다. 학생들을 실망시킬 수는 없었다. 읽기 자료를 충분히 모았고 수업 시간에 읽고, 쓰고, 발표하는 방식으로 수업을 설계했다. 내가 정말 하고 싶은 수업을 마음껏 준비했고, 학생들에게는 세상 속을 들여다볼 수 있는 수업으로 운영했다. 모든 학생들이 만족한 것은 아니었지만 많은 학생들이 관심을 갖고 수업에 참여했다. 그렇게 한 학기 수업이 끝났다. 11월 30일, 마지막 수업 시간이 되었다. 후배 교사들이 마지막 수업을 보고 싶다는 요청을 했다. 특별히 자랑할 만한 수업은 아니었으나 부끄럽지 않은 수업은 할 수 있겠다는 생각으로 교사로서 마지막 수업을 준비했다.

마지막 수업이 있는 날 공교롭게도 4교시에 있던 수업이 1교시와 바뀌었다. 바뀐 시간표의 4교시는 수행평가 시간이라 수업을 진행하는 시간이 아니었다. 하필이면 그날따라 수업 임박해서 학교에 도착해 동료 교사에게 공지할 시간적 여유도 없이 교실로 들어가야 했다. 마지막 수업은 어느 누구도 들어오지 않은 상태에서 그렇게 끝났다. 서운할 일도 없고, 오히려 홀가분했다. 4교시 수업은 수행평가 시간이었다. 수행평가를 마치고 종이 울렸을 때 평소와 마찬가지로 교실 밖 복도는 소란스러웠다. 점심 식사를 하기 위해 학생들이 이동하는 중이겠거니 생각하며 물건 정리를 하고 있는데, 동료 교사가 교실에 들어오는 것이 보였다. 다소 의아하게 생각하며 수업 준비용 가방을 챙겨 나가려고 하는 중에 교실로 들어온 동료 교사가 급히 밖으로 나를 이끌고 나갔다. 갑작스럽게 이끌려 복도로 나가자 마지막 수업을 마친 나를 맞이하는 환호 소리가 들려왔다. 전혀 예측하지 못했던 마지막 수업 축하 이벤트를 동료 교사들과 학생들이 준비했던 것이다. 2017년 12월 30일, 나의 정년퇴임식 또한 마찬가지였다. 그 자리를 마련한 후배 교사들에 대한 고마움은 결코 잊을 수 없을 것이다.

36년, 교직 인생을 마감합니다

아름다운 여행의 종착역, 저는 여기까지입니다

2017년 2월 28일 자로 교육 공무원, 교사의 신분에서 이제 자연인의 신분으로 돌아갑니다. 공무원이라는 신분의 구속과 규제에서 벗어나는 자유로움을 느낍니다. 그러나 입시가 전부처럼 생각되는 교육 모순의 굴레에서 벗어나는 자유로움이 반이라면 후배 교사들에게 많은 것을 남겨두고 떠나는 것에 대한 미안함이 반입니다.

교사에게 학생은 누구입니까?

입시가 전부인 인문계 고등학교. 12년 동안의 교육을 입시 경쟁이라는 틀에 맞춰 살아온 아이들입니다. 초등학교에서 이미 학습 결손으로 입시로부터 멀어진 학생, 중학교에서 낙오한 아이들 그리고 고등학교에 좌절하고 포기한 아이들. '틀렸다', '글렀다'라는 학생들이 갈수록 늘어만 가는 세상이 되었습니다. 정작 그놈들은 교육이 꼭 필요한 학생들인데도 그들은 교육의 사각지대에 놓여 있습니다.

'망했다' 좌절할 때 그들이 다시 일어설 수 있도록 안내해주는 것이 교사의 역할일 것입니다. 모든 학생들이 그럴 리 없겠지만, 밥 먹듯이 거짓말하는 학생들을 만나면서 또 속는 줄을 뻔히 알면서도 학생들과 다시 약속을 하며 지내는 것이 교사의 운명인 것 같기도 합니다. 그러면서 아이들이 변하는 것을 느끼기도 합니다. 우리가 살아갈 날보다 더 많은 삶을 살게 될 아이들입니다. 오랜 습관으로 변화의 속도가 늦고 아집이 강한 시기를 넘어서는 아이들이지만 그 아이들은 한 해가 다르게 변화하면서 틀림없이 성장합니다. 지금에만 머물고 있을 아이들이 아닙니다. 어른이 살아온 축적된 경험의 눈으로 볼 때 아이들은 늘 기대에 미칠 수가 없지요. 어른들도 그러한 세월을 거쳐 왔는데도 우리는 쉽게 망각하고 있는 것이지요. 정말로 어른보다 더 변화의 가능성이 많은 것이 아이들입니다. 어쩌면 그들에게 거는 희망일 수도 있습니다. 그 희망을 내던지는 말 한마디로 아이들도 어쩔 수 없다고 절망하겠지요.

비행 청소년 한 명을 바르게 안내하는 것은 그만큼 사회적 비용을 줄일 수 있다는 셈법에 의해서 청소년 문제를 바라보자는 것이 아닙니다. 아이들에게는 우리가 미처 보지 못한 아이들의 소중한 인생이 있기 때문이지요. 교육 모순 속에서도 아이들을 희망으로 바라봐야 할 이유이기도 합니다.

아름다운 여행의 종착역

제 36년의 교직 인생, 종착역은 잠신고등학교입니다. 1981년 도봉중학교 3년을 시작하여 오주중학교 2년, 자양고등학교 3년 6개월, 그리고 전교조 가입으로 해직, 거리의 교사로 4년 6개월, 1994년 온수고등학교 복직 4년, 창덕여고 4년, 잠실고등학교 5년, 둔촌고등학교 5년, 그리고 잠신고등학교 5년. 제가 갖고 있는 교사라는 차표는 더 가고 싶어도 갈 수 없고, 연장하고 싶어도 연장할 수 없는 잠신고등학교까지였습니다.

36년의 교직 인생 가운데 조직폭력배 같은 정권을 만나 제 교직 인생의 철로가 끊어진 적도 있었습니다. 교사라는 소중한 차표도 빼앗기고 강제 하차하여 잠시 방황하기도 했습니다. 4년 6개월이라는, 거리의 교사라는 값비싼 대가를 치르고 되찾은 차표를 갖고 94년에 다시 승차한 교직 인생입니다. 교사라는 차표를 고른 이후 도중하차하고 싶은 때가 전혀 없었던 것은 아니었지만 물리지 않고, 갈아타는 일 없이 도착한 종착역, 잠신고등학교입니다.

거듭 되돌아봐도 교사라는 차표를 집어 든 것은 제 인생에서 최고의 선택이었고, 최고의 행운이었습니다. 한 번의 탈선 사고로, 한눈을 판 때도 없었던 것은 아니었지만 그것조차 이곳저곳 둘러보고 기웃거렸던 즐거운 시간이었습니다. 제 인생을 풍부하게 만들어줬던 소중한 세월이었습니다. 평교사라는 참으로 소중한 차표를 들고, 가장 아름다운 여행을 마치고 무사히 종착역까지 도착했습니다. 제 교직 인생 36년의 종착역, 잠신고등학교에서 이제 하차합니다. 잠신고등학교 종착역에서 다시 인생이라는 긴 여행을 위해 저는 새로운 티켓을 준비하게 될 것입니다. 다시 열차를 탈지, 아니면 버스를 탈지, 비행기 티켓을 끊을지 새로운 고민을 하게 될 것입니다. 그러나 그리 머지않은 시간이 될 것입니다. 될 수 있으면 언제든지 물릴 수도 있고 또 마음대로 갈아탈 수 있다면 자유 티켓을 끊고 싶은 마음입니다.

여러분의 여행

저의 하차하는 모습을 환송하기 위해 정년퇴임의 자리를 마련해주셨던 후배 선생님들은 다시 정해진 철로를 따라 여행을 계속하겠지요. 어떤 분들은 선로가 조금 연장된 잠신고등학교 티켓을 들고 계실 것이고, 한 정거장 더 가서 내릴 분들도 계실 것입니다. 어떤 분들은 하차할 역조차 표시되지 않은 티켓을 들고 긴 여행을 계속하시겠지요. 또 어떤 분들은 긴 여행이 싫증 나서 도중에 남은 티켓 비용 환불받고 내리실 분도 계시겠지요. 여행하시는 동안 오랜 경륜과 능숙한 기관사를 만나게 되면 아무런 위험 없이 즐거운 여행이 될 것입니다. 그러나 난폭 운행을 하는 미숙한 기관사를 만나면 불안하고 위험천만한 여행이 될 것입니다. 그럴 때 그냥 참고 가지는 마십시오. 항의하고 차를 멈추도록 하십시오. 여러분이 갖고 있는 티켓에는 그러한 권리도 적혀 있기 때문입니다.

혼자가 힘들면 옆에 있는 동료에게 도움을 청하십시오. 그 여행은 바로 함께 타고 가는 동료들이 있음으로 해서 더 좋은 여행이 될 것입니다. 여행하는 동안 사색하는 시간도 있을 것이고 노래를 부르는 시간도 있겠지만 너무 외롭게 혼자 가지는 마십시오. 함께 타고 가는 그분이 소중한 동반자이십니다. 그중에는 금방 내릴 분도 있겠지요. 더 멀리 가는 분들과의 여행이 지루하지 않으려면, 불편하지 않으려면 상대방에게 말을 걸고 차 한잔도 사주십시오.

여러분의 목적지까지 무사히, 아름다운 여행을 하시길 기원하겠습니다. 잠신고등학교에서 제가 하차하기까지 함께 동반자가 되어주셨던 참 많은 선생님이 있었습니다. 저보다 먼저 하차하신 선배도 계시지만 많은 동료 교사들의 도움 속에 여기까지 올 수 있었습니다. 교육 인생 열차를 타고 오는 동안 만났던 수많은 학생들이 있었습니다. 열심히 만나려고 노력은 했으나 의욕만이 컸을 뿐이었습니다. 가르치는 것이 반이라면 기다리고 지켜보는 것이 다른 교육의 반이라고 말하면서도 조급했던 때가 많았습니다. 어떤 학생들에게는 좋은 선생님으로 기억되는 경우도 있겠지만 불편했던 교사였을 때도 있을 것입니다.

고백의 말씀

늘 부끄럽지 않은 삶, 부끄럽지 않은 교사이고 싶었으나 세상과 불화한 저는 언제부턴가 부끄러운 인생, 부끄러운 교사였습니다. 이제 어쩔 수 없는 일이 되어버렸습니다. 그것이 동료 교사에게, 학생들에게 참 미안했습니다.

내가 만난 유기창 선생님

'홍종언' 선생님은 제가 퇴임하기 전 잠신고등학교에서 2년 동안 함께 근무한 동료 교사입니다. 물론 전교조 활동을 통해 오래전에 만난 교육 동지이기도 합니다. 학교 문제뿐만 아니라 교육적 담론과 세상사에 대해 자주 대화를 나눴습니다. 교육자로서 어떻게 살아야 하는지 늘 고민하십니다. 마지막 수업 열흘 전쯤 학교 통신망(쿨 메신저)에 저에 관한 글을 올리셨습니다. 깜짝 놀랐습니다. 글을 읽으면서 참 민망했습니다. 과분한 찬사였음은 물론입니다. 교직을 떠난 뒤에도 그렇게 살라는 뜻으로 고맙게 받아들였습니다.

제자 '김희영'은 오주중학교 근무할 때 만난 학생입니다. 당찬 학생이었습니다. 전근하면서 연락이 끊겨 오랫동안 잊고 지내왔는데, 다시 만난 것은 불과 1년도 채 되지 않습니다. 30년이 넘는 세월이 흘러 다시 만나고 보니, 30년 전 모습을 그대로 간직하고 있었습니다. 오래전 기억들이 어제처럼 선명하게 살아났습니다. 목소리 또한 잊지 않았습니다. 이제는 인생과 세상사에 대하여 대화를 나눌 수 있는, 지모와 덕성을 갖춘 40대 중년 여성으로 성장했습니다. 인생에 대해 조언해주는 제자 중 한 명입니다. 현재는 항공사 승무원으로 근무하고 있습니다.

제자 '최배은'은 오주중학교 근무할 때 만난 학생입니다. 재능이 많고 성실한 학생이었습니다. 이 책을 만드는 데 가장 많은 도움을 준 제자입니다. 이 제자의 도움이 없었더라면 책을 낼 생각을 오래전에 접었을 겁니다. 전교조 활동으로 해직되어 학교를 떠나 있을 때 저를 교사로 거듭나게 해준 제자들이 있습니다. 그들은 스승의 날이면 잊지 않고 꽃다발과 케이크를 보내며 격려해주었습니다. 그 제자 중 한 명입니다. 늘 고맙게 생각하고 있고, 평생 잊지 못할 제자들입니다. 제자 '배은'은 대학에서 글쓰기 관련 과목을 강의하고 있습니다.

유기창 선생님을 생각하며

이제 학교에서 선생님을 뵐 날도 얼마 남지 않았군요(일주일밖에 안 남았어요). 막상 떠나신다니까 선생님과 함께했던 지난 시간들이 주마등같이 지나가는군요.

수업에 아무런 흥미가 없어 무기력하게 하루 종일 책상에 엎드려 잠만 자다가 좀이 쑤셔서 가끔 사고를 치는, 이른바 학업 낙오자들을 주요 고객(?)으로 삼아 대안교실을 만들고, 그들의 마음 문을 열어보려고 이렇게도 해보고 저렇게도 해보셨던 시간들. 갑자기 2학년 담임이 펑크난 상황에서 환갑을 넘어 퇴임 1년을 앞두고 담임을 자청하여 어린 제자들과 동고동락했던 시간들(허나 이런 선례는 후배 교사들에게 민폐일 수도 있죠.ㅋㅋ). 온갖 난관을 무릅쓰고 우리 교육의 적폐를 근본적으로 뜯어고쳐 보려고 동분서주했던 그 긴 시간들.

유기창 선생님을 생각하면 온화한 인상이 먼저 떠오르지만, 어쩌면 선생님의 진면목은 개혁가(?)적 면모에 있는지 모릅니다. 자신에겐 불편함이 없다 하더라도 이웃과 동료 그리고 제자들이 겪는 불편함을 모른 채 그냥 지나치지 않고 해결을 위해 분연히 일어선 순간들이 선생님의 인생을 관통하고 있기 때문입니다. 학급과 학교의 작은 일에서부터 교육계와 사회 전반의 큰일에 이르기까지 당신이 할 수 있는 일이면 주저하지 않고 제언하고 행동하고 참여하셨지요. 우리 가까이에서 볼 수 있는

'행동하는 양심'의 표상이었습니다. 제가 아는 유기창 선생님은 개혁가 (?)일 뿐만 아니라 투철한 민주주의자입니다. 선생님은 민주주의가 당장은 효율이 떨어지고 절차가 복잡한 듯 보여도 인간의 존엄성과 다양성에 기초한 각 구성원 및 집단의 자율성, 창의성, 실질적 효율성을 최고 수준으로 구현할 수 있는 수단이자 목적이라고 생각하셨습니다. 독재 권력에 의해 민주주의가 처참하게 유린되어온 한국의 현실에 마음 아파하셨습니다. 사회뿐만 아니라 학교 및 교실, 더 나아가 가정에 이르기까지 척박한 이 땅의 모든 영역 모든 단위에서 민주주의가 혈액같이 살아 숨쉬고 작동하도록 모든 노력을 다해오셨습니다. 선생님의 근무지마다에서 학내 민주화 활동이 그랬고, 수많은 고난을 감내하며 전개한 전교조 활동, 그리고 본교에서의 학발협 활동 등이 그랬습니다.

제게 선생님은 참 좋은 인생 선배이자 말동무였습니다. 주변에 좋은 분들이 많이 계시지만 맘을 툭 터놓고 대화하기는 쉽지 않습니다. 특히 사회 개혁에 대해 고민을 나누는 것은 더더욱 어렵습니다. 그러나 선생님과는 일상생활, 아이들의 희망과 고통, 교내 민주주의, 교육제도, 각종 사회적 이슈 등 어떤 사안에 대해서도 진지하게 함께 고민하는 등, 나눔의 영역에 제한이 없었습니다. 꽉 막힌 틀에 갇혀 자유로운 사고와 행동이 극도로 규제당하는 이 답답한 현실에서 완고한 기성세대 의식을 훌쩍 뛰어넘은, 청년보다 더 청년 같은 분이었습니다. 앞으로 선생님이 안 계신 교정에서 누굴 붙잡고 이야기해야 할지… 체구에 반비례하여 늘 당찬 모습으로 우리 옆에 계시던 그 든든했던 시간들이 새삼 고맙고 소중하게 생각됩니다.

이제 학교라는 좁은 울타리를 넘어 광활한 세상으로 훨훨 날아가 하고 싶은 일 마음껏 하시며, 가끔은 설레고 대부분은 여유로운 삶으로 인생 제2막을 자유롭게 펼쳐가시기 바랍니다.

2016년 11월 21일

선생님을 찾습니다

김희영

2년 전 어느 봄날, 불현듯 지금 아니면 안 될 것 같은 강한 충동이 일었습니다. 오랜 세월 동안 가슴속에 묻어뒀던 일을 저지르기로 맘먹었습니다. 서럽고 고달픈 신입 시절을 거쳐, 첫사랑과 가슴 부푼 결혼을 해서, 상상을 초월한 임신과 출산, 복직을 두 번이나 반복하며 워킹맘으로 사는 세월은 쏜살같이 흘러갔습니다. 늪 같은 회사 생활에서 허우적거리며 포기하고 싶을 때마다 생각나는 선생님이 계셨습니다.

벌써 30년이 지나 있었습니다. 전교조로 해직되었다가 복직하셨다는 소식을 풍문으로 접했던 유기창 선생님이 늘 머리에서 떠나지 않았습니다. 그러다가 서울시교육청 홈페이지에서 '은사 찾기'를 검색했습니다. 전화로 선생님 성함과 재직 연도 및 학교를 알려주고 기다렸습니다. 일주일 정도 지났을 때입니다. 선생님이 현직에 계시면 제 인적 사항을 전달한 후 선생님의 허락하에 근무지와 연락처를 알려준다는 겁니다.

그날은 햇살이 따뜻했고 봄기운이 완연했습니다. 퇴근길이어서 여유 있게 주유하던 중에 전화를 받았습니다. 선생님이 연락하길 바라신다는 반가운 소식과 함께 드디어 선생님의 근무지를 알게 되었습니다. 지체 없이 바로 전화했습니다. 비로소 들리는 선생님의 음성! 30년 전으로 돌아가는 것은 그리 어려운 일이 아니었습니다.

제게 중학교 시절은 특별합니다. 제가 입학한 중학교는 2학년이 최고

참인 신설 학교였습니다. 담임선생님은 아름다운 영어 선생님이었고, 끝 번호였던 저는 곧잘 심부름을 하게 되었습니다. 교무실에 자주 출입하게 되었는데, 담임선생님께 가려면 옆자리의 선생님을 지나쳐 가야 했습니다. 1학년은 가르치지 않는 분이라 무척 낯설고 어려웠는데 선생님은 잔잔한 미소로 인사를 받아주셨습니다. 간혹 급하게 담임선생님과 대화하실 땐 "미안해", "잠시 실례!" 하셨는데, 매너가 아주 훌륭하고 당시로선 아주 보기 드문 신사였습니다. 2학기가 되어갈 무렵 저는 교지 편집위원이 되었는데, 담당 선생님이 유기창 선생님이셨습니다.

방과 후 우리는 원고 청탁과 교정, 인터뷰와 편집 등을 위해 모였습니다. 만만찮은 작업이지만 조금도 지루하거나 힘들지 않았습니다. 선생님은 늘 중국집에 음식 배달을 시키는 것으로 시작하셨습니다. 우리는 각자 지정된 메뉴가 있었습니다. 저는 늘 우동을 시켰습니다. 그리고 언제나 남김없이 다 먹었습니다. 추억이 깊어서 그런지 그때의 우동 맛은 아직까지 찾지도 못했고 비교할 수도 없습니다. 그래서 그 시절 이후 몇 번인가 실망한 뒤로는 우동을 시켜 먹지 않습니다. 그 같은 우동도 없거니와 맛은 더욱 형편없기 때문입니다. 요즘엔 중국집 메뉴에서 우동을 찾아볼 수 없기도 합니다. 편집 막바지엔 그림 솜씨 없던 저도 컷을 그리게 되었는데, 형편없는 제 솜씨를 탓하거나 수정하지 않고 그대로 실어주신 선생님의 배려는 지금도 가슴 따뜻하게 기억됩니다.

생각할수록 참 신기합니다. 대개 수업이나 담임 등으로 인연이 맺어질 텐데 선생님과는 교지 편집위원과 지도교사로 만났기 때문입니다. 그때 특별활동을 하지 않았더라면 지나쳤을 인연이었겠지요. 하지만 그 시기는 인생을 어떻게 보내야 하는지 지혜를 엿보던 때가 아니었나 싶습니다. 또 제게는 불가사의한 일이 있습니다. 선생님과의 만남이 불과 몇 개월에 지나지 않았는데도 어떤 선생님의 가르침보다 훨씬 깊고 풍부한 배움이 있습니다. 선생님이 보여주신 모습들 때문이지요. 사람을 어떻게 대해야 하는지, 일상을 어떻게 보내야 하는지, 업무를 어떻게 즐겁게 주변 사람들과 나눠야 하는지 등등에 대해 그때는 그저 바라보고 지나치는 일들인 줄 알았는데 두고두고 추억으로 남아서 제 삶의 굽이굽이에 생생히 되살아나 마흔 중반을 훌쩍 넘은 저를 지금도 가르쳐주고 계시니 말입니다.

그런 선생님을 다시 만난다는 것이 무척이나 설레었습니다. '30년'을 기다렸던 만남을 더 이상 미룰 수 없어 바로 날짜를 정했습니다. 어느 때보다 단호했고 강단 있는 결정이었습니다. 선생님의 변함없는 호탕한 웃음소리가, 30년 전의 그 목소리가 바로 전화선 너머로 어제처럼 재현되고 있었습니다. 저는 다시 중학 시절의 제가 될 수 있을 것만 같았습니다. 사회생활을 한 지 20년 남짓한 제겐 모처럼의 교정은 낯설었습니다. 초등학생 학부모여서 고등학교가 주눅 들게 느껴지기도 했습니다. 남녀 학생이 손잡고 교정을 다니는 것도 낯설고, 화장을 짙게 한 여학생들의 모습도 어색했습니다. 분명 수업 시간인데도 데이트를 즐기는 학생들이 있어 더욱 놀라웠습니다. 언제 이렇게 자유로워졌을까…. 전혀 새로운 세상에 온 이방인 같은 나를 학생들은 학부모 대하듯 익숙하게 대합니다. 그렇게 학생들을 관찰하며 선생님을 얼마나 기다렸을까.

수업종이 울리고 교실에서 나오는 선생님들을 뚫어지게 살피며 유기창 선생님을 행여 못 알아볼까, 놓칠까 싶어 안달이 났습니다. 이 선생님도 아니고, 저 선생님도 아니고… 선생님은 날 알아보실까… 단발머리 그 중학생은 어디에도 없는데… 한 차례 쉬는 시간이 끝나가도 선생님 닮은 분은 보이지 않았습니다. 다시 울리는 수업 종소리… 그때 저 건물에서 걸어 나오시는 선생님이 보였습니다. 제가 마지막으로 기억하는 총각 시절의 선생님은 아니지만 그 모습, 그 눈빛, 그 미소와 웃음소리는 그대로였습니다.

어쩌면 선생님이 저를 알아보시기 더 어려웠을 것 같다는 생각이 들었습니다. 불과 몇 개월 인연이었던 제자를 수많은 제자들 가운데 기억하기란 쉽지 않았을 테고, 더군다나 30년의 공백은 충분히 잊힐 만한 시간이니까요. 하지만 선생님은 익숙하게, 예의 정감 있게 맞아주셨습니다. 만나자마자 봇물 터지듯 부조리한 조직사회에 대한 제 고민을 귀 담아들으시고는 선생님의 긍정적인 사회관을 들려주셨습니다. 바싹 마른 잎사귀 같았던 제 맘에도 선생님 닮은 사회관을 심어보았습니다. 느리지만 조금씩 나아지고 있는 역사 앞에 그래서 오늘이 성실해야 하고, 꿈을 꾸어야 하고, 그리고 그 꿈이 실행되도록 행동해야 함을 다시 배우고 있습니다.

저는 참 행복한 제자입니다. 평생을 관통하여 가르침을 주시는 선생님이 계시기 때문입니다. 저를 가르치려고 무엇을 하지 않으시는데도 선생님 곁에 있으면 배우게 됩니다. 듣는 모습, 느리고 천천히 생각을 말씀하시는 여백, 서두르지 않고 기다려주시는 모습에서 삶의 자세를 배웁니다. 인생을 어떻게 바라봐야 하는지 보여주십니다. 그래서 선생님을 다시 만나게 된 건 제게 큰 기쁨이고 행운입니다. 2년 전 그날 서두르지 않았더라면 선생님을 영영 만날 수 없었을지도 모릅니다. 퇴직하시기 일년 전이었는데 선생님과의 인연이라는 막차에 간신히 탄 느낌입니다. 그래서 저는 정말 대단한 행운아입니다.

이 세상에 한 분뿐인 선생님♡

최배은

　1989년 여름, 한겨레신문 해직교사 명단에서 '유기창' 세 글자를 발견하곤 충격과 함께 그 상황이 자연스럽게 받아들여졌습니다. 중학교 1학년 이후 뵙지 못했던 선생님의 근황을 해직교사 명단에서 발견한 충격이 만만치 않았지만, 선생님께선 그렇게 불이익을 감수하더라도 교육자의 양심에 따른 실천을 하시리라는 이해와 믿음이 있었기 때문입니다. 그리고 선생님의 해직이 말도 안 되는 일이라는 생각이 들어, 전교조 해직교사 복직을 위한 시위에 참여하러 명동에 갔습니다.

　제 삶의 첫 시위 참가 날이었던 그때가 지금도 생생합니다. 결과부터 말하자면 저는 시위에 참여하지 못하고 명동 골목을 헤매다 돌아서야 했습니다. 그때의 시위는 작년의 촛불 시위와 달리 전경들이 시위 장소를 원천봉쇄하고 있었습니다. 물론 조직적으로 온 사람들은 나름의 방법으로 합류할 수 있었겠지요. 그런데 전 명동에만 가면 쉽게 집회 장소를 찾고, 거기서 선생님을 뵐 수 있으리라는 막연한 기대를 갖고 혼자 간 것입니다. 하지만 여기도 경찰, 저기도 경찰들이 길을 막아서 집회 장소에 가지 못하게 했습니다. 불쌍한 표정으로 뻔한 거짓말도 했던 것 같습니다. '시위에 참여하려는 게 아니다. 저쪽으로 꼭 가야 할 일이 있다.' 하지만 전경 오빠들은 제 거짓말에 속아주지 않고 위험하니 빨리 집으로 가라고만 했습니다. 명동 골목을 답답한 심정으로 2시간쯤 헤맨 것 같습니다. 그때 비슷한 처지의 송곡여고 학생 세 명을 만나서 그들의 뒤를 따라다니기도 했지만 그들도 뾰족한 수를 찾지 못했습니다. 그렇게 그날, 선생님 덕분에 순진한 열정의 무력함을 깨달았습니다. 내가 사랑하고 아끼는 사람을 지키기 위해선 좀 더 철저한 준비와 힘이 필요하다는 것을 새삼스럽게 깨달았습니다.

훌륭한 교육자 슈바이처는 교육을 위해 어른이 할 수 있는 일은 첫째도 본보기, 둘째도 본보기, 셋째도 본보기라고 했습니다. 참말 그런 것 같습니다. 인간은 보고 배우는 것이 90% 이상이 아닌가 합니다. 자녀나 학생들에게 바라는 이상적인 모습대로 부모나 선생님이 살아간다면 우리 교육 현실은 지금보다 훨씬 좋아지지 않았을까요? 하지만 우리 사회에서 그런 부모나 선생님을 만나기란 쉽지 않습니다. 그래서 그렇게 살아가시는 유기창 선생님은 참 귀한 분이고, 주변의 많은 제자들에게 삶의 모습만으로 희망과 깨달음을 주십니다.

제가 선생님의 모습 중에 가장 존경하고 본받고 싶은 점은 인간에 대한 깊은 존중과 믿음입니다. 선생님과 대화하고 돌아설 때 '오늘 너무 주제넘은 말을 한 건 아닌가' 하고 자신을 돌아볼 때가 있습니다. 어떤 이야기라도 귀 기울여 들어주시고 진지하게 토론해주시기 때문에 설익은 소견들도 거침없이 내뱉게 되는 경우가 있어서입니다. 하지만 그 점 때문에 크게 마음 쓰게 되지는 않습니다. 오히려 그렇게 기탄없이 제 마음과 생각을 열어 보일 수 있는 믿음을 주신 선생님에 대한 감사함이 커집니다. 초등학교 6학년 때 감명 깊게 읽은 『나의 라임오렌지 나무』에서 특히 제 마음을 울린 것은 어린 제제와 중년의 포르뚜까 아저씨의 우정이었습니다. 인간과 인간의 진실한 사귐은 나이를 초월한 것이란 사실을 그때 깨달았습니다. 그리고 그것을 가능하게 하는 바탕은 서로에 대한 평등한 시선과 존중일 것입니다. 그 본을 늘 선생님께서 보여주십니다.

무엇보다 선생님께서 사람들 사이의 문제와 갈등을 해결하려고 노력하시는 모습을 본받고 싶습니다. 나이가 들수록 갈등과 대화를 피하려는 사람들이 생깁니다. 말해봤자 소용없을 거라는 깊은 불신이 자리하기 때문입니다. 하지만 선생님께선 이웃이든, 가족이든, 학생이든, 동료 교사든, 공권력이든 누구와도 대화를 청하시고, 선생님 의견이 받아들여지지 않더라도 성심성의껏 이해하고 이해시키려 애쓰십니다. 얼마큼 인간을 신뢰해야 그럴 수 있을까요? 알고 보면 그것은 자신에 대한 믿음이 그만큼 굳고 강하기 때문일 것입니다. 우리 사회에 가장 부족한, 갈등을 대화로 해결하려는 치열한 노력의 본을 선생님께서는 보여주십니다.

이러한 본보기를 보여주시는, 세상에 한 분뿐인 유기창 선생님은 200세가 넘도록 사셔서 많은 사람에게 좋은 영향을 주셨으면 좋겠습니다.

2017년 8월 6일

늘 푸른 선생, 회상록을 쓰다

처음엔 '교실 속 우리 교육'으로 책 제목을 정했다. 내용과 부합하는 제목이지만 너무도 평범하고 상투적이라는 지적을 받았다. '먹을 만큼만'으로 바꿨다. 정년퇴임하기 전 마지막 담임교사를 했을 때 급훈이다. 책의 성격을 규정하는 데 한계가 있었다. 그래서 다시 바꾼 것이 '부끄러움의 역설'이다. 책 내용에 부합하는 제목이다. 그러나 '먹을 만큼만'에서 크게 벗어나지 못했다. 다시 이름을 바꾼 것이 '깨어 있는 교사로 거듭나기'였다. 그것도 아니라는 지적을 받았다. 생각을 거듭했으나 한 번 정한 제목에서 벗어나기가 힘들었다. 그러다가 '늘청 선생'이란 제목으로 마음이 갔다. 자양고등학교에서 함께 근무했던 벗들로부터도 전폭적인 지지를 받았다.

그런데 2% 부족하다는 느낌을 지울 수 없었다. 한동안 잊고 지내다 6월 지방자치 선거가 끝난 다음 날, 유네스코학생회 활동을 하며 젊은 시절을 함께 보낸 남영진(전 한국기자협회장) 선생과 후배 박문재(현 문일고 교사), 김형주(전 국회의원)를 만나 북촌에 있는 '삼해 소주가'에서 시음을 한 후 '순대' 집에서 맥주잔을 기울였다. 그때, 책 제목을 '우물쭈물하다 끝난 교사 이야기'로 하면 어떻겠냐고 박문재 선생이 제안했다. 책 내용과 성격에 부합하는 제목이다 싶었다. 내용이 다소 무거운 것에 비해 제목이 재미있다는 생각이 들었다. 그리고 책 내용을 좀 더

구체화하는 '부끄러움의 역설, 늘청 유기창의 36년 교육 인생 회상록'으로 부제를 삼았다.

처음 책을 출간하겠다고 생각한 것은 정년퇴임 전이었다. 오주중학교 제자 최배은과 자양고등학교 제자 이승재가 그동안 써놓은 글을 문집 형태로 출간하자고 제안했는데, 마음이 솔깃했다. 그동안 써놓은 글을 묶어 세상에 내놓아도 괜찮겠다는 유혹을 받게 된 것이다. 출간 준비는 그렇게 시작했다. 쓴 글 중에 교육과 관련된 글을 뽑았다. 학생들과 만나면서 느낀 괴로움을 담은 글이 많았다. 그만큼 학생들과의 만남이 서툴렀던 결과였다. 나를 성찰하는 글이기는 하지만 나의 치부를 드러낼 만한 글들이 많았다. 그래도 후배 교사들에게 반면교사가 될 것 같다는 생각에 용기를 냈다. 그 과정에서 배은이는 대학원 논문 심사하듯이 내가 보낸 글에 첨삭 의견을 보내왔고, 이승재는 자양고등학교 학생회 활동 당시 기록을 토대로 자양고등학교 학생회가 만들어지기까지의 비사를 정리해서 보내주기도 했다.

뽑은 글을 바탕으로 차례를 만들었다. 그리고 정은교 선생님(전 중학교 교사)으로부터 소개받은 살림터 출판사에 출판을 의뢰했다. 일부를 재편집하고 보완하면 책으로서 가치가 있겠다는 의견을 받았다. 그렇게 해서 다시 정리하고 정리한 뒤 가까운 동료 교사들에게 검토를 부탁했다. 더러 회신이 없는 분도 있었지만 그중에서 끝까지 성의껏 읽어준 이철국(전 자양고 교사) 선생님의 답글이 많은 격려가 되었다. 정은교 선생님 또한 글의 상당 부분을 교정해주었으나 많은 부분에서 제대로 반영하지 못했다. 최화섭(현 국사봉중학교 교장), 조연희(현 가재울고등학교 교사) 선생님 그리고 한국유네스코학생협회 때부터 함께 활동해왔던 후배 박문재(현 문일고등학교 교사) 선생님 역시 읽고 난 뒤 큰 틀에서 책의 방향에 대해 의견을 보내주었다. 후배 교사인 김정희(현 창덕여고 교사) 선생님은 책 내용을 꼼꼼히 읽고 난 뒤 수정 보완해야 할 부분까지 검토해주었을 뿐만 아니라 책의 체제에 대한 의견까지 건네주었다. 어려움이 있을 때마다 많은 도움을 받은 것은 김명식(현 성수고등학교 수석교사) 선생님이다. 출간 과정이 난관에 부딪칠 때마다 재직하고 있는 학교를 찾아가 우리 교육에 대한 많은 의견을 허심탄회하게 나누며 격려도 받았다.

무엇보다도 고마웠던 분은 곽노현 전 서울시교육감님이다. 교육감 퇴임 이후에도 우리 교육이 안고 있는 문제를 해결하기 위해 왕성한 활동을 하는 중에도 보내드린 졸고를 정성스럽게 읽고, 과분한 추천사를 써주신 것에 대한 고마움을 잊을 수 없다. 또 한국유네스코학생협회KUSA 활동을 할 때는 지도 간사이자 벗이었고 유네스코를 떠나서는 이 세상의 동반자로, 동지로 살고 있는 남영진 선생의 조언은 언제나 많은 도움이 되었다. 책 발간을 위한 준비를 모두 끝내고 나서 남은 문제를 해결해준 것은 이세백(제천고등학교 교사) 선생님이었다. 책의 표지에 대한 자문을 구하기 위해 찾아갔는데, 서울에 도착하기도 전에 책의 표지를 직접 만들어 카톡으로 보내주었다. 그러고 보니 생각을 글로 만드는 것은 나의 일이었으나 글을 책으로 만드는 과정은 많은 사람의 도움 없이는 가능한 일이 아니었다. 많은 빚을 졌다.

그런데 책의 출판은 계속 늦어졌다. 조급한 마음은 들지 않았으나 책의 내용이 가치가 있는가에 대해 번민의 시간도 길었다. 원고 정리가 끝났으나 한동안 묵혀두었다. 그리고 다시 들여다볼 때는 고쳐야 할 부분이 계속 나왔다. 처음 글에서는 나를 솔직하게 드러낸 글도 많았으나 시간이 거듭할수록 그러한 글은 많이 빠져나갔다. 다른 한편 주위 분들께 출간 소식을 알렸다. 출간 의지를 나 자신에게 독려하기 위함이었다.

그렇게 해서 출간이 확정되었다. 올해 대학을 졸업한 아들과 딸에게 줄 수 있는 선물이 되었다. 아내에게는 참 무능한 남편이었다. 지금까지 살아온 삶의 과정이 고마움이 반이고 미안함이 반이었다. 그러니 잔소리를 들을 수밖에 없는 삶이었다. 퇴직 이후 글쓰기의 새로운 시작이다.

책이 출간되기까지 많은 도움을 주신 분들에 대한 고마움을 어찌 잊을 수 있겠는가? 졸고가 활자화하여 세상에 빛을 보게 되기까지 안내해 주고 출판을 흔쾌히 수락한 정광일 대표에게도 고마운 마음을 전한다.

2018년 6월의 끝자락에

유기창

삶의 행복을 꿈꾸는 교육은 어디에서 오는가?

미래 100년을 향한 새로운 교육

▶ 교육혁명을 앞당기는 배움책 이야기
혁신교육의 철학과 잉걸진 미래를 만나다!

한국교육연구네트워크 총서

01 핀란드 교육혁명
한국교육연구네트워크 엮음 | 320쪽 | 값 15,000원

02 일제고사를 넘어서
한국교육연구네트워크 엮음 | 284쪽 | 값 13,000원

03 새로운 사회를 여는 교육혁명
한국교육연구네트워크 엮음 | 380쪽 | 값 17,000원

04 교장제도 혁명
한국교육연구네트워크 엮음 | 268쪽 | 값 14,000원

05 새로운 사회를 여는 교육자치 혁명
한국교육연구네트워크 엮음 | 312쪽 | 값 15,000원

06 혁신학교에 대한 교육학적 성찰
한국교육연구네트워크 엮음 | 308쪽 | 값 15,000원

07 진보주의 교육의 세계적 동향
한국교육연구네트워크 엮음 | 324쪽 | 값 17,000원

08 더 나은 세상을 위한 학교혁명
한국교육연구네트워크 엮음 | 404쪽 | 값 21,000원

한국교육연구네트워크 번역 총서

01 프레이리와 교육
존 엘리아스 지음 | 한국교육연구네트워크 옮김
276쪽 | 값 14,000원

02 교육은 사회를 바꿀 수 있을까?
마이클 애플 지음 | 강희룡·김선우·박원순·이형빈 옮김
352쪽 | 값 16,000원

**03 비판적 페다고지는
세상을 변화시킬 수 있는가?**
Seewha Cho 지음 | 심성보·조시화 옮김 | 280쪽 | 값 14,000원

04 마이클 애플의 민주학교
마이클 애플·제임스 빈 엮음 | 강희룡 옮김 | 276쪽 | 값 14,000원

05 21세기 교육과 민주주의
넬 나딩스 지음 | 심성보 옮김 | 392쪽 | 값 18,000원

**06 세계교육개혁:
민영화 우선인가 공적 투자 강화인가?**
린다 달링-해먼드 외 지음 | 심성보 외 옮김 | 408쪽 | 값 21,000원

혁신학교
성열관·이순철 지음 | 224쪽 | 값 12,000원

행복한 혁신학교 만들기
초등교육과정연구모임 지음 | 264쪽 | 값 13,000원

서울형 혁신학교 이야기
이부영 지음 | 320쪽 | 값 15,000원

혁신교육, 철학을 만나다
브렌트 데이비스·데니스 수마라 지음
현인철·서용선 옮김 | 304쪽 | 값 15,000원

혁신교육 존 듀이에게 묻다
서용선 지음 | 292쪽 | 값 14,000원

다시 읽는 조선 교육사
이만규 지음 | 750쪽 | 값 33,000원

대한민국 교육혁명
교육혁명공동행동 연구위원회 지음 | 224쪽 | 값 12,000원

대한민국 교사, 어떻게 가르칠 것인가?
윤성관 지음 | 320쪽 | 값 15,000원

아이들을 어떻게 가르칠 것인가
사토 마나부 지음 | 박찬영 옮김 | 232쪽 | 값 13,000원

아이들의 배움은 어떻게 깊어지는가
이시이 쥰지 지음 | 방지현·이창희 옮김 | 200쪽 | 값 11,000원

모두를 위한 국제이해교육
한국국제이해교육학회 지음 | 364쪽 | 값 16,000원

경쟁을 넘어 발달 교육으로
현광일 지음 | 288쪽 | 값 14,000원

독일 교육, 왜 강한가?
박성희 지음 | 324쪽 | 값 15,000원

핀란드 교육의 기적
한넬레 니에미 외 엮음 | 장수명 외 옮김 | 452쪽 | 값 23,000원

▶ 비고츠키 선집 시리즈
발달과 협력의 교육학 어떻게 읽을 것인가?

생각과 말
레프 세묘노비치 비고츠키 지음
배희철·김용호·D. 켈로그 옮김 | 690쪽 | 값 33,000원

도구와 기호
비고츠키·루리야 지음 | 비고츠키 연구회 옮김
336쪽 | 값 16,000원

어린이 자기행동숙달의 역사와 발달 I
L.S. 비고츠키 지음 | 비고츠키 연구회 옮김
564쪽 | 값 28,000원

어린이 자기행동숙달의 역사와 발달 II
L.S. 비고츠키 지음 | 비고츠키 연구회 옮김
552쪽 | 값 28,000원

어린이의 상상과 창조
L.S. 비고츠키 지음 | 비고츠키 연구회 옮김
280쪽 | 값 15,000원

연령과 위기
L.S. 비고츠키 지음 | 비고츠키 연구회 옮김
336쪽 | 값 17,000원

수업과 수업 사이
비고츠키 연구회 지음 | 196쪽 | 값 12,000원

성장과 분화
L.S. 비고츠키 지음 | 비고츠키 연구회 옮김
308쪽 | 값 15,000원

의식과 숙달
L.S. 비고츠키 | 비고츠키 연구회 옮김
348쪽 | 값 17,000원

분열과 사랑
L.S. 비고츠키 지음 | 비고츠키연구회 옮김
260쪽 | 값 16,000

관계의 교육학, 비고츠키
진보교육연구소 비고츠키교육학실천연구모임 지음
300쪽 | 값 15,000원

비고츠키 생각과 말 쉽게 읽기
진보교육연구소 비고츠키교육학실천연구모임 지음
316쪽 | 값 15,000원

비고츠키와 인지 발달의 비밀
A.R. 루리야 지음 | 배희철 옮김 | 280쪽 | 값 15,000원

교사와 부모를 위한 비고츠키 교육학
카르포프 지음 | 실천교사번역팀 옮김 | 308쪽 | 값 15,000원

▶ 창의적인 협력수업을 지향하는 삶이 있는 국어 교실
우리말 글을 배우며 세상을 배운다

중학교 국어 수업 어떻게 할 것인가?
김미경 지음 | 340쪽 | 값 15,000원

토론의 숲에서 나를 만나다
명혜정 엮음 | 312쪽 | 값 15,000원

토닥토닥 토론해요
명혜정·이명선·조선미 엮음 | 288쪽 | 값 15,000원

어린이와 시
오인태 지음 | 192쪽 | 값 12,000원

이야기 꽃 1
박용성 엮어 지음 | 276쪽 | 값 9,800원

이야기 꽃 2
박용성 엮어 지음 | 294쪽 | 값 13,000원

인문학의 숲을 거니는 토론 수업
순천국어교사모임 엮음 | 308쪽 | 값 15,000원

수업, 슬로리딩과 함께
박경숙·강슬기·김정욱·장소현·강민정·전혜림·이혜민 지음
268쪽 | 값 15,000원

▶ 남북이 하나 되는 두물머리 평화교육
분단 극복을 위한 치열한 배움과 실천을 만나다

10년 후 통일
정동영·지승호 지음 | 328쪽 | 값 15,000원

분단시대의 통일교육
성래운 지음 | 428쪽 | 값 18,000원

선생님, 통일이 뭐예요?
정경호 지음 | 252쪽 | 값 13,000원

김창환 교수의 DMZ 지리 이야기
김창환 지음 | 264쪽 | 값 15,000원

▶ 4·16, 질문이 있는 교실 마주이야기
통합수업으로 혁신교육과정을 재구성하다!

통하는 공부
김태호·김형우·이경석·심우근·허진만 지음
324쪽 | 값 15,000원

내일 수업 어떻게 하지?
아이함께 지음 | 300쪽 | 값 15,000원
2015 세종도서 교양부문

인간 회복의 교육
성래운 지음 | 260쪽 | 값 13,000원

교과서 너머 교육과정 마주하기
이윤미 외 지음 | 368쪽 | 값 17,000원

수업 고수들 수업·교육과정·평가를 말하다
박현숙 외 지음 | 368쪽 | 값 17,000원

도덕 수업, 책으로 묻고 윤리로 답하다
울산도덕교사모임 지음 | 320쪽 | 값 15,000원

체육 교사, 수업을 말하다
전용진 지음 | 304쪽 | 값 15,000원

교실을 위한 프레이리
아이러 쇼어 엮음 | 사람대사람 옮김 | 412쪽 | 값 18,000원

마을교육공동체란 무엇인가?
서용선 외 지음 | 360쪽 | 값 17,000원

학교생활기록부를 디자인하라
박용성 지음 | 268쪽 | 값 14,000원

교사, 학교를 바꾸다
정진화 지음 | 372쪽 | 값 17,000원

함께 배움
학생 주도 배움 중심 수업 이렇게 한다
니시카와 준 지음 | 백경석 옮김 | 280쪽 | 값 15,000원

공교육은 왜?
홍섭근 지음 | 352쪽 | 값 16,000원

자기혁신과 공동의 성장을 위한
교사들의 필리버스터
윤양수·원종희·장군·조경삼 지음 | 280쪽 | 값 14,000원

함께 배움 이렇게 시작한다
니시카와 준 지음 | 백경석 옮김 | 196쪽 | 값 12,000원

함께 배움 교사의 말하기
니시카와 준 지음 | 백경석 옮김 | 188쪽 | 값 12,000원

미래교육의 열쇠, 창의적 문화교육
심광현·노명우·강정석 지음 | 368쪽 | 값 16,000원

주제통합수업, 아이들을 수업의 주인공으로!
이윤미 외 지음 | 392쪽 | 값 17,000원

수업과 교육의 지평을 확장하는 수업 비평
윤양수 지음 | 316쪽 | 값 15,000원
2014 문화체육관광부 우수교양도서

교사, 선생이 되다
김태은 외 지음 | 260쪽 | 값 13,000원

교사의 전문성, 어떻게 만들어지나
국제교원노조연맹 보고서 | 김석규 옮김 392쪽 | 값 17,000원

수업의 정치
윤양수·원종희·장군 지음 | 280쪽 | 값 14,000원

학교협동조합,
현장체험학습과 마을교육공동체를 잇다
주수원 외 지음 | 296쪽 | 값 15,000원

거꾸로교실,
잠자는 아이들을 깨우는 수업의 비밀
이민경 지음 | 280쪽 | 값 14,000원

교사는 무엇으로 사는가
정은균 지음 | 292쪽 | 값 15,000원

마음의 힘을 기르는 감성수업
조선미 외 지음 | 300쪽 | 값 15,000원

작은 학교 아이들
지경준 엮음 | 376쪽 | 값 17,000원

감성 지휘자, 우리 선생님
박종국 지음 | 308쪽 | 값 15,000원

대한민국 입시혁명
참교육연구소 입시연구팀 지음 | 220쪽 | 값 12,000원

교사를 세우는 교육과정
박승열 지음 | 312쪽 | 값 15,000원

전국 17명 교육감들과 나눈
교육 대담
최창의 대담·기록 | 272쪽 | 값 15,000원

들뢰즈와 가타리를 통해
유아교육 읽기
리세롯 마리엣 올슨 지음 | 이연선 외 옮김 | 328쪽 | 값 17,000원

교육과정 통합, 어떻게 할 것인가?
성열관 외 지음 | 192쪽 | 값 13,000원

 동양사상에게 인공지능 시대를 묻다
홍승표 외 지음 | 260쪽 | 값 15,000원

 학교 혁신의 길, 아이들에게 묻다
남궁상운 외 지음 | 268쪽 | 값 15,000원

 프레이리의 사상과 실천
사람대사람 지음 | 352쪽 | 값 18,000원

 혁신학교, 한국 교육의 미래를 열다
송순재 외 지음 | 608쪽 | 값 30,000원

 페다고지를 위하여
프레네의 『페다고지 불변요소』 읽기
박찬영 지음 | 296쪽 | 값 15,000원

 노자와 탈현대 문명
홍승표 지음 | 284쪽 | 값 15,000원

 선생님, 민주시민교육이 뭐예요?
염경미 지음 | 244쪽 | 값 15,000원

 어쩌다 혁신학교
유우석 외 지음 | 380쪽 | 값 17,000원

 미래, 교육을 묻다
정광필 지음 | 232쪽 | 값 15,000원

 대학, 협동조합으로 교육하라
박주희 외 지음 | 252쪽 | 값 15,000원

 **입시, 어떻게 바꿀 것인가?**
노기원 지음 | 306쪽 | 값 15,000원

 학교 민주주의의 불한당들
정은균 지음 | 276쪽 | 값 14,000원

 교육과정, 수업, 평가의 일체화
리사 카터 지음 | 박승열 외 옮김 | 196쪽 | 값 13,000원

 학교를 개선하는 교장
지속가능한 학교 혁신을 위한 실천 전략
마이클 풀란 지음 | 서동연·정효준 옮김 | 216쪽 | 값 13,000원

 공자뎐, 논어는 이것이다
유문상 지음 | 392쪽 | 값 18,000원

 교사와 부모를 위한
발달교육이란 무엇인가?
현광일 지음 | 380쪽 | 값 18,000원

 교사, 이오덕에게 길을 묻다
이무완 지음 | 328쪽 | 값 15,000원

 낙오자 없는 스웨덴 교육
레이프 스트란드베리 지음 | 변광수 옮김 | 208쪽 | 값 13,000원

 끝나지 않은 마지막 수업
장석웅 지음 | 328쪽 | 값 20,000원

 대구, 박정희 패러다임을 넘다
세대열 엮음 | 292쪽 | 값 20,000원

 경기꿈의학교
진흥섭 외 지음 | 360쪽 | 값 17,000원

 학교를 말한다
이성우 지음 | 292쪽 | 값 15,000원

▶ 교과서 밖에서 만나는 역사 교실
상식이 통하는 살아 있는 역사를 만나다

 전봉준과 동학농민혁명
조광환 지음 | 336쪽 | 값 15,000원

 남도의 기억을 걷다
노성태 지음 | 344쪽 | 값 14,000원

 응답하라 한국사 1·2
김은석 지음 | 356쪽·368쪽 | 각권 값 15,000원

 즐거운 국사수업 32강
김남선 지음 | 280쪽 | 값 11,000원

 교과서 밖에서 배우는 역사 공부
정은교 지음 | 292쪽 | 값 14,000원

 팔만대장경도 모르면 빨래판이다
전병철 지음 | 360쪽 | 값 16,000원

 빨래판도 잘 보면 팔만대장경이다
전병철 지음 | 360쪽 | 값 16,000원

 영화는 역사다
강성률 지음 | 288쪽 | 값 13,000원

즐거운 세계사 수업
김은석 지음 | 328쪽 | 값 13,000원

강화도의 기억을 걷다
최보길 지음 | 276쪽 | 값 14,000원

광주의 기억을 걷다
노성태 지음 | 348쪽 | 값 15,000원

**선생님도 궁금해하는
한국사의 비밀 20가지**
김은석 지음 | 312쪽 | 값 15,000원

걸림돌
키르스텐 세룹-빌펠트 지음 | 문봉애 옮김
248쪽 | 값 13,000원

역사수업을 부탁해
열 사람의 한 걸음 지음 | 388쪽 | 값 18,000원

진실과 거짓, 인물 한국사
하성환 지음 | 400쪽 | 값 18,000원

친일 영화의 해부학
강성률 지음 | 264쪽 | 값 15,000원

한국 고대사의 비밀
김은석 지음 | 304쪽 | 값 13,000원

조선족 근현대 교육사
정미량 지음 | 320쪽 | 값 15,000원

다시 읽는 조선근대교육의 사상과 운동
윤건차 지음 | 이명실·심성보 옮김 | 516쪽 | 값 25,000원

음악과 함께 떠나는 세계의 혁명 이야기
조광환 지음 | 292쪽 | 값 15,000원

논쟁으로 보는 일본 근대교육의 역사
이명실 지음 | 324쪽 | 값 17,000원

다시, 독립의 기억을 걷다
노성태 지음 | 320쪽 | 값 16,000원

▶더불어 사는 정의로운 세상을 여는 인문사회과학
사람의 존엄과 평등의 가치를 배운다

밥상혁명
강양구·강이현 지음 | 298쪽 | 값 13,800원

도덕 교과서 무엇이 문제인가?
김대용 지음 | 272쪽 | 값 14,000원

자율주의와 진보교육
조엘 스프링 지음 | 심성보 옮김 | 320쪽 | 값 15,000원

민주화 이후의 공동체 교육
심성보 지음 | 392쪽 | 값 15,000원
2009 문화체육관광부 우수학술도서

갈등을 넘어 협력 사회로
이창언·오수길·유문종·신윤관 지음 | 280쪽 | 값 15,000원

동양사상과 마음교육
정재걸 외 지음 | 356쪽 | 값 16,000원
2015 세종도서 학술부문

교과서 밖에서 배우는 철학 공부
정은교 지음 | 280쪽 | 값 14,000원

교과서 밖에서 배우는 사회 공부
정은교 지음 | 304쪽 | 값 15,000원

교과서 밖에서 배우는 윤리 공부
정은교 지음 | 292쪽 | 값 15,000원

한글 혁명
김슬옹 지음 | 388쪽 | 값 18,000원

좌우지간 인권이다
안경환 지음 | 288쪽 | 값 13,000원

민주시민교육
심성보 지음 | 544쪽 | 값 25,000원

민주시민을 위한 도덕교육
심성보 지음 | 500쪽 | 값 25,000원
2015 세종도서 학술부문

교과서 밖에서 배우는 인문학 공부
정은교 지음 | 280쪽 | 값 13,000원

오래된 미래교육
정재걸 지음 | 392쪽 | 값 18,000원

대한민국 의료혁명
전국보건의료산업노동조합 엮음 | 548쪽 | 값 25,000원

교과서 밖에서 배우는 고전 공부
정은교 지음 | 288쪽 | 값 14,000원

**전체 안의 전체 사고 속의 사고
김우창의 인문학을 읽다**
현광일 지음 | 320쪽 | 값 15,000원

카스트로, 종교를 말하다
피델 카스트로·프레이 베토 대담 | 조세종 옮김
420쪽 | 값 21,000원

▶ 평화샘 프로젝트 매뉴얼 시리즈
학교 폭력에 대한 근본적인 예방과 대책을 찾는다

 학교 폭력 어떻게 만들어지는가
문재현 외 지음 | 300쪽 | 값 14,000원

 아이들을 살리는 동네
문재현·신동명·김수동 지음 | 204쪽 | 값 10,000원

 학교 폭력, 멈춰!
문재현 외 지음 | 348쪽 | 값 15,000원

 평화! 행복한 학교의 시작
문재현 외 지음 | 252쪽 | 값 12,000원

 왕따, 이렇게 해결할 수 있다
문재현 외 지음 | 236쪽 | 값 12,000원

 마을에 배움의 길이 있다
문재현 지음 | 208쪽 | 값 10,000원

 젊은 부모를 위한 백만 년의 육아 슬기
문재현 지음 | 248쪽 | 값 13,000원

 별자리, 인류의 이야기 주머니
문재현·문한뫼 지음 | 444쪽 | 값 20,000원

 우리는 마을에 산다
유양우·신동명·김수동·문재현 지음 | 312쪽 | 값 15,000원

▶ 살림터 참교육 문예 시리즈
영혼이 있는 삶을 가르치는 온 선생님을 만나다!

 꽃보다 귀한 우리 아이는
조재도 지음 | 244쪽 | 값 12,000원

 선생님이 먼저 때렸는데요
강병철 지음 | 248쪽 | 값 12,000원

 성깔 있는 나무들
최은숙 지음 | 244쪽 | 값 12,000원

 서울 여자, 시골 선생님 되다
조경선 지음 | 252쪽 | 값 12,000원

 아이들에게 세상을 배웠네
명혜정 지음 | 240쪽 | 값 12,000원

 행복한 창의 교육
최창의 지음 | 328쪽 | 값 15,000원

 밥상에서 세상으로
김흥숙 지음 | 280쪽 | 값 13,000원

 북유럽 교육 기행
정애경 외 14인 지음 | 288쪽 | 값 14,000원

 우물쭈물하다 끝난 교사 이야기
유기창 지음 | 380쪽 | 값 17,000원

▶ 출간 예정

참된 삶과 교육에 관한
생각 줍기